Freddy Derwahl

Der mit dem Fahrrad und der mit dem Alfa kam

Benedikt XVI. und Hans Küng –
ein Doppelporträt

Freddy Derwahl

Der mit dem Fahrrad und der mit dem Alfa kam

Benedikt XVI. und Hans Küng – ein Doppelporträt

PATTLOCH

Bibliografische Information der Deutschen Bibliothek
Die Deutsche Bibliothek verzeichnet diese Publikation in der
Deutschen Nationalbibliografie; detaillierte bibliografische
Daten sind im Internet über http://dnb.ddb.de abrufbar.

Bildnachweis:
KNA-Bild: 1, 8, 10, 12, 21; dpa Picture-Alliance / Fotoreport: 16, 18;
dpa Picture-Alliance / KNA-Bild: 2; dpa Picture-Alliance / DB: 3;
dpa Picture-Alliance / Erzbistum: 4; Manfred Grohe: 5, 6, 7, 15;
actionpress / Rainer Lehmann: 9; actionpress / Markus Ulmer: 20;
Ullstein / Imagno: 11; SV-Bilderdienst / Manfred Grohe: 13, 14;
SV-Bilderdienst / T. Pinzka: 17; Associated Press / Pier Paolo Cito: 19.

Bearbeitung: Dr. Ulrike Kloos

© 2006 Pattloch Verlag GmbH & Co. KG, München
Umschlaggestaltung: ZERO Werbeagentur, München
Umschlagfotos: oben: dpa epa ansa; unten: dpa M. Rehm
Satz, Layout und Herstellung: Hartmut Czauderna
Bildredaktion: Margit Schulzke
Druck und Bindung: Ebner & Spiegel, Ulm
Printed in Germany

ISBN-13: 978-3-629-02137-3
ISBN-10: 3-629-02137-9

Bitte besuchen Sie uns im Internet.
www.pattloch.de

2 4 5 3 1

Inhalt

Einleitung 7

1. Eine Ahnung von Frühling 12
2. Der Sohn des Gendarmen 25
3. Ein Kuss zum Abschied 39
4. Augustinus im Gewächshaus 49
5. Hans Küng im roten Talar 61
6. Der Durchbohrte 76
7. Der Flüsterer des Kardinals 86
8. Ein ganz netter Club 101
9. Skandal im Petersdom 114
10. Das Nachtgebet des Papstes 123
11. Das Auge des Großinquisitors 132
12. Donnerstagabends in Tübingen 145
13. Das erste Abendmahl 163
14. Im Schatten des Magiers 178
15. Der Riss 195
16. Einladung in den Ring 209
17. Fall Küng, Fall Kirche 223
18. Der gepanzerte Präfekt 237
19. Der polnische Papst 249
20. Der schwarze Mann und das Ende der Zeit 261
21. Fußnoten und Ohrfeigen 275
22. Der weiße Rauch 287
23. »Es wird noch Überraschungen geben!« 301

Bibliografie 316

Ohne etwas heilige Verrücktheit
kann die Kirche nicht wachsen.
JOHANNES XXIII.

Einleitung

E s herrschte nicht die reine Freude, als am 19. April 2005, gegen 18.43 Uhr, der Kardinalprotodiakon Jorge Arturo Medina Estévez auf die Balustrade des Petersdomes trat, um der Welt den Namen des neuen Papstes zu verkünden: *Annuntio vobis gaudium magnum; habemus Papam: Eminentissimum ac Reverendissimum Dominum Josephum Sanctae Romanae Ecclesiae Cardinalem Ratzinger qui sibi nomen imposuit Benedictum XVI.* Nicht wenige kritische Christen sagten sich in diesem Moment: Damit wäre das Kapitel Kirche für mich abgeschlossen. Welch eine Ironie des Schicksals! War das Zweite Vatikanische Konzil nicht angetreten, um die Fenster der Kirche weit in die Welt hinein aufzustoßen? Und dann wählen die Kardinäle einen Mann, der in all den Jahren mancherlei dafür getan hatte, dass es wieder luftdicht in der Kirche wurde!

In den Tagen davor, vor allem den Tagen des Konklaves, erlebten die Medien eine nie gekannte Papsteuphorie. Wer immer etwas zur Situation der Kirche zu sagen hatte, wurde vor die Kameras gelockt. Unter denen, die in diesen Tagen keine Ruhe fanden, war auch der Schweizer Theologe und Kirchenrebell Hans Küng. Seine Kommentare stimmten nicht in die allgemeine Euphorie ein, fielen in aller Regel skeptisch aus. Seit Jahren sei die katholische Kirche auf dem Weg in ein konservatives Getto. Der alte Papst habe vor allem durch seine Personalpolitik alles dafür getan, damit die katholische Kirche ihren auf dem Zweiten Vatikanischen Konzil begonnenen Schritt der Öffnung auf die Welt hin zurücknehme. Es könne nur schief gehen.

Immer wieder war auch schon im Vorfeld der Name »Ratzinger« gefallen. Wenn man ihm auch kaum Chancen auf den Thron Petri einräumte, so galt er, die Personifikation des kirchlichen Rückzugs hinter die Aufklärung, doch als wichtiger Drahtzieher im Hintergrund. Ratzinger, Chef der Glaubenskongregation, die ehemals Heilige Inquisition hieß, hatte sein Amt mit teutonischer Gründlichkeit ausgeübt und mit eisernem Besen gekehrt. Ob es um unbotmäßige Theologen ging oder die Theologie der Befreiung – Ratzinger wich keinen Millimeter ab von traditionellen Positionen, die viele für »vorkonziliar« hielten. Als getreuer theologischer Erfüllungsgehilfe des polnischen Papstes sorgte der Hardliner aus Marktl am Inn für Ruhe und Ordnung an der kirchlichen Front. Das zarte Pflänzchen Hoffnung, das moderne Theologen in den 60er und 70er Jahren des vorigen Jahrhunderts gepflanzt hatten, drohte zu ersticken unter dem Diktat der neuen Orthodoxie. Böse Zungen sprachen davon, dass die katholische Kirche nach dem Fall des Regimes in Albanien die letzte totalitäre Bastion in Europa sei …

Die Ironie des Schicksals – wenn es denn eine ist – hat viele Facetten. Der Salto mortale rückwärts ist eine davon. Eine andere, dass die katholische Kirche ausgerechnet mit diesem Konzept konservativer Stabilisierung, mit dem sie über ein Vierteljahrhundert hinweg alle denkbaren Wunschzettel des Zeitgeistes ignoriert hatte, wieder Fuß fassen konnte bei einer neuen Generation von jungen Christen. Die Bilder von den Jugendlichen, die unter dem Fenster des sterbenden Papstes ausharrten, erzählten davon. Die kurioseste Facette war der Mann selber. War er, Joseph Ratzinger, es nicht gewesen, der vor 40 Jahren den Aufbruch der Kirche in die moderne Welt wesentlich mit angestoßen hatte? Zwischen dem »jungen Ratzinger« und dem »alten Ratzinger« zu unterscheiden, war in den 80er und 90er Jahren zu einer gängigen Denkform unter Theologen geworden; man sprach sogar vom Verrat an den eigenen Optionen.

Der Mann, der mit guten Gründen *der* Vorreiter, *das* Sprachrohr moderner Christen genannt wurde und wird, Hans Küng, musste sich als der große historische Verlierer vorkommen. Dies ist bedeutsam, und nicht aus Gründen persönlicher Befindlichkeit. Die unerhörten Verwerfungen, die Spaltung in ein progressives und ein konservatives Lager, die sich nach dem Zweiten Vatikanischen Konzil in der katholischen Kirche ergeben haben, sind eine einzigartige Tragödie. Sollte es so sein, dass die Konservativen einen Sieg auf der ganzen Linie einfahren konnten? Viele sahen es so. Weltweit kam es zu spontanen Kirchenaustritten von modern denkenden katholischen Christen, die endgültig ihre Felle davonschwimmen sahen. All das, wofür sie gekämpft hatten und warum sie noch immer die katholische Kirche als ihre Heimat ansahen, schien zunichte gemacht. Sollte man nicht besser den Deckel auf diese unglücklich gelaufene Beziehungsgeschichte machen, anstatt immer noch eine Institution zu verteidigen, die ihnen letztlich fremd geworden war?

Wenn es stimmt, dass Hans Küng für alles steht, was eine Brücke schlägt vom traditionellen kirchlichen Glauben zur neuzeitlichen Vernunft, dann wäre die Resignation des *Vormannes der Modernität in der Kirche* eine schiere Katastrophe. Ökumenische Offenheit, Integration der berechtigten Anliegen der Aufklärung in das theologische Denken, Versöhnung mit der technischen Vernunft, der Akzent auf eine politische Ethik, Kampf für den Frieden und für die Erhaltung der ökologischen Ressourcen, Verbindung zu den Naturwissenschaften, Dialog mit den Weltreligionen – das sind keine individuellen Marotten von Hans Küng; das sind Sachanliegen, deren schleichende Desintegration tatsächlich den Marsch der katholischen Kirche in die Sekte bedeuten würde. Kann man da von historischen Siegern und historischen Verlierern sprechen? Wäre das nicht ein Pyrrhus-Sieg der Konservativen, wenn sie sich verabschieden würden von allen Optionen einer zukunfts- und menschengerechten Kirche? Kann sich die katholische Kirche tatsächlich auf Dauer eine Monokultur der Gesprächsverweigerung leisten? Und könnte es nicht sein, dass man dann eines Tages aus historischer Distanz sagen müsste: Am Beginn des 21. Jahrhunderts hat die Kirche die Intellektuellen verloren, wie sie im 19. Jahrhundert die Arbeiter verloren hat?

Deshalb war ich spontan begeistert, als mir Freddy Derwahl den Vorschlag einer Doppelbiografie Papst Bendikt XVI./Hans Küng unterbreitete. Er schrieb mir im Sommer 2004: *»Wenn es eine Brücke über diesen elenden Graben gibt, dann besteht er in der merkwürdigen Beziehung des Papstes mit Küng. Ich möchte nicht auch noch eine der vielen Ratzinger-Biografien schreiben. Aber ich hätte mächtige Lust, die Geschichte dieser dramatischen Freundschaft zu erzählen – in der kleinen, feinen, nicht unbegründeten Hoffnung, dass sich da etwas bewegt. Die beiden sind weniger weit auseinander, als viele glauben.«* Wir mussten im Verlag nicht lange überlegen, um ihm den Zuschlag zu geben. Hatte Freddy Derwahl prophetische Gaben? Am selben Tag im September 2005, als ich das Buchprojekt begeistert den Buchhandelsvertretern vorstellte, machte die *Süddeutsche* auf der Titelseite mit der Nachricht auf, der Papst habe seinen alten Freund Küng zu einem Gespräch in Rom empfangen. Was in all den Jahren mit Papst Johannes Paul II. nicht stattfand – Hans Küng hatte ihn mehrfach um eine Unterredung gebeten –, das ging nun über die Bühne, nicht gerade mit Umarmungen, großen Gesten und Pressestatements, aber doch mit ganz viel Zeit füreinander, die auch noch auf ein gemeinsames Essen ausgedehnt wurde. Mit einem guten Gefühl auf beiden Seiten ging man auseinander. Inzwischen ist das Bild, das die Öffentlichkeit von Benedikt XVI. im Vorfeld gewonnen hatte, einer deutlich differenzierteren Betrachtung gewichen. Der Papst wird nicht nur in Italien als kompetenter und höchst kundiger, freilich prinzipienfester Gesprächspartner wahrgenommen.

Noch einmal möchte ich aus dem Brief von Freddy Derwahl zitieren, um zu erklären, warum das Buch heißt, wie es heißt:»*Mich hat ein kleines Detail aus der Tübinger Zeit berührt, das die damaligen Studenten von Ratzinger und Küng gerne erzählen. Küng kam mit einem nigelnagelneuen Alfa zu den Vorlesungen angebraust, Ratzinger mit dem Fahrrad; er hat ja bis heute keinen Führerschein (trotz der kuriosen Versteigerung seines Golfs). Ich lese da nicht ›Großkotz‹ gegen ›Bescheidenheit‹ heraus, vielmehr dies: Hans Küng war einfach der Mann der modernen technischen Intelligenz, ihn faszinierte die Maschine, der explosionsartig sich entwickelnde Fortschritt in den Naturwissenschaften. Und das war toll für die Studenten, die Theologen schließlich nur im Gipskragen kannten. Und wiederum Ratzinger. Dass er mit dem Fahrrad kam, war nicht Ausdruck seines Hinterwäldlertums oder einer antiquierten Einstellung. Er war einfach ein anderer Charakter, ein spiritueller, naturverbundener, musischer Typ. Er hatte nie Glamour, aber eine intellektuelle Ausstrahlung, die auf stille Weise anzog. … Der eine ein Realist, der andere ein Idealist.*«

Man sieht aus dieser privaten Einlassung, was für einer Freddy Derwahl ist – weder Fachtheologe noch eigentlich Historiker, aber ein leidenschaftlicher, manchmal leidender Christ, dem es mit dem Herzen um die Sache geht. Derwahl, der Schriftsteller, hat mit Romanen reüssiert, er hat über Hemingway und Simenon geschrieben, auch über Mönche und Einsiedler. Er kostete die Zeit aus, hielt aber seine früh erwachte Liebe zur Kirche ein Leben lang brennend wach. Wissen muss man, dass Derwahl im deutschsprachigen Ostbelgien lebt, dort auch aufgewachsen ist. Mit Kardinal Suenens stellte die belgische Kirche einen der wesentlichen Architekten des Konzils. Der spätere Kardinal Hamer konspirierte von Brüssel aus gegen Küng. Derwahl schrieb sein Buch in der ökumenisch engagierten Abtei Chevetogne – und Holland liegt nahe, jenes Land, in dem sich die nachkonziliaren Flügelkämpfe zwischen »konservativ« und »progressiv« in einer Heftigkeit austobten, von der man sich hierzulande kaum eine Vorstellung macht.

Dieses Buch will keine Siegerpunkte verteilen. Es entspringt der Sorge um eine Kirche, die ihre Zukunft noch vor sich hat, einer Kirche, die alles dafür tun muss, dass möglichst viele Christen und Menschen guten Willens mitgenommen und einbezogen werden in das Projekt Jesu. Freddy Derwahl hat ein halbes Leben lang die beiden Protagonisten seines Buches beobachtet. Er hat ihre Bücher gelesen, hat ihnen bei Vorträgen zugehört und sich – auf keine Seite geschlagen. Er hielt es mit Paulus, der den Korinthern einmal auf besondere Weise die Leviten las, als ihm zu Ohren kam, dass es Parteibildungen (und auch Fans für seine Person) gab: »*Ich meine damit, dass jeder von euch etwas anderes sagt: Ich halte zu Paulus – ich zu Apollos – ich zu Kephas – ich zu Christus. Ist denn Christus zerteilt? Wurde etwa Paulus für euch gekreuzigt? Oder seid ihr auf den Namen des Paulus getauft worden?*« (1Kor 1,12–13)

Freddy Derwahl ließ sich nicht davon abbringen, dass die beiden unversöhnten Lager der Kirche zwei Seiten einer einzigen Medaille sind. Man kann nicht nur »aus den Wurzeln« leben, aus Vergangenheit, Tradition, Mysterium. Damit würde die Kirche blind werden für die Nöte der Zeit. Man kann aber genauso wenig bloß »radikal heutig« sein wollen, ohne aus den Tiefen der Kontemplation zu schöpfen und aus der Ehrfurcht vor dem Geheimnis der Gegenwart Gottes mitten unter uns. Sind nicht der »fromme Papst« und der »wilde Rebell« eben deshalb die faszinierenden Protagonisten des Streites, weil ihre aufregende Geschichte nur abbildet, was sich in der Seele eines jeden Christen ereignet?

Bernhard Meuser
Dezember 2005

1. Eine Ahnung von Frühling

Er war ein Typ, dieser Mario von Galli. Zum ersten Mal in der 2000-jährigen Geschichte der Kirche fand ein Konzil vor den Augen der Fernsehöffentlichkeit statt – und der Jesuit und Journalist Mario von Galli war ohne Zweifel der geborene Star des neuen Mediums. Er rollte mit den Augen und schnalzte mit der Zunge, wie es Marcel Reich-Ranicki tut. Ungeheuerliches tat sich in Rom. Mit intimem Flüsterton zog von Galli in Bann. Gebannt goutierte man seine hinreißend zelebrierten Verlockungen, seine verbalen Verführungen. Der betagte Pater war ein exzellenter Botschafter des Zweiten Vatikanischen Konzils, seine Beiträge im Deutschen Fernsehen beeindruckten Millionen. Der Alte sprudelte über angesichts des Außergewöhnlichen.

Wir fanden ihn kurios. Als Primaner eines bischöflichen Gymnasiums wurden wir zu Beginn der 60er Jahre immer wieder mit den Vorbereitungen des Konzils konfrontiert, ohne jedoch dem angekündigten Großereignis viel abzugewinnen. Positiv war immerhin, dass zur feierlichen Eröffnung am grauen Morgen des 28. Oktobers 1962 drei Unterrichtsstunden ausfielen und in der Aula auf einem kleinen Bildschirm die Live-Sendung aus Rom übertragen wurde. In dichten Reihen standen wir vor der Kiste. Tausende weiße Bischofshüte, unermüdliche Knabenchöre und schließlich die Segenshand von Papst Johannes XXIII. hoch über den Köpfen der Menge. Er thronte gütig auf dem Tragsessel mit den Pfauenfedern. Jubel, Weihrauchfahnen, schwere Glocken: die Prozession des Aufbruchs der Weltkirche. Aber: Aufbruch wohin?

Ich erkannte Pater von Galli in einem kleinen Bildband wieder, der mich zu fesseln begann, weil der Mann auf dem Bildschirm so originell war. Auch hier wieder das Raunende: Pater von Galli hatte so seine Ahnungen. Sie ließen das Uralte überraschend jung erscheinen: entrückte, über Dekretentwürfe gebeugte Konzilsväter, das Kardinalsrot goldrandbebrillter, süß-säuerlicher Eminenzen, die grandiose Bastionskulisse der Säulen Berninis, das kindliche Lachen farbiger und schlitzäugiger Oberhirten. Schließlich tauchten erstmals die herausragenden Köpfe der »Berater« auf: neben dem grimmigen Denker Karl Rahner die knabenhaften Porträts von Hans Küng und Joseph Ratzinger. Der eine im Windschatten des Wiener Kardinals Franz König, der andere an der Seite von Joseph Kardinal Frings aus Köln. Die alten Meister beschäftigten frische Wasserträger. Allein diese Mischung war schon faszinierend. Mir fiel gleich auf, dass die theologischen »Teenager« erstaunlich selbstbewusst wirkten. Der Schweizer Küng mit einer alpinen Hochfrisur und kantigen Schmissen, als diene er einer schlagenden Verbindung als Sparringspartner. Der Deutsche Ratzinger mit abstehenden Lauschohren und den wachsamen Augen eines oberbayerischen Musterschülers. Der eine recht unbekümmert, der andere etwas melancholisch. Aber zusammen ein tolles Duo. Es gab also nicht nur für die alten »Bomber«, sondern auch für junge Leute eine Spielwiese. Das machte mich neugierig

Mehr als vierzig Jahre später, im denkwürdigen Monat April 2005, fiel auf, dass sich die beiden Theologen in den zurückliegenden vier Jahrzehnten in ihrem Auftreten und Erscheinungsbild kaum verändert hatten. Noch bevor das Konklave zur Wahl des Nachfolgers von Johannes Paul II. zusammentrat, saß Hans Küng im Kreis der Talkmasterin Sabine Christiansen, sichtlich nicht in allerbester Verfassung – der Weltmännische kam gerade aus Amerika und hatte noch den Jetlag in den Knochen. Es mochte also nicht an den Ereignissen in Rom liegen, die er so betont distanziert wahrnahm. Die blonde Dame zeigte ihre schönen Beine und der noch immer hochfrisierte Professor räkelte sich auf seinem Stuhl. Er trug weiter die sturmerprobten Backenfurchen, hackte mehrfach auf dem Präfekten der Glaubenskongregation, seinem ehemaligen Kollegen Joseph Ratzinger, herum und warb ganz nebenbei für seine Bestseller. Kurze Zeit später betrat der beschimpfte »Dominus Josephus« als neuer Papst Benedikt XVI. die Hauptloggia des Petersdomes, zunächst vorsichtig, doch wechselte beim aufbrausenden Jubel der Zehntausenden die dienstliche Tristesse des »Großinquisitors« in das Strahlen von »Papa Ratzi«. Er konnte es also doch: lächeln, obendrein schüchtern, glaubwürdig. Noch andere subtile Unterschiede fielen auf. Hans Küng trug bei seinem Fernsehauftritt ein Hemd mit steifen weißen Manschetten; aus den Ärmeln des neuen Papstes lugte der schwarze Pullover eines Klosterbruders. Am Handgelenk des Rebellen glitzerte ein Produkt eidgenössischer

Präzisions-Chronometrie; dem Heiligen Vater schlug keine Stunde. Vor allem aber die Hände: Küng gestikulierte mit der geballten Kraft eines Holzfällers vom Vierwaldstätter See; der neue Pontifex schwenkte feingliedrig seine Finger, als dirigiere er die Ouvertüre einer Mozart-Oper. Zwischen der Protestfaust eines Befreiungskämpfers an der Seite von Wilhelm Tell und dem »Allegro ma non troppo« der päpstlichen Ouvertüre lag ein dreißigjähriger kalter Kirchenkrieg. Und doch: Welche Kraft steckte in diesen vier Händen! Was wäre, wenn sie wieder zusammenfänden?

Seit den 60er Jahren betrachte ich Küng und Ratzinger wie zwei ältere Brüder. Ich habe sie sehr geliebt, doch waren beide im Streit von zu Hause weggegangen. Der eine polternd, die Pauke des Protestes schlagend; der andere pikiert, auf leisen Sohlen. Enttäuschte Liebe tut weh, sie bedeutet ja kalt gemachte Glut, erstorbene Hoffnung. Die »älteren Brüder« hatten für die flüchtige Zeit eines Kirchenfrühlings der alten Mutter Kirche den Staub aus den Gewändern geblasen und allen den Blick für neue Horizonte geöffnet. Das passte in die Zeit, in der bald schon in deutschen Hörsälen Sprechchöre dem Universitätsbetrieb den »Muff aus tausend Jahren« austreiben wollten.

Aber die Entstaubungsaktion unserer Protagonisten galt einer anderen Größe; unter dem Kirchengrau glänzte die verheißungsvolle Kraft des Evangeliums. Eine Art heiliger Euphorie ergriff uns. Sollte es dieser Generation möglich sein, die bis zur Karikatur entstellte Kirche Jesu Christi wieder auf ihre galiläischen Anfänge zu leiten? Ging das – alles noch einmal auf null und Start stellen? Ratzinger und Küng – das war das Versprechen, dass jenseits aller Schande und Schändungen in der Kirche noch immer ein glühender Wind weht und die Kraft zur Reformation.

Die jungen Theologen auf dem Konzil genossen bald Kultstatus; und fast fühlte man sich an die Zeit der Konzilien in der frühen Kirche erinnert, von denen es heißt, man habe im Bäckerladen über Theologie diskutiert. Ein in lebenslangem Sarkasmus versteinerter Freimaurer sagte mir auf einer Brüsseler Abendterrasse: »Diese Typen beginnen mich wieder mit der Kirche zu versöhnen.« Ein lutherischer Pastor stand in der »Gebetswoche für die Einheit der Christen« vor dem Altar unserer katholischen St.-Nikolaus-Pfarrkirche und musste sein Fürbittengebet abbrechen, weil ihm die Tränen kamen. Der »Spiegel« widmete den Kirchenreformern eine Titelgeschichte. Statt der üblichen Heiligenleben las der Lektor im Refektorium der Benediktiner-abtei Chevetogne die Berichte des römischen Korrespondenten von »Le Monde«; die Mönche ließen die Löffel fallen und klatschten. Ein beleibter Eifelpfarrer lief mit hochrotem Kopf und wehender Soutane durch die Jazz-Jugendmesse und schrie »Teufelswerk«; er tat uns Leid. Der einst aus Dachau entkommene Dechant sah seiner Gemeinde bei der Wandlung am Altar erstmals tief in die Augen. Welch ein Blick! Er hatte die heilige Messe sein Leben lang mit dem Rücken zu den Leuten gelesen.

Dass die beiden »älteren Brüder« in der Folge das in bewegte See stechende Boot verließen und für Jahrzehnte getrennte Ziele anstrebten, war eine bittere Enttäuschung. Das hat uns nicht nur irgendwie allein zurückgelassen, sondern, viel schlimmer, Zweifel an dem unternommenen Aufbruch und dem Glauben an die »Heiligkeit« der Kirche geschürt. War es am Ende doch nur ein sehr menschlicher »Laden«? Seenot brach aus. Was ringsum an Havarien und Untergängen geschah, ist bekannt. Das Konzil hatte sich selbst nicht überlebt. Die von Küng und Ratzinger beratenen Bischöfe flüchteten als Erste in die Rettungsboote. Der Ring des Fischers bot keinen Halt. Es gab keinen sicheren Hafen mehr. Die Passagiere trieben allein in den stürmischen Wellen. Vereinsamte Pfarrer klagten: »Die Kirche bricht zusammen.« Wie hatte ihnen noch der Konzilsoptimist von Galli zugerufen? Die Wehen hätten bereits begonnen, das Großereignis des Neuen stehe bevor. War das Konzil eine Totgeburt? Nur Leonard Cohen sang in lauen Open-Air-Nächten mit ruhiger, rauer Stimme: »... and Jesus was a sailor«.

Wehmütige Erinnerung an die Zeit im Windschatten von Hans Küng und Joseph Ratzinger: Der 32-jährige Schweizer Professor für Fundamentaltheologie in Tübingen löste 1960 mit seinem Buch »Konzil und Wiedervereinigung – Erneuerung als Ruf in die Einheit« einen kreativen Schock aus. Zwei Jahre vor Beginn der mit Spannung erwarteten Kirchenversammlung wurde eine Orientierung aufgezeigt, die nicht nur auf profundem Wissen, sondern auch auf einer hellhörigen Sensibilität für die großen Zeitfragen der Welt beruhte. Blättert man heute noch einmal in diesem Klassiker der Konzilsliteratur, fallen an dessen Anfang und Ende mehrere pikante Details auf. Dem Buch vorangestellt war eine Empfehlung des Erzbischofs von Wien, Franziskus Kardinal König, der hervorhebt, dass der Theologe Küng eine »Anregung des Heiligen Vaters aufgreift«, um in einer »treuen kirchlichen Gesinnung Perspektiven aufzuzeigen …« Mehr noch: Als Vorwort diente dem Autor, der zehn Jahre später mit seinem papstkritischen Buch »Unfehlbar? Eine Anfrage« einen Sturm amtskirchlicher Entrüstung auslösen sollte, ein Auszug der Konzilsenzyklika von Papst Johannes XXIII. Dieser Passus über die »schwerwiegenden Probleme der Religion« und einer »sanften Einladung zur Einheit« erschien in lateinischer Originalsprache und deutscher Übersetzung. Der Titel des auf den 29. Juni 1959 datierten päpstlichen Rundschreibens lautete bezeichnenderweise »Ad Petri cathedram«, es war auf dem »Lehrstuhl Petri« verfasst und unterzeichnet worden. Es war der Tag des Hochfestes der heiligen Apostelfürsten Petrus und Paulus, an dem der Johannes-Nachfolger Papst Paul VI. einige Jahre später die alte katholische Formel verkünden sollte: »Ibi Petrus ubi Ecclesia.« Dort, wo Petrus ist, ist auch die Kirche …

Es fiel auf, dass der Schweizer Autor in den Fußnoten mehrmals päpstliche Lehrschreiben, entsprechende Kommentare des stockkonservativen Kardinalstaatssekretärs Tardini sowie des »Osservatore Romano« zitierte. Die als »vatikanische Prawda« geltende Tageszeitung des Papstes hatte in ihrer Ausgabe vom 18. Februar 1950 den Wortlaut einer Botschaft von Pius XII. an den katholischen Pressekongress in Rom veröffentlicht, die öffentliche Meinung gehöre zum »lebendigen Körper der Kirche«, ohne die freie Diskussion »würde in ihrem Leben etwas fehlen …« Solche Perlen bewahrte der junge Schweizer Theologe in seinem Zettelkasten und garnierte seine Aufbruchsliteratur mit gezielten Gefälligkeiten. Er preschte nicht vor, sondern taktierte hintergründig, so wie der katholische Schriftsteller Julien Green es einmal seinem Tagebuch anvertraute: »Um eine Seele zu retten, kann es dem Herrn passieren, dass er etwas mogelt.«

Ganz zum Schluss, hinter dem Anhang des damals in Windeseile vergriffenen Küng-Buches, wartete eine andere Überraschung. Unter dem Titel »Theologie im Präsens« warb der Verlag mit einem Zitat von Prof. Dr. Joseph Ratzinger. Der neuen Schriftenreihe »Questiones disputatae« bescheinigte er einen gewagten »Sprung in die Gegenwart« und den Herausgebern Karl Rahner und Heinrich Schlier die »richtige Überzeugung, dass auch nach zweitausend Jahren christlicher Theologie deren wissenschaftliche Arbeit in ihrem Kern nicht ihrer eigenen Geschichte, sondern ihrer Sache gelten muss …« Ratzinger-

Werbung in Küng-Publikationen und umgekehrt sollte es bald nicht mehr geben. Die »umstrittenen Fragen« mehrten sich, doch fanden die »gewagten Sprünge« nur noch in entgegengesetzte Richtungen statt.

Küng schrieb damals in seinem Eingangskapitel »Die Notwendigkeit steter Erneuerung der Kirche« Sätze, die uns jungen Leuten unter die Haut gingen. Nicht nur weil sie ehrlich klangen und auch ohne theologische Vorbildung lesbar waren, sondern weil sie mit dem prätentiösen Zuckerguss kirchlicher Selbstdarstellung, die noch zu Beginn der 60er Jahre im katholischen Milieu gang und gäbe war, beherzt aufräumten. Dass die Kirche »nicht von der Welt, aber in dieser Welt« sei, war ein Gemeinplatz auf vielen Kanzeln, was dies jedoch in der konkreten Wirklichkeit von Geschichte und Zeitgeschichte zu bedeuten hatte, wurde uns von den ängstlich behütenden Soutanen-Pädagogen tunlichst verschwiegen. Vielleicht wagten sie aber auch selbst nicht daran zu glauben. Wenige Jahre später, als sie in den turbulenten Jahren nach dem Konzil wie die Fliegen von der Wand stürzten und fluchtartig die säkulare Weite suchten, wurde es handgreiflich.

Küng zeichnete dagegen das ungeschminkte Bild einer Kirche, an deren göttlicher Gründung er keinen Zweifel ließ, die er aber in ein Helldunkel tauchte, das Platz ließ für die Katastrophen sündiger Akteure, die beim besten Willen nicht aus der Kirchengeschichte zu radieren waren. Die Kirche erforderte »das gehorsame Ja schwacher Menschen«, aber sie war nur denkbar als »ein einziges Geheimnis des Lichtes mit Schatten«. Es war eine zugleich sichtbare und unsichtbare Kirche; die Welt samt ihrer fatal korrupten Geschichte fand in ihrem Herzen statt. Der von Küng verehrte Karl Adam hatte ihre Entfremdung und »Entäußerung« knallhart beim Namen genannt, sie mit jener von Jesus Christus in der berühmten Philipperbrief-Passage verglichen.

Dem langen »Formationsprozess« der Kirche, die von den Juden das Hören auf das geschichtlich ergangene Wort Gottes, von den Griechen Philosophie und Schönheitssinn, von den Römern die Staatskunst und von den Germanen die Neigung für Verinnerlichung und heilsame Unruhe erhielt, stellte der Autor einen im zweiten Jahrtausend einsetzenden »Deformationsprozess« zunehmender Verengung entgegen. Hatte man bereits auf oft verächtliche Weise das jüdische Erbe verraten, folgte nach der Jahrtausendwende die Trennung vom christlichen Osten, ließ man sich von schüttelfrostartigen Ängsten vor der hereinbrechenden europäischen Neuzeit heimsuchen, hielt man die Aufklärung schlicht für »Teufelswerk«. Außereuropäischen Kulturen und Religionen begegnete man mit herablassendem Hochmut. Küng zog aus dieser Entwicklung den Schluss: »*Die Kirche Jesu Christi ist eine, aufs Ganze gesehen, europäisch-amerikanische Angelegenheit geblieben.*« Basta.

Der Ton, den Küng im Blick auf die Kirche anschlug, machte wach. Avantgarde – das war einmal. Irgendwann in den ersten Jahrhunderten, vielleicht noch in bestimmten Aufbrüchen des Mittelalters, bei den Zisterziensern, bei Franziskus. Ansonsten: Marsch in die Bastion! Die Finger nicht schmutzig machen! Wir haben die Wahrheit; die kann sich abholen, wer will. Dass es eine Bringschuld der Christen geben könnte, geriet in dieser saturierten, in Rechthaberei erstarrten Kirche immer mehr in Vergessenheit. In der vor dem Konzil noch üblichen Höflichkeitsform legte Küng den Finger in eine Wunde, die bis zum heutigen Tag offen geblieben ist: »*Aber die demütige Frage schmerzlicher Selbstbesinnung dürfen wir uns in der Kirche heute nicht ersparen: Ist unter den Menschen von heute nicht das Interesse für allgemein religiöse Fragen im Steigen, die Bindung an die Kirche aber doch nach wie vor im Sinken begriffen? Wie viele glauben heute noch an die Botschaft der Kirche, wie viele leben diesen Glauben, wie viele machen noch regelmäßig und von innen heraus in unserer Kirche mit: in Paris, Rom, Berlin … Wir begreifen, wie der Papst selbst mit großer Eindringlichkeit zur besseren Anpassung der Kirche an die Zeitverhältnisse und zur ›Modernisierung der Pastoral‹ aufruft*«.

Noch versteckte sich Küng hinter dem väterlichen Papst Johannes XXIII. und kleidete seine Kritik in schickliche Fragen. Das Drama ist, dass sie 45 Jahre später noch immer brandaktuell sind. Sind wir keinen Schritt weitergekommen? Hat sich die Kirche am Ende noch tiefer eingeigelt in einem antimodernen Affekt? Küngs Warnung, die verweigerte Anpassung könne nur zu einem »Verrat am Missionierungsbefehl Jesu Christi« und am Paulus-Wort »allen alles zu sein« geraten, stand noch immer im Raum. Und sie steht nach wir vor zwischen ihm und seinem Weggefährten Joseph Ratzinger. Papst Benedikt XVI. hat sich gleich zu Beginn seines Pontifikates die Forderung seines Vorgängers Johannes Paul II. »Fürchtet euch nicht« zu Eigen gemacht. Furchtlosigkeit wird er brauchen.

Am 23. Juli 1966, kurze Zeit nach Beendigung des Konzils, hat Prof.

Joseph Ratzinger die einige Jahre zuvor von seinem Freund und Kollegen Hans Küng entwickelten Gedanken über Kirche und Welt auf eine besonders eindringliche, auch irritierende Weise fortgesetzt. Im voll besetzten Grünen Hörsaal der Technischen Hochschule Aachen trat ein schmächtiger Mann ans Mikrofon, der aus einer abgenutzten kleinen Ledertasche seine Notizen zog. Ein dünnes Lächeln, Sorgenfalten auf der Stirn, als ahne er bereits, dass der moderate Optimismus seiner Ausführungen nicht lange durchzuhalten sein werde. Gleich war eine sonderbare Spannung um diesen Vortrag, der bezeichnenderweise den Titel »Weltoffene Kirche« trug und von hellhörigen Studenten der Ingenieurwissenschaft, der Bergbaukunde sowie der Luft- und Raumfahrt mit Spannung verfolgt wurde.

Der ehemalige Berater von Kardinal Frings verschaffte sich mit leiser Stimme Aufmerksamkeit. Er las recto tono, weder durch auffallende Gestik unterstützt noch durch dramaturgische Pausen. Immerhin fiel auf, dass für ihn, im Gegensatz zu früheren Reformkonzilien, im Zweiten Vatikanum nicht allein Heilige Schrift oder Gnade zählten, sondern »alles« von christlichen Kräften durchdrungen sei. Seine den Naturwissenschaften und der Technik verpflichteten jungen Zuhörer horchten auf, als er selbst im Atheismus »einen verborgenen Trieb zum Christlichen« erkannte. Bereits Gott habe sich in Christus, im Heiligen Geist »geöffnet und verweltlicht«, die Kirche sei selbst eine »Geste zur Öffnung«. In einer zwar spärlichen, aber gezielt eingesetzten Bildersprache betonte Ratzinger, beim Austausch zwischen Gott und der Welt gehe es darum, »die Armut des Bettlers als Reichtum anzunehmen, um ihm das Geschenk des Reichtums erträglich zu machen«.

Auf die Frage, welche Öffnung und Öffnung wohin, antwortete er: »Legitim ist immer, was Vollzug wahrer Liebe ist«, und warb für »un amour désintéressé«, selbstlose, absichtslose Liebe. Gegenüber der Lehre päpstlicher Enzykliken forderte er einen »neuen Realismus in der Theologie«. Bibel und frühchristliche Schriften statt frommer Traktätchen. Der spätere Autor des umstrittenen Rundschreibens »Dominus Iesus« drängte, die theologischen Entwicklungen in den übrigen christlichen Kirchen ernst zu nehmen und auf die Fragen der Menschen zu hören. Wichtig sei, »die Wirklichkeit als theologische Instanz zu akzeptieren, die mit in die Sache der Theologie hineinzureden hat«. Zur Frage der in der Bibelforschung fortschreitenden historisch-kritischen Methode und dem Dilemma zwischen Historie und Dogmatik sagte der damals 41-jährige Ratzinger: »Eine Lehramtstheologie, die aus der Furcht vor dem Risiko der historischen Wahrheit oder vor dem Risiko der Wirklichkeit entstünde, wäre eine Theologie der Furcht und des Kleinglaubens ... Nur wenn der Glaube je neu gelebt und lebendig in dem Fleisch und Blut einer Zeit verwirklicht wird, kann er aus solchem Leben und Erleiden heraus neu zur Aussage geführt werden.«

Im Hörsaal der technischen Intelligenz hörte man die berühmte Stecknadel fallen. Mitten in den goldenen 60er Jahren, jener Zeit totaler Machbarkeit nach der Mondlandung und der sexuellen Befreiungswelle der Blumenkinder von San Francisco, kurz vor Ausbruch der Studentenrevolte im Quartier Latin und dem Todesschuss auf Benno Ohnesorg in Berlin, sprach da ein unscheinbarer Theologe aus dem katholischen Bayern über Öffnungsbewegungen und den Abbau ständischer Ordnungen in der Kirche, die nicht »zur Beruhigung der Götter« stattfänden, sondern im Interesse der Menschen. Noch mehr verwunderte, dass der im Hebräerbrief erwähnte, kaum bekannte Begriff des »außerhalb der Stadt errichteten Kreuzes« den zentralen Punkt seiner Ausführungen bildete. Es war Ereignis und Symbol zugleich für eine aufregende Extrapolation des Heils nach draußen.

Die jenseits des Gath-Tores im Nordwesten Jerusalems zum Landgut der Ölpresse führende Anhöhe ist ein authentischer historischer Ort. Vom Haus des Pilatus führte der Kreuzweg Christi durch dieses Tor zur »Schädelstätte« und zum Garten Gethsemani beim Winterfluss Kidron. Die Richtstätte auf dem ehemaligen Steinbruch außerhalb der Stadtmauer war zur Abschreckung von den westlichen und nordwestlichen Zugangsstraßen her zu erkennen. Später errichteten Heiden auf dem Felsen des Kreuzes eine Marmorstatue der Venus. Unter Konstantin als heilige Stätte neu entdeckt, wurde Golgota der Grabes- und Auferstehungskirche zugeordnet. Seit den Ausgrabungen der 70er Jahre ist der Felssporn wieder sichtbar.

Joseph Ratzinger erkannte in diesem Standort grausamer Exekutionen ein viel tieferes Bild: Das Leiden außerhalb der Stadtmauern brachte er mit der Aufbruch- und Versöhnungsforderung aus der Bergpredigt in Verbindung und schloss daraus, dass sich Christus selbst auf den Weg zu seinen unversöhnten Kindern gemacht hat. Zeichen einer Liebe, die nicht wartet, bis der Schuldige den ersten Schritt tut.

»Bedeutet dann nicht«, so fragte er seine staunenden Zuhörer, »dass der christliche Glaube immer in einem sehr radikalen Sinn außerhalb der Mauern stattfindet, die Tempel- und Kirchenwände überschreitet, seinen Ort genau auf dem Weg zum anderen hin hat?« Das waren neue Töne. Die katholische Kirche kannte man eher durch ihre manische Fixiertheit auf sich selbst. Auf dezente Art machte Ratzinger deutlich, dass eine Kirche, die nicht aus sich heraus- und auf die Menschen zugeht, *good for nothing* ist.

Abschließend räumte der Konzilsberater ein, dass die zu Ende gegangene Kirchenversammlung mehr Bruch als Kontinuität bedeute. Der Versuch katholischer Hierarchie des 19. und der ersten Hälfte des 20. Jahrhunderts, »einen vermeintlichen oder wirklichen Höchststand zu erreichen, ist gescheitert«. In vorauseilender Ahnung dessen, was in naher Zukunft an statistischen Abstürzen noch bevorstehen sollte, sagte er, die Kirche sei »mehr Minderheit, als sie es je seit Ausgang des Altertums war«. Doch bat er ihre Kritiker darum, zwischen dem bleibenden Skandal des Christlichen und dem sekundären Skandal der Verkündiger zu unterscheiden. »Nicht alles, was die Kirche tapfer durchgehalten hat, war ein Leiden für die unabänderlichen Grenzen der Wahrheit.« Ja zum Skandal des gekreuzigten Gottes, nein zum Skandal der Christen. Deshalb beschränke sich der Glauben auf »die Einfachheit einer großen Liebe, die das Schwerste und das Leichteste zugleich ist, weil sie nicht mehr und nicht weniger als uns selbst verlangt«.

Kein Zweifel, dass zwischen dem gezielten Paukenschlag des Küng-Buches vor Beginn des Konzils und dem Ratzinger-Vortrag über die heikle Weltoffenheit der Nachkonzilskirche eine dichte Kontinuität bestand. Noch immer bestimmte der Windsog historischen Aufbruchs die Richtung. Noch immer verbündeten sich beider Energien mit Verve gegen den rieselnden Kalk des alten Systems. Das Schimpfwort »Amtskirche« war noch nicht im Umlauf. Küng, mehr noch als Ratzinger, vermochte die Erschütterungen des Zeitbruchs vom Mai 68 vorauszusehen. Beiden gemeinsam war zunächst noch so etwas wie eine »heilige Zuversicht«, dass die tausenden Seiten kleingedruckter Konzilsdekrete von der schweigenden Mehrheit untheologischer Karteichristen als Muntermacher empfunden würden.

Solch verschwiegenen Optimismus bestärkten die sich bald vermehrenden ökumenischen Bruderküsse und die Entdeckung der Heiterkeit von Dritte-Welt-Begegnungen. Rom in den Tagen des Vatikanums, das waren ja nicht nur jahrelange Sitzungsperioden in der Konzilsaula, sondern vor allem die knisternden Kulissenspiele abenteuerlicher Freund- und Gegnerschaften, die Intrigen von Protektion und Denunziation, von konspirativen Treffs und diskreten Abendgesellschaften in den etwas besseren Trattorias von Trastevere oder der Piazza Navona.

Die im Gegensatz zum Greisen-Kollegium der Kardinäle noch jugendlichen Berater Küng und Ratzinger huschten immer selbstbewusster in den zeremoniell vorgeschriebenen schwarzen Soutanen über die Marmorflure des Vatikans. Bisweilen konnten sie sich des Eindrucks nicht erwehren, dass sich eine Etage tiefer, in der Krypta von St. Peter, die Pius-Päpste in ihren Steinsarkophagen herumdrehten. Mehr noch: Ihrer einbalsamierten Heiligkeit galt ein befreites, wissendes Lächeln. Nach den noch etwas schüchternen Auftritten der Anfangssession zählten beide bald zu den großen Gewinnern. Die Obstruktionsmafia der römischen Kurie, die zunächst versucht hatte, mit einer Taktik vollendeter Tatsachen die Gutmütigkeit von Papst Johannes auszunutzen, mit Verfahrenstricks die Geschäftsordnung tausender Bischöfe fernzulenken oder im Konklave die Papst-Wahl des verschmähten Mailänder Erzbischofs Giovanni Baptista Montini zu verhindern, war zu einer Mitleid erregenden Minderheit geschrumpft. Erst kürzlich noch mit Exil- und Schweigejahren bestrafte Theologen von Rang eines Henri de Lubac SJ oder Yves Congar OP erfuhren öffentliche Rehabilitation. Dem in den Verdacht kosmologischer Ketzerei geratenen Teilhard de Chardin wurde weltweite Bewunderung zuteil. In der Paulus-Gesellschaft förderte der jesuitische Vordenker Karl Rahner Gespräche zwischen Christen und Marxisten.

Küng und Ratzinger bildeten in der sich rasant verändernden Kirche eine nicht zu unterschätzende Präsenz deutscher Sprache. Während Rolf Hochhuth mit seinem »Stellvertreter«, über das Schweigen Pius' XII. zur Judenverfolgung der Nazis, Furore machte und sich in Deutschland, Österreich und der Schweiz Schriftsteller vom Rang Heinrich Bölls, Günther Grass', Friedrich Dürrenmatts oder Thomas Bernhards über die Obstruktionen und Gespreiztheiten der Apostelnachfolger mokierten, war es nicht einerlei, dass in Rom Theologen aus der »deutschen Kulturnation« den guten Ruf ihrer heimatlichen Fakultäten verteidigten, gleichrangig mit der Avantgarde der französischen Jesuiten und Dominikaner. Beide wurden sehr bald Weltreisende in Sachen Kirchenreform und avancierten, in alle Weltsprachen übersetzt, auf den Bestsellerlisten der Sachbuch-Literatur. Im Gegensatz zum schwer verständlichen Rahner und dem bald im Mystizismus abtauchenden Hans Urs von Balthasar bildeten sie die Abteilung Attacke, verkörperten sie die sich formierenden Ansprüche der »jungen Wilden«, ohne jedoch als Teil des katholischen Systems auf dessen bewährte Vorzüge verzichten zu müssen.

Obwohl in den Medien als Schlagzeilen- und Titelhelden verehrt und als sprachgewandte Interviewpartner begehrt, blieben die beiden Jungstars offenbar von den Versuchungen der »Welt« verschont. Während ihr prominenter Kollege Jean Daniélou vom Gerede einer zweifelhaften Dame aus dem Pariser Milieu tödlich getroffen wurde, der arme Rahner den klerikalen Promi-Bedürfnissen von Luise Rinser ins Messer laufen sollte oder von Balthasar den Jesuitenorden verließ, um bei den Visionen der Basler Ärztin Adrienne von Speyr Protokoll zu führen, verkörperten Ratzinger und Küng, bei allem Reformeifer, das gute Beispiel von Vorzeige-Zölibatären. Ringsum im Klerus blühte die »Zurückversetzung in den Laienstand«. Namhafte Äbte und Mönchsautoren, Thomas Sartory, Fulbert Steffinsky, Dom Franzoni, Alkuin Heising oder Bernard Besret, verließen ihre Klöster. An der Pforte wartete meist eine Frau.

Was ihnen beiden gewiss fehlte, war jedoch die pastorale Bodenhaftung. Zwar verfügte Küng über einen Tick mehr Seelsorge-Erfahrung als sein Kollege Ratzinger, doch lag das alles schon weit zurück. Über dem Volk, aber nicht im Volk saßen beide, bei zweifellos guter Sicht, im exklusiven Spähturm einer sich zur Welt öffnenden Theologie. Dass es ihnen dabei gelang, im Gegensatz zur fachidiotischen Geheimsprache so mancher Konfratres, die Fülle der Frohen Botschaft auf den Punkt zu bringen und die Gläubigen nicht allein zu lassen, ist ihr nicht minder gemeinsames Verdienst. Dennoch lässt die Heftigkeit der bald folgenden Konflikte und Verletzungen auch einen anderen Schluss zu: Beim Streit um die »reine Wahrheit« nahmen beide nicht mehr viel Rücksicht auf das verunsicherte Kirchenvolk.

Dass es bei so viel Nähe und Überschneidungen zwischen Joseph Ratzinger und Hans Küng zum Jahrzehnte währenden Bruch kam, ist eine ganz andere, eine tragische Geschichte. Sie hat viel mit Tiefenpsychologie, zwiespältigem katholischem Erbe und mit der Eiseskälte der Zeitumstände im Vorfeld des wechselnden Jahrtausends zu tun.

Gescheiterte Freundschaften sind heimtückischer als zerbrochene Ehen. Männer meinen einander nicht verzeihen zu können. Das Lächeln einer ehemals Geliebten macht so manches vergessen. Das Beleidigtsein der Machos ist heimtückisch, ihre Fähigkeit zur Revanche unberechenbar. Aber wer weiß?

Nach der Schockminute am frühen Abend des 19. April 2005 hielt Prof. Hans Küng dem neuen Papst Benedikt XVI. zwar keine Laudatio, äusserte jedoch über den Namen »Benedikt« Nachdenkliches und traute sich die Tugend gespannten Abwartens zu. Ohne den Namen des Autors und den Titel des Buches zu nennen, erwies der neue Papst bereits am ersten Tag seines Pontifikates Hans Küngs richtungsweisendem Werk »Konzil und Wiedervereinigung – Erneuerung als Ruf in die Einheit« die Ehre. Beim Abschlussgottesdienst des Konklaves in der noch vom weißen Rauch geschwängerten Sixtinischen Kapelle verkündete er vor den versammelten Kardinälen, dass er die »sichtbare Einheit der Christen« zum Hauptanliegen seines Pontifikates machen werde.

Bereits knapp drei Wochen zuvor, beim Requiem für Papst Johannes Paul II., hatte der Kardinaldekan Joseph Ratzinger dafür ein ergreifendes Zeichen gesetzt. Als Erstem erteilte er dem im Rollstuhl wartenden protestantischen Prior von Taizé, Frère Roger Schutz, die Kommunion. Orthodoxe Patriarchen und anglikanische Bischöfe beobachteten es mit Tränen in den Augen. Auf dem Sarg hoben sich die Blätter des Evangeliars im Frühlingswind. Er war frisch und wehte wie immer, wo er will.

2. Der Sohn des Gendarmen

Am Abend des 19. Juni 1945 brannten in der Pfarrkirche von Traunstein viele Opferkerzen. Es war Herz-Jesu-Freitag, im traditionellen Katholizismus ein Tag besonderer Gebete, die sich an das »Herz Christi« richten. Die Statue auf dem Altar stellte einen Christus in rot-weißen Gewändern dar, der mit einem Finger auf sein von Dornen umfangenes, blutendes Herz zeigt. Es ist eine Attitüde der jüngeren Frömmigkeitsgeschichte, die man heute mit zwiespältigen Gefühlen wahrnimmt, eine Komposition, in der Leidens- und Kreuzeserfahrungen eine eigenartige Verbindung mit göttlicher Sanftmut und Liebe eingehen. Der überwundene Schmerz findet sich von nazarenischem Zuckerguss überdeckt. Aber in Zeiten der Not spielen Stilfragen keine Rolle; Herz und Erlösung haben eine ganz andere Dimension. Das wussten auch die Gläubigen in der Pfarrkirche, die vor Sonnenuntergang in die Andacht geeilt waren, um Litaneien und Lieder vor der Statue mit dem blutenden Herzen vorzutragen. Kaum eine Familie, die unmittelbar nach Beendigung des Weltkrieges nicht einen Gefallenen, Verwundeten oder Vermissten zu beklagen hatte.

Selbst auf der Straße waren die Gesänge zu hören, doch lief der junge Mann, der eben, aus Ottobrunn kommend, von einem mit Holzgas betriebenen Milchtransporter gesprungen war, eiligst davon. Seine fluchtartige Reaktion vor dem Gotteshaus blieb nicht unbemerkt. Auch wussten die beiden jungen Mädchen, die ihn mit seinem Rucksack verschwinden sahen, durchaus, um wen es sich handelte. Als wenig später die Menschen hinaus auf den Vorplatz strömten, verbreitete sich die Nachricht wie ein Lauffeuer: Joseph, der 18-ährige jüngste Sohn des pensionierten Gendarmen Joseph Ratzinger und seiner Frau Maria geb. Paintner, der Seminarist, ehemalige Flakhelfer und Zwangsverpflichtete des Reichsarbeitsdienstes, war aus amerikanischer Gefangenschaft heimgekehrt.

Der spätere Präfekt der Glaubenskongregation, Joseph Kardinal Ratzinger, der beim öffentlichen Umgang mit religiösen Superlativen stets eine unterkühlte Diskretion übte, hat diese Rückkehr in seine Heimatstadt überaus poetisch beschrieben; es sei ihm vorgekommen, als kehre er in das »himmlische Jerusalem« zurück. Der Schüchterne gab vor, er habe die Andacht nicht stören wollen und sei nach Hause gestürzt, wo sein Vater es nicht fassen konnte, seinen jüngsten Sohn, den schmächtigen und sensiblen Priesterkandidaten, lebend aus der Weltkatastrophe zurückkehren zu sehen. Draußen hörte man laute Frauenstimmen, klappernde Absätze auf dem Weg zum Hof. Dann fiel der verlorene Sohn seiner Mutter und der älteren Schwester Maria in die Arme. Es wurde ein großer Abend im Herrgottswinkel. Der Herz-Jesu-Freitag trug österliche Züge.

Einen Monat später erstrahlte dieser Hof mit Blick auf die Traunsteiner Hausberge Hochfellen und Hochgern noch einmal im Himmelsglanz Jerusalems. Türe und Fenster standen in dem aus dem Jahr 1726 stammenden Bauernhaus weit offen, es war ein glühend heißer Julitag, als in der Stille plötzlich Schritte vernehmlich wurden, die zunächst ein ängstliches Zögern, dann aber ergreifende Gewissheit auslösten. Die schweren Schritte ließen alle aufhorchen, sie konnten nur die des ältesten Sohnes der Ratzingers, des von der italienischen Front heimkehrenden Georgs, sein. Seit Anfang April hatte es von ihm kein Lebenszeichen mehr gegeben. Niemand wagte die Beklemmung beim Namen zu nennen; es war typisch für diese Familie, die alle wesentlichen Lebensfragen mit Gebet und Stille umgab. Bis heute bleibt unerwähnt, was sich Eltern und Geschwister in dieser Stunde großen Glücks gesagt haben. Nur so viel: Georg stand in ihrer Mitte, ging zum Klavier und spielte »Großer Gott wir loben dich«. Sie waren wieder alle an jenem Ort zusammen, den Joseph, ihr Jüngster, als »unsere wahre Heimat« bezeichnet. Seine Wertung schließt alles andere ein: Die Monate wiedergewonnener Freiheit sollten zu den schönsten seines Lebens gehören.

Das Foto der Ratzingers aus dem Jahr 1938, offenbar in einem Atelier der Stadt aufgenommen, zeigt das Bild einer intakten ländlichen Familie aus dem Bayern der ersten Gewaltakte des Dritten Reiches. Der Vater mit dunklen Augenhöhlen aufrecht sitzend, Mutter Maria in resoluter Güte, Schwester Maria mit schwarzen Zöpfen und dezenten Brüsten, Georgs Mundwinkel, denen man einiges zutraut, sind hochgezogen, schließlich der Kleinste, nicht in die Linse blickend und, im Gegensatz zu anderen Aufnahmen, keineswegs klerikal-verklärt. Dreizehn Jahre später wird sich die Familie anlässlich der Priesterweihe der beiden Söhne Georg und Joseph 1951 noch einmal zu einem Gruppenbild aufstellen. Vater und Mutter haben sich kaum verändert, die Schwester lächelt zaghaft, Georg wirkt noch immer etwas schelmisch, doch aus dem Benjamin ist ein klug dreinblickender junger Mann geworden. Illusionslos, zäh. Dichtes, gescheiteltes Haar, die Hand selbstbewusst an der schlanken Hüfte, offenbar in eine Akademiker-Karriere aufbrechend, ein Hochwürden mit Zukunft. Dies bestätigt auch das letzte gemeinsame Familienfoto beim Abschied der Ratzingers aus Freising im Frühjahr 1959. Der erst 32-jährige Professor der Dogmatik und Fundamentaltheologie folgte einem Ruf als Ordinarius an die Universität Bonn.

Die sich von der Kindheit bis zur Universitätslaufbahn erstreckende kleine Familien-Galerie dokumentiert mehr als nostalgische Erinnerungen an ungetrübte Heimatabende. Joseph Ratzingers Familie war auf ihrer bayerischen »Dienstreise« von Marktl am Inn über Tittmoning am deutsch-österreichischen Grenzübergang nach Aschau am Inn, Hufschlag bei Traunstein und Freising eine nie gefährdete Einheit. Selbst im hohen Alter wirkte der Vater wie ein Fels in der Brandung. Die Mutter strahlte in diesem Milieu kleinbürgerlicher Sorgen wie eine Frau mit Hingabe. Schwester Maria würde den bewunderten Brüdern immer die Treue halten; die Betagte besuchte noch 1990 sichtlich stolz ihren jüngsten Bruder, den Kardinal, in seiner römischen Wohnung an der Piazza della Mura Leonine.

Zwischen Joseph und dem älteren Georg bestand seit eh und je ein Verhältnis selten starker Bruderschaft. Gemeinsam hatten sie das Seminar besucht, gemeinsam wurden sie im Juni 1951 zu Priestern geweiht, ihre enge Verbindung riss auch nicht ab, als der Jüngere nach seiner Universitätslaufbahn in höchste kirchliche Ämter berufen wurde. Reisen, Erholung, Bergwanderungen, Feiertage und Familienfeste: immer wieder fanden sie zueinander, wobei der ehemalige Leiter der Regensburger Domspatzen, Georg Ratzinger, offenbar auf alle hochkomplizierten theologischen und kirchenpolitischen Fragen des Bruders eine besänftigende musikalische Antwort wusste. Kardinal Ratzinger am Klavier, das vermittelte den Eindruck meditativer Versunkenheit, die nicht zu den Tugenden eines »Großinquisitors« gehört. Aus den Gesprächen mit Peter Seewald war die besondere Beziehung des jüngeren zum älteren Bruder bereits bekannt, doch ihr eigentlicher

27

Tiefgang wurde erst nach der Papstwahl am 20. April 2005 deutlich, als der von den Medien bestürmte Georg, ob in »Paris-Match« oder als zugeschalteter Gast in Johannes B. Kerners Talkshow im ZDF, etwas von der Gelassenheit und Weisheit der Ratzingers mitzuteilen wusste. Seine Antworten auf all die aufgeregten Fangfragen waren von entwaffnender, simpler Ehrlichkeit, so als säße das Millionenpublikum einfach mit am Küchentisch bei einer Brotzeit auf dem Hof von Hufschlag, wo keine intellektuellen Debatten geführt wurden, sondern wo man sich mit dem aufgeräumten alten Herrn ebenso famos über das Kälbchen im Stall des Nachbarn wie über Gregorianischen Choral oder die Schneegrenze auf dem Watzmann unterhalten konnte.

Was der ranghohe Kirchenmann tunlichst verborgen hatte – Einblicke in die Alltäglichkeit des Privaten –, gab sein Bruder plaudernd preis. Wo der Kardinal im Zeremoniell vatikanischer Liturgien wegtauchte, beugte sich der Kapellmeister zum Ohr der Menschen. Wenn der strenge Präfekt die Recherchen seiner Glaubenswächter sichtete, dirigierte der Schmunzelnde seine Domspatzen. Georg Ratzinger wirkte in den Stunden der großen Emotionen nach den Rauchzeichen über der Sixtina wie eine entfernte Zuflucht des berühmten Bruders, der nur eine Sorge hatte, dass dieser scheue Papst von all den ihn jetzt umkreisenden Monsignori in eine unheilige Isolierung entführt werden könnte. Ungeniert ließ er die Weltpresse wissen, dass der Pontifex »ja nicht mehr der Jüngste sei« und er jetzt um die Absage gemeinsamer Urlaubspläne fürchten müsse. Doch bereits nach der ersten Nacht als Heiliger Vater rief der neue Benedikt nach dem Frühstück in der Residenz der hl. Martha den alten Georg in Regensburg an und teilte ihm die Nummer seiner päpstlichen Durchwahl mit.

In den bescheidenen Lebenserinnerungen, die Joseph Kardinal Ratzinger 1998 bezeichnenderweise zunächst einer etwas unzugänglicheren italienischen Ausgabe, den Edizioni San Paolo in Cinisello Balsamo, anvertraute, genierte er sich zunächst, über die Harmlosigkeit seiner simplen Herkunft Auskunft zu geben. Typisch für den Meister geschliffener Spurensuche, begann er mit einer kulturhistorischen Talfahrt, die tief in das Geflecht keltischer Orakel und römischer Eroberungen hinabreicht. Die enge Landschaft seiner Kindheit und Jugend war das grenznahe Inn-Salzach-Dreieck, auf dessen doppelte kulturelle Wurzel er mit Nachdruck hinwies. Auch ließ er keinen Zweifel daran, dass das Christentum bereits in vorkonstantinischer Zeit dorthin eingedrungen sei. Gallier, Iren, Engländer, sogar Byzantiner hätten in dieser Idylle am Fluss missioniert. Schon erwähnte er das geliebte Salzburg als frühe christliche Metropole, die von den Bischöfen Virgil und Rupert gesegnet wurde. 1938 wird er als 11-Jähriger an der Hand seiner Eltern in diese einzigartige Stadt kommen, an der Wallfahrt nach Maria Plain teilnehmen und von den herrlichen Barockkirchen fasziniert sein. Noch vor Ausbruch des Zweiten Weltkrieges arrangierte der handfeste Georg Besuche der Festspiele, und gebannt erlebten die beiden Brüder den genialen Knappertsbusch, wie einen Adler mit gespreizten Dirigentenhänden über dem pathetischen Rauschen von Beethovens Neunter Symphonie.

Joseph Ratzinger ist am 16. April 1927 in Marktl am Inn zur Welt gekommen, aller Marketingbemühungen des rührigen Fleckens zum Trotz nur eine Zwischenstation auf dem unruhigen Weg der Familie, die erst in Traunstein wirklich heimisch wurde. Es geschah im Sternzeichen des Widders, dessen Fell, das Goldene Vließ im heiligen Hain des Kriegsgottes Ares aufgehängt wurde. Einer solchen Himmelskonstellation werden kühner Unternehmungsgeist und Intuition für das Wesen einer Sache zugeschrieben, jedoch auch folgenschwere Fehlentscheidungen und Starrköpfigkeit. Wichtiger als diese astrologischen Spekulationen, die Ratzinger nie geschätzt hat, war ihm jedoch die Tatsache, dass es sich um einen Karsamstag handelte. Liturgisch ist das der spannende Zeitpunkt des Übergangs vom Tod zum Leben. Fragen der Endzeit, der letzten Dinge werden ihn ständig begleiten. Dieser etwas entrückte Wesenzug ist ihm auch anzusehen; manchmal nimmt man Schatten um seine Augen wahr; zu ihm gehört der leise, vorsichtige Schritt wie auf dünnem Eis; es gibt mancherlei Andeutungen von Sterben, Finsternis und Jenseits.

Seine Geburtsstunde um 8.30 Uhr fiel ja unmittelbar in die makabre Szenerie, die die Descensus-Theologie des Karsamstags aufbaut; da geht es um den Abstieg Christi in die Hölle, ein Motiv, welches die mittelalterliche und ostkirchliche Kunst besonders liebte. Byzantinische Ikonen, seherische Nacherzählungen von Adrienne von Speyr und deren raunende Interpretation durch den Theologen Hans Urs von Balthasar haben dazu düstere Bilder geliefert. Der von Josef von Arimathäa und den Frauen in das Felsengrab gebettete Christus steigt in die totale Finsternis des Reiches des Bösen hinab, alles durchschreitend, was die Menschheit aller Zeiten an Auswurf von Sünden, Verbrechen und Schande abgeliefert hat. Wie ein mythologischer Fluss strömt dort die Ekel erregende Brühe letzten Abschaums, ein widerliches Gebräu, das die Seherin aus Basel als »Infligien« bezeichnete. Der mit den frischen Wundmalen gezeichnete Herr schreitet hindurch bis tief hinein in den abgelegensten Winkel des Bösen, nichts und niemandes Spuren auslassend, bis auch der letzte, der schlimmste aller Sünder von seinem Vorübergang berührt und befreit wird: zurück, hinauf ins österliche Licht. Von Balthasar hat sich wie gesagt zu diesem von der ostkirchlichen Liturgie verehrten und im lateinischen Westen skeptisch gemiedenen Erlösungs-Topos zu äußern gewagt: es handle sich um eine »in der Theologiegeschichte einmalige Erfahrung«, sie rechtfertige den »Überschwang christlicher Hoffnung über die Furcht« und gebe doch dem ganzen Problem einen »nie gekannten Ernst«. Der Dominikaner P. Carré sagte es mit der lapidaren Bemerkung: »Die Hölle existiert, aber es ist niemand mehr drin.« Aber Ratzinger wollte zu seinem Geburtstermin gar nicht so tief schürfen, allein die unmittelbare österliche Nähe hat ihn beeindruckt.

Der Neugeborene musste allerdings auf den Anbruch des Festes der Auferstehung nicht lange warten. Damals wurde die Feier der Osternacht mit dem dramatischen »Exultet« und der Wasserweihe bereits am Vormittag des Karsamstags gefeiert. »Jetzt is er scho da, der Bua«, sagten seine Angehörigen und brachten das Kind bei klirrender Kälte in die Kirche, wo er mit dem neuen, eben gesegneten Wasser getauft wurde. Es hat den um Einblick in die tieferen Schichten der Dinge bemühten Priester und Theologen Joseph Ratzinger immer bewegt, auf diese Weise in das Ostergeheimnis eingetaucht worden zu sein. Doch wusste er dabei sehr wohl zugleich um den heiklen Hintergrund des Karsamstags. Darüber nachdenkend, kam er zu der Einsicht, dass dieser sonderbare Kontext seiner Geburt dem Wesen des menschlichen Lebens gemäß sei, »das noch auf Ostern wartet, noch nicht im vollen Licht steht, aber doch vertrauensvoll darauf zugeht«. Der Mensch als ein »Unterwegsseiender«, unterwegs ganz woanders hin. In den Tumulten des Lebens wollte er es nicht mehr aus den Augen verlieren.

Dass der Säugling auf den Namen Joseph getauft wurde, war gewiss eine Reverenz an den zutiefst gerührten Vater, den Gendarmen Josef Ratzinger. Der im tiefgläubigen Bayern sehr geläufige Name berief sich auf das Patronat des Zimmermanns und Pflegevaters Jesu. Im ländlichen Milieu war der heilige Joseph immer »einer von uns«, nicht einer, der es mit den Großkopfeten hält, einer, der mit den Händen arbeitet und ohne Aufhebens für das Nötige sorgt. Joseph wurde damals noch mit einer nahezu rücksichtsvollen Frömmigkeit verehrt, so als handle es sich um einen Fall bedauernswerten Schicksals. Es ist das Verdienst des vom Konzilsberater Ratzinger besonders geschätzten Papstes Johannes XXIII., den mit verschämten Gebeten bedachten Schutzpatron aus seiner misslichen Lage komplizierter Vaterschaft befreit und ihn, neben den großen Heiligen der Christenheit in den Kanon, das zentrale Wandlungsgebet der Messfeier, aufgenommen zu haben. Der eine oder andere mag wohl gedacht haben, dass dieser in den Evangelien tunlichst gemiedene Handwerker nicht so recht zur Biografie des virtuosen Bildungsmenschen und Professors Ratzinger passen würde, doch hat der sich dieses einfachen Namens nie geschämt. Mehr noch: Die so genannten »kleinen Heiligen« bedeuteten ihm sehr viel. Für den aus seiner engen Nachbarschaft, dem Kloster- und Wallfahrtsort Altötting, stammenden Pförtnerbruder Konrad von Parzham, für die kleine Therese von Liseux, für Bernadette Soubirou aus Lourdes, für Jean Vianney, den Pfarrer aus Ars, den Sahara-Eremiten Charles de Foucauld oder Maximilian Kolbe in seinem Hungerbunker bewahrte sich die gelehrte Eminenz eine besondere Sensibilität. Er empfand es als eine merkwürdige Fügung, dass die Kirche im Jahrhundert des Fortschritts und der Wissenschaftsgläubigkeit sich in ganz einfachen Menschen, die von den Strömungen der Zeit kaum berührt schienen, am stärksten dargestellt fand. »Ist das ein Zeichen«, so fragte er in der ihm eigenen aufgeklärten Melancholie, »dass die Kirche ihre kulturprägende Kraft verloren hat und nur noch außerhalb des eigentlichen Geschichtsstroms angesiedelt ist? Oder ist es ein Zeichen, dass der helle Blick für das Wesentliche gerade auch heute den Geringen gegeben ist, der den Weisen und Verständigen so oft abgeht?« Diese Fragen waren nicht nur hineingesprochen in die kalten, herzlosen Kontroversen der zeitgenössischen Theologie, sondern auch als bleibender Appell an sich selbst gerichtet. Einfachheit gehört zu ihm; verstiegenes Abheben war seine Sache nie, so komplex sich auch die theologischen Fragestellungen ergeben mochten.

Vater Ratzinger war ein aus Niederbayern stammender einfacher Polizeibeamter, mit einem bescheidenen, aber garantierten Monatsgehalt. Er beeindruckte seinen jüngsten Sohn durch eine rationale Glaubensüberzeugung. Von »strenger Güte« und politischer Sensibilität sei er gewesen. Im Gegensatz zu ihrem Mann, war die Mutter, eine fantasievolle Köchin aus dem Tirolischen, warmherzig und innerlich kraftvoll. Die Wege des sehr jungen Ratzinger bewegten sich oft in diesem Zwischenland von Herzensmystik und ihrer nachdenklichen Bewältigung. In Tittmoning, wo der Vater eine zweite Dienstzeit antrat, beschäftigte ihn die etwas obskure Gestalt des Bartholomäus Holzhauser, der in der unsicheren Zeit des Dreißigjährigen Krieges apokalyptische Visionen niederschrieb. Besonders prägte sich hier auch ein zwischen Karfreitag und Ostern aufgerichtetes »heiliges Grab« bei dem Jungen ein, das ihm deshalb auffiel, weil es das Mysterium von Tod und Auferstehung statt mit dem Kopf mit den Sinnen wahrnehmbar werden ließ. Für die Geschwister war es nicht minder geheimnisvoll, dass sich das Haus der Gendarmerie und ihre Wohnung im Areal der ehemaligen Stiftskapelle befanden. Die Böden waren brüchig und erzeugten ein seltsames Knarren. Über hohe Stiegen und durch verwinkelte Räume ging es zu ihrem Schlafzimmer, dem einstigen Kapitelsaal des Stiftdekans und der Kanoniker. Auf dem Dachboden gab es ein Marionettentheater, dessen Figuren die Fantasie des Jüngsten beschäftigten. Die von einem Schloss und alten Klostergebäuden umgebene kleine Stadt an der Salzach war ein spannendes Zuhause.

Spannend war der Ort auch deshalb, weil Tittmoning nur wenige Schritte von der Grenze zu Österreich entfernt lag. Die unmittelbaren Nachbarn waren bereits »Ausland«, freilich ein Ausland, in dem man die gleiche Sprache sprach und der Dialekt kaum Unterschiede machte. Das Kind empfand diese Grenzlage mit einem »eigenen Gefühl«, das man im deutschsprachigen Ostbelgien, in Südtirol oder im Elsass ebenfalls kennt. Solche Nachbarschaften werfen politische Fragen nach dem Wesen von Heimat und europäischer Geschichte auf. Da ist immer eine Spur Skepsis gegenüber den nationalen Banden von Vaterland und Muttersprache. Die politischen Fragen sollten sich für die glückliche Familie Ratzinger in diesem Wetterwinkel auf brisante Weise stellen, als die ersten Plakate der Nazis auftauchten und im Ländchen stiller Armut verheißungsvolle Versprechungen eines baldigen Anbruchs in bessere Zeiten verbreitet wurden. Noch scheiterte Hitler bei der Wahl zum Reichspräsidenten am alten Haudegen Hindenburg. Aber schon musste der Vater wiederholt auf Parteiversammlungen gegen die Dreistigkeit brauner Gewalt einschreiten. Die Idylle am Grenzfluss wandelte sich in Gefahr. Doch war da auch das knorrige Vorbild des Großonkels Georg Ratzinger, der als promovierter Theologe dem Bayerischen Landtag und später dem Reichstag angehörte und im fernen Berlin als Verfechter bäuerlicher Rechte hervortrat. Die Familie blickte stolz auf den resoluten Politiker. Man war nicht deutschnational, sondern bayerisch-patriotisch und geschichtsbewusst, das nahe Österreich imponierte mehr als das Reich, auch gab es frankophil-katholische Strömungen. Vater Ratzinger war ein verschwiegener Mann und erbitterter Nazi-Gegner. Er verfolgte nicht nur die Etappen der unaufhaltsamen Katastrophe, sondern erlebte den real existierenden deutschen Faschismus sozusagen dienstlich vor der eigenen Haustür. Als Gendarm hörte er die Flöhe husten, musste schlichten, »Ruhe und Ordnung« aufrechterhalten und sich bisweilen den siegesgewissen Sarkasmus des lauter werdenden Pöbels gefallen lassen. Man kam ihm auf die Schliche, er hatte sich zu sehr exponiert. So ließ er sich kurz vor Weihnachten 1932 in das Dorf Aschau am Inn versetzen, wurde aber schon wenige Wochen später, am 30. Januar 1933 von der weltpolitischen Wirklichkeit eingeholt. Nach der Machtergreifung Hitlers legten selbst in diesem harmlosen Dorf die Männer mit den Braunhemden jede Hemmung ab und marschierten triumphierend zum Wirthaus an der Kirche. Hier lag auch die kleine Schule, in der Joseph Ratzinger nicht nur lesen und schreiben lernte, sondern einen kalten Windhauch deutscher Geschichte zu spüren bekam, den er zwar nicht verstand, der jedoch ein Gefühl unheimlicher Angst auslöste.

Das vergilbte Klassenbild aus der Volksschule von Aschau am Inn hat im April 2005 Menschen in aller Welt bewegt. Da sass jener Mann mit dem silbergrauen Haar, der ihnen am Vortag mit weit ausgebreiteten Händen von der Loggia des Petersdoms den Segen »urbi et orbi« erteilt hat, als Achtjähriger rechts in der dritten Reihe einer Schulbank. Zusammen mit rund dreißig Jungen und Mädchen blickte er dem an der Rückwand der Klasse postierten Fotografen in die Linse. Wache, scheue Augenpaare, keiner lachte. Joseph mit Wolljacke und kurz geschorenem Kopf, skeptisch gebeugt. Das »Frolein« trug eine Schürze. Auf den Pulten liegen Tafeln, Griffel und Bilderbücher. An der linken Wand hingen Zettel mit den Aufschriften »Der, Die, Das« und »Sonne, Blümlein, Vogel, Tierchen«. In großer Kreideschrift war auf der Tafel zu lesen: »AU MEINE NASE«. Links über einer Wasserschüssel mit dem Schwamm befand sich ein Ausschnitt von Pieter

Breughels »Volkszählung zu Bethlehem«, Schlittschuhläufer unter flämischem Winterhimmel. Daneben drei Hufeisen, Glücksbringer. Doch der idyllische Vormittag im bayrischen Klassenzimmer enthielt eine fatale Pointe: Neben einem großen Kruzifix hingen die Bilder von Hitler und Hindenburg. Der Führer bereits mit seinem Flackerblick, der alte Feldmarschall wirkt müde. Noch war kein Schuss gefallen. Doch es dauerte nicht mehr lange, und einige von diesen Kindern mit den großen hellen Augen – Kinder des Jahrgangs 1927 – würden tödlich getroffen zusammenbrechen.

Wohin die Dinge im Dorf trieben, blieb niemandem verborgen. Bislang unauffällige Bewohner erschienen in Uniform. Die Heranwachsenden wurden in der »Hitlerjugend« und dem »Bund deutscher Mädchen« eingebunden. Als »reichsfeindlich« verdächtigte Priester standen unter Spitzel-Beobachtung. Hirtenbriefe zum Schulkampf verhallten ins Leere. Vermeintlich treue Kirchgänger verschwanden in die »innere Emigration«. Die schweigende Mehrheit war eine tückische Masse. Joseph Ratzinger wird später illusionslos registrieren, dass »das Pochen auf institutionell verbürgte Christlichkeit ins Leere« stößt. Die Garantie hilft nicht, wenn keine Menschen da sind, die sie aus innerer Überzeugung stützen. Dieser Appell richtete sich ebenso an das Partei-, wie das Amtschristentum. Auch das wurde im Mikrokosmos dieses Dorfes deutlich: Die Lauen waren manchmal schlimmer als die Feinde. Die Versuche eines pädagogischen Eiferers, mit Maibaum und Sonnenwendfeier die christlichen Symbole zu verdrängen, fanden Jahrzehnte später eine nachdenkliche Wertung des Kardinals: »Wenn ich heute höre, wie man in weiten Teilen der Welt Kritik des Christentums als Zerstörung der eigenen kulturellen Identität und als Aufdrängen europäischer Werte betreibt, dann wundere ich mich, wie ähnlich die Argumentationstypen sind und wie vertraut mir so manche Floskeln klingen.«

Aschau am Inn, das war aber nicht nur eine ländliche Szene anbrandenden, um sich greifenden Nazitums. Das tiefe Bayern barg Widerstandskräfte, die der verängstigte Junge mit spirituellen Neigungen zu schätzen lernte. Das Kirchenjahr mit seinen Advents-, Weihnachts-, Fasten- und Osterzeiten empfand er als eine ästhetische Choreografie, gegenüber der die Lichtorgel-Hochämter der Nazis ins Leere leuchteten. Ähnlich der festen Zuflucht der Familie, bot auch der bäuerliche Jahreskreis mit seinen vom liturgischen Kalender umfangenen Höhen und Tiefen einen starken Halt. Die bayerische Landschaft in ihrer Synthese von Schönheit, Geschichte und Glauben strahlte eine versöhnende Harmonie aus, die tief greifend immunisierte. Bayern war katholisches Urland, hatte etwas in sich Ruhendes, das ideologischen Phrasen gewissermaßen von Natur aus abhold war. Nach seiner Weihe zum Erzbischof wird ihn ein römischer Konfrater mit dem geopolitischen Kompliment zu betören versuchen, München, das sei »ja schon ein Stück Italien ...«

Gewiss war Bayern in Europa kein christliches Biotop, das nur aus der Vergangenheit lebte. Die Auswirkungen der von den Benediktinermönchen Dom Guéranger, Lambert Beaudouin und Ildefons Herwegen begründeten Liturgischen Bewegung, die in den Abteien Solesmes, Mont César und Maria Laach oder in der Jugendbewegung von Romano Guardini auf Burg Rothenfels wichtige Impulse erhalten hatte, waren auch in den Pfarreien am Inn spürbar. Joseph Ratzinger, der in Aschau ohnehin ein besonderes Gespür für die dunkle Liturgie der Karwoche und deren dramatische Übergänge in die Osternacht entwickelte, entdeckte einen größeren Horizont spiritueller Heimat. Dazu trugen in besonderem Maße auch die Messbuch-Übersetzungen des Beuroner Benediktiners Anselm Schott bei, die er sich in allen erdenklichen Ausgaben schenken ließ und als Kostbarkeiten hegte. In der Liturgie verband sich ihm schon früh das Schöne und Wahre zu einer sinnlichen Einheit. Die Liturgie sollte ihn früh prägen und seine dauernde Liebe werden. Später würde er über sie schreiben, ihr faszinierendes Geheimnis zu entdecken und vor dem Zugriff Unberufener zu schützen suchen. In einer Zeit galoppierender Grobheiten traf ihn dieser Lichtstrahl tief. »Immer klarer wurde mir«, schreibt er in seinen Erinnerungen, »dass ich da einer Wirklichkeit begegnete, die nicht irgendjemand erdacht hatte ... Dieses geheimnisvolle Gewebe von Text und Handlungen war in Jahrhunderten aus dem Glauben der Kirche gewachsen. Es trug die Fracht der ganzen Geschichte ...«

In diesem Kontext wirkte seine Begegnung mit der Barockkunst des Salzburger Landes wie ein berauschendes Stimulans. Sie hat den jungen Joseph Ratzinger berührt, nicht nur spirituell, sondern geradezu physisch. Barock, das war sein bayerisches Heimspiel: transzendentale Verinnerlichung und Leichtigkeit der Sinne. Die Engel begannen zu lächeln. Christus schritt tänzelnd zu Maria und den Aposteln. Es waren flutende Bilder, schwebende Turbulenzen. Nietzsche beobachtete im Chiemgau eine »erheiternde Heiterkeit«. Ratzinger betrat diese Kirchen wie ein Rendezvous mit der göttlichen Evidenz. Dem Tal der Tränen der Passionsgeschichte folgte Frühlicht, der Auferstandene erschien mit wehender Fahne über den Grabsteinen. Erklang dazu Mozart, nahm es den Atem. Hier war die totale Alternative zum Karsamstag: Barockkirchen ermuntern zu einer Theologie, die alle verkopften Hemmungen und Bilderängste ablegt. Das Schöne als Argument für Gott – es blieb im Fall des jungen Mannes kein folgenloser Ästhetizismus, sondern mündete in die Entscheidung für den geistlichen Beruf. Als Papst Benedikt XVI. nach seiner Wahl am 20. April 2005 die Hauptloggia des Petersdomes betrat, haben kritische Beobachter seine ausgestreckten Handflächen allzu voreilig als Symbol einer »Abwehrbewegung« interpretiert, die vor dem brausenden Lärm der Welt gleich in Deckung gehe. Näher liegend war, dass die päpstliche Gestik ein spontanes Dulce jubilo anzeigte. Da war ein Schwingen und Schweben. Der Einklang des Dirigenten mit Orchester, Säulen und Deckengemälden. Das erste öffentliche Handzeichen Seiner Heiligkeit war bayerisches Barock. Berninis Heilige und Leonardos Engel waren in der Nähe. Ihnen mochte es gefallen haben ...

Nach der vorzeitigen Pensionierung des Vaters erwarben die Ratzingers im Frühjahr 1937 in Hufschlag, am Stadtrand von Traunstein, ein Bauernhaus in alpenländischem Stil, auf dessen Dachbalken die Jahreszahl 1726 eingeritzt ist. Dazu gehörte eine große Wiese mit Apfel-, Birnen- und Zwetschgenbäumen. Die weitläufige Wiese grenzte an Eichen- und Nadelwälder. Vor dem Haus stand ein Brunnen. Die Familie hatte ihre »wahre Heimat« gefunden. Joseph ging jetzt aufs »humanistische Gymnasium« in Traunstein, er war der Kleinste, jedoch ein Musterschüler. Auf dem halbstündigen Weg in die Stadt wiederholte er lateinische Vokabeln und Grammatik. Das Studium der antiken Autoren wurde überschattet von der dominanter werdenden totalitären Ideologie. 1938 erfolgten der »Anschluss« Österreichs und die Annexion des Sudetenlandes. 1939 war die Tschechoslowakei an der Reihe, schließlich fielen die Hitler-Armeen in Polen ein. Es wurde »zurückgeschossen«, es rasselten die Ketten, es dröhnten die Motoren. Die Katastrophe nahm ihren Lauf.

1939 war der Zeitpunkt gekommen, wo der 12-jährige Joseph Ratzinger ins Traunsteiner Knabenseminar eintrat, eine Art Vorstufe für das eigentliche Priesterseminar. Es geschah in unspektakulärer Selbstverständlichkeit. Dem Wunsch, Priester zu werden, waren weder Erleuchtungserlebnisse noch zerknirschte Selbstfindungsprozesse vorausgegangen. Im Umfeld seines Glaubens, seiner Heimat, seiner Familie gedieh seine frühe Berufung wie ein Schattengewächs. Romanzen, die ihn an dem starken Schritt gehindert hätten, waren nicht bekannt. Auf die Frage, ob er jemals wie Johannes Paul II. in seiner Jugend verliebt gewesen sei, antwortete er mit galanter Unbestimmtheit, er sei natürlich auch »durch Freundschaften berührt worden«. Doch dann folgte ein markanter Vergleich aus Heideggers tiefem Bilderforst: der Glaube weise solche Bestimmungen; aus verschiedenen »Holzwegen« auf die »Lichtung« durchblickend. Man wüsste zu gerne, ob sich der künftige Papst mit Traunsteiner Mädchen auf konkreten Waldwegen erging, bevor sich seine Geschicke endgültig im Theologischen lichteten. Lassen wir das im Dunkeln der Geschichte.

Deutlich wurde, dass der junge Ratzinger »Lichtung« zunächst in der sanften Treibhausluft des Traunsteiner Studienseminars erlebte. Die Jahre standen im Zwiespalt von klassischer Bildung und heraufziehender politischer Katastrophe. Die schöngeistigen Ambitionen des jungen Mannes kollidierten mit den Pflichten des überfüllten Studiersaales und des Sportunterrichts. Der bedächtige junge Mann bezeichnete beides im Nachhinein als »Folter«. Nicht minder bedrückend empfand er seine unausweichliche Anmeldung in der Hitlerjugend, von der seine Schulgeld-Ermäßigung abhing. Ein wohlwollender NS-Lehrer riet ihm: »Geh doch einmal hin, damit wir das haben.« Bald ließ man den völlig Ungeeigneten wieder laufen. »Das waren keine Nazis«, erzählte Franz Mitterreiter, ein Handwerker aus der Umgebung von Traunstein, »die Seminaristen und Joseph Ratzinger waren zwangsweise in der Hitlerjugend!« Mitterreiter wusste Bescheid. Seine beiden verstorbenen Brüder Alois und Ludwig besuchten das Institut zur gleichen Zeit wie die Brüder Joseph und Georg Ratzinger: »Sie wurden unten in der Stadt schikaniert und beschimpft.«

Das Dilemma zwischen der schroffen Realität einer Jugend im Dritten Reich und den zarten Hoffnungen eines Priesterkandidaten dokumentiert auf anschauliche Weise sein späteres Foto als Luftwaffenhelfer von 1943: ein Chorknabe in der Uniform verlorener Siege. Die Versuche der britischen »Yellowpress«, den deutschen »Papa Ratzi« als eifernden HJ-Pimpf zu diffamieren, gehören zur offenbar unvermeidlichen Schande der Boulevard-Redakteure. Spätere Enthüllungen aus den Stasi-Archiven haben seine Nazi-Gegnerschaft unmissverständlich bestätigt; die Spitzel Mielkes vermochten ihm keinerlei Kollaboration anzudrehen. Im Rückblick auf diese Jahre benutzte Ratzinger Begriffe, die dem späteren Präfekten der Glaubenskongregation nicht ganz fremd sein werden:»apokalyptische Zeit« und»Albtraum«.

Auch seine ersten literarischen Präferenzen ließen die frühe Sehnsucht nach Abkehr vom grauenhaften Zeitgetümmel erkennen. Goethe, Mörike, Eichendorff, Storm und Stifter begeisterten ihn; Schiller war»zu moralisch«, der grimmige Raabe und Kleist, der Hand an sich legte, blieben ihm fremd. Mehr noch, er begann selbst zu dichten und übersetzte griechische Urtexte der Kirchenväter. Sich darin aber wie in einem weltflüchtigen Schneckenhaus zu verkriechen, ließ die bittere Realität der Kriegsjahre nicht zu. Tagtäglich standen die Namen von Gefallenen in der Zeitung, fanden Totenmessen statt. Namen und Geburtsdaten rückten näher wie die Einschläge von Granatsplittern.

Als 16-Jähriger musste er selbst als Luftwaffenhelfer in Reih und Glied. In den Weinbergen des Burgenlandes schaufelte er für den Reichsarbeitsdienst. Von der Heimat hörte er Unglaubliches. Der Krieg fand nicht mehr irgendwo in den Weiten Russlands statt. In Salzburg wurde der Renaissance-Dom schwer getroffen. Das Schlimmste blieb ihm erspart. Die Waffe musste er nicht in die Hand nehmen. Vor den Augen seiner Mutter geriet er in amerikanische Gefangenschaft. Zusammen mit 50 000 deutschen Soldaten verbrachte der Sensible wochenlang in einem Lager bei Ulm im Freien. Vor den Gefangenen die Silhouette des Münsters, das wie der Gruß aus einer anderen Zeit wirkte und vielleicht auch ihr ungewisses Schicksal in ein barmherzigeres Licht tauchte.

3. Ein Kuss zum Abschied

Anders als bei Joseph Ratzinger gibt es im Leben von Hans Küng durchaus eine bezaubernde romantische Szene: Auf den täglichen Zugfahrten, die ihn zwischen 1942 und 1948 in die Kantonsschule nach Luzern brachten, verliebte er sich in ein hübsches Mädchen. Es war nicht das erste Mal, dass dem Gymnasiasten so etwas passierte, aber diesmal empfand er ein unvergleichliches Glücksgefühl. Die Bahnstrecke vorbei am Vierwaldstätter See geriet zu einer spannenden Distanz. Jeden Tag eine drei viertel Stunde Herzklopfen. Wird sie kommen? Wird sie ihn grüßen? Wie verzaubert folgte er ihren Spuren und errötete, wenn sich ihre Blicke kreuzten und ein Lächeln über ihre Mundwinkel huschte. Er war groß und kräftig, hatte dichtes, welliges Haar, war zu Hause als ein Rabauke gefürchtet – und jetzt so etwas. Hans Küng in love. Natürlich blieb seine Scheu dem Mädchen nicht verborgen.

Irrungen und Wirrungen eines jungen Mannes: Seit dem 12. Lebensjahr wollte er Priester werden. Kein Engel hatte ihn berührt, keine göttliche Botschaft ihn umgekrempelt. Es war das Beispiel seines Jugendpräses Franz Xaver Kaufmann und des älteren Freundes Hans Zurkirchen, das ihn zu jenem Schritt veranlasste, den er mit notarieller Nüchternheit »meine erste grundlegende Lebensentscheidung« nannte. Er wusste, dass sie ihm vieles abfordern werde, doch dass es bereits so früh geschehen würde, hatte er sich nicht träumen lassen. So blickte er vom Zugfenster hinaus auf den See und hoffte, es gebe vielleicht doch irgendeine Möglichkeit, das Priestertum mit dieser jungen Frau zu verbinden. Das quälende Abwägen dauerte einige Wochen, dann vertraute er sich seinem Präses an. Kaufmann wusste längst, um wen es sich bei der Verehrten handelte, er schätzte sie sehr, was die Dinge nicht leichter machte. Er verdrängte die sexuellen Probleme seiner jungen Leute nicht; dennoch führte er mehr als ein Dutzend von ihnen zum Priestertum. Ganz ehrlich antwortete er seinem jungen Freund: »Entscheide dich.« Kein Vorwurf, kein Drängen. Dann beging der Arme, was er später eine »Grausamkeit« nannte. Er riss sich seine Liebesgeschichte aus der Seele und lief weinend davon. »Ich küsste sie«, schrieb er, »ein einziges Mal, zum Abschied.« Dass Hans Küng sich in seinen »Erinnerungen« die Mitteilung dieser kleinen Vertraulichkeit erlaubte, ist nicht unerheblich. Bei aller Ehrlichkeit gab es bei ihm eine Neigung, seine Männlichkeit gegen raunende Emotionalitäten abzuschotten. Als unbestreitbarer Liebling seiner Mutter wies er jeden freudschen Ödipusverdacht weit von sich. Briefe »à la Kafka oder Hesse« zwischen ihm und dem Vater habe es nie gegeben. Er pochte darauf, dass der ihn lebenslänglich in den Bann ziehende Sursee kein lyrisch verklärter Ort wie Adornos »Amorbach« oder Heideggers »Feldweg« sei. Beherzt verkündet er: »Identitätsprobleme à la Frischs ›Gantenbein‹ waren meine Sache nicht.« Überhaupt Frisch – da geht Küng gleich auf Distanz zu dem selbstsucherischen Poeten, der beständig seinen verlorenen Wurzeln nachspürte – der Mann habe noch mit 55 Jahren »ein reichlich gequältes Symposium« über die Schweiz als Heimat abgehalten.

Stattdessen singt Küng das Lob seiner fünf jüngeren Schwestern, die hübsch, intelligent und temperamentvoll gewesen seien. Außerdem sind da noch viele Cousinen. Es gab viele Ferienkinder und Austauschstudentinnen; auf dem Gymnasium war der Umgang zwischen den Geschlechtern unverkrampft. Dora, Madeleine, Trudy: er nennt sie alle beim Namen, mit denen sie zu gemeinsamen Reisen ins Wallis, Elsass oder nach Griechenland aufbrachen. Schwärmen war normal, Erotik erlaubt, Sex unüblich. Doch weigert er sich, in diesem Kontext in die Psycho-Ecke eines »Nesthäkchens« oder »Hahns im Korb« gedrängt zu werden. Gewisse Brüche des Sunnyboys im Gruppenbild mit Damen sind aber da. Zwei seiner Brüder starben, und es bleibt auch nicht unerwähnt, dass es zwischen Hans und dem älteren Georg Konflikte gab.

Hans Küng wurde am Festtag des hl. Joseph, am 19. März 1928, in Sursee am Sempacher See geboren; er ist damit ein Jahr jünger als Joseph Ratzinger. Es geschah im Sternzeichen des Fisches, dessen aus babylonischen Zeiten stammendes Orakel er ablehnt. Er liebt den Sternenhimmel, jedoch nicht die »von Menschen eingebildeten Sternbilder, deren Einzelsterne vielfach Millionen Lichtjahre hinter- und auseinander liegen«. Dennoch dürfte es ihn nicht unbeeindruckt lassen, dass ihm Astrologen »Drang nach Weite und Vielfältigkeit des

Daseins« attestieren, sowie den Wunsch, sich einer größeren weltanschaulichen Gemeinschaft zu verbinden,»deren hohe Erwartungen und Ansprüche oft zu Enttäuschungen führen …«

Die Küngs leben seit Großvaters Zeiten im Zentrum des Städtchens als gut situierte, wohlhabende Schuhhändler. Ihr Name, so der berühmte Sohn, der kurioserweise ursprünglich Anstreicher werden wollte (eine vorübergehende kindliche Passion, die ihn übrigens mit seinem Widerpart Ratzinger verbindet), habe offenbar etwas mit »König« oder »kühn« zu tun. Es könnte passen. Dem prächtigen Geburtshaus, das bereits zu Beginn des 15. Jahrhunderts bezeugt ist und vom berühmten Basler Kupferstecher Merian verewigt wurde, gilt seine ganze Bewunderung. Vom Eckzimmer mit Fenstern nach beiden Seiten blickt er auf eine große Marienstatue vor einer Flammenmandorla. 1901 stand hier noch das Gasthaus »Zur Krone«, dann wurde gemietet, gekauft und umgebaut. Der Sohn schwärmt von den Sonnenterrassen, wo im Sommer gegessen wird und er im Freien studiert oder schreibt. »Nichts Schöneres unter der Sonne«, zitiert er aus einem Gedicht der Max-Frisch-Geliebten Ingeborg Bachmann, »als unter der Sonne zu sein«.

Eine besondere Beziehung pflegt das Patenkind Hans zu seinem Großvater »Götti«, dessen Lieblingsenkel er ist, der ihn mit Geschenken verwöhnt und, nach dem tragischen Unfalltod der Großmutter bei der Heimkehr von einer Wallfahrt nach Einsiedeln, in einem eigenen Bett in seinem Schlafzimmer aufnimmt. Seine Nachtlektüre sind die Kindheits- und Jugendklassiker Robinson, Onkel Toms Hütte, Karl May und später die Thriller von Edgar Wallace. Über seinen geschäftigen Vater berichtet das Sonnenkind wenig. Umso ausführlicher widmet er sich dem Vorbild seiner aus einem benachbarten, liberal denkenden Bauerngeschlecht stammenden, selbstbewussten Mutter Emma Gut. Er schätzt bei der starken Frau, die den Tod zweier Söhne zu verkraften hatte, dass sie »Probleme nicht schafft, sondern löst«. Vom Temperament her cholerisch-sanguinisch, neigt ihr Sohn bisweilen zur Melancholie, die er jedoch im Schatten dieser Mutter rasch wegsteckt.

Froh und ernst erkennt er bei sich »Voraussetzungen für natürliche Souveränität«, die nicht ganz frei von Stolz ist. Selbst die keineswegs bescheidene Mutter rät ihrem Hänschen bei passender Gelegenheit: »Jetzt nur nicht stolz werden.« Leicht gesagt. Dem jungen Mann fliegen die Gelegenheiten, stolz zu werden, nur so zu. Wie macht man das, nicht abzuheben? Dies gilt später auch bei Ehrenbürgerschaften und Preisverleihungen. »Du wirst nie ein Schuhhändler werden«, prophezeit ihm schon früh Vaters Kollege Erbini. Der Vergleich mit dem Schweizer Helden Arnold Winkelried schmeichelt ihm. Im Gegensatz zu »manch anderen«, bewegt ihn die »Suche nach Freiheit«. Die Länge seiner Schulaufsätze ist ihm präzise Erwähnungen wert. Ebenso seine Kampfstärke bei »einer gegen neun«.

Der Soziologe Ralf Dahrendorf sieht den jungen Tübinger Professor bereits zu Beginn der 60er Jahre zum »Prälaten, Bischof oder Kardinal« aufsteigen. Eine Wertung, die 2002 auf der Rückseite seines Erinnerungsbuches gleich zweimal wiederholt wird. Dazu wäre viel zu sagen, es trifft jedenfalls einen nicht unbedeutenden Teil des »Phänomens Küng«, der den 600 Seiten umfassenden ersten Teil seine Autobiografie mitunter aus einer Position der Defensive schreibt. Schwingt da Wehmut mit, dass alles auch noch ganz, ganz anders hätte kommen können? Ein paar Wendungen der Geschichte – und Hans Küng wäre am 18. April 2005 in Purpur gekleidet (und neben oder statt seines Kontrahenten Joseph Ratzinger) in das Konklave eingezogen. Eine irritierende Vorstellung, freilich nicht ganz fern von der Wirklichkeit! So aber heißt seine Autobiografie »Erkämpfte Freiheit«. »Ich tausche Freiheit gegen Macht«, hatte Joschka Fischer gesagt, als er das Wahlergebnis verstanden hatte. Da und dort spürt man, dass Hans Küng auch gerne an seinem Standbild feilt. Freiheit hat seinen Preis. Und Würde, die nicht aus dem Amt kommt, will erobert und verteidigt sein.

Wohl deshalb ist es zu verstehen, dass Hans Küng seine Kindheits- und Jugenderinnerungen mit einer ausführlichen politischen Milieubeschreibung der deutschsprachigen Schweiz zur Zeit der heranrückenden Machtergreifung durch die Nazis beginnt, so als erinnere sich hier nicht der spätere Konzilsberater, sondern ein älterer Staatsmann. Mehr als andere, so berichtet er, hat die durch Hitler bedrohte Freiheit seine frühen Jahre geprägt. Der erst Sechsjährige empfindet den Mord an dem österreichischen Bundeskanzler und Außenminister Dollfuß als »Schockdatum«. Mit zehn Jahren erlebt er konsterniert den Einmarsch der Wehrmacht in das befreundete Nachbarland Österreich. Dem Widerständler Kanzler von Schuschnigg gilt seine Hochachtung, tiefe Skepsis begleitet die Winkelzüge des willfährigen Kardinals Innitzer.

Am 1. September 1939 folgt dem Ausbruch des Zweiten Weltkrieges die Generalmobilmachung. Der 11-jährige Küng gehört zur patriotisch gesinnten katholischen »Jugendwacht«; er avanciert zum »Hilfsführer«. Der 12-Jährige schwärmt von Churchills BBC-Botschaft »Ich habe nichts zu bieten außer Blut, Mühsal, Schweiß und Tränen« sowie von de Gaulles Durchhalte-Appellen aus dem Londoner Exil. Bald darauf wird er bewaffneter Ortswehrsoldat, zwei Jahre später Funker bei den Flieger- und Flak-Übermittlungstruppen. Drill, Infanterie und spätere Einberufungen bleiben ihm erspart. An Kämpfen war er nicht beteiligt, Militärerlebnisse hat er, im Gegensatz zu Max Frisch, keine. Als der Krieg endet, ist er gerade einmal 17 Jahre alt.

Die Haltung der von Hitlers »Unternehmen Tannenbaum« bedrohten Schweiz war zwiespältig, sie lavierte zwischen Widerstand und Anpassung. Obwohl er mit Mussolini sympathisiert, beeindruckt der Oberbefehlshaber der Armee, General Henri Guisan, den ihm in Sursee aus nächster Nähe applaudierenden 11-jährigen Knaben. Weniger herzlich ist sein Beifall für den als Anpasser geltenden Bundespräsidenten Pilet-Golaz 1939 beim Schützenfest in Luzern. Die Schweiz ist eine schwierige »Insel der Freiheit«, es kommt zu Konzessionen an Hitler-Deutschland: Im Transitverkehr und bei Finanztransaktionen auch jüdischer Guthaben funktioniert eine geräuschlose Zusammenarbeit von Nationalbank und Großbanken mit dem NS-Regime. Über 20 000 vom Tod bedrohte Flüchtlinge werden an den Grenzen abgewiesen. Küng schreibt, man habe darüber wenig in der Schweizer Presse gelesen, bemerkt jedoch zugleich, die Bischöfe hätten diese Politik nicht kritisiert. Obwohl er BBC und Radio Beromünster hört, wird ihm von den Auswirkungen eines Judenstempels für die aus Nazi-Deutschland Flüchtenden nichts bekannt; von den Judenvernichtungen erfährt seine Umgebung erst gegen Ende des Krieges. Unterdessen rollen plombierte deutsche Waffentransporte über das neutrale Schweizer Eisenbahnnetz. Mit wem und wohin? Alle seine Verwandten und Bekannten stehen auf der Seite der Unbeugsamen: »Kampf und Widerstand gegen jeden Angriff von außen wie gegen die nazistische Ideologie und Agitation im Innern«. Doch Achtung, »Feind hört mit«, und Küng antwortet auf die Vorwürfe fremdenfeindlicher, mitunter menschenverachtender Abschottung in der Alpenfestung: »Aber kann man es uns verübeln, dass wir uns jetzt auf das eigene schweizerische Wesen besinnen, die althergebrachten Werte kultivieren, das urschweizerische demokratische Bewusstsein stärken und unsere geistige Eigenart profilieren?«

Anlässlich des 650. Gründungstages der Eidgenossenschaft nimmt der 13-jährige Hans Küng am gemeinsamen Schwur der Schweizer Schulen auf dem Rütli teil. Auf der Bergwiese über dem Urner See soll nach der Sage Anfang August 1291 der Bund der Urkantone Uri, Schwyz und Unterwalden beschworen worden sein. Unter dem Selisberg wiederholen alle Schüler den Kernsatz aus dem Schiller-Drama »Wilhelm Tell«: »Wir wollen sein ein einig Volk von Brüdern, in keiner Not uns trennen und Gefahr. Wir wollen frei sein, wie die Väter waren, eher den Tod als in der Knechtschaft leben.« Wir betreten vibrierendes mythologisches Terrain. Sein Nachbeben ist noch 2002 zu spüren, als Hans Küng angesichts der Vorwürfe sponsernder Willfährigkeit seines Landes gegenüber den Nazis in unmissverständlichem Pathos verkündet: »Ja, ich bin stolz darauf, ein Schweizer zu sein.« Dem nationalen Bekenntnis lässt er allerdings sogleich eine Attacke seiner »fast instinktiven Abneigung gegen alle Diktatur« folgen. In die bezieht er neben Staat und Gesellschaft ausdrücklich auch kirchlichen Integralismus, Anbetung kirchlicher Führer und die Vergötzung der Institution Kirche ein. Dass er stolz auf seine Kirche sei, sagt er nicht. Das hat wohl mit den schweren Verletzungen zu tun, die Küng sich in all den Jahren innerkirchlicher Fehde zugezogen hat. Die Narben schmerzen. Die Kirche hat sich ihm nicht als ein einig katholisch Volk von Brüdern erwiesen. Die Unbeugsamen erhielten Prügel von den Beugsamen, allen voran die Professoren der Hochtheologie, denen das hechelnde Rudel ihrer Adepten manche Wunden zugefügt hat.

Hans Küng ist Eidgenosse und stolz auf die freiheitliche, machtskeptische Tradition der Schweiz, aber die Verbundenheit mit seiner Herkunft lässt sich nicht auf Tell-Idylle, Kritik an undurchsichtigen Clearing-Bankgeschäften und wackere Bischofsbeschimpfungen reduzieren. In seinem Land gehen Geschichts- und Naturerfahrungen ineinander über. Er empfindet die Naturschönheit seines Landes als eine Quelle von »Kraft und Freude«; er erfährt seine persönliche Prägung als ein Resultat von »Umwelt und Erbmasse«. Er liebt es, die Berge zu besteigen und in den Seen zu baden. Angesichts der dramatischen Naturkulisse macht er zwei Grunderfahrungen, die aus einem Lehrbuch des Schweizer analytischen Psychologen C. G. Jung stammen könnten. Wie es sich für einen großen Theologen geziemt, haben sie viel mit Höhen und Tiefen, mit Todesnähe und Lebenswillen, mit Angst und mit Glauben zu tun. Der Auf- und Abstieg zum »Dom«, dem mit 4454 Metern höchsten Schweizer Berg, spielte für den damals 17-Jährigen eine herausragende Rolle. Sein späterer Bischof Otto Wüst, mit dem er auf Bergtour ist, stürzt in einer Steilwand mehrere hundert Meter ab und konnte, am Felsen nach einem Halt suchend, durch die Seilsicherung gerettet werden. Die Rückkehr im heftigen Wind ist nicht minder abenteuerlich. Abwechselnd die Führung übernehmend, müssen sie sich mit dem Pickel durch die Eisfelder schlagen. Ein falscher Schritt wäre verhängnisvoll. Schließlich kehren sie erschöpft in die tausend Meter tiefer gelegene Domhütte zurück. Für alle Zukunft wird sich Küng in den Alpen auf Skiabfahrten beschränken. Am liebsten in der Wintersonne über den Nebelfeldern des Mittellandes.

Noch intensiver ist seine Erfahrung des Schwimmens im Sursee, dessen Tiefe bis zu 90 m hinabreicht. Es ist nicht ganz ungefährlich, ganz weit hinaus, bis zur Gamma-Insel, zu schwimmen. Schon als Kind hat er sich in diesen See gewagt und bald gestaunt, dass dessen Wasser ihn trägt. Auf dem Grund befinden sich die Fundamente einer karolingischen Kirche. Immer wieder wird er später hierher zurückkehren, selbst im Winter in den eiskalten See hinausschwimmen. Ein schönes Bild: Der Glaube trägt ihn über alle Untiefen des Lebens hinweg. Darüber nachdenkend, hält er dieses Wagnis für »vernünftig«. Das erfahre man freilich erst im Vollzug. Schön, wenn sich Hans Küng erinnert: An einem sonnigen Frühlingstag steigt er in das Wasser, an dessen Schilfgürtel ein Schwanenpaar brütet. Von der weit entfernten Halbinsel fliegt der Schwanenvater mit gestrecktem Hals heran und richtet sich drohend vor ihm auf, um ihn aus der Nestnähe zu vertreiben. Der lange Schnabel auf seine Augen gerichtet, die Flügel zum Schlag bereit. Erst am Ufer herbeieilende Hilfe befreit ihn aus der misslichen Lage. Auch dieses Bild hat Tiefenschärfe: Schwanenkampf, Sturm auf dem See. Küng wiegelt ab, wehrt sich, die Szene naturmystisch oder sonst wie symbolisch zu überfrachten. Sein Haus am Ufer ist ein Haus am Ufer – kein eremitischer Unterschlupf. Hier ist sie wieder, seine nahezu rigorose Abwehr, in die Nähe von »Mystik« zu geraten oder in den Verdacht zu geraten, er ginge mönchischen Neigungen nach. Dennoch: Der Sursee wird ihn nicht mehr loslassen, wird in ihm sogar die Weisheit der Psalmen wachrufen. Sein kleines Haus mit Bootanlegestelle, Eichendecke und zweiseitiger Sonnenterrasse wird zu einem existentiellen Standort, ohne dessen Kraft sein Leben und Werk unverständlich bleiben. Er hat den Grundriss selbst mit entworfen; seine Geschwister und deren Kinder leben in unmittelbarer Nachbarschaft. Obwohl der Nüchterne sich wehrt, die Magie des Ortes zuzugeben, bricht es schließlich doch aus ihm heraus: »… links der massige Bergblock der Rigi und rechts der schroff aus dem Mittelland aufsteigende Pilatus und dazwischen Titlis, Stanserhorn und Bürgenstock. Bei klarem Wetter die ganze Alpenkette von den Glarner bis zu den Berner Alpen mit Eiger, Mönch und Jungfrau. Der See am Morgen im Gegenlicht silbern schimmernd, nur vom Gegenufer aus im Abendrot glühend. Seine Farben und Stimmungen richten sich stets nach dem Himmel. Und am geheimnisvollsten ist er bei Vollmond … Oft werde ich da bis weit über Mitternacht auf meiner Terrasse schauen, lesen und schreiben: über mir die Milchstraße, besser zu sehen als in den Städten. Mein Haus genau in Nord-Süd-Richtung, durch die Dachluke meiner kleinen Schlafkoje der Polarstern.«

Küngs Gegner haben ihm später seine Idylle im »Seehüsli« zum Vorwurf gemacht. Doch war es eine Schande, dass der Priester und Professor aus etwas besserem Hause das Geschenk seines Vaters annahm? Ohnehin waren seine Vorstellungen von Priestertum seit seiner Berufung als 12-Jähriger völlig andere als die, das Klischee eines traditionellen alpenländischen Hochwürden mit Pfarrhof und bemutternder Haushälterin zu bedienen. Sein Ideal richtet sich ganz an dem Vorbild des »Jugendwacht«-Präses Kaufmann aus, der die schwarze Soutane mit den 33 Knöpfen gegen normale Kleidung getauscht hatte, Jugendlager und Theaterabende organisierte, sexuelle Nöte ansprach und eine unauffällige Frömmigkeit praktizierte. Dass Franz Xaver Kaufmann, im Gegensatz zu manch hochmütigem Dekan, keine kirchliche Anerkennung erhielt, passte ins Bild des Seelsorgers, der den jungen Küng »das befreiend Jesuanische« lehrte. Es sollte sein Leitbild fürs Leben werden, das ihn in seinem Engagement nie schwanken ließ. So war er gewappnet, als er sich nach einem gescheiterten Schulstreit als Einziger für das als »freisinnig« geltende Gymnasium in Luzern entschied und dort neue Professoren, die griechische »kalokagathia«, das humanistische Ideal des Schönen und Guten, und die Nähe von Mitschülerinnen kennen lernte. Er besuchte von dort aus auch das Nachkriegs-Deutschland, verbrachte einige Zeit in einem Zeltlager mit Jugendlichen aus dem Ruhrpott und bewunderte den von Bombenangriffen verschont gebliebenen Kölner Dom. Inmitten der Ruinen stellte er sich erstmals die Frage nach der Zukunft Europas und feierte am heimatlichen Sursee seinen 20. Geburtstag als Vollbürger der Schweiz, die der von ihm geschätzte Literat Adolf Muschg einmal als »das Land der begrenzten Unmöglichkeiten« bezeichnete.

Den Entschluss, nach der Matura 1948 am »Pontificium Collegium Germanicum et Hungaricum« in Rom ein Theologie-Studium zu beginnen, hatte Hans Küng bereits drei Jahre zuvor gefasst. Es war keine Schnapsidee nach der durchzechten Abschiedsfeier in einem Hotel auf dem Bürgenstock, sondern seine »schicksalsschwere« Lebensentscheidung. Für all das, was noch kommen wird, ist es nicht wichtig zu erfahren, dass er dafür sogar einen Antrag stellt. Rom, das Zentrum der katholischen Kirche, ist ihm nicht aufgedrängt worden, er hat es so gewollt. Er reist noch nach London, besucht eine »Hamlet«-Aufführung, die Lean-Verfilmung von »Oliver Twist« und lernt einige Mädchen kennen. Dann kommt die Stunde des Abschieds und er besteigt »mit frohen Augen und tiefer Melancholie« den Zug in die »Ewige Stadt«.

Vergleicht man die Kindheit und Jugend von Joseph Ratzinger und Hans Küng, entdeckt man Gegensätze. Oft sind es nur lapidare Details, aber nicht ohne Hinweise auf ein später sich herausbildendes heikles Verhältnis. Ratzinger schätzt seinen Namenspatron, den demütigen hl. Joseph, Küng wird, obwohl an dessen Fest am 19. März geboren, nicht auf diesen Namen getauft. Die Ratzingers sind einfache Kleinbürger, die Küngs betuchte Geschäftsleute. Joseph ist ein schmächtiges Knäblein, das Sport als Folter empfindet, der »Ironman« Hans siegt beim Nahkampf gegen den Rest der Klasse und schwimmt durch den tiefen See. Der Ministrant aus Traunstein liest Anselm Schotts Missale, der Ministrant aus Sursee knallharte Krimis. Der junge Ratzinger wird kurze Zeit der Hitlerjugend einverleibt, aber er steht »daneben«, und nicht nur aus Gründen ideologischer Unverträglichkeit. Küng trägt bereits als 13-Jähriger ein Gewehr. Vor den Augen der Mutter wird Ratzinger von schwer bewaffneten Amerikanern in Gefangenschaft abgeführt, Küng funkt weit vom Schuss für Übungstruppen. Schiller sei ihm zu »moralisch«, bemerkt Ratzinger, Küng zitiert pathetisch den Dichter »Wilhelm Tells«. Ratzinger wiederholt beim halbstündigen Fußmarsch nach Traunstein Schulaufgaben, Küng fährt jeden Tag eine drei viertel Stunde nach Luzern und verliebt sich mit Haut und

Haaren. Ratzinger gedenkt bei Kriegsende der gefallenen Kameraden, Küng erklärt, er sei »stolz ein Schweizer zu sein«. Ratzinger blickt auf ein demoralisiertes Vaterland, Küng betont, von den Nazi-Gräueln wenig gewusst zu haben. Der junge Deutsche beginnt früh seine Priesterausbildung, der junge Schweizer reist nach London und lernt hübsche Mädchen kennen. Ratzinger säubert mit seinem Bruder das heruntergekommene Provinzseminar, Küng bewirbt sich selbst- und wahrscheinlich auch karrierebewusst für ein Theologie-Studium am päpstlichen Renommier-Kolleg »Germanicum«.

Doch fehlt es auch nicht an Gemeinsamkeiten: Beide wollen sehr früh Priester werden und praktizieren eine unauffällige Frömmigkeit. Sie entstammen der Alpenlandschaft und lieben ihre Berge und Seen. Sie wachsen in starken christlichen Familien auf und verehren ihre Geschwister. Die Barockkirchen ihrer Heimat haben es ihnen angetan, den einen mehr, den anderen weniger. Beide verbringen eine von Affären unbehelligte Pubertät, Küng kann sich affektiv dabei sicher freier entfalten als der zurückhaltende Ratzinger, der überdies in einem Milieu aufwächst, in dem manche Dinge einfach nicht artikuliert werden. Ihre Intelligenz ist Spitze, die antik-humanistische Bildung prägt sie zutiefst. Mehr als das Einkuscheln in den zeitgenössischen Marienkult suchen sie das »befreiend Jesuanische« (Küng) oder »die ganze Tiefe der Christusgestalt« (Ratzinger). Vom Staat fordern sie demokratische Stabilität, der Eidgenosse etwas »nationalliberal«, der Bayer vorzugsweise »wertkonservativ«. Sehr früh entwickeln sie eine Sensibilität für Europa. Nach der Kriegs-Katastrophe setzen sie alle Hoffnung auf die Kirche, doch bedrängt sie bereits die Frage, was mit dem Glauben geschieht, wenn er nicht mehr bezeugt wird. Ihre dunkle Ahnung wird sich über die Jahrtausendwende hinaus erschreckend bestätigen. Dem Gentleman aus der Sabine-Christiansen-Show und dem Papst auf der Loggia von St. Peter bleibt etwas Zeit, darauf eine ermutigende Antwort zu geben.

4. Augustinus im Gewächshaus

Durch den Park von Fürstenried ging ein junger Mann. Das königliche Jagd- und Lustschloss südlich von München diente im akademischen Jahr 1947–48 der Theologischen Fakultät der Universität als Ausweichquartier für bayerische Priesteramtskandidaten. Von 1878 bis in den Ersten Weltkrieg hinein hatte hier der depressive König Otto Jahrzehnte seines Wahnsinns verbracht. Nach dem Ende der Monarchie erwarb die Erzdiözese das unheimliche Areal und nutzte es als Exerzitienhaus. Später folgten Anbauten für Spätberufene. Doch blieb es ein sonderbarer Ort: In drangvoller Enge wohnten zwei Professoren, befanden sich Sekretariats- und Sitzungszimmer der Fakultät, Seminarräume für Pastoraltheologie, Kirchengeschichte und Exegese sowie die Studier- und Schlafsäle der Studenten. Obendrein war in dem Haus ein Lazarett für ausländische Invaliden untergebracht.

Manchmal glaubte Joseph Ratzinger, es sei noch immer Krieg. Der 20-Jährige, der als Flakhelfer schon so manches erlebt und am Seminar in Freising eine unerwartete Aufbruchstimmung erlebt hatte, war ein sensibler Student und tat sich schwer in diesem Schlösschen sehr begrenzter Lust. Wenn ihn die Schwermut überfiel, flüchtete er hinaus in den Schlosspark, der englischen und französischen Vorbildern nachempfunden war und eine Atmosphäre von Weite und Zuflucht verbreitete. Immer wieder konnte man ihn auf den einsamen Wegen sehen, selbstversunken, streng, in der Dämmerung einem zur Vesper eilenden Mönch vergleichbar. Manche Beobachter glaubten gar, Ratzinger befinde sich in jener Berufungskrise, in die junge Enthusiasten nach der Begeisterung der Anfänge oft gerieten. Aber Probleme dieser Art behelligten ihn nicht. Seine Berufung stand außer Frage. Er selbst war die Krise.

Später äußerte er sich über diese Spaziergänge auf den Parkwegen von Fürstenried, diese Zeit intellektueller Unruhe habe »das Drama meines Lebens und vor allem das Geheimnis der Wahrheit enthüllt«. Danach befragt, bedauerte der stets um private Diskretion bemühte

Ratzinger diese weitgehende Mitteilung offenbar bereits und versuchte sie als »etwas geschraubt« zu verharmlosen, was ihre Ernsthaftigkeit jedoch nicht milderte, sondern eher noch verstärkte. Über sein »Lebensdrama« sprach ein Joseph Ratzinger nicht so dahin. Bohren wir etwas nach: Was also ging in ihm vor, im Schlosspark des umnachteten Monarchen?

Familiär kannte er keine Probleme; er war kein Weichling, dem die bäuerliche Wärme des Hofes von Hufschlag fehlte. Die Anforderungen des Zölibates bedrängten ihn kaum. Natürlich habe es in seiner Jugend »Freundschaften« gegeben, so hat er sich einmal, vorsichtig und vieldeutig wie so oft, geäußert; Mädchennamen wurden nicht bekannt. Keine Dora und keine Anneliese kann sich rühmen, mit dem Pontifex geturtelt zu haben. Obwohl unsportlich, hatte er gesundheitlich keine Probleme und machte einen drahtigen Eindruck. Auch gab es im Theologen-Schloss keine nennenswerten Beziehungskonflikte. Er hatte schließlich Kriegserfahrung und keine Hemmungen, in einem Etagenbett zu schlafen. Ohnehin verschonte ihn seine angeborene Neigung zur inneren Emigration vor allzu aufdringlicher Kollegialität.

Nein, was Joseph Ratzinger in diesen Anfangsjahren so dramatisch bewegte, war das, was Hans Küng Jahre später allgemein mit dem Begriff »Paradigma-Wechsel« bezeichnen sollte: ein radikaler und folglich schmerzlicher, jedoch unaufhaltsamer Zeitbruch, den Küng selbst erstmals als Gymnasiast in der freisinnigen Kantonalhauptstadt Luzern erfahren hat. Endgültiger und illusionsloser Abschied aus den barocken Biotopen alpenländischer Volksfrömmigkeit. Knallharte Konfrontation mit den großen Fragen der modernen Katastrophenzeit. Küng, der auf das Neue Versessene, verfolgte den Zusammenbruch des alten christlichen Europa gewissermaßen von außen, von der neutralen Schweiz aus. Ratzinger steckte mitten in diesem geistigen Strudel, aus dem auch die katholische Kirche nicht unverändert herausgehen würde. Man konnte nicht einfach anknüpfen an das, was vor dem Krieg war. Nicht vom Stil her, nicht vom Denken her, nicht von den alten Allianzen her, nicht von der ökumenischen Frontstellung her.

Der leise, hochsensible, hochintelligente Ratzinger trug keine Scheuklappen, er sah, was kommen würde, mit großer Hellsicht. Doch bewahrte er sich eisern jenen in persönlicher Frömmigkeit eingeübten Geradeausblick, der ein Augenzwinkern nach links oder rechts bereits für eine mittelschwere Sünde hielt. Jahrzehnte später blitzt bei offiziellen Auftritten als Kardinal diese Fixierung da und dort wieder auf, als gehöre sie zum liturgischen Ordo seiner bedrängten katholischen Weltsicht. In solch einer Haltung sah ich ihn an einem Frühlingstag 1999 völlig abwesend über den Petersplatz zu einer Bushaltestelle am Borgo schreiten: Baskenmütze, langer schwarzer Mantel, Aktentasche, ein französischer Landpfarrer, wie auf einem Versehgang ... Ratzingers bittere Erinnerungen an die Zeit der Flak, im Reichsarbeitsdienst oder in der amerikanischen Gefangenschaft hatten ihm zwar die Augen für die Brutalität des Lebens geöffnet, doch die Bilderwelt himmlischen Beistands fand sich keineswegs erschüttert. Seine dunklen Ahnungen im Schlosspark sollten sich bestätigen. Erste Umrisse eines Jahrzehnte später stets beschworenen »Albtraums« werden sichtbar, existentielle Sorgen um seine Kirche begannen ihn zu erfassen.

Dass Joseph Ratzinger so weit ging, diese Zeit mit den schweren Begriffen »Lebensdrama« und »Wahrheitsgeheimnis« zu befrachten, war frei von Übertreibung. Er hatte den Schnitt der Nabelschnur, den Riss aus der Beschaulichkeit frommen Daseins und den damit verbundenen inneren »Heimatverlust« tatsächlich so empfunden. Er ließ das völlig Neue erst aus der Deckung vorauseilender Ängste an sich heran und versuchte, sich ihm abwägend zu stellen. Letztlich ging es um die Gottesfrage, um Zweifel und Einsamkeit. »Wehe uns, wenn das alles eine Illusion ist«, flüsterte Kardinal Roncalli, der spätere Papst Johannes XXIII., nach der Beerdigung seiner Schwester Ancilla im Herbststurm von Sotto-il-Monte seinem Sekretär zu. Wer kennt sie nicht, diese Abgründe? In aller Schärfe spürte Ratzinger die Wucht des auf den Glauben einstürzenden wissenschaftlich-technischen Fortschritts und sorgte sich um eine angemessene Antwort. Lebensdrama aber auch deshalb, weil sich dieser erschütternde Prozess in den Jahren nach dem Konzil, unter anderen Vorzeichen und Rollenbesetzungen, jedoch im Kern identisch, noch einmal wiederholen wird: Untergehen oder unausweichliches Aufrichten im Chaos einer verworrenen Welt, heftige Richtungskämpfe in der geschockten Kirche, Sehnsucht nach dem Strohhalm einer »christlichen Reaktions-Revolution«, zurück in ein Minimum an Harmonie.

Unwillkürlich schlägt man den Bogen von den einsamen Parkspaziergängen des jungen Seminaristen zu dem, was kommen sollte: Der ehemalige Konzilsberater, Bischof, Erzbischof und Kardinal wird einmal mit der zeremoniellen Strenge eines Amtsträgers in die Neuinszenierung des Dramas schreiten, dessen Dimensionen er als junger Mann in der Stille ausgelotet hatte. Dem Publikum, auch auf den billigeren Plätzen, blieb ein Hauch Lampenfieber nicht verborgen. Der Mann war kein kalter, unreflektierter Vollstrecker, er war ein Abwäger, der lange brauchte, um zuzupacken; er war einer, der das Drama quälend antizipierte, ehe es geschah und ehe er seine Rolle darin spielte. Er griff nicht nach der Rolle, er ließ sich darauf ein. Der Part des »Bösewichts« im ehemaligen »Heiligen Offizium« war ihm wahrlich nicht auf den Leib geschrieben. Das, was seine schlecht informierten Kritiker »Panzer« nannten, waren sehr dünne Schutzschilder. Es tat sich viel unter der Oberfläche. Nun wurde er, der Bedächtige, Leise, mit großer Mehrheit zum Papst gewählt. Das allerdings hatte selbst Hans Küng nicht mehr ausschließen wollen: Dieser Benedikt, mit seiner Segenshand hoch oben an seinem Sonntags-Fenster auf der dritten Etage des Apostolischen Palastes, könnte – »sempre spirito, sempre avanti« – noch einmal zu ganz anderen Ufern aufbrechen.

Ratzingers Studien-Erfahrungen begannen im November 1945 im Chaos der Improvisation, im Ambiente eines Pfadfinderlagers. Noch warteten verwundete ausländische Kriegsgefangene im Freisinger Priesterseminar auf den Abtransport in die Heimat. Von den 120 Priesterkandidaten, die in die Lazarett-Räume nachdrängten, hatten viele Fronterfahrung – und diese den meisten ihrer Lehrer voraus. Sie ließen sich nicht wie Lämmchen an die Futterkrippe des Geistes führen. Eine spannende Mischung: Konvertierte Landser, die in Stalingrad den Tod vor Augen hatten, und 19-jährige Intellektuelle vom Schlag des schüchternen Ratzinger. Ob alle uneingeschränkt an »eine bessere Zeit, ein besseres Deutschland, eine bessere Welt« glaubten, wie es der Theologie-Novize empfand, mag man bezweifeln. Richtig war jedoch, dass sie eine irre Hoffnung auf die Kirche setzten. Sie hatte mit mancherlei beschämenden Kompromissen und unvermeidlichen Verletzungen letztlich doch den »Pforten der Hölle« widerstanden, sie war supranationale Zuflucht, ein Fels in der Katastrophe, ein Ort des Trostes.

Die geschlagenen Männer und ihre jugendlichen Kameraden hockten in den von Bomben getroffenen Räumen, in denen es nach Jod und Bullerofen roch, wie an einem Lagerfeuer. Sie horchten auf, wenn die Wacheren unter ihren Lehrern ihnen Romane wie Dostojewskis »Totenhaus« und Ernst Wiecherts »Totenwald« empfahlen. Nicht alle lasen. Ratzinger aber verschlang die Bücher, in denen ein neuer Ton aufklang. Ihm imponierte der literarische »Renouveau catholique« der Franzosen Claudel, Bernanos und Mauriac. Da war eine kontrastive Sprache zu den Traditionsformeln, die manche Dozenten in die neue Zeit herüberretten wollten, als hinge die Sache daran. Neue Horizonte auch in der Physik, die eine nahezu sakrale Dimension des Kosmos wiederentdeckte, von der Albert Einstein sagte, er brauche den von der Naturwissenschaft totgesagten Gott nicht zu beweisen, er »begegne ihm jeden Tag«. Unterdessen verbannte die Kirche den Jesuiten, Paläoanthropologen und kühnen Philosophen Teilhard de Chardin in die Wüsten Chinas. Natürlich verschlangen die Sensibleren unter den Seminaristen die neuen Philosophen und Theologen, allen voran den spirituellen Romano Guardini. Martin Buber, der jüdische Philosoph, und sein Personalismus boten eine aufregende Perspektive: Müsste man dahinein nicht den Glauben übersetzen, statt ihn im kalten Begriffsgefängnis neuscholastischer Theologie an Sauerstoffzufuhr verkümmern zu lassen? Die Schriften der Existenzphilosophen Martin Heidegger und Karl Jaspers gingen unter Eingeweihten von Hand zu Hand. Eine Bemerkung Ratzingers über die Freisinger Jahre lässt aufhorchen: Was immer er auch gelesen hat, es führte ihn schließlich zu Augustinus, dessen »Bekenntnisse« tiefer Hingabe ihn für sein Leben prägten: »Bei Augustinus ... ist immer der leidenschaftliche, leidende, fragende Mensch da, mit dem man sich identifizieren kann.«

Hier fiel eine Grundentscheidung. 2000 Jahre lang waren es zwei griechische Philosophen, von denen die Theologie befruchtet wurde: Aristoteles und Platon. Aristoteles, der Realist, fand sich wieder beim Dominikaner Thomas von Aquin und eben auch in den tödlichen Verengungen der Neuscholastik, jener quasioffiziellen Theologie; erst Karl Rahner sollte seinen Ansatz von unten, von der Realität her, wieder fruchtbar machen. Platon, der Idealist, wurde von Augustinus neu entdeckt; die mittelalterlichen Franziskanertheologen, vor allem Bonaventura, waren Augustiner; Luther war Augustinermönch und in seiner Theologie ganz von Augustinus bestimmt. Bei dem Idealisten Platon (und mit ihm Augustinus) waren es die ewigen Ideen, die unsere Wirklichkeit als gefährdeter Abschein davon bestimmen. Am Vorabend des Konklaves wurde deutlich, wie sehr der künftige Papst noch immer ein augustinischer Idealist geblieben ist; Ratzinger wählte Worte, die direkt von seinem geistigen »Vater« stammen könnten: »Alle Menschen wollen eine Spur hinterlassen, die bleibt. Aber was bleibt? Das Geld nicht. Auch die Gebäude bleiben nicht; ebenso wenig die Bücher. Nach einer gewissen, mehr oder weniger langen Zeit verschwinden alle diese Dinge. Das Einzige, was bleibt, ist die menschliche Seele, der von Gott für die Ewigkeit erschaffene Mensch!« Von Freising aus konnte man in der Folge immer beobachten, dass Ratzinger ein idealistischer, im Jenseits verankerter Denker war. Er verlor sich nie im Gestrüpp der Problemstellungen. Im Hintergrund leuchtete stets die Vision des Sinnes von allem, das, was von Ewigkeit her und auf Ewigkeit hin »ist«, sein soll, werden muss, wenn die Wahrheit ins Recht gesetzt wird.

Die Frage nach Sinn und Wahrheit ertönte also dramatisch und faszinierend zugleich. Sie zog Ratzinger ab den Tagen dieses Jahres 1947 im Münchener Schlossgarten, in dessen Gewächshaus die theologischen Lehrveranstaltungen stattfanden, suggestiv in Bann. Bereits in Freising berührte ihn die von seinem Lehrer Theodor Steinbüchl verkündete »Wende des Denkens«. Seine Lichtgestalten waren jetzt der Mentor und spätere Doktorvater, der Fundamentaltheologe Gottlieb Söhngen; der Dogmatiker Michael Schmaus, der ihn freilich noch auf fatale Weise beunruhigen sollte, sowie der Kirchenrechtler Klaus Mörsdorf, dem er in seiner späteren Berufung zum Präfekten an der Piazza des Heiligen Offiziums manchen Wink verdankte. Eine bedeutende Erschütterung ging von dem Exegeten Friedrich Wilhelm Maier aus, dessen Vorlesungen in dem überfüllten Gewächshaus verwegen duftende Blüten aus biblisch gespeister Freiheit trieben.

Allein Maiers Lebenslauf war in der damals wohl behüteten Kirche abenteuerlich: An der noch reichsdeutschen Universität Straßburg hatte er sich als brillanter Ausleger des Neuen Testaments habilitiert. Bald darauf begründete der Exeget die so genannte Zwei-Quellen-Lehre, die das Markus-Evangelium und eine verschollene Sammlung von Jesus-Reden als Grundlage der synoptischen Evangelien darstellt. Maier, der dadurch mit einer bis ins zweite Jahrhundert reichenden Tradition brach, geriet bald in den leidenschaftlich geführten »Modernismusstreit«, in dessen Mittelpunkt die von der neuen historisch-kritischen Methode hinterfragten Evangelien standen. Pius X. hatte in der religiösen Krise den Modernismus 1907 im Dekret »Lamentabili« sowie in der Enzyklika »Pascendi« verurteilt und eine wahre Hexenjagd auf moderne Abweichler ausgelöst. Berühmtestes Opfer war der französische Bibelwissenschaftler Alfred Loisy, der die absolute Irrtumslosigkeit der Heiligen Schrift bestritt und daraufhin amtsenthoben, indiziert und schließlich exkommuniziert wurde. Er starb 1940 im wieder gefundenen Glauben an die Transzendenz Gottes, jedoch unausgesöhnt mit der Kirche. Auch Maier wagte an dieses Problem zu rühren und wurde von Rom mit dem »Recedat a cathedra«, dem Verzicht auf seinen akademischen Lehrstuhl bestraft. Nach einer Tätigkeit als Militärgeistlicher und Zuchthausseelsorger kehrte er im günstigen Wind der 20er Jahre an die Universitäten Breslau und München zurück. Unzählige Hörer haben ihn dort als einen charismatischen Lehrer erlebt, der, obwohl tief gläubig, aus den ihm von Rom und dem Münchener Erzbischof zugefügten Verletzungen nie einen Hehl gemacht hat.

Und dieser Maier lehrte nun in Freising! Um seinen Vorlesungen folgen zu können, musste man sich früh einen Platz im Gewächshaus sichern. Die Vergleiche mit der Küng-Krise in den späten 70er Jahren sind fließend ...

Im Abstand eines halben Jahrhunderts hat der »Fall Maier« bei Joseph Ratzinger gemischte Gefühle hinterlassen. Nach einer anfänglichen Begeisterung für den Pionier empfand er bald dessen Redekunst als »künstlich und überzogen«. In vieler Hinsicht habe er einer »versunkenen Welt« angehört, die etwa die durch die protestantischen Gelehrten Bultmann und Barth bewirkte Wende der Bibelauslegung ignorierte. Seine Sicht, nur die Schrift gelten zu lassen und das Dogma als Fessel darzustellen, sei gewiss eine »unzureichende Position«. Dennoch würdigte er Maiers »neue Direktheit zu den heiligen Schriften«, deren Unmittelbarkeit und Frische ihn grundlegend geprägt haben: »Exegese ist für mich immer Zentrum meiner theologischen Arbeit geblieben.« Wobei er sich keine Illusionen machte, dass das eigentliche Problem Bibel–Dogma »auch heute noch keineswegs ausgetragen ist.« Und noch ein Exeget spielte eine wichtige Rolle. Eine fast ausgewischte Erscheinung der späten 40er Jahre an der theologischen Fakultät war der Alttestamentler Friedrich Stummer, dessen Seminar Ratzinger eifrig besuchte. Dabei gingen ihm die zwei Weisen der Aneignung von Gesetz, Propheten und Schriften Israels auf: die von der Geschichte Jesu her und jene der jüdischen theologischen Sendung.

Historischer Hintergrund all dieser neuen Entwicklungen in Theologie und Kirche und des vibrierenden Engagements der außergewöhnlichen Lehrergestalten war etwas, was zu den »Krieger-Seminaristen« passte; es waren Leute, die zwar nicht mehr aktiv den Zweiten Weltkrieg mitgemacht hatten, jedoch von den Erfahrungen im Ersten gezeichnet waren. Mit seinen Millionen Toten, Materialschlachten und politischen Zusammenbrüchen forderte er ein völlig neues Menschenbild. Nach diesen existentiellen Erschütterungen witterten sie jetzt Morgenluft, dieses doch noch in der Kirche verwirklicht zu sehen.

Der Fundamentaltheologe Gottlieb Söhngen und der Liturgiewissenschaftler Josef Pascher halfen dem in seinem Studium eifrig fortschreitenden Ratzinger »von den Quellen her zu denken« und dabei die Frage nach Wahrheit und der Gegenwart des Geglaubten in den Fokus der Suche zu stellen. Dazu zählten die Durchbrüche der zeitgenössischen Philosophie bei Heidegger, Jaspers, Scheler und Hartmann ebenso wie die aus Frankreich und Belgien drängende und von Karl Barth und Emil Brunner vertiefte ökumenische Herausforderung, wie auch die von dem Benediktinermönch Odo Casel erarbeitete Sicht auf das »Christus-Mysterium«.

Was Joseph Ratzinger in einem pointierten Rückblick auf seine Studienjahre als »großen Aufbruch … wie auch als Zeit großer erlittener Entscheidungen« bezeichnete, veranlasste ihn zu einer Verwunderung über »all das, was heute über die ›vorkonziliare Kirche‹ behauptet wird«. Entschieden wehrte er sich gegen Klischees der Verharmlosung dessen, was da an Aufbruch vor sich ging. Ihn faszinierte auch im Rückblick der neue Mut des Fragens jener Jahre, die Entdeckung des Dogmas als lebendige Quelle und der Liturgie als Reichtum. Nicht alles war schlecht – bei allen Zweifeln an der Angemessenheit mancher römischer Entscheidungen. Auf der persönlichen Positivliste stand die schwierige und schließlich fruchtbare Erfahrung des Zölibates, auch die ungeheuchelte Verehrung des Papsttums in der Gestalt Pius' XII. – trotz einer differenzierten Wahrnehmung seiner Verlautbarungen. Ausdrücklich fügte Ratzinger in seinen 1996 publizierten Lebenserinnerungen an, »die tiefe Glaubenszustimmung« zu dem vom Konzil von Trient definierten Primat sei durch »solche Vorbehalte und Affekte keinen Augenblick« beeinträchtigt worden. Formal bedeutete dies eine stille Verbeugung in Richtung Hans Urs von Balthasars Kampfbuch »Der antirömische Affekt«, inhaltlich zielte es zentral gegen Hans Küngs folgenschwere Anfrage zur Unfehlbarkeit. Dieses Resümee enthielt schließlich einen wichtigen Hinweis in eigener Sache: Ratzinger wehrte sich gegen den von seinen Kritikern erhobenen »Wendehals«-Vorwurf und zeichnete ein Selbstporträt strenger Kontinuität.

Am Peter-und-Pauls-Tag 1951 wurden die Brüder Georg und Joseph Ratzinger zusammen mit zwölf anderen Kandidaten von Kardinal Faulhaber im Dom zu Freising zu Priestern geweiht. Als der greise Erzbischof ihm die Hände auflegte, bemerkte der junge Priester, dass ein Vögelchen vom Hochaltar in die Kirche aufstieg. Für symbolische Gesten – und seien es kleine Zärtlichkeiten vom lieben Gott – immer offen, empfand es Ratzinger als Augenzwinkern von oben, gewissermaßen als ermutigende transzendente Pointe. Bei den nachfolgenden Festen und Begegnungen mit den Verwandten, Freunden und Bekannten seiner Heimat erfuhr er unmittelbar, »wie sehr die Menschen auf den Priester warten«. Am 1. August trat er seinen Dienst an als Kaplan in der Pfarrei Heilig Blut in München, wo ihn als Assistenten des gütigen Prälaten Blumschein viel Arbeit erwartete: Kinder- und Jugendseelsorge, Beichten, Taufen, Hochzeiten, sonntags mindestens zwei Messen. Zu den Beerdigungen fuhr er quer durch München mit dem Fahrrad. Bereits am 1. Oktober 1952 erfolgte ein Ruf an das Freisinger Priesterseminar. Eine wunderbare Sache; davon hatte er geträumt.

Die Kehrseite war auch nicht zu übersehen: Ratzingers praktische Seelsorgserfahrung betrug nicht mehr als vierzehn Monate. Sie beschränkte sich obendrein auf ein Münchener Nobelviertel, in dem überwiegend Intellektuelle, Künstler und höhere Beamte wohnten. Über Jahrzehnte wird er die Not an der stets heikler werdenden pastoralen Front nur aus der Warte des Wissenschaftlers und kirchlichen Vorgesetzten kennen. Sein unmittelbares Umfeld war das wohltemperierter Seminare und Fakultäten, Residenzen und Palazzos. Seine Gesprächspartner stammten überwiegend aus dem Akademiker- und Karrierepersonal der Kirche. Der Umgangston war anspruchsvoll, das Ambiente gediegen. Der zum Aufstieg anhebende junge Dozent mit kleinbürgerlicher Herkunft und bescheidenem Auftritt passte nicht unbedingt nahtlos ins Milieu.

Der Gang Richtung Wissenschaft deutete sich bereits zwei Jahre zuvor an; nach seinem theologischen Schlussexamen im Sommer 1950 hatte es ein Ereignis gegeben, das Ratzinger als eine »entscheidende Weichenstellung für mein ganzes Leben« bezeichnete: Professor

Söhngen öffnete ihm die Tür zur Promotion und wählte auch gleich das Dissertationsthema aus: »Volk und Haus Gottes in Augustins Lehre von der Kirche«, nicht ahnend, dass er damit ein Stück moderner Kirchengeschichte schreiben würde. Das Thema »Volk Gottes« würde einmal das Zweite Vatikanum prägen – vom jungen Konzilsberater in die Debatte eingespeist.

Der neue Kirchenbegriff sollte in der Folge dann zu ungeahnten Konflikten im Selbstverständnis der katholischen Kirche führen, aber davon ist später zu sprechen. 1950 war Ratzinger einfach glücklich, dass er über den Denker forschen durfte, den man einmal als »ersten modernen Menschen überhaupt« bezeichnet hat, den 354 im nordafrikanischen Thagaste geborenen Augustinus.

Das war einer von Fleisch und Blut. Augustinus hatte als junger Mann Frauen und Freunde leidenschaftlich geliebt und das Leben genossen, bevor es zu einer Wende in den Glauben kam, die man gewissermaßen in Romanform nachlesen kann. Die »Confessiones« sind aber nicht nur das; in ihnen ist die intelligenteste und philosophisch bestfundierte Rechtfertigung des Glaubens enthalten, die man sich denken kann. Die »Confessiones« zeugen noch heute Leben. Als man vor einigen Jahren das Leben des Augustinus verfilmen wollte, drückte man dem auserkorenen Hauptdarsteller Gérard Depardieu, sonst auch kein Kind von Traurigkeit, das Buch in die Hand. Von Stund an war es um den Bohemien geschehen; er lief mit dem Buch seines Lebens durch die Pariser Cafés und warb in TV-Talkrunden für die Schönheit des Glaubens.

Kein Wunder, dass sich auch der junge Ratzinger begeistert in die Arbeit stürzte. Augustinus liebe den Blick auf das Ganze, betonte Prof. Alois Grillmeier, der am 12. Dezember 1965 zum Abschluss des Zweiten Vatikanischen Konzils mit seinem Kollegen Ratzinger auf der Via della Conciliazione einen Spaziergang unternahm. Zwei Augustinus-Liebhaber unter sich: »Wo ist für ihn das Letzte, die Ganzheit verborgen?«, fragte der 1994 zum Kardinal erhobene Jesuit. Und er gab selbst die Antwort: »Er sucht sie nicht im irdischen Bereich, der von vornherein nur ein Endliches bieten kann. Was ihn einzig lockt, ist das ›totum infinitum‹, das Völlig-Unendliche. Solch ein Ziel forderte einen unablässigen Aufstieg zur Höhe und schließlich einen Überstieg im ganz Anderen … Handelt es sich um Größen wie Zeit und Ewigkeit, so ist der Weg zu ihrer Erfassung der Mut, sich in den Strom der Geschichte zu werfen, der in das Meer der Ewigkeit mündet.« Es waren Worte, die Ratzinger mitreißen.

Dass die Dissertation und das abschließende Rigorosum mit höchstem Lob bewertet wurden, verdankte er wesentlich einem seinerzeit hochgradig suspekten Klassiker der jüngeren Theologiegeschichte: Henri de Lubacs »Catholicisme«. Der zunächst mit einem Lehrverbot belegte, 1958 rehabilitierte, von Johannes XXIII. zum Konzilsberater berufene und 1983, am Ende seines Lebens, zum Kardinal erhobene französische Jesuit hatte einen dramatischen Kampf um einen neuen Einbruch des Glaubens ins Geistesleben geführt. Das war auch Ratzingers zentrales Anliegen, und er hatte keine Skrupel, an den verfemten Vordenker anzuknüpfen. Später bezeichnete Ratzinger de Lubacs Buch als »Schlüssellektüre«. Ähnlich wie Teilhard de Chardin, Lambert Beauduin, Hans Urs von Balthasar, Yves Congar, M.-Dominique Chenu oder Jean Daniélou schrieb hier einer der zunächst in den Verdacht der Ketzerei gerückten und schließlich als Pioniere gerühmten Propheten, deren Biografien den historischen Riss der katholischen Kirche im 20. Jahrhundert radikal verdeutlichen. Hans Küng zählte gewiss auch dazu, doch fehlte es ihm in seinem Konflikt mit Rom offenbar an jener Geduld, von der Rosa Luxemburg schreibt, sie sei die Tugend der Revolutionäre …

Erneut war es der Doktorvater Gottlieb Söhngen, der entschied, sein hochbegabter Schüler Ratzinger solle seine Habilitationsschrift über den mittelalterlichen franziskanischen Theologen Bonaventura verfassen. Aber es gab eine Falle, die einiges darüber verrät, mit welchen Argusaugen die Zunft über die verdächtigen Umtriebe des Jungtheologen wachte: Der ebenfalls in München lehrende Dogmatiker Michael Schmaus, ein Charakterkopf und eine legendäre Gestalt der 50er Jahre, intervenierte heftig, krittelte an der These herum, wollte die Habilitationsschrift gar nicht erst zulassen. Einen Augenblick lang stand die universitäre Laufbahn von Joseph Ratzinger auf des Messers Schneide. In einem Fernsehinterview mit Martin Lohmann erinnerte er sich an die prekäre Rolle von Schmaus und seine Einwände gegen den Text: »Er hatte diese ersten zwei Teile (seiner Habilitationsschrift, der Autor) vollkommen vernichtet mit Farbstiften in allen Farben, die Seiten voll mit Bemerkungen geschrieben, die mich nicht besonders überzeugt haben. Aber wenn ich das alles nun hätte berücksichtigen wollen, hätte das, wie er selbst sagte, viele Jahre gedauert. Aber entweder war seine Kraft erloschen, oder er fand wirklich nichts einzuwenden: Im dritten Teil jedenfalls war überhaupt keine Beanstandung vorhanden, so dass ich ihn, weil dieser Teil relativ selbstständig war, ohne große Mühe neu rahmen und zu einer in sich gefügten Ganzheit gestalten konnte. Nachdem dieser Teil ja vorher bei der großen Kritik unkritisiert geblieben war, konnte er jetzt nicht mehr als unannehmbar erklärt werden, und so bin ich doch einigermaßen heil durch dieses große Abenteuer durchgekommen.«

Über Ratzingers Modernität kursierten auch sonst ärgerliche Gerüchte, die zum Teil mit seiner Nähe zu dem in Rom noch verschmähten de Lubac zu tun hatten. Der stellte die Frage nach Jesus neu und erinnerte an das geniale Wort des Kirchenvaters Irenäus von Lyon: »Alle Neuheit hat er gebracht, indem er, der Angekündigte, sich selber brachte.« Darin war auch bereits die Interpretation des Konzils hörbar, für die sich der junge Berater aus Bayern so sehr engagieren sollte: Offenbarung nicht bloß als Information über Gott, sondern als Mitteilung *seiner selbst.*

Ratzingers Beziehung zu Bonaventura sollte Sinn machen. Der Franziskanergeneral stritt als Papstberater und Polemiker gegen den Zeitgeist des 13. Jahrhunderts. Rückkehr zur Bibel, deren Botschaft er nicht allzu sehr durch das Wasser der Philosophie verwässert sehen wollte, christliche Weisheit als Alternative zum weltlichen, eigenmächtigen Wissen und zur laxistischen Moral der Menschen war der Schlüssel zu seinem Denken. Es ging also um Gefahren, die aus der von »Albträumen« bedrängten Sicht des deutschen Papstes Benedikt XVI. heute ins Unermessliche gestiegen sind: Die Wissenschaft hat nie gekanntes Zerstörungsmaterial angehäuft und die Korruption des Lebens bis ins genetische Gefüge getrieben. Die Politik erweist sich als unfähig, den Hunger und die Erniedrigung ganzer Kontinente zu beenden. In der Ethik sind Abtreibung und Euthanasie mit staatlicher Förderung weiter auf dem Vormarsch. Derlei Erfahrungen machen vielleicht wieder hellhörig für das, was Bonaventura zu sagen hatte. Mit ihm stellte sich Joseph Ratzinger »gegen die Utopie, die den Menschen betrügt«, und würdigte das »utopische Christentum« der neuen, jungen, vom Heiligen Geist animierten Gemeinschaften, die »auf Besitz, auf Selbstverfügung, auf den Eros und seine Erfüllungen verzichten. So kommt frischer Wind in die Welt herein, ihre Zwänge werden durchbrochen, und Gott wird ganz nahe mitten in dieser Welt sein«.

5. Hans Küng im roten Talar

Einen »Hans Kardinal Küng« kann man sich gut und gerne vorstellen. Zwar würde er sich heutzutage etwas zieren, aber dennoch blitzt in seinen Äußerungen, vor allem aus seiner römischen Zeit, nicht nur eine gewisse Bewunderung für diesen Stand auf, sondern auch die selbstbewusste Überzeugung, dass es bei seinen hohen intellektuellen Fähigkeiten und Führungsqualitäten sicherlich für ein Kardinalat auch noch gereicht hätte. Mehr noch: Da und dort zieht er kritische Vergleiche, vorzugsweise mit den im Purpur glänzenden deutschen Theologieprofessoren, und betont, sich nicht danach gesehnt zu haben, seinen Lebensweg als Eminenz in Rom zu beschließen. Doch vielleicht woanders? Keine Frage, dass es dem ehemaligen Musterschüler der päpstlichen Kaderschmiede Germanicum bisweilen zu denken gab, wenn ringsum zahlreiche Guerilleros der Konzilstheologie in Amt und Würden berufen wurden: sein Konkurrent Joseph Ratzinger etwa, der allen enteilen sollte, oder der von ihm als »wendig« beargwöhnte Jean Daniélou oder die gezüchtigten Bahnbrecher Henri de Lubac und Yves Congar, die am Ende ihrer Karriere die verschämte Einsicht der sie zu Kardinälen »erhebenden« Kirche erschöpft annahmen. Küngs Schweizer Landsmann Hans Urs von Balthasar war auch einer jener Würdenträger »der letzten Viertelstunde«, starb jedoch, als gebe es ein himmlisches Verdikt zum fragwürdigen Manöver, in der Nacht vor dem römischen Konsistorium. Schließlich wurde auch Walter Kasper berufen, der Kollege aus Tübingen, inzwischen in der Kurie für die Ökumene zuständig. Kommt er auf diese Dinge zu sprechen, weicht Küng ihnen nicht aus, pocht jedoch darauf, dass es nicht seinem Vorsatz »going my way« entsprach und er sich, als kritischer Theologe und weltbekannter Schriftsteller, einer ganz anderen Herausforderung zu stellen hatte, als sich mit einem süßsauren Honoratioren-Lächeln den Spielregeln päpstlicher Etikette zu unterwerfen.

Dennoch hat der Theologiestudent im römischen Germanicum sieben Jahre fügsam und bisweilen auch etwas stolz den roten Talar der Alumnen getragen. Dazu gehörte ein schwarzer Gürtel, Hut und Birett, eine rote »Domestica« für den Ausgang und ein roter, bis zum Boden reichender römischer Mantel. Es war die Kleiderordnung einer aus dem 16. Jahrhundert stammenden, freilich unaufhaltsam untergehenden Welt. Noch eine rauschende Jahreszeit auf dem Weg in die Gregoriana-Universität, noch einmal das handgreifliche Gefühl, zur verheißungsvollen Elite der katholischen Welt zu gehören, dann würde der Spuk für immer vorbei sein. Bereits bei Küngs Einkleidung im Oktober 1948 ermahnte der spätere Rektor, Pater Graf von Tattenbach, die sieben Neuen, sie seien wohl die Letzten, die den roten Talar tragen würden. Der Adelsmann hatte ein Gespür für Endzeit. Die Römer allerdings, die sich über die Jahrhunderte hinweg ihre eigene, meist sarkastische Meinung über die hierarchischen Farben vatikanischer Seide, Umhänge, Socken und Schnallenschuhe gebildet haben, nannten die deutschsprachigen Priesteranwärter einfach »gekochte Krebse« oder »Kardinälchen«. Weich gekocht wurde hier so mancher, mehr als ein Drittel des gegenwärtigen Kardinalskollegiums entstammt dem ehrwürdigen Haus an der Via San Nicolo da Tolentino 13.

Das von Papst Julius III. 1552 gegründete und 1580 aus Kostendämpfungsgründen auch auf Ungarn erweiterte »Pontificium Collegium Germanicum et Hungaricum« ist ein Relikt des Römischen Reiches Deutscher Nation unter habsburgischer Krone und somit eine der herausragenden Bildungsadressen der von den friesischen Inseln bis zur Salurner Klause reichenden »deutschen Kulturnation«. Dass seine Bestimmung mit dem Reformkonzil von Trient in Zusammenhang stand und folglich eine Reaktion auf die Lehre von Martin Luther darstellte, war nicht ohne historische Pikanterie. Der »neo-rubri« (Neurote) Hans Küng sollte in diesem Grabenkrieg bald einen beachtlichen Beitrag leisten. Das neunstöckige Haus unterstand ganz dem Geist des Jesuitengründers Ignatius von Loyola – auf diese Truppe hat man sich päpstlicherseits stets verlassen können bei der Sozialisation der immer etwas verdächtigen Transalpinen – und verband soldatische Zucht mit bester wissenschaftlicher Ausbildung. Die auf die 40-tägigen Exerzitien des Ignatius gründenden »spirituellen Übungen« schätzt Küng bis zum heutigen Tag als eine ihm wichtige »höchste Konzentration auf Gott«. Mit dem strengen Ordensgeneral aus dem Baskenland teilte er die Abneigung gegen allzu lange, pompöse Liturgien und den Wunsch nach Fitness.

Die jungen Männer, die drei Jahre nach Ende des Zweiten Weltkrieges in dieses Kolleg einzogen, wussten, worauf sie sich einlassen. Nach dem Zusammenbruch des »tausendjährigen Reiches« und im Vorfeld des heranbrausenden Wirtschaftswunders war ein solcher Drill nicht aus der Zeit. Die ganz auf Trennung von der Welt ausgerichtete Hausordnung umfasste vierzig Seiten Kleingedrucktes für Tag- und Nachtzeiten und für alle Lebenslagen. Jeder Tag war Studientag. Ab 21 Uhr herrschte strenges Stillschweigen. Ab sechs Uhr in der Frühe wurde gebetet, meditiert und Messe gefeiert. In sieben Jahren absolvierte der Priesteramtskandidat Küng 2500 morgendliche Meditationen und abendliche Gewissenserforschungen. Das »Du« war verboten, selbst der Neuling wurde mit »Herr« angeredet. Gespräche im Zimmer, erst recht bei geschlossener Tür, galten als verdächtig. Mädchen und Frauen verkörperten »die Gefahr«. Auf der Terrasse des neunten Stocks hatten die Anfänger das Rückwärtsgehen zu üben, um in den Pausen an den in zwei Reihen zu führenden Fach-Unterhaltungen teilnehmen zu können. Vor – und rückwärts zurück! Von hier oben, erinnert sich der Seminarist aus Sursee, war der Blick auf Rom grandios. Über alle Basiliken und Palazzos hinweg erhob sich jenseits des Tibers die Kuppel von St. Peter. Ihr galt alles Streben, wenn es auch unüblich war, an den Gitterstäben zu rütteln. Als das Germanicum 2001 den 450. Jahrestag seiner Gründung feierte, hat das Collegium der Kirche 21 Heilige und zehn Päpste geschenkt. Viel Ansporn für die »Kardinälchen«.

Kaum zu glauben: Der später als Papstkritiker Furore machende Küng verehrte zu dieser Zeit Papst Pius XII., dem er am 13. Oktober 1948 auf einer Audienz in Castel Gandolfo erstmals zujubelte, als eine Lichtgestalt. Er bewunderte seine hohe schlanke Figur, das vergeistigte Gesicht, die perfekte Gestik seiner Hände und bezeichnete ihn als »das Idealbild eines Papstes«. In sein geistliches Tagebuch schrieb er das offenbar unerhört gebliebene Gebet: »Herr, lass mich in allen Dingen immer zum Papst stehen.« Der Rektor, P. Friedrich Vorspel, appellierte an die Studenten: »So wie Küng sollten sie sein.« Der Heilige Vater galt als »Pastor angelicus«. Die Liebe zum Papst beruhte allerdings auf Gegenseitigkeit. Pius XII. hatte bereits als ehemaliger Nuntius Eugenio Pacelli in Berlin und als Kardinalstaatssekretär im Vatikan eine besondere Vorliebe für alles Deutsche (worunter wir einmal, die römische Sicht einnehmend, die Schweiz hinzuzählen). Das ist auch jetzt so. Dem Germanicum und seinem Elite-Personal galt seine ganze Fürsorge. Den Jungen im roten Talar wünschte er Mut und Ausdauer. Dass dem hageren Pontifex nach den Audienzen im Heiligen Jahr die Hände desinfiziert wurden, passte in die Vorstellungen von himmelwärts strebender Hygiene. Auch bei den großen Marien-Feierlichkeiten wurde Küng aktiv, gar handgreiflich; die Germaniker waren es, die anlässlich eines gegen die Kommunisten gerichteten »Kreuzzugs der Güte« das Gnadenbild der Madonna von Santa Maria Maggiore zum Petersplatz trugen. Als um Allerheiligen 1950 Pius XII. unter blauem römischem Himmel das Dogma von der Himmelfahrt Mariens verkündete, war das Vorbild aus der Schweiz »mit Begeisterung« dabei und vollzog in aller Stille die Weihe der vollständigen Hingabe »an Maria und durch Maria an Jesus«.

Ob er die Weihe so fundamental vollzog wie die spärlich vertretenen jungen polnischen Seminaristen in Rom, ist nicht bekannt. Nur ein paar Stadtkilometer entfernt bereitete ein gewisser Karol Wojtyla an der römischen Dominikaner-Hochschule Angelicum sein Doktorat vor. Küng bemerkte später süffisant, dass dieses Institut nicht den Ruf der jesuitischen Gregoriana genossen habe, von der der Pole wegen mangelnder Qualifikation abgewiesen worden sei. Er habe sich »zwar einiges in Philosophie angeeignet«, verfüge aber »offenkundig über ein recht dünnes theologisches Fundament …« Dass sich Johannes Paul II., im Gegensatz zu seinen Vorgängern, aus »später Rache« für diese Zurücksetzung dem Opus Dei und nicht den Jesuiten zugewandt habe, gehört wohl eher zum Fundus der Bosheiten, an denen es im vatikanischen Milieu nie fehlt.

Küng hat in seinen ersten Jahren im Treibhaus des Germanicums die auf päpstlichem Pomp und blinder Gefolgschaft begründete katholische Welt nicht nur vorbehaltlos akzeptiert, sondern auch gegen nachdenkliche Stimmen aus Deutschland vehement verteidigt. Die Definition des Dogmas der Aufnahme Mariens in den Himmel schien ihm in jenen Jahren in der Logik eines sich weiterentwickelnden und vertiefenden Glaubensbewusstseins zu liegen. Zweiflern an theologischen Hochschulen warf er »rationalistische Vermessenheit« vor. Auch an der weltabgewandten tridentinischen Strenge der Kollegsregeln fand er, im Gegensatz zu älteren Mitbrüdern, die den Krieg erlebt hatten, nichts auszusetzen. Es hat ihn nicht nur hierher gezogen, er entdeckte auch alles, was er gesucht hatte; vor allem eine »intellektuelle Selbstzucht«, die ihn für das Leben prägen sollte. Hinzu kam, was er als »lateinische Klarheit des Denkens« bezeichnete; es war eine solche, das muss man an dieser Stelle besonders erwähnen, die sich auf Aristoteles und den allgegenwärtigen Thomas von Aquin bezieht. Er wird ihr sich so sehr verschreiben, dass er Jahre später wie ein Flüchtling aus der neuscholastischen Formelsprache ausbricht und das Deutsch des protestantischen Theologen Karl Barth als ungeahnte Offenbarung empfindet.

Aber noch lebte er im Germanicum wie der Fisch im Wasser. Er hörte Vorträge des bescheidenen Jesuiten Augustin Bea, der für Papst Pius Enzyklika-Texte entwarf und im Konzil der Ökumene neue Wege öffnen sollte. Er las C. G. Jung, Gundlach, Sombart, Sorel und Marx. Bei Empfängen im Gregorius-Saal sah er aus nächster Nähe die einflussreichen Kardinäle Tisserant und Micara, die Staatsmänner Adenauer, Strauß und Figl, die Professoren Cullmann und den Ratzinger-Kritiker Schmaus, den belgischen Jesuitengeneral Janssens sowie den Dichter des »Seidenen Schuhs«, Paul Claudel, dem er nach einem Vortrag dankbar die Hand drückte. In der Academia di Santa Cecilia erlebte er glanzvolle Konzerte mit den Dirigenten von Karajan, Böhm und Knappertsbusch. Der hatte bereits den jungen Ratzinger bei einem Mozart-Abend in Salzburg begeistert. Küng schwärmte für Beethovens Klavierkonzerte 1, 3 und 4. Weniger imponierten ihm die zahlreichen Pflichtproben des gregorianischen Chorals, dessen »engelgleiches« Schweben er belächelte – es lasse »alle Männlichkeit vermissen«. Das trug wohl mit dazu bei, dass Küng der »Mönchstheologie« nahezu verächtlich gegenüberstehen wird. Auf der Kolleg-Bühne schlüpfte er in die Rolle des Menschenschlächters Robespierre. In San Pastore, der Sommerresidenz in der römischen Campagna, folgte er theologischen Ferienkursen und besuchte die antiken Stätten in den Albaner Bergen. Die einzige Traurigkeit in dieser Zeit eifernder Anfänge: Erst nach drei Jahren gab es Heimaturlaub vom römischen Exil; zwischen dem Essen am Heiligabend und der Mitternachtsmesse in St. Peter oder Santa Maria Maggiore saß er allein auf seinem Zimmer. Keine weiße Weihnacht wie in den Schweizer Bergen. Es tat weh; weinen wird er erst später.

Dass sich der Philosophiestudent Küng vorzugsweise für den Existenzialisten Jean-Paul Sartre interessierte, wurde im Collegium zwar bemerkt, jedoch von den weltgewandt wendigen Jesuiten, die immer schon stark darin waren, die adversarii (= Gegner in der scholastischen

Disputation) besser zu verstehen als diese sich selbst, nicht behindert. Zwar betrachtete der Rektor die Aufführung des Sartre-Theaterstückes »Die Fliegen« durch die Seminaristen als ein »allzu kühnes Unterfangen«, doch durfte Küng seine Philosophiearbeit über den Franzosen schreiben, der in seinen theoretischen und literarischen Werken einen humanistischen Atheismus verkündete. Martin Heidegger lag ihm weniger, er hielt ihm vor, dass er die Gottesfrage in der Seinsfrage »verschleiert«. Bei Sartre faszinierte ihn die radikale Frage nach der menschlichen Freiheit. Zwar überzeugte ihn nicht dessen Alternative »Das Sein und das Nichts«, doch erkannte er in der irren Suche des Menschen, seinen eigenen Weg zu finden, auch seine Bestimmung: »… Sartre hat Recht«, schrieb der Student, »der Mensch, der nicht ist, was er ist, ist sich aufgegeben. Und er wird das sein, als was er sich entworfen hat.« Das war merkwürdig unbestimmt angesichts der weit ausgreifenden Optionen des französischen Existenzialisten, der für ganze Generationen das theoretische Fundament eines schrankenlosen ›anything goes‹ legte. Küng ahnte wohl nicht, wohin das führen würde. Er legte Sartre fromm aus. Jedenfalls war Freiheit ein Schlüsselwort für Küng; er wollte sich ihr stellen »… in der Einsamkeit meiner subjektiven Existenz – konfrontiert mit Gott«. Und er optierte im Anschluss und im Unterschied zu Sartre: »Freiheit nicht gegen Gott, aber vor Gott«.

Kurioserweise wurde ihm nach bestandenem Examen und erfolgreich absolvierter Lizenzarbeit in der Inaugurationsfeier vom Großkanzler der Universität, Kardinal Giuseppe Pizzardo, eine Silbermedaille mit dem Porträt Pius' XII. überreicht. Küng kniete vor dem Präfekten der vatikanischen Studienkongregation nieder und nahm gerührt die Auszeichnung entgegen. Später wunderte er sich, wie sehr er »nahe daran war, mich ins römische System einzufügen«. Die Szene, die dem absurden Theater Sartres alle Ehre gemacht hätte, warf ein Schlaglicht auf die Bastionen im vorkonziliaren Rom und deren knisternde Übergänge im Zeitbruch. Küngs Biograf Robert Nowell bezeichnet dessen Rolle im Germanicum als »geradezu unheimlich«. In Küngs fügsamem Kniefall spiegele sich die Entwicklung innerhalb der Kirche, bald würde er ausbrechen und ihr voraus sein, »weit genug, um den Weg weisen zu können, aber nie so weit, dass er den Kontakt verloren hätte«. In der Frage nach dem »wie weit« liegt der Schlüssel zum »Fall Küng«.

Die unvermeidlichen Probleme ließen indes nicht lange auf sich warten. Zunächst gab es im Germanicum peinliche Scharmützel um die strikte Anwendung unsinniger Hausordungs-Paragrafen. Manchmal ging es nur um heutzutage undenkbare Kleinigkeiten, aber sie ließen ein auf blinden Gehorsam und Denunziation gegründetes System erkennen. Die Krise begann mit einem heftigen klerikalen Wettersturz im Kontext des Heiligen Jahres 1950. Das Sonnenwunder im portugiesischen Wallfahrtsort Fatima, bei dem 1917 zehntausende Menschen Zeugen von Licht-Erscheinungen am Himmel wurden, sollte sich angeblich vor den Augen von Pius XII. wiederholt haben. Kurz zuvor hatte eine Instruktion des Heiligen Offiziums die Teilnahme katholischer Vertreter beim Weltrat der Kirchen untersagt. Nicht minder gravierend war die Vorgehensweise gegen den französischen Jesuiten und Paläontologen Pierre Teilhard de Chardin, der nach China verbannt wurde und dessen Werk zu seinen Lebzeiten nicht gedruckt werden durfte. Bekannt war diese Inquisitions-Maßnahme nur Insidern, aber sie entlarvte den hinter den Kulissen manipulierenden Ungeist. Die Enzyklika »Humani Generis« vom August 1950 entsprach einem kirchlichen Sicherheitsbedürfnis gegenüber einer aus Frankreich vernehmbaren »Neuen Theologie«. Aber selbst Küng machte sich zunächst die offizielle Darstellung einer »notwendigen Korrektur höchst gefährlicher Auffassungen« zu Eigen, ahnte jedoch nicht, dass damit die Hetzjagd auf die bedeutendsten Professoren der Jesuitenhochschule La Fourvière in Lyon begann. Henri de Lubac, Henri Brouillard und Gaston Fessard wurden abgesetzt. Eine Diskussion mit Rom fand nicht statt, den Ketzerei-Verdächtigen wurde ein Publikations- und Redeverbot auferlegt. Der Pacelli-Papst, der Jahre zuvor die Bibelwissenschaft von den Fesseln doktrinärer Scheuklappen befreien wollte, der Liturgischen Bewegung Beifall zollte und sogar die Meinungsfreiheit in der Kirche rühmte, wurde zunehmend zu einem Exekutionsbeamten seiner reaktionären Kurie. Sogar seiner Haushälterin, der deutschen Nonne Pasqualina Lehnert, sagte man klammheimliche Einflussnahme nach.

Der inzwischen vom Philosophie- zum Theologiestudenten avancierte Küng zuckte zusammen, als er im Herbst 1952 im Audienzsaal des Vatikans den Papst aus nächster Nähe beobachten konnte. Die »Lichtgestalt« war von einer tödlichen Krankheit gezeichnet, das »durchgeistigte Gesicht« trug grün-gelbliche Züge, erstmals las er seine Rede im Wortlaut vom Papier ab. Die einige Jahre zuvor ins Auge gefasste, vom charismatischen Jesuitenprediger Riccardo Lombardi angeregte Kirchenreform war von interessierter Seite längst ad acta gelegt worden.

Die verhängnisvolle Führungskrise im Vatikan wurde durch das Verbot der französischen Arbeiterpriester manifest. Der Skandal war so gravierend, dass selbst Hans Küng zum ersten Mal zu der Überzeugung kam, dass Papst Pius XII. im Unrecht sei. Der Kardinal-Erzbischof von Paris, Kardinal Emmanuel Célestin Suhard, wehrte sich im Schmelztiegel fortschreitender Abkehr französischer Gläubiger, vor allem aus der Arbeiterschaft. Diese Entchristianisierung wollte er nicht tatenlos hinnehmen. So hatte er Priestern erlaubt, als einfache Arbeiter in die Fabriken zu gehen. Es waren lediglich neunzig Arbeiterpriester, die das Wagnis einer solchen Seelsorge eingingen, doch schreckte Rom nicht vor einem Verbot zurück. Suhard verfügte jedoch über Selbstbewusstsein und ließ den Heiligen Vater wissen: »Es ist nicht der Bischof von Rom, sondern der Bischof von Paris, den Gott eines Tages nach den Seelen der Pariser Arbeiter fragen wird.« Sein Wort löste Konsternation aus, doch erfolgte der definitive Schlag gegen das Experiment dieser so genannten »Mission de France« erst nach seinem Tod und nach der Ablösung des späteren Papstes Johannes XXIII. als Nuntius in Paris. Viele Beobachter erkannten in dem Vorgehen Roms nicht nur einen Akt der Willkür, sondern auch der Dummheit. Bereits im Zuge der industriellen Revolution hatte die Thron- und Altarkirche die Arbeitermassen den Verheißungen des Kommunismus überlassen und sich erst mit verspäteten Sozialenzykliken, etwa Leos XIII., oder mit der Christlichen Arbeiterjugend (JOC) des von Johannes XXIII. zum Kardinal ernannten belgischen Seelsorgers Joseph Cardijn gegen diese Blindheit gewehrt. Welchen Wert hatte noch die in der zum »Wunder« aufblühenden »sozialen Marktwirtschaft« der Bundesrepublik so stark beachtete »katholische Soziallehre«? Auch Küng war entsetzt: »Das Ende der Arbeiterpriester ist eine Tragödie.«

Doch bald schon folgte der nächste Schlag. Dieser richtete sich gegen die Dominikaner-Hochschule Le Saulchoir bei Paris. Der Ordensgeneral Emanuel Suárez wurde 1954 von einer ungenannt bleibenden Obrigkeit angewiesen, mehrere Patres aus ihren Ämtern zu entfernen. Bald sollten vier weitere folgen, unter ihnen der Thomas-von-Aquin-Experte und Arbeitertheologe Marie-Dominique Chenu sowie Père

Yves Congar, den Küng später als »bedeutendsten Ökumeniker und Ekklesiologen unserer Kirche« bezeichnen wird. Der allzu spät am Ende seines Lebens im Rollstuhl zum Kardinal erhobene Congar (1904–1995) galt offenbar als der gefährlichste Agitator. Er wurde aus seinem Heimatkonvent ausgeschlossen, nach Jerusalem verbannt und schließlich in einer Ordensniederlassung in Cambridge mit Rede- und Publikationsverbot bedacht. Erst fünf Jahre nach seinem Tod erschien sein Tagebuch »Journal d'un théologien«, in dem er über seinen erschütternden Kampf mit der »römischen Hydra« berichtete. Bereits 1953 schrieb er: »Man kann eine Lösung verurteilen, wenn sie falsch ist, man kann aber kein Problem verurteilen.« Nach der Unterdrückung der Freiheit des Evangeliums durch ein kirchliches Imperium, dessen Autokrat der Papst war, notierte Congar am 23. März 1954: »Es ist das System und seine Lügen, die ihm innewohnen, die man ganz und gar zurückweisen muss.«

Hans Küng begegnete dem tapferen Franzosen im Winter 1954–55 zum ersten Mal im Rahmen eines kleinen ökumenischen Kreises im römischen Zentrum »Unitas« an der Piazza Navona. Als er sich einige Zeit später für das beschämend behandelte italienische Hauspersonal im Germanicum engagierte und beim Rektor in Ungnade fiel, stürzte er nach all den bösen Erfahrungen der letzten Jahre erschöpft auf sein Zimmer und brach in Tränen aus. Wer das eisern disziplinierte »Vorbild« Küng kannte, wusste, wie wichtig dieser Vorgang war. Die Tränen der Theologen sind immer sehr bitter, sie gelten ja ihrer Mutter, der heiligen Kirche. Fast fünf Jahrzehnte später erfuhr er, dass Congar fast zeitgleich in eine noch schlimmere Krise geraten war. Während seiner Verbannung in Cambridge im September 1954 schrieb er über ein rätselhaftes Gefühl der Leere und Abwesenheit: »Draußen vom Regen überrascht und unter einem Baum auf Besserung wartend, beginne ich bitter zu weinen. Werde ich immer ein einsamer armer Kerl sein … werde ich ohne Ende überall Koffer mitschleppen wie ein Waise … diese Tränen, wird Gott sie nicht erhören? Wird er sich gar nicht als ein Vater erweisen?«

Dem Verbot der Arbeiterpriester und den Repressalien gegen die neue Theologie von de Lubac und Congar folgte unweigerlich das Ende des »Renouveau catholique«, jener starken literarischen Bewegung, die hohes Niveau und tiefe Spiritualität verband und in dieser rebellierenden Sensibilität wohl nur im laizistischen Frankreich denkbar war. Ihr gehörten großartige Typen an: Léon Bloy, ein bettelarmes anarchisches Genie; Charles Péguy, der ergreifende Marien-Gedichte schrieb und den »christlichen Sozialismus« begründete; Paul Claudel – seine Bühnenstücke werden weltweit noch immer aufgeführt; Georges Bernanos, der Autor des »Tagebuchs eines Landpfarrers« oder Julien Green, ein Romancier dunklen, um das Sinnliche kreisenden Glaubens. Als Hans Küng zwei Jahre nach dem römischen Feldzug gegen die katholische Avantgarde nach Paris kam, war nur noch der 1952 mit dem Literatur-Nobelpreis ausgezeichnete François Mauriac zu hören: mit kranker, hechelnder Stimme, als sei es ein Fanal einer von ängstlichen Aufpassern und ihren Lakaien erstickten Generation. Bischof Christopher Butler sagte über diese Endzeit der triumphierenden Kirche: »Es war die beste aller möglichen Religionen, und alles an ihr war ein intellektueller Skandal.«

Dennoch wiederholte Küng zeit seines Lebens, dass er Feindschaften nicht mag und sich Gesprächen nicht verweigert. Es sei das katholische Rom, das ihn zu einem romkritischen Katholiken gemacht habe; doch da war auch seine Schweizer Hartnäckigkeit: »Ich bin und bleibe katholisch, weil mir an der ganzen, allgemeinen, umfassenden, eben katholischen Kirche gelegen ist. Und bis heute ist mir gelegen an der in allen Büchern sich durchhaltenden Kontinuität und an der alle Gruppen, Nationen und Regionen umfassenden Universalität von Glauben und Glaubensgemeinschaft.« Karl Rahner, der seine kühne Kirchenkritik im Labyrinth einer kaum zu entziffernden Geheimsprache kaschierte, bestärkte ihn auf diesem steinigen Weg: »Katholische Weite und Tradition, aber konzentriert auf das Evangelium und die Kirchenreform – eine evangelische Katholizität.«

Das Germanicum erwies sich dabei keineswegs als ein Hindernis. Er lernte hier großartige Lehrer und Freunde fürs Leben kennen, seinen Spiritual Wilhelm Klein etwa, dem er eine lebenslange Verehrung entgegenbrachte. Mit alten Widersachern aus dem Professorenkreis würde es später versöhnliche Begegnungen geben. Zum Abschluss des Philosophiestudiums durfte er über Sartre schreiben, den das Heilige Offizium 1948 auf den Index gesetzt hatte. Seine Lizenzarbeit galt 1955 dem protestantischen Theologen Karl Barth, über dessen Ehe zu allem Überfluss noch üble Gerüchte kursierten. Dass er seine Promotion im Paris der totgeschwiegenen Rebellen erlangen wollte, fand der Rektor gut. Höchst beeindruckt nahm Küng an päpstlichen Feiern in der Sixtinischen Kapelle teil und schwärmte: »Welch ein sakrales Spektakel: sämtliche Kurienkardinäle und Diplomaten aus aller Herren Länder in Gala, ein Hochamt unter Assistenz Seiner Heiligkeit ...« Am 10. Oktober 1954 warf sich Hans Küng mit dem Gesicht nach unten auf den Boden der Kollegkirche und empfing die Priesterweihe. Am nächsten Tag feierte er in der Krypta von St. Peter vor dem Apostelgrab und »in Loyalität zum Petrusamt« seine Primiz. Die Familie, bis auf den plötzlich erkrankten Bruder Georg, war anwesend; die Predigt hielt ein Benediktinermönch. »Nein«, so verabschiedete sich Hans Küng von der Ewigen Stadt nach Schweizer Art, »ich werde die sieben römischen Jahre nie bedauern. Meine Freiheit habe ich mir bewahrt und vertieft: ererbte Bürgerfreiheit wurde zu erworbener Gewissensfreiheit.«

Doch sein Horizont war nicht mehr römisch. Ein Jahr zuvor hatte es einen zweiten Heimaturlaub für ein »Feriendiakonat« gegeben, das Küng zunächst für eine Erkundungsreise durch Westeuropa nutzte. In Paris besprach er Möglichkeiten für ein theologisches Doktorat. In Brüssel lernte er die Christliche Arbeiterbewegung von Abbé Cardijn kennen. In Brügge, Gent und Antwerpen bewunderte er die alten Meister der »Flämischen Schule«. In Amsterdam und Nijmegen spürte er den frischen Wind der Ökumene. Im Rahmen eines Diakonates in Berlin-Moabit kam es zu einer Begegnung der ganz anderen Art. Ein junger Künstler verwickelte ihn in ein langes Gespräch und fragte nach dem Sinn des Lebens. Der hochgescheite römische Musterschüler musste passen. Der so sicher geglaubte philosophische Unterbau seines Glaubens geriet ins Wanken. Selbst seine ureigenen Fragen hatte er im »Circus Germanicum« verdrängt. Die abstrakten Antworten aus den Katalogen des Papstes hielten der Wirklichkeit nur mühsam stand. Die Welt war scholastisch nicht mehr katalogisierbar.

Als der Doktorand an einem kalten Novembertag 1956 in Paris eintraf, erwartete ihn kein Empfangskomitee. Das versprochene Zimmer im vornehmen XVI. Arrondissement wurde ihm kurzfristig gekündigt. Spanische Priester brachten ihn einstweilen in einer kleinen ungeheizten Kapelle unter. Auf das Frühstück musste er verzichten. Um sich zu wärmen, rannte er um den Häuserblock. Schließlich fand er in der Rue Lekai eine Bleibe: ohne Waschbecken, ohne Toilette, ohne Schrank. Stattdessen ein Marmortischchen und ein französischer Bettrost, der von der Matratze nur zur Hälfte bedeckt wurde. Küng war in der Boheme gelandet. Nach langen Fußmärschen durch die Stadt und Arbeit in der Sorbonne-Bibliothek streckte er abends in seiner Bude todmüde die Füße aus, las »Le Monde« oder hörte immer wieder Mozarts Klarinettenkonzert KV 622, das ihm tröstend »ein kleines Stück Glückseligkeit« vermittelte. Da sein Doktorvater Louis Bouyer seine römische Lizentiatsarbeit auch als Dissertation annahm, blieb ihm viel Zeit, die Stadt kennen zu lernen. Über alles liebte er die Sainte Chapelle. Er besuchte in der Comédie Francaise Molières »Der Geizige« und Claudels »Verkündigung«, bewunderte im Museum Jeu de Paume die Impressionisten und entsetzte sich über Sartres Sympathie-Bekundungen für den Exekutions-Kommunismus in der UdSSR. Der Schweizer Bürgersohn lebte nicht wie Gott in Frankreich, sondern wie ein klammer Bettelstudent, der sein Geld in kostspielige Bücher investierte und es nicht wagte, seinen Vater anzupumpen.

Paris war die Stadt, wo er auf Dauer am liebsten gelebt hätte, schrieb er. In diesem Bekenntnis steckte viel Sehnsucht des disziplinierten und ehrgeizigen Schweizer Charakterkopfs, der es sich erlaubte, die Lässigkeiten der Baguette-Mademoiselles und der Trittbrettfahrer in den Bussen zu bewundern. Er wird für seine französischen Freunde, deren Wortspiele er sich schnell aneignete, stets eine besondere Sympathie hegen. Als ihn jedoch der Widerständler an allen theologischen Fronten, Henri de Lubac, während des Konzils ausgerechnet unter der Kuppel von St. Peter tadelte, die Kirche sei »quand même notre mère« – immerhin unsere Mutter –, empfand er es pikiert als »jesuitisch« und verstand nicht, dass in diesem Ausbruch das Herz Frankreichs sprach, der »ältesten Tochter der Kirche«.

Alles kreiste in den Pariser Jahren um ein Thema: Karl Barths Lehre von der Rechtfertigung. Sie sollte Küngs gesamtes Werk nachhaltig prägen. Seinen engsten Mitarbeitern Hermann Häring und Karl-Josef Kuschel erklärte er 1978, dass der zehn Jahre zuvor 82-jährig verstorbene Protestant ihn fasziniert habe, weil er in ihm »das Protestantische am strengsten durchformt und doch zugleich eine katholische Weite angestrebt sah«. Er war begeistert und begriff erstmals, »was Theologie als Wissenschaft sein kann«. Wenn man sieben Jahre in einem römischen Eliteseminar verbracht hatte, war das nicht wenig. Barth, der 1919 mit seinem Kommentar zum Römerbrief schlagartig berühmt wurde, hatte bereits im Wintersemester 1928–29 ein Seminar über den Denker des katholischen Mittelalters, Thomas von Aquin, gehalten. Er war ein Pionier des ökumenischen Dialogs, auch gegen die Wand vatikanischer Verweigerungen. 1929 lud er den namhaften Jesuiten Erich Przywara zu einer Diskussion nach Münster ein. Jahre später folgte dessen Schüler Hans Urs von Balthasar, der 1951 eine der ersten katholischen Studien über Barth publizierte.

Barths theologische Sprache wirkte auf Küng, der bis dahin nur neuscholastisches Latein studiert hatte, nahezu verführerisch. Statt ewiger Wahrheiten im Kleid einer formelhaft toten Sprache, fand er hier eine ganz von der Heiligen Schrift durchflutete Theologie, ausgerichtet auf Jesus Christus allein. In seinem 9000 Seiten umfassenden Werk pochte Barth immer wieder auf die »unendliche Differenz Gottes«, sein nicht vereinnahmbares Ganz-anders-Sein. Gott liebt den Menschen bedingungslos, doch lässt er sich nicht auf menschliche Begriffe reduzieren oder in die Zwangsjacke von Lehrmeinungen stecken. Küng wird daraus den Schluss ziehen, eine päpstliche Unfehlbarkeit zu hinterfragen, die allein Gott zusteht.

Barth war auch in anderer Hinsicht wegweisend. Der von den Nazis entlassene Professor hatte sich bereits 1915 auf die Seite streikender Arbeiter geschlagen, er kämpfte als Mitgründer der Bekennenden Kirche im Widerstand gegen Hitler. Sich für die Freiheit ein- und auszusetzen wird auch das Herzensanliegen seines jungen Freundes Küng sein.

Bei Barths Lehre von der »Rechtfertigung des Sünders«, die Küng zum Thema seiner Lizentiats- und Doktorarbeit machte, handelte es sich um einen Glaubensartikel, der nach Martin Luther für die Kirche von zentraler Bedeutung ist. Letztlich geht es darum, dass es nicht die Leistung des Menschen ist, auf die es im Leben ankommt, sondern dass dieser, nach dem Apostel Paulus, allein durch den Glauben »gerechtfertigt« ist. Nicht die Taten zählen, sondern das Gottvertrauen. Für Karl Barth gab es zwischen dieser Rechtfertigungslehre der Reformation und der des gegenreformatorischen Konzils von Trient keine Kompromisse, eine Annäherung der Standpunkte schien ausgeschlossen. Hier der Glaube – dort die Werke. Das war der entscheidende Riss, der die Konfessionen trennte.

Hans Küng begann mit einer Arbeit, die den Untertitel »Die Lehre Karl Barths und eine katholische Besinnung« trug; sie war ein kühnes, scheinbar allzu kühnes Unterfangen, denn sie hatte den Anspruch, in der zwei Jahrtausende alten Theologiegeschichte nach »katholischen

Zeugen« zu suchen, die den Gegensatz zwischen Luther und Trient aufgehoben haben. Nach einer nahezu kriminalistischen Arbeit in den Bibliotheken von Rom, Paris und Freiburg gelang es dem jungen Theologen tatsächlich, seine Überzeugung zu begründen, dass nämlich in der Rechtfertigungslehre zwischen Barth und der katholischen Kirche eine »grundsätzliche Übereinstimmung besteht«. Der theologische Kern und das Grundmotiv der Kirchenspaltung entfielen. Katholiken wie Protestanten konnten gemeinsam zustimmen: »Die Rechtfertigung des Menschen geschieht durch Gottes Gnade allein aufgrund des vertrauenden Glaubens, der aber durch Werke der Liebe tätig sein soll.« Es gab nicht wenige Kenner der Theologie, die darin Küngs Meisterwerk sahen und meinten, etwas Größeres habe er – alle späteren Bestseller in Ehren – theologisch nie geleistet.

Als Hans Küng am Nachmittag des 21. Februar 1957, nach bestandenem Rigorosum, in der »Salle des Actes« der Sorbonne-Universität seine These öffentlich verteidigte, geschah das nicht ohne Hindernis. Prof. Henri Bouillard, der selbst eine These zum Werk Barths erarbeitet hatte, versuchte dem ungeliebten Konkurrenten in letzter Sekunde ein Bein zu stellen. Ähnlicher Heimtücke hatte sich auch Dr. Joseph Ratzinger zu erwehren, dessen Habilitation durch die Eitelkeit von Prof. Michael Schmaus fast verhindert worden wäre. Es sind Vorgänge, die nicht nur in der Theologie bis zum heutigen Tag zum Handwerkszeug der Doktorväter zählen: Auf dem Hochseil der Wissenschaft bedarf es manchmal nur eines unscheinbaren Schubses, um unliebsame Kandidaten in den Absturz zu treiben. Küng wie auch Ratzinger liefen jedoch nicht in die offenen Messer. Beide hatten sich nicht minder schlitzohrig auf den Fall der Fälle vorbereitet und durften, nach einigen spirituellen Pirouetten, die Umarmungen der Jury, summa cum laude, in vollen Zügen auskosten.

Kurioserweise nahm der Memoirenschreiber Küng in seinen Ausführungen zum Lebensabschnitt zwischen Rom und Paris wiederholt Bezug auf Ratzinger. Sie waren sich zwar noch nicht begegnet, doch gab es manche Ereignisse, die sich später mit leichter Hand in einen Anti-Ratzi-Kontext rücken ließen. Etwa Küngs Arbeit über das »Magisterium ordinarium«, das tagtäglich vom Papst und den Bischöfen ausgeübte Lehramt, das Ratzinger später als Präfekt der Glaubenskongregation gegen die Frauenordination anführte. Küng bemerkte bissig: »Nicht Neues. Römisch. Aber christlich?« Bei der Schilderung eines Streits mit seinem Vorgesetzten Anton Cadotsch blieb der Name Ratzinger zwar unerwähnt, dennoch konnte es sich Küng nicht verkneifen, in herausgehobener Kursivschrift festzustellen, »*wie sehr doch ein Amt, und sei es noch so gering, einen Menschen verändert*«. Es wurde zu einem Leitmotiv seiner Kritik am Kollegen Kardinal. Als Hans Urs von Balthasars Biografie »Erster Blick auf Adrienne von Speyr« erschien, zitierte Küng Ratzinger recht unfair mit den Worten, jetzt sei es aber »aus mit Balthasar«, und fügte hinzu: »… was die beiden freilich an einem späteren kirchenpolitischen Zweckbündnis nicht hindern wird«. Nachdem Gerüchte über eine Denunzierung des Rechtfertigungs-Buches die Runde machten, erwähnte Küng ausdrücklich, er habe später »aus Kardinal Ratzingers Mund« gehört, dass ihm »Tübinger ›Freunde‹, wohl aus seiner früheren Fakultät, alle wichtigen Meldungen aus dem ›Schwäbischen Tagblatt‹ nach Rom sandten«. Geschickterweise ein Zitat von Yves Congar variierend, fügte er hinzu, so funktioniere das »abscheuliche System der Denunzierungen …«. Meist waren es ärgerliche Details, kaum versteckte Seitenhiebe und Nadelstiche, die Ratzinger für mancherlei Widerwärtigkeiten der Küng-Biografie verantwortlich erscheinen lassen. Gelegentlich ging es ins Obsessive. Vorzugsweise vor laufenden Kameras kultivierte der Schweizer Schwarzweißmalerei in eigener Sache: Er als Wilhelm Tell und verfolgter Reformator; Ratzinger als »Großinquisitor« und unbelehrbarer »Panzerkardinal«. Mitunter war es ein arg provokantes Spiel, das Küng mit dem Kollegen trieb. Selbst wohlwollende Beobachter hielten es für gezielte Herausforderung und erwarteten eine Retourkutsche aus Rom.

»Stärke muss er sich abringen«, so belehrte sie Georg Ratzinger über den Bruder, »wenn dann aber der Kampf gefordert ist, da macht er seine Sache schon …« Die Retourkutsche kam, aber in dezenter Milde, leicht angerührt mit Vitriol aus den Kellern seiner Kongregation. Der weiße Rauch 2005 am Frühlingshimmel über St. Peter hat die Schlachtordnung verändert. Ratzinger heißt jetzt »Heiliger Vater«; Küng, der keineswegs unheilige, noch nicht verlorene Sohn, hofft auf ein Gespräch. Beide wollen Zeichen für die sichtbare Einheit der Christen setzen. Versöhnung beginnt jedoch zunächst vor der eigenen Tür.

6. Der Durchbohrte

Hans Küng und Joseph Ratzinger wurden, jeder auf seine Art, auf heftige Weise mit dem Tod konfrontiert. Es geschah im Abstand von drei Jahren und traf mitten hinein in die Anfänge ihrer verheißungsvollen Karrieren. Ratzinger war Professor für Fundamentaltheologie in Bonn. Küng beendete sein Studium in Rom und bereitete sich auf das Doktorat in Paris vor. Beide befanden sich in einer Euphorie des Gelingens und waren umgeben von der Bewunderung ihrer Familien. Doch dann traf sie das Schicksal. Ratzinger nannte es einen »Paukenschlag von ungeheurer Wucht und Härte«, Küng trieb es in die Rebellion. Ratzinger war zwar in München mit wehendem Talar reihum zu Beerdigungen geradelt, doch geschah es in pastoraler Routine. Küng hatte zwar bei Sartre in die Abgründe des Nichts geblickt, doch war alles nur Theorie. Weder elegische Trostworte am offenen Grab noch alle Klugheit der Existenzialismus-Lehrbücher boten ihnen Hilfe. Diesmal wurde es ernst, todernst.

Hans Küngs Primiz in den Grotten des Petersdomes unter der Confessio von Bernini sollte ein großes Familienfest werden. Die Eltern, fünf Schwestern, der Bruder und enge Freunde waren angereist. In der Begeisterung des Festtages fiel dem Neupriester zunächst gar nicht auf, dass sein 22-jähriger Bruder Georg bei seiner ersten Eucharistiefeier fehlte. Auf der Busfahrt zum Vatikan war er plötzlich in Ohnmacht gefallen und musste zurück ins Hotel transportiert werden. Doch war der Bankkaufmann, der seine Lehre in Sursee und Paris absolviert hatte und Vaters Geschäft übernehmen sollte, keineswegs gestresst und erschöpft. Nach einer dreiwöchigen Erholungszeit in Ferrara stellte Prof. Krähenbühl, ein renommierter Neurologe der Universität Zürich, eine erschütternde Diagnose: Der junge Mann litt an einem inoperablen Tumor zwischen Kleinhirn und Gehirnstamm. Bestrahlungen und Chemotherapien blieben erfolglos, für den Unheilbaren begann ein grausames Leiden. Herz, Lunge und Kreislauf versagten, fast ein Jahr nach dem ersten Anfall starb er im Oktober 1955. Hans Küng, der Musterschüler unter römischer Sonne, der auf den Pariser Boulevards seinen roten Talar längst abgelegt hatte, konnte sich mit diesem Schock nie abfinden. »Im Geist der Demut und mit zerknirschtem Herzen mögen wir bei Dir Aufnahme finden, o Herr«, mit diesem Gebet hatte sich der Primiziant in der Krypta vor dem Apostelgrab zu Boden geworfen. Dann trat die hässliche Fratze des Todes an ihn heran. Seine Vorlesungsnotizen wussten auf diese Heimtücke keine akzeptable Antwort. »Schreit dieses Elend nicht zum Himmel«, fragte er in seinem 1967 veröffentlichten Buch »Gott und das Leid«, »nein, schreit es nicht gegen den Himmel und seinen Gott? Klagt es nicht den an, der der Schöpfer dieser des Leidens übervollen Welt ist?« In dieser Verzweiflung wendet er sich einer Antwort zu, die auch Joseph Ratzinger wie einen zentralen Ort des Überlebens umklammert: dem Kreuz. Durch das Leid heimkehren in die Arme Gottes.

Doch begann Küng sich entschiedener dagegen zu wehren, Leid und Tod einfach als »gottgegeben, gottgewollt oder gottgefällig« hinzunehmen. Im Lauf der Jahrzehnte verfestigte sich bei ihm eine Überzeugung, die noch für viel Konfliktstoff, vor allem mit der von Joseph Ratzinger vehement verteidigten katholischen Ethik, sorgen sollte. Dies nahm Aufsehen erregende Formen an, als Küng im Jahr 2000 auf einer Podiumsdiskussion in Tübingen zusammen mit seinem Kollegen Walter Jens gegen die sozialdemokratische Justizministerin Herta Däubler-Gmelin für eine aktive Sterbehilfe eintrat. Im Studium generale der Universität hatten beide Professoren unter dem Titel »Menschenwürdig sterben« in mehreren Vorlesungen ein »Plädoyer für Selbstverantwortung« gehalten. Die Forderung geriet auch deshalb in die Schlagzeilen, weil die bislang verschwiegene NSDAP-Mitgliedschaft des Moralisten Jens bekannt geworden war. Dessen verharmlosende Erklärungen stießen u. a. in der »Frankfurter Allgemeinen« und »Neuen Zürcher Zeitung« auf Kritik. Die Euthanasie-Diskussion wurde bald mit den Verdrängungen der NS-Vergangenheit von Jens in Zusammenhang gebracht. Die Tübinger Debatte führte zu heftigen Reaktionen. So etwa von Christian Gampert in der Zeitschrift »Freitag«:

»Der aggressive, eitle und selbstgewisse Tonfall, in dem Küng und Jens ihre Forderungen vortrugen, ließ uns weniger ins Angesicht weiser, alter Männer schauen als vielmehr ins verzerrte Gesicht einer Sterbelobby, deren Lautstärke in nächster Zeit zunehmen wird: das

Schlimmste kommt noch … In welcher Tradition das steht, ist auch Walter Jens bewusst … Das aber ist der geheime Kern des jens-küngschen Todeswunsches, der nicht nur das eigene Ableben im Auge hat: die Vorstellung, der andere, die Gemeinschaft, der Staat habe die Pflicht, dem Einzelnen einen angenehmen Tod zu verschaffen – und das heißt, er habe das Recht zu töten. Das Tötungsverbot aber ist der Grundkonsens dieser Gesellschaft; der Schritt in die staatlich erlaubte Euthanasie wäre der Schritt zurück in die braune Barbarei.«

Joseph Ratzingers erste Erfahrungen mit dem Sterben seiner Angehörigen datierten vom Sommer 1958. Der betagte Vater schleppte in glühender Hitze eine schwere Schreibmaschine zur Reparatur und erlitt einen leichten Schlaganfall. Dem jungen Professor fiel auf, mit welcher Abgeklärtheit und Güte der alte Mann seine Familie betreute und großzügige Weihnachtsgeschenke machte. Im August 1959 folgte ein heftiges Unwohlsein. Zusammen mit seiner Frau wanderte er noch einmal an den Ort ihres Glücks, zum Hof nach Hufschlag. Ein letztes Gebet in der Kirche. Nach der Heimkehr erfolgte am Abend ein schwerer Zusammenbruch. Zwei Tage später starb er. Nach der Beisetzung kehrte Ratzinger in das heitere Bonn zurück und spürte, »dass die Welt für mich ein Stück leerer geworden und dass ein Teil meines Zuhauses in die andere Welt verlegt war«.

Auch bei dem in der Adventszeit 1963 erfolgten Tod seiner Mutter fällt auf, dass der in privaten Dingen so zurückhaltende Theologe plötzlich lapidare Details anführt und ausführlich zu erzählen beginnt. In der Abgeschiedenheit seines Studierzimmers aufgeschreckt, stürzt er in die brutale Betroffenheit der Todesnähe. Fast ein Jahr lang hat er das Sterben der an Magenkrebs leidenden Frau aus nächster Nähe begleitet. Ähnlich wie bereits beim Vater beobachtet er ihr Abmagern, die Zusammenbrüche. Ihm scheint, dass, trotz wachsender Schmerzen, ihre Güte noch reiner strahlt. Dieses Bild war für ihn, im Gegensatz zu den Hiob-Fragen Küngs, »immer mehr zu einer Verifizierung des Glaubens geworden, von dem sie sich hatte formen lassen«. Kein »überzeugenderer Glaubensbeweis« als das Sterben der Eltern. Dieser sich bewahrheitende Glaube betrifft das Kreuz. Es ist der Kern. Per crucem ad lucem. Durch das Kreuz zum Licht.

Kardinal Ratzinger äußerte sich in mehreren Interviews über die Bedeutung dieses Kreuzes. Ausdrücklich weist er darauf hin, dass die Hinrichtungsart so grausam war, dass sie auf die Römer nicht angewendet werden durfte, weil dadurch ihre Ehre befleckt worden wäre. Zu sehen, dass der reinste aller Menschen, »der mehr als ein Mensch war«, auf die schrecklichste Weise hingerichtet wurde, die es in der Antike gab, lasse uns auch über uns selbst erschrecken. Dabei bezieht er sich ausdrücklich auf Martin Luther, der die tiefe Erschütterung vor dem Tod als Appell zur Umkehr verstand. Ratzinger verweist darauf, dass uns dieser Gekreuzigte etwas anderes zu sagen habe als Spartakus und seine gescheiterten Anhänger, deren 7000 Todespfähle wie Bäume die Via Appia vor den Festungsmauern Roms säumten. Er erkennt darin ein Zeichen der Vergebung, auch in den Abgründen der Geschichte:

»Es schaut uns die Güte Gottes selber an, der sich in unsere Hände gibt, sich uns ausliefert und sozusagen den ganzen Schrecken der Geschichte mit uns trägt. Tiefer gesehen lässt uns dieses Zeichen, das uns die Gefährlichkeit des Wesens Mensch und seine ganzen Abscheulichkeiten ansehen lässt, zugleich den stärkeren, in seiner Schwachheit stärkeren Gott und das Geliebtsein von Gott anschauen ... Gott ist gekreuzigt und sagt uns, dieser so scheinbar schwache Gott ist der unbegreiflich vergebende und in seiner scheinbaren Abwesenheit stärkere Gott.«

Hans Küngs Darstellung der letzten Tage im Leben des Jesus von Nazareth sind gezeichnet von der strengen Nüchternheit historischkritischer Distanz. Meist ist der wortkarge Evangelist Markus sein Zeuge, Johannes erscheint wie ein romantisierender Nacherzähler. Der »galiläische Frühling«, in dem sich der Todeskandidat, begleitet von Hosanna-Rufen, auf einem Füllen in das Unausweichliche begab, wirkt folglich wie eine Legenden-Kulisse. Der Zug nach Jerusalem war jedoch vom Zwiespalt neugierigen Zulaufs und bitterer Feindschaft begleitet. Weisungen und Voraussagungen über den Heilsplan Gottes hält der abwägende, jedoch keineswegs ablehnende Beobachter Küng für »Passionsdeutungen der nachösterlichen Christenheit«. Das gewaltsame Ende Jesu war vorgezeichnet. Mit einem nüchternen Blick auf die Realitäten gilt: das musste ja so kommen. Bei dem Opfer handelte es sich um einen mehr als Verdächtigen, dem ketzerische Prophetie vorgeworfen wurde. Er war ein Sabbatbrecher, ein Gotteslästerer, ein Gesetzesverächter und dämonischer Wundertäter. Selbst seine letzte Provokation, die Tempelreinigung, galt als eine Anmaßung im Heiligtum, nicht minder lebensbedrohend. Küng schildert einen irren, scheiternden Rebellen, keinen kühnen Helden in der Nachfolge Jesajas, Jeremias, Michas, Amos' und Sacharjas im prophetenmordenden Jerusalem, keinen Vollstrecker göttlicher Heilspläne. Er musste mit seiner Hinrichtung rechnen, er lebte im Angesicht des Todes. Allein das von ihm dem Petrus entgegengeschleuderte Satanswort »Weg mit dir … gehe mir aus den Augen« (Mk 8, 33) könnte als kurze Andeutung dessen, was sich zusammenbraute, verstanden werden. Küng glaubt eher solch lapidaren Dingen, die, beiläufig erwähnt, weder Tiefsinn noch Absicht bewirken sollen. Allein seine Darstellung des »letzten Mahls« wirkt wie ein Bild der Kompassion, das sich vom Edelschmalz künstlerischer Nachempfindungen abhebt:

»Wie dieses Brot, so wird auch sein Leib gebrochen, wie dieser rote Wein, so wird auch sein Blut vergossen …«, diese Szene des in einen »neuen Bund« mündenden Passahmahles könnte von dem im Übrigen kaum beachteten Johannes stammen: »… vereint sollen sie bleiben, auch in der Zeit seiner Abwesenheit. Nicht umsonst hat man später die Idee der Kirche mit Jesu Abendmahl in Verbindung gebracht«.

In der Reihenfolge der Passionsstationen traut Küng sogar dem Johannes eine korrekte Schilderung zu, wenn er auch einschränkt, dass man in diesen Berichten zwischen Geschichte und Verkündigung, Historie und Theologie abwägen müsse. Man wisse über den so detailliert erzählten letzten Lebensabschnitt Jesu wenig Sicheres. Er warnt vor Legendärem und »dogmatischer Willkür«. Glaubwürdig wirken die Geißelung und die Zusammenbrüche auf jener »Via dolorosa«, die freilich anders verläuft als die heutzutage von einem Bettelorden vermarktete Route und jenseits des Kidrontals auf dem kleinen Hügel Golgota endet. Zweimal erwähnt Küng diesen »außerhalb der Stadtmauer« befindlichen Ort, ohne ihm jedoch die von Joseph Ratzinger beschworene Bedeutung beizumessen. In der Kreuzigung, die in einer undramatischen Kürze geschildert wird, vermutet Küng mehr theologische als historische Aussagen.

Ob diese Hinrichtung letztlich die logische Folge jüdischen Verständnisses von Schande oder das Sterben des Gottessohnes bedeute, sei eine »Glaubensfrage«. Dennoch wundern ihn die Unterschiede dieses Sterbens zu dem anderer Erzväter und Religionsgründer: Moses, Buddha und Kung-futse schieden im gesegneten Alter, der Prophet Mohammed als genießerischer Herrscher »mitten in seinem Harem in den Armen seiner Lieblingsfrau«. Dass dagegen der 33-jährige

Jesus als verachteter Provokateur in scheußlichster Grausamkeit fertig gemacht wird und sich »das Kreuz dieses Einen« von denen der Tausenden der Spartakus-Kämpfer unterscheidet, wirft dann auch für Küng ganz andere als nur historische Fragen auf. So umnebelt er die Todesstunde weder mit den Horrorszenen jüdischer Apokalypse, mit zerreißendem Tempelvorhang und aufbrechenden Gräbern, noch mit der Gloriole rührenden familiären Abschieds. Zählt allein »der Schrei«: »Die einzigartige Gottesgemeinschaft, in der er sich wähnte, machte auch seine einzigartige Gottesverlassenheit aus.«

Bleibt schließlich das triste, allerdings offiziell bezeugte Begräbnis. Von der »Pietà« ist nichts zu sehen, einige Frauen stehen scheu in sicherer Distanz. Die bei den Juden übliche Verscharrung findet nicht statt. Weder Petrus, der »Fels«, noch Johannes, der »Lieblingsjünger«, begleiten den Leichnam, sondern allein der nicht zum Apostelkreis zählende Ratsherr Josef von Arimathia. »Zu einem Kult um das Grab Jesu von Nazareth ist es merkwürdigerweise nicht gekommen.«

Die Vorlesungen, die Prof. Joseph Ratzinger im Sommersemester 1967 zum Thema »Einführung in das Christentum« für Hörer aller Fakultäten an der Universität Tübingen hielt, waren ein »Ereignis«. Sie fanden nicht nur vor großem Publikum in einem überfüllten Auditorium statt, das bald publizierte Buch wurde mehrfach aufgelegt und in zahlreiche Sprachen übersetzt. Ratzinger, der den Glauben auslegen wollte, »ohne ihn umzumünzen in ein Gerede, das nur mühsam eine völlige geistige Leere verdeckt«, traf, nach dem Ende des Konzils und vor Ausbruch der Studentenrevolte im Mai 68, einen sensiblen Zeitnerv. Noch bevor die Flut hereinbrach, sprach er ihre tieferen Ursachen an. Hörer, Leser und Rezensenten witterten die Brisanz. Das Buch markierte einen kulturpolitischen Schnitt, es war ein im Flüsterton schwer verletzten Glaubens verbreiteter Hilferuf. Das kleine Boot Kirche stach in aufgewühlte See. Viele Beobachter ahnten, dass es nicht schadlos zurückkehren würde. Selten war Theologie so abenteuerlich.

Keine Frage, das Kreuz stand im Mittelpunkt. Doch fiel gleich auf, dass Ratzinger, im Gegensatz zu seinem Tübinger Kollegen und Freund auf der Berater-Empore der römischen Konzilsaula, Hans Küng, nicht nur über das gleiche Thema in einer anderen Sprache sprach, sondern auch andere Namen, Bilder und Symbole benutzte. Bei allem Respekt vor den historisch-kritischen Bibelinterpretationen vor allem protestantischer Pioniere zog er auch andere Offenbarungs-quellen zu Rate. Die Heilige Schrift beschränkte sich bei ihm nicht auf Markus und die Synoptiker, er zog auch den theologischeren Johannes zu Rate, der von den aufgeklärten Exegeten verharmlosend in das 2. Jahrhundert abgeschoben worden war. Über Leiden und Sterben Jesu sprach Ratzinger nicht in jener abgebrühten Kürze, in der etwa Hemingway über den Stierkampf in Pamplona berichtete, sondern erläuterte eine »Kreuzestheologie«, in der zwar gefoltert, gelitten und geblutet wurde, die sich jedoch ihrer Suche nach den tiefen Inhalten dieser dramatischen Stunden nicht schämte.

Tiefgründiger als die Grausamkeiten im Mel-Gibson-Film endet das Leben des gekreuzigten Jesus von Nazareth in Ratzingers Passionsdeutung mit einer erschütternden Szene: dem Lanzenstich. Der irdische Jesus scheidet mit einem Bild der Existenz, »deren Wände aufgerissen sind«. Die offene Seite ist tödlich, doch wozu? Für Johannes gipfelt in diesem Bild nicht nur das Leiden, sondern das ganze Leben des Herrn:

»… einer der Soldaten stieß mit der Lanze in seine Seite, und sogleich floss Blut und Wasser heraus.«

Die tödliche Verletzung gerät zur offenen Seite Adams aus der Schöpfungsgeschichte, Wasser und Blut zu Taufe und Eucharistie. Der Durchbohrte öffnet in die Zukunft. Der Gekreuzigte gerät nicht zum Gegenstand privater Devotion, sondern fordert die »Durchkreuzung des Ichs«. Das Aufbrechen Abrahams, der Auszug aus Ägypten, der Exodus sind Übergang und Zeichen der Selbstüberwindung des Kreuzes. Das Bild des Johannes vom Weizenkorn, das in die Erde fällt und stirbt, deutet Ratzinger als kosmisches Gesetz, dass »nur durch den Tod, durch den Selbstverlust hindurch das Leben kommt«, und lehnt sich dabei an die großen Mythen der Relgionsgeschichte an, wie etwa den Purusa-Myhtos der vedischen Religion, wonach der Kosmos aus einem »Uropfer« aufgebaut sei und vom »Sichopfern« lebe …

Dennoch ist es aus seiner Sicht ein sehr falsches Bild, dass Gott auf »unendliche Sühne« bestehe, so wie es manche Texte katholischer Kreuzesandachten, vorzugsweise in Bayern, nahe legten. Das Kreuz ist allein Ausdruck für »die Radikalität der Liebe« und bedeutete eine Revolution gegenüber den Sühne- und Erlösungsvorstellungen vieler außerchristlicher Religionen. Im Kreuz kommt Gott zum Menschen, es ist der extreme Ausdruck seiner »törichten Liebe«. Das Kreuz anzubeten heiße, »uns das Seinige schenken lassen, ihn handeln lassen an uns«. Im Gegensatz zur alttestamentarischen Kulttheologie, die das Opfer von Stierfleisch und das Blut von Böcken verlangte, bleibt nur noch »das Warten Gottes« auf das freie Ja der Liebe. Mehr noch als es Küng in seiner Darstellung des Kreuzestodes als totale Gottverlassenheit eines Mannes, der als politischer Verbrecher gescheitert ist, andeutet, bezeichnet Ratzinger dessen Tod als »die einzige Liturgie der Weltgeschichte«. Selbst das endzeitliche Symbol des zerreißenden Tempelvorhangs greift er auf: In der Öffentlichkeit der Welt trat Jesus »durch den Vorhang des Todes hindurch in den wirklichen Tempel, das heißt vor das Angesicht Gottes selbst«. Der Karfreitag gerät zu einer nie da gewesenen und nie mehr wiederkehrenden Feier: »Die Kreuzesstunde ist der kosmische Versöhnungstag, das wahre und endgültige Versöhnungsfest.«

Vor dem Gravierenden dieser einmaligen Todesstunde wehrt sich Ratzinger auch dagegen, den christlichen Kult vollständig in »Mitmenschlichkeit« aufzulösen, die sich in der nachkonziliaren Kirche immer stärker ausbreitet und sich keine direkte Gottesliebe oder Gottesverehrung mehr zutraut. Sie verweigere, so führt er in böser Vorahnung liturgischer Abstürze an, in ihrer auf den ersten Blick so sympathisch scheinenden Konzeption die Liebe dessen, »der allein wirklich genügend liebte«. Einfache Anbetung sei »zwecklos« und die höchste Möglichkeit des Menschseins, seine erst dann wahre und endgültige Befreiung. Sie fordere Kreuz, Schmerz, Zerrissenwerden, doch sei sie »kein Opfer der Zerstörung, sondern die Liebe«. Dass Ratzinger dazu an einen Text von Jean Daniélou erinnert, den Küng in diesen Zeiten kirchlicher Ungewissheit als wendigen Taktierer betrachtete, macht die unterschiedliche Sichtweise des Kreuzes umso deutlicher: Im Sichausspannen Christi sah der französische Theologe in seinem Buch »Vom Geheimnis der Geschichte« den ihm gleichförmigen Ausdruck unserer eigenen Zerrissenheit. Auch eine andere Deutung Ratzingers sollte sehr bald schon im Chaos Tübinger Studentenproteste eine besondere Aktualität erhalten. Beim Kreuz, so schrieb er, komme es nicht auf eine Summierung physischer Schmerzen an, »als ob in der größtmöglichen Summe von Qualen sein Erlösungswert bestände«. Auch sei ein Gottesbegriff unwürdig, der sich einen Gott vorstelle, der die Schlachtung seines Sohnes verlange, damit sein Zorn besänftigt werde. Diese Worte wurden bereits im Sommer 1969 von der Realität in der Tübinger Fachschaft »Evangelische Theologie« überholt, die in einer Kampfschrift fragte: »Was ist denn das Kreuz Jesu anderes als der Ausdruck sado-masochistischer Schmerzverherrlichung«, und das Neue Testament als ein »Dokument der Unmenschlichkeit und groß-angelegten Massenbetrug« bezeichnete …

Fragen nach Leben und Tod, Gericht und Auferstehung, Himmel und Hölle haben Ratzinger und Küng in den folgenden Jahren immer wieder beschäftigt. In seinem 1978 veröffentlichten Buch »Eschatologie: Tod und Ewiges Leben« wandte sich Ratzinger gegen moderne Theologen, die vor den »letzten Dingen« in eine politische Metaphysik abbiegen, die weitgehend vom Marxismus beeinflusst wird. Obwohl es in der von seinem Münsteraner Kollegen Johann Baptist Metz vertretenen politischen Theologie »nicht an einigen Goldkörnern« fehle, pochte er darauf, dass die christliche Hoffnung sich nicht auf das Finale eines Parteiprogramms beschränkt: es geht um die ewige Freude im Jenseits, nicht um diesseitige Erfolgserlebnisse. Ratzinger, der die scharfe Kritik von Johannes Paul II. an der »Kultur des Todes« weitgehend inspiriert hat, spricht von einer Verharmlosung des Todes durch die moderne Welt, die vor einer Konfrontation mit den eigentlichen Fragen die Flucht in den Nervenkitzel ergreife: Krankheit und Tod werden zu technischen Spezialproblemen, die Medien präsentieren den Tod als preiswürdiges Spektakel.

Zum Geheimnis des »Danach« äußert sich der Theologe Ratzinger im Gegensatz zum Glaubenspräfekten zurückhaltender. Nur die Zukunft werde uns die Parusie, die Wiederkunft des Herrn offenbaren. Die Hölle sei als Ort ewiger Bestrafung im Neuen Testament unübersehbar. Auch hält er an der läuternden Kraft des Fegefeuers fest. Hans Küng hat diese Vorstellungen 1982 in seinem Buch »Ewiges Leben« als Versuche kritisiert, die Gefahr laufen, »hinter den heute philosophisch-theologisch-naturwissenschaftlich erreichten Denkstand zurückzufallen«. Die von Ratzinger erwähnte »Läuterung« sei »Gottes allumfassender letzter Gnadenakt«, wie auch Ratzingers Sicht der Zwischenphase eines unvorhersehbaren langen Wartens zwischen Tod und Jüngstem Gericht gegen die Erkenntnisse der Schriftdeutung und der Todesforschung sprächen. Die Begegnung mit Gott selbst sei das Fegefeuer, die Hölle kein Ort ewiger Strafe, sondern eine vom Menschen nicht auszuschließenden extremen letzten Möglichkeit der Gottesferne. Vom gekreuzigten und auferstandenen Christus her

»ist die Verdammung zur Hölle nicht das letzte Wort ... Die Hölle ist offen. Man kann frei hindurchgehen«, schreibt Küng. Weshalb das so ist, sagt Ratzinger in einem lapidaren Kommentar, der die Über-allen-Gipfeln-ist-Ruh-Theologie in die dramatische Heilsgeschichte zurückruft:

»Das Kreuz enthüllt, wer Gott ist und wie der Mensch ist.«

Ohne sich auf magische Rechenformeln oder Prophetien des Alten Testamentes zu stützen, hat Kardinal Ratzinger dem apostolischen Schreiben »Tertio Millennio Adveniente«, in dem Papst Johannes Paul II. anlässlich des Jubeljahres 2000 den Begriff »Fülle der Zeiten« benutzt hat, eine intensive Betrachtung gewidmet. Es war ja seit den Studien von Augustinus und Bonaventura sein Thema: Wiederkunft und Endzeit, Parusie und Pleroma.

Die Entwicklung der letzten Jahrzehnte, so formuliert Ratzinger vorsichtig im Gespräch mit Peter Seewald, habe »mit der Beschleunigung der Weltgeschichte« und den wachsenden Bedrohungen durch Krieg, Gewalt und Katastrophen aller Art »die Idee des Endes der Zeit« wieder aktuell werden lassen. Mit dem Christentum und seiner »Entgötterung der Welt« habe tatsächlich eine neue und »irgendwo endgültige Geschichtsphase« begonnen. Mit Christus, dem Gekreuzigten, Durchbohrten und Auferstandenen, erscheint die »entscheidende Markierung der Weltgeschichte«:

»Auf ihn gerichtet gehen wir auf ein Ende zu. Ein Ende, das nicht einfach Zerstörung, sondern das Vollendung ist, das die Geschichte zu einer inneren Ganzheit kommen lässt.«

Bereits in der griechischen Philosophie gibt es eine eigentümliche Vorahnung dieser Erkenntnis. Platon schreibt in seiner »Politeia«, dass der wahrhaft Gerechte in dieser Welt ein Verkannter und Verfolgter sein müsse. Dieser Text aus dem 4. Jahrhundert vor Christus ist von visionärer Kraft, wenn es wörtlich heißt: »Sie werden denn sagen, dass der Gerechte unter diesen Umständen gegeißelt, gefoltert, gebunden wird, dass ihm die Augen ausgebrannt werden und dass er zuletzt nach allen Misshandlungen gekreuzigt werden wird ...«

»So ist Gott«, schreibt Joseph Ratzinger, »er richtet, indem er rettet.«

7. Der Flüsterer des Kardinals

Im vornehmeren Teil der Maschine, die am Morgen des 8. Oktober 1962 vom Köln-Bonner Flughafen Wahn in Richtung Rom abhob, befand sich ein älterer Herr. Der Kölner Erzbischof Josef Kardinal Frings hatte zwar auf seine purpurrote Soutane mit den 33 Knöpfen verzichtet, doch machte er sich keine Illusionen darüber, dass er von den Passagieren nicht erkannt werden würde. Da und dort schüttelte er eine Hand und schmunzelte mit jenem verschmitzten Lächeln, das die Rheinländer an ihm schätzten. Der Crew, die ihn freundlich begrüßte und an seinen reservierten, etwas abgeschirmten Fensterplatz führte, fiel auf, dass der Kardinal diesmal nicht wie üblich nach seinem Rosenkranz griff und spätestens über den Alpen in ein seliges Nickerchen entschwebte, sondern mit seinem Sekretär Hubert Luthe und mit einem ihnen bislang unbekannten, jugendlich wirkenden Begleiter eine Art Arbeitssitzung abhielt. Luthe griff ständig in ein schwarzes Aktenköfferchen, das er wie seinen Augapfel hütete, während der Kardinal das in lateinischer Sprache abgefasste Manuskript überflog und mit den Zetteln seines Begleiters verglich, die in akkurater Kleinschrift textkritische Bemerkungen und Zitate enthielten.

Die bisweilen von Frings als »Codezeichen« belächelten Hinweise stammten aus der Feder des ordentlichen Professors der Fundamentaltheologie an der Universität Bonn, Dr. Joseph Ratzinger. Bevor Frings sich auf dem Weg zum Flughafen machte, hatte er Wert darauf gelegt, mit seinen Begleitern noch einmal in den Dom zu gehen und in die Gruft hinabzusteigen. Der alte Mann hatte Stil und Sinn für große, freilich unpathetische Gesten. Ratzinger wunderte sich, dass der Kardinal sich dort jene Stelle zeigen ließ, wo er seine letzte Ruhestätte finden würde. Die Szene ist ihm in Erinnerung geblieben, er hat sie mit dem Begriff »Gottesfurcht« gekennzeichnet – jene Furcht, nicht die Freundschaft Gottes zu verlieren, nicht aus der Gemeinschaft Christi herauszufallen.

Was Adenauer für die deutsche Politik war, das war der 76-Jährige für die Katholische Kirche in Deutschland – eine rheinische Allianz, von gegenseitigem Respekt getragen und von der gleichen Sorte Humor beflügelt. Der große alte Mann und Vorsitzende der deutschen Bischofskonferenz war unterwegs zum Jahrhundertereignis Zweites Vatikanisches Konzil und guter Dinge. Fähige junge Leute an seiner Seite machten ihn munter. Er war sichtlich nicht mehr in der Form seines Leben, sehbehindert und nach zwanzig Jahren auf dem erzbischöflichen Stuhl im »hilligen Kölle« bisweilen auch etwas müde. Darüber schmunzelte er: »Gut sehen kann ich schlecht, aber schlecht hören, das kann ich gut ...«

Bei der Auswahl seiner Mitarbeiter hatte er stets, wie er es nannte, »ein Händchen«. Sein Generalvikar Joseph Teusch fädelte nach der Entdeckung von Mutter Teresa und ihrer Arbeit im Sterbehaus von Kalkutta die Gründung der Hilfswerke »Misereor« und »Adveniat« ein. Stets zur Seite stand auch der renommierte Kirchenhistoriker Hubert Jedin, der eine stark beachtete Konzilsgeschichte schreiben sollte und auf dem Campo Santo neben dem Petersdom beerdigt wurde. Der Sekretär Hubert Luthe, der spätere Bischof von Essen, galt als »Mädchen für alles«. Professor Ratzinger schließlich, der wie ein Pfadfinder aussah und in zurückgenommener Art, aber umso effizienter zuarbeitete, hatte sich innerhalb von drei Jahren an der theologischen Fakultät Bonn den Ruf eines »Mannes mit Zukunft« erworben.

Frings war ein furchtloser Mann. Er hatte den Nazis widerstanden, hatte 1944 unter Lebensgefahr gegen die Judenmorde gepredigt und trug bis zuletzt eine Narbe, die ihm der spätere Nazi-Oberbürgermeister von Köln zugefügt hatte, als er ihm einen Glasaschenbecher an den Kopf warf. Frings scheute sich nicht, gegenüber dem »keine Experimente« wünschenden alten Adenauer eine Lippe zu riskieren. Frings mochte diesen jungen Ratzinger; er sah in ihm etwas, was er außerordentlich schätzte: die Mixtur aus fachlicher Qualität und absoluter Diskretion. Luthe kannte diese Qualitäten seines Studienfreundes aus dem Priesterseminar von Fürstenried und hatte im Hintergrund ein paar Strippen gezogen. Er ließ den Kardinal auf beiläufige Weise aufmerksam werden auf den blitzgescheiten Newcomer. Eine Studientagung der Bischöflichen Akademie in Bensberg war der Anlass. Ratzinger hielt einen Vortrag über die »Theologie des Konzils«, in der ersten Reihe saß der Kardinal und war so elektrisiert, dass er sofort um drei Ecken dachte: Was wäre, wenn ... Während der Kardinal sich so seine Gedanken machte, parlierte der bayrische Jungprofessor mit der hohen Stimme munter weiter – wobei die Schärfe der Inhalte in munterem Kontrast zur Harmlosigkeit ihres Vortrages stand. Selbstbewusst ließ er die Zuhörer wissen, man müsse der Kirche vorwerfen, »dass sie in einem Zuviel an Sorge mitunter viel verlautbart, zu viel normiert, dass so manche Normen wohl eher dazu beigetragen haben, das Jahrhundert dem Unglauben zu überlassen, als es davor zu retten, dass sie mit anderen Worten mitunter zu wenig Vertrauen in die sieghafte Kraft der Wahrheit setzt, die im Glauben lebt; dass sie sich hinter äußeren Sicherheiten verschanzt, anstatt der Wahrheit zu vertrauen, die in der Freiheit lebt und solche Behütungen gar nicht nötig hat«.

Frings sprach dieser Ton aus der Seele. Er war Mitglied der zehnköpfigen Zentralen Vorbereitungskommission des Konzils und verfügte über einen intimen Einblick in das Machtzentrum der Kirche. Bereits unmittelbar nach dem Konklave, das im Oktober 1958 den als »Übergangspapst« belächelten Johannes XXIII. gewählt hatte, hatte Frings seinem Sekretär Luthe auf dem Rückflug nach Köln zugeflüstert, dass es bald zu einem Konzil kommen werde. Luthe hatte ihn ungläubig angeschaut. Wie bitte? Wozu sollte es ein Konzil geben? Das Erste Vatikanische Konzil lag doch »noch nicht einmal« hundert Jahre zurück, das davor fand im 16. Jahrhundert statt. Es war doch alles geklärt. Die Kirche stand wie eine Eins. Der letzte Papst war an Souveränität und Ansehen kaum zu überbieten. Die Verkündigung neuer Dogmen war nicht zu erwarten.

Aber Frings sollte Recht behalten. Der kleine, dicke Papst, der wie eine Karikatur dem »Überpapst« Pius XII. nachfolgte, schockte die Welt. Bereits während der Gebetswoche für die »Wiedervereinigung der Christen« im Januar 1959 erfolgte die offizielle Konzilsankündigung des neuen Papstes, der die nichts ahnenden, ihm verträumt zuhörenden Kardinäle in der Abtei St. Paul vor den Mauern aufschreckte.

Frings, der schon ganz früh Eingeweihte, wusste, dass die Kurie der Absicht des Papstes mit großer, ja größter Skepsis gegenüberstand – einige hielten das neue Konzil schlicht für eine »Schnapsidee«. Sehr schnell musste Frings während der zahlreichen Arbeitssitzungen in Rom feststellen, dass die »Kurien-Connection« viel einflussreicher und strategischer versierter war, als man sich das in Kreisen der Fuldaer Bischofskonferenz vorstellte. Ratzingers Kompetenz beruhigte.

Der Kardinal von Köln war ein »Mensch«, deshalb liebten ihn die

Kölner; die Nonnen liebten ihn auch, aber sie erinnerten ihn auch daran, dass es sich für einen Kardinal nicht gehört, die Zigarettenasche aus dem offenen Fenster in den Garten zu schnippen. Frings war zwar kein Haudegen, aber ein Meister des Floretts. Obwohl konservativ, verfügte er über langjährige Seelsorgserfahrung in rheinischen Großstadtpfarreien, die auch in seinem Wappenspruch »Für die Menschen bestellt« zum Ausdruck kam. Er hatte dem zerbombten Rheinland (unter kölnisch-kreativer Anwendung der Lehren des heiligen Thomas von Aquin) das »Fringsen«, den kleinen Kohleklau, gestattet, doch avancierte seine Diözese bald zur reichsten der Welt. Im Land Luthers war ihm die Ökumene, für die sich sein Paderborner Konfrater, Bischof Lorenz Jaeger, besonders engagierte, ein Herzensanliegen. In der nahen Vulkaneifel schätzte er den Benediktinerabt von Maria Laach, Ildefons Herwegen, der einst nicht nur den vor den Nazis flüchtenden Kölner Oberbürgermeister Konrad Adenauer in einem dunklen Seitenflügel versteckt hatte, sondern in der Tradition seiner französischen und belgischen Mitbrüder Dom Guéranger (Solesmes) und Dom Beaudin (Chevetogne) als Pionier der Liturgischen Bewegung wirkte. Obendrein gab es am erzbischöflichen Palais in Köln so etwas wie eine »Außenpolitik«, die vor Anbruch des Konzils enge Beziehungen innerhalb der »deutschen Kulturnation« und darüber hinaus zu den benachbarten Benelux-Staaten pflegte: Die Kardinäle Döpfner (München-Freising), König (Wien), Alfrink (Amsterdam), Suenens (Brüssel) sowie die deutschsprachigen Bischöfe von Luxemburg und Straßburg waren verlässliche Verbündete in jenem zähen Ringen, das der Konzilshistoriker Giuseppe Alberigo als »Kampf für das Konzil« bezeichnet hat.

Zunächst kam es allerdings zu einem Ereignis, von dem der Kardinal glaubte, es habe ihn Kopf und Kragen gekostet. Nach einem Vortrag 1961 in Genua, der den langen Titel trug: »Das Konzil vor dem Hintergrund der Zeitlage im Unterschied zum Ersten Vatikanischen Konzil«, begann es in kurialen Kreisen zu rumoren. Frings hatte aus deren Sicht nicht nur kühne Aussagen verbreitet, sondern dies im Zentrum der Diözese Genua getan, dem Bollwerk des konservativen Kardinals Siri. Das Rede-Manuskript, das aus der Feder von Prof. Joseph Ratzinger stammte, wurde auf den üblichen »geheimdienstlichen« Kanälen Papst Johannes XXIII. zugespielt. Der las das »corpus delicti« postwendend und bestellte den Kölner Kardinal zu einer Privataudienz in den Apostolischen Palast ein. »Wann, Heiligkeit?« – »Sofort!« Frings begab sich mit gemischten Gefühlen in den Vatikan und sagte in Kölscher Mundart zu seinem Sekretär Dr. Hubert Luthe: »Hängen Se m'r noch ens dat ruude Mäntelche öm, wer weiß ob et nit et letzte Mohl is.« (Legen Sie mir noch einmal das rote Mäntelchen um, wer weiß, ob es nicht das letzte Mal sein wird.)

Aber dann standen sich der Papst und sein Besucher gegenüber: der eine mit dem breiten konspirativen Lächeln eines Weinbauern aus Bergamo, der andere mit einem im rheinischen Klüngel geübten Griemeln. Johannes XXIII. war von den Ausführungen des Kardinals begeistert und bereitete ihm einen herzlichen Empfang. Frings erwiderte bescheiden, es sei nicht eigentlich sein Verdienst; er habe weitgehend nur den Text seines theologischen Beraters vorgelesen. Der Papst lächelte – nun ja, auch er müsse viele seiner Reden vorformulieren lassen. Wie er denn heiße, der Berater? ... Nie gehört. Erstmals notierten sich die Monsignori auf der Chefetage der katholischen Kirche den Namen »Ratzinger«. Auf der Rückfahrt in das deutsch-österreichische »Collegio di S. Maria dell'Anima« in der Via della Pace kommentierte der erleichterte Frings die Begegnung mit dem alten Kölner Sprichwort: »Het es noch ömer juut jejange.« (Es ist noch immer gut gegangen.)

Joseph Ratzinger atmete auf, denn er wusste nur zu gut, dass es im Streit um die traditionelle Lehre im »Heiligen Offizium« des gefürchteten Kardinals Alfredo Ottaviani durchaus nicht »ömer juut jejange« war. Seine französischen Kollegen Henri de Lubac und Yves Congar waren erst vor wenigen Jahren nach Lehr- und Redeverboten rehabilitiert worden. Noch immer bestand der ominöse »Bücher-Index«, mit dem in der Nachfolge-Kongregation der »Inquisition« eine strenge literarische Gesichtskontrolle praktiziert wurde. Wer immer in der Vorkonzil-Kirche eine Lippe riskierte, musste mit Repressionen oder Berufsverbot rechnen. An Kardinal Königs Berater Karl Rahner wagte sich keiner heran, er war »der Kopf« und als solcher unumgänglich; die deutschsprachigen »Teenager« Joseph Ratzinger und Hans Küng gingen in den Augen der Kontrolleure wohl als begabte junge Leute durch, im Clinch der Kirchenfürsten galten sie als einstweilen ungefährlich.

Kardinal Frings hielt seinen jungen Berater Ratzinger ständig auf dem Laufenden. In der Vorbereitungskommission ging es um die Geschäftsordnung des Konzils, aber auch bereits um die ersten Schemata –

das waren Entwürfe, Textvorlagen, über die auf dem Konzil beraten werden sollte. Die römische Kurie nahm die Dinge mit einiger Gewalt in die Hand; mal preschte man vor, mal ließ man unliebsame Dinge unter den Tisch fallen oder verschleppte, was nicht ins Konzept passte. Ratzinger spürte, wie es in »seinem« Kardinal kochte. Mehrmals sah sich Frings gedrängt, in Interventionen an den Papst schriftlich oder persönlich gegen die Verschleppungstaktik der Kurie zu protestieren. Stets an seiner Seite: sein Münchener Kollege Kardinal Döpfner, die couragierten Franzosen Kardinal Liénart und Bischof Elchinger.

Hauptstreitpunkte waren das Pastoraldekret, die Rolle der Laien und die Erweiterung der Rechte der Bischöfe. In den geheimen Sitzungen der Vorbereitungskommission waren die späteren, großen Konflikte des Konzils bereits vorgezeichnet; manche Beobachter sprachen von einem »Konzil en miniature«, das nicht zu einer »behördlich genehmigten Versammlung« verkommen durfte. Auch wurden bereits die Fronten sichtbar: Im konservativen Lager agierten die Kardinäle Ottaviani, Ruffini und Siri, der Dominikaner-General und Theologe des Päpstlichen Hauses, der bullige Schotte Brown, sowie ein gewisser Marcel Lefebvre, ein französischer Bischof, der Jahre später im Integrismusstreit noch von sich reden machen und von Papst Johannes Paul II. sogar exkommuniziert werden sollte. Auf progressiver Seite arbeiteten die Kardinäle Frings, Döpfner, König, Suenens, Alfrink, der Kanadier Léger sowie Kardinal Montini, der spätere Papst Paul VI., eng zusammen.

Frings wandte sich zweimal gegen die Anzahl und den religiös unbedeutenden Charakter vieler vorliegender Texte, wiederholt wies er auf die fehlende Zeit für das Aktenstudium der Bischöfe hin. Joseph Ratzinger machte das Backoffice – ein zwölfseitiger Brandbrief an den Papst über Hoffnungen und Befürchtungen des Kölner Kardinals wurde von ihm entworfen. Doch änderte es nichts daran, dass im Sommer 1962, unmittelbar vor Eröffnung des Konzils, eine Atmosphäre dramatischer Spannung herrschte. Der gutmütige Papst Johannes stand beschwichtigend zwischen allen Fronten. Bereits ein Jahr zuvor hatten die deutschen Kardinäle Frings und Döpfner vergeblich versucht, Johannes XXIII. zu bewegen, wegen der mangelnden Vorbereitung den Termin des Konzils zu verschieben. Döpfner beschwerte sich in der Theologen-Kommision, dass »aufgeschlossene Experten, die an sich Konsultatoren sind, zurückgedrängt werden«.

Unterdessen begann ein »Kampf mit anderen Mitteln«, in dem die hellhörig gewordenen Medien eine herausragende Rolle spielten. Revolution im Heiligtum? Wollte da wer die Kirche umkrempeln? Es fehlt nicht an solchen, die es ganz genau wussten, die Sache herunterspielten oder noch Benzin ins Feuer gossen. Einflussreiche Zeitungen und Zeitschriften, wie die französische »La Croix«, die deutsche »Herder-Korrespondenz« oder die englischsprachige »The Tablet«, starteten auf hohem Niveau eine Art Schlacht mit Interviews, an der sich auch die Kardinäle Frings und König beteiligten. Die Berater Ratzinger und Rahner äußerten sich, etwa zum Verhältnis von »Primat und Episkopat«, in der etwas schwerer lesbaren theologischen Fachreihe »Questiones disputatae«, andere in der angesehenen Jesuiten-Publikation »Stimmen der Zeit«. Der spätere Vorsitzende der Deutschen Bischofskonferenz, Kardinal Karl Lehmann, schrieb dazu, Theologen vom Range Rahners, Schillebeeckxs, Ratzingers und Küngs sei in diesen spannenden Monaten »mancher Durchbruch durch die fix und fertig präparierten Schemata in ein freieres Gelände gelungen«. Der Autor Ralph M. Wiltgen ging 1985 gar so weit, der Frings-Ratzinger-Achse in seiner umstrittenen Konzil-Geschichte den Titel zu geben: »The Rhine flows into the Tiber« ...

Als die Kölner Delegation am 8. Oktober 1962 in Rom landete, war völlig offen, was kommen würde, doch war man für all das, was kommen sollte, »gut aufgestellt«. So mancher Gast glaubte auf dem Empfang, den Außenminister Gerhard Schröder am 10. Oktober um 19.15 Uhr in der Vatikanbotschaft der Bundesrepublik für die deutschen Konzilsväter gab, in den Augen von Frings ein schelmisches Lächeln erkannt zu haben. Die am Empfang des protestantischen Bundesministers teilnehmenden Theologen bedrückten jedoch Sorgen. Die Stimmung war, nach den Worten von Hans Küng, »ungewiss bis schlecht«. Ratzinger wusste zu diesem Zeitpunkt zwar bereits, dass sein Kardinal mit den Franzosen so etwas wie einen Putschversuch gegen die Geschäftsordnung des Konzils abgesprochen hatte, doch erschien es ein riskantes Manöver mit fragwürdigem Ausgang. Der Schweigsame schwieg sich aus. Die pessimistische Stimmung der Berater hing damit zusammen, das man nicht einschätzen konnte, ob die Strategie der Kurie aufgehen würde, das Konzil im Eilverfahren und gewissermaßen ohne Ergebnis durchzuziehen. Das war nicht aus der Luft gegriffen. Keineswegs unbegründete Gerüchte gingen um, dass der Generalsekretär Felici den heimlichen Auftrag hatte, in zwei Monaten ein »Blitzkonzil« durchzupeitschen. »Viel Lärm um nichts« – diesem Zweck sollten vorgefertigte Textentwürfe dienen. Für die Kommissionswahlen hatte man bereits Listen mit den »richtigen Namen« präpariert. Im Handstreichverfahren sollten vollendete Tatsachen geschaffen werden. Niemand wusste zu diesem Zeitpunkt genau, wo Mehrheit und Minderheit standen.

Kardinal Frings dagegen verbreitete nach wie vor rheinische Gelassenheit. Manchmal setzte er seine Seh- und Hörschwäche strategisch ein und vernahm Dinge, die nicht für ihn bestimmt waren. Bereits vor dem Empfang in der Botschaft der Bundesrepublik hatte er in der »Anima«, im Schatten der Piazza Navona, ein erstes Treffen der deutschen Bischöfe organisiert, an dem auch die Missionsbischöfe sowie andere deutschsprachige Bischöfe aus Österreich, der Schweiz und Luxemburg teilnahmen. Den Einführungsvortrag hielt sein Berater Joseph Ratzinger. Er sprach zum Schema »Über die göttliche Offenbarung«. Dieses Thema würde auf dem Konzil noch hohe Wellen schlagen und später ein Konfliktfeld im Streit mit Hans Küng sein.

Doch zunächst blickten alle gebannt auf die feierliche Eröffnungszeremonie des Konzils am Morgen des 11. Oktober 1962. Im historischen Rückblick kann man diese grandiose Inszenierung als die Abschieds-Choreografie der alten Kirche bezeichnen. Den Petersdom hatte man mit Hightech aufgerüstet und in einen gigantischen Tagungssaal umgebaut. Die Mikrofonanlage übertrug jedes Wort in den letzten Winkel der Basilika. Mit einem Stahlrohrgerüst hatte man eine monumentale Tribüne errichtet, auf dem der Weltepiskopat Platz finden sollte. Die Periti (= Berater), die kein Stimmrecht besaßen, mussten auf weit weniger vorteilhaften Plätzen am Geschehen teilnehmen. Dafür hatten sie den Vorteil, von oben auf die Ereignisse, die da kommen sollten, herabschauen zu können. Das Altersspektrum der Teilnehmer variierte stark. So konnte ein Bischof auf dem Konzil seinen 100. Geburtstag feiern, während der Benjamin in der Aula gerade einmal 34 Jahre alt war. Ein Viertel der europäischen Bischöfe, die meisten unter ihnen Italiener, war älter als 75 Jahre. Verhandlungssprache war Latein, ein Umstand, der einigen Würdenträgern doch erhebliche Schwierigkeiten bereitete.

In einer von der RAI in alle Welt ausgestrahlten Direktübertragung zogen 2500 Bischöfe vom Apostolischen Palast am Damasushof über die Scala Regia zum Petersplatz in die Basilika. Die Langsamkeit des einstündigen Zuges war nicht Zufall, sondern Choreografie; sie sollte ein Zeichen sein. Ein einziger langer Strom spitzer weißer Bischofshüte zog dahin, nur unterbrochen von den bärtigen Orientalen und den Oberen der Orden. Ununterbrochene Anrufungen des Heiligen Geistes, Choräle, Weihrauchfahnen. Das Kollegium der Kardinäle im blutroten Ornat der Märtyrer. Unter ihnen, vom Beifall der Römer begeistert begrüßt, der Erzbischof von Warschau und Gnesen, der hagere Kardinal Stefan Wyszynski, von dem alle wussten, dass er auf dem Höhepunkt des Kalten Krieges tatsächlich ein politisch Verfolgter war. Als Papst Johannes XXIII. erschien, steigerte sich der Jubel der 200 000 Menschen zur Ovation. Er saß segnend auf dem leicht hin und her schwankenden Tragstuhl, der »Sedia gestatoria«, flankiert vom Fächeln der Pfauenfedern. Auch dies ein Bild mit Tiefsinn: ein Gang auf dem Meer im noch leichten Wind; bald würde das Schiff der Kirche in stürmische See geraten. Vor dem Hauptportal des Domes stieg der Papst von der goldverzierten Sänfte und ging den Weg zum Hauptaltar unter der Confessio Berninis zu Fuß. Noch war Beifall in der Konzilsaula streng verboten, aber die Geste des alten kranken Mannes, diesen Weg durch das Hauptschiff vorbei an den Bischöfen der Weltkirche »per pedes apostolorum« zu gehen, war von umwerfender Wirkung: Da war ein Pontifex von seinem hohen Stuhl herabgestiegen und begab sich unter seine Brüder im Bischofsamt.

Der Kardinalsdekan Eugène Tisserant zelebrierte in lateinischer Sprache die Messe zum Heiligen Geist, ein kleiner, kantiger Franzose mit Spitzbart, der zunächst auch den Plenarsitzungen des Konzils vorstehen sollte. Das Evangelium wurde auf ausdrücklichen Wunsch des Papstes auf Griechisch, die Fürbitten als byzantinische Ektenie auch in slawischer und arabischer Sprache gesungen. Weltweit unüberhörbare Unterbrechungen lateinischer Dominanz. Im Anschluss an das Hochamt fand die feierliche Inthronisierung des Evangeliars statt. Es handelte sich um einen aus dem 15. Jahrhundert stammenden Codex des Federico da Montefeltro und signalisierte in der anbrandenden Flut vieltausendseitiger Entwürfe, Vorlagen und Schemata die unverrückbare Priorität der Heiligen Schrift.

Die sich daran anschließende »Oboedienz« (= Bekräftigung des Gehorsams) wurde von den auf einer Tribüne neben dem Hauptaltar platzierten Beobachtern der von Rom getrennten christlichen Kirchen, aber auch von katholischen Beratern, etwa von Hans Küng, mit einer besonderen Nachdenklichkeit registriert. In langer Reihe, die von Rang und Amt bestimmt war, schritten die Kardinäle, Patriarchen sowie der Generalsekretär des Konzils, der versierte Kirchenrechtler und heimliche Poet Pericle Felici, einzeln vor den Thron und bekundeten dem Pontifex maximus mit einer Kniebeuge, manche sogar mit einem Fußkuss ihren unbedingten Gehorsam. Die kritischen Fragen päpstlicher Unfehlbarkeit und bischöflicher Kollegialität rückten ins Blickfeld für alle, die »Augen hatten zu sehen«. Rechts neben dem Papst stand protokollgemäß der gefürchtete Propräfekt des »Heiligen Offiziums«, Kardinal Alfredo Ottaviani. Mit einem flackernden Auge und schwerem Doppelkinn glich er El Grecos »Großinquisitor«. Seine Hände, mit denen er bis zuletzt Lehrverbote und die Indexierung verdächtiger Bücher besiegelt hatte, waren wie die eines Chorknaben gefaltet. Als Papst Johannes seine mit Spannung erwartete Eröffnungsrede, eine Art Regierungserklärung vor Auftakt der Plenarsitzungen, abhielt, blickte er hin und wieder zu seinem »Freund zur Rechten« hinüber. Ottaviani verzog keine Miene, machte sich jedoch über die wichtigen Passagen der Ansprache keine Illusionen: er war gemeint.

Zunächst bezeichnete der Papst als zentrales Thema des Konzils »Christus, der noch immer die Mitte der Geschichte und des Lebens ausmacht«. Jetzt fiel auch jener Begriff, der die eigentliche Zielrichtung des Konzils und seine spätere historische Wertung prägen sollte: »Aggiornamento«, mise à jour, Auf-den-heutigen-Stand-Setzung. Über das, was »heute« und »Stand« an sich bedeuten sollten, gab es unter den gebannt lauschenden 2500 Bischöfen mitunter gravierende Meinungsverschiedenheiten.

Über ihren Köpfen, auf den Tribünen der Seitenschiffe und fast auf Augenhöhe mit den himmelwärts gestikulierenden Heiligenfiguren saßen auch die Berater Joseph Ratzinger und Hans Küng und kritzelten eifrig mit. Vor allem, als der Papst der »Kultur der Angst und des Misstrauens« eine Absage erteilte und den »defensiven Maßnahmen innerhalb der Kirche« den Optimismus entgegenstellte. Man hörte in der bis auf den letzten Platz besetzten Basilika die berühmte Stecknadel fallen, als er sagte: »In der täglichen Ausübung unseres Hirtenamtes verletzt es uns, wenn wir manchmal Vorhaltungen von Leuten anhören müssen, die zwar voll Eifer, aber nicht gerade mit einem Sinn für Differenzierung und Takt begabt sind. In der jüngsten Vergangenheit bis zur Gegenwart nehmen sie nur Missstände und Fehlentwicklungen zur Kenntnis. Sie sagen, dass unsere Zeit sich im Vergleich zur Vergangenheit nur zum Schlechteren hin entwickele. Sie tun so, als ob sie nichts aus der Geschichte gelernt hätten, die doch eine Lehrmeisterin des Lebens ist, und als ob bei den vorausgegangenen ökumenischen Konzilien Sinn und Geist des Christentums, gelebter Glaube und eine gerechte Anwendung der Freiheit der Religion sich in allem hätten durchsetzen können. Wir müssen diesen Propheten der Finsternis widersprechen, die immer nur Unheil voraussagen, als ob der Untergang der Welt unmittelbar bevorstünde.« Die Kirche habe den Menschen von heute weder vergänglichen Reichtum noch irdisches Glück zu bieten, sondern die Botschaft Christi, betonte der Papst. Dazu brauche es einen »Sprung nach vorne« hinein in einen vertieften Glauben und nicht in neue Verurteilungen: »Heutzutage zieht es die Braut Christi vor, eher das Heilmittel der Barmherzigkeit zu gebrauchen als die Strenge. Sie ist davon überzeugt, dass es dem jetzt Geforderten besser entspricht, wenn sie den Reichtum ihrer Lehre nachweist, als wenn sie Verurteilungen ausspricht.«

Die Eröffnungsrede, die unter dem Titel »Gaudet Mater Ecclesia« (Freue dich, Mutter Kirche) in die Konzilsgeschichte einging, wird als das eigentliche Vermächtnis des »guten Papstes Johannes« betrachtet. In der ihm eigenen bäuerlichen Art erzählte er, diesen Text »mit Mehl aus dem eigenen Sack« zubereitet zu haben. Zwar hatten ihm dazu in den zurückliegenden Monaten Exposés der Kardinäle Bea (Sekretariat für die Einheit), Suenens (Belgien), Léger (Kanada) sowie Formulierungshilfen seines Privatsekretärs Loris Capovilla wichtige Anregungen vermittelt, auch feilten seine engen Mitarbeiter, Beichtvater Alfredo Cavagna und der Dominikaner-Theologe Luigi Ciappi, an seinem rustikalen Latein, doch war diese Ansprache in ihrem Herzstück ein Originalprodukt Marke Roncalli. Der vielleicht bedeutendste Konzilsberater, der knurrige Jesuit Karl Rahner, hat diesen Papst auf seine Weise kommentiert: »Er war eine außerordentlich sympathische, ehrliche, sich selbst humorvoll betrachten könnende Persönlichkeit«, allerdings von einer »mutigen Harmlosigkeit, die außer einigen ganz allgemeinen Ideen keine Ahnung hatte, wie das Konzil verlaufen sollte«. Zur eigentlichen Einberufung sowie zur Eröffnungsrede meinte der alemannische Jesuit, Johannes XXIII. sei »vom geschichtlichen Zufall« oder »von der Vorsehung Gottes benutzt worden«.

Joseph Ratzinger kritisierte die Eröffnungszeremonie. Ihr habe die innere Geschlossenheit gefehlt, eine aktive Mitwirkung der Anwesenden habe es nicht gegeben, hieß es in seinem ersten Kommentar. Ähnlich wie Hans Küng verwies er im Dezember 1962 auf die Abschlusszeremonie der ersten Session, die viel besser gewesen sei und, im Unterschied zur Eröffnungsfeier, durch gemeinsamen Gesang und Teilnahme aller einen neuen Stil vermittelt habe. Auch stimmte er dem melchitischen Patriarchen Maximos IV. zu, der nach der ersten Messfeier den Gebrauch des Lateins mit den Worten bemängelt hatte, Sprache sei für die Menschen da »und nicht für die Engel«. Hans Küngs Wertung der Eröffnungszeremonie zielte in dieselbe Richtung. Der barocke Prunk und das Latein hätten viele Menschen abgestoßen. Er erlebte ein »trockenes Pontifikalamt – völlig unbegreiflich – ohne Kommunionempfang ... und ohne ein klares Schuldbekenntnis«. Nicht minder bedenklich die pompöse Inthronisierung des Evangeliums und die devote Gehorsamsleistung der Konzilsväter. Ein Lichtblick jedoch, auch für die nichtkatholischen Beobachter: das betende Gesicht von Papst Johannes XXIII. und seine Rede »von außerordentlicher Tragweite und Dynamik ... alles wahrhaftig neue Töne«.

Es fehlte nicht an Reaktionen: Der bedeutendste Vertreter der nichtkatholischen Beobachter, Dr. Lukas Vischer, war beeindruckt. Der Berater Yves Congar OP, der den Pomp der siebenstündigen Eröffnungszeremonie nicht ertragen konnte und ins Freie geflohen war, sprach von einer »noch immer nicht abgeschüttelten Altlast der Kirche«, sein Konfrater Marie-Dominique Chenu würdigte dagegen in der Rede den »lebhaften Protest gegen den Pessimismus«. Die »FAZ« nannte Johannes XXIII. einen »Papst der Hoffnung«, »Le Monde« staunte über seine »Überraschung für das Konzil«, der »Corriere della Sera« erkannte das »Programm des Pontifikates«, die »Neue Zürcher Zeitung« witterte »eine große Wende im Verhältnis von Kirche und Welt«.

Joseph Ratzinger fühlte sich, in Übereinstimmung mit Hans Küng, durch die Forderung des Papstes nach einem »Sprung nach vorne« (»un balzo avanti«) in seiner Überzeugung bestärkt, dass die Kirche jetzt wirklich etwas Neues wagen müsse, um aus dem eingefahrenen Schulschema herauszutreten – eine »neue Freiheit«. Er, der als Berater von Kardinal Frings mit der Bremstechnik der strategisch operierenden Kurie und ihren theologisch bedenklichen Fixierungen bestens vertraut war und einige Jahrzehnte später selbst in den Ruf geriet, ein großer Bremser, ja ein »Panzerkardinal« zu sein, betonte damals: »Die scholastische Theologie ist kein Instrument mehr, um den Glauben ins Gespräch der Zeit zu bringen. Er muss aus diesem Panzer heraus, muss sich eben auch in einer neuen Sprache, in einer neuen Offenheit der Situation der Welt stellen. So muss auch in der Kirche eine größere Freiheit entstehen.« Ratzinger hegte die Hoffnung, nun sei auch »eine neue Stunde des Christentums« möglich. Hans Küng sprach von einem »Paradigmenwechsel, ein(em) Wandel der Gesamtkonstellation« und vernahm in den »neuen Tönen« eine Absage an »… defensiv-polemischen Antiprotestantismus, moralisierenden Antimodernismus … und sterilen Antikommunismus«.

Pikanterweise hat Ratzinger sich 1997 in seinem Erinnerungsbuch »Aus meinem Leben« über die Kursbestimmung des Konzils weitaus pessimistischer geäußert und mit einem einschränkenden Hinweis auf das »Pathos eines jungen Menschen« selbst die von ihm sehr nahe erlebten Auseinandersetzungen in der Vorbereitungskommission verharmlost. Zu einer »radikalen Ablehnung« dieser Texte habe er »keinen Grund« gefunden: »Gewiss, die biblische und patristische Erneuerung, die in den letzten Jahrzehnten vor sich gegangen war, hatte diesen Vorlagen nur geringe Spuren einzeichnen können; so wirkten sie etwas steif und eng, zu sehr an die Theologie der Schule gebunden, zu sehr das Denken von Gelehrten und zu wenig das von Hirten; man muss aber sagen, dass sie grundsolide und sorgsam erarbeitet waren.«

Ratzingers von milder Nachsicht getrübter Rückblick ist wohl ohne den Sprung vom »Gelehrten« zum »Hirten« nicht erklärbar. Irgendwann einmal muss er nicht nur äußerlich, sondern auch innerlich die Seiten gewechselt haben. Es entsprach seinem Naturell, jedoch auch seiner neuen Hirtenrolle, darauf nicht näher eingehen zu wollen; als Papst wird er es vielleicht nie tun. So eignet er sich eine tückische amtskirchliche Diskretion an, die mit würdevoller Verschwiegenheit den Konflikten ausweicht und erst im Abstand einer akademischen Atempause in gelehrten Zeitschriften antwortet oder antworten lässt. Nur so ist zu verstehen, dass er in seinem Buch, das ausdrücklich von »Lebens-Erinnerungen« handelt, die so wichtigen Konzilsjahre weitgehend ausklammert. »Memoiren«, so wie Küng sie detailliert niederschrieb, wird es noch zu Lebzeiten aus seiner Feder nicht geben.

Das haben allerdings bereits zahlreiche Chronisten getan, die in

Ratzingers Karriere als Redenschreiber zahlreiche Momente theologischen Aufbruchs entdeckten. Was er nie versucht hat: dem Kölner Kardinal Formulierungen zu unterschieben, die nicht in das eher konservative Psychogramm seiner Persönlichkeit gepasst hätten. Doch war er nicht nur an engagierten Stellungnahmen auf seinem Fachgebiet beteiligt, sondern auch an der Ausarbeitung der Strategie für das Mitspracherecht des Weltepiskopates. Dabei erwies er sich als ein Meister des pointierten Resümees, wenn er etwa eine weitschweifige kuriale Vorlage auf einen einzigen Satz zusammenstrich: Subjekt des Glaubens könne immer nur eine Person sein. Punktum. Mehr ist nicht zu sagen! Nennen wir noch einige Beispiele:

- Die Vorstellung vom »christlichen Staat«, die Kardinal Ottaviani weiter zu propagieren suchte, erschien als Widersinn. Ratzinger forderte dagegen: weder Staatsreligion noch Neutralität des Staates. Dem entspricht auch seine Position als Präfekt der Glaubenskongregation zum Kopftuchverbot sowie zum Verzicht auf den Gottesbezug in der europäischen Verfassung.
- Am Entwurf über die Juden kritisierten Frings-Ratzinger, dass man Gebote Christi, wie die Feindesliebe, nicht »erlassen«, sondern bestenfalls in Erinnerung rufen könne.
- In der Ökumenismus-Debatte warnte das deutsche Duo vor einer »zukünftig zu erwartenden Superkirche, die alle Kirchen koordiniert«. Ratzingers roter Faden ist die Wiederherstellung einer Einheit, die sich zentral auf Christus bezieht. Bereits 1977 hatte er in einem Vortrag jeden anderen, etwa »juristischen Kirchenbegriff« abgelehnt.
- Zwei Kenner der minutiösen Handschrift Ratzingers erkannten auch seine Auffassung in der Rede wieder, die Kardinal Frings im September 1965 zum berühmt gewordenen Schema XIII »Gaudium et spes«, dem Dokument über Kirche und Welt, hielt. Darin unterschied er deutlich zwischen menschlichem Fortschritt und göttlichem Heil. Das seien Kategorien, die man nicht vermengen dürfe. Wenige Jahre später stand das Thema Befreiungstheologie auf der Tagesordnung – und man diskutierte in Seminaren, ob lateinamerikanische Priester nicht tunlichst besser ein Maschinengewehr als die Patene in die Hand nehmen sollten.

Bevor das Konzil seine eigentliche Arbeit aufnahm, kam es am Abend des 11. Oktober 1962 am Rand zu einem Ereignis, das die beiden Berater Joseph Ratzinger und Hans Küng menschlich berührte. Nach Anbruch der Dunkelheit begann vor dem Petersplatz ein riesiger Fackelzug, an dem sich eine halbe Million Menschen beteiligten. Im Mondschein formten sie am Obelisken ein riesiges Kreuz, während sich oben im dritten Stockwerk des Apostolischen Palastes das Fenster öffnete und der sichtlich gerührte Papst Johannes das Wort an die Menschen richtete. Er sprach in einer Art, die so aus dem Herzen kam, dass sie Groß und Klein verzauberte:

»Man könnte sagen, dass sogar der Mond sich heute Abend beeilt hat …«, so begann er mit zitternder Stimme, »wenn ihr nach Hause kommt, dann werdet ihr dort eure Kinder vorfinden. Gebt ihnen einen Gutenachtkuss und sagt: das ist der Gutenachtkuss des Papstes. Ihr werdet dort Tränen zu trocknen haben. Habt dann ein Wort des Trostes für die Betrübten und Niedergeschlagenen. Sie sollen wissen, dass der Papst besonders in traurigen und bitteren Stunden bei seinen Kindern ist … Es ist ein Bruder, der zu euch spricht, ein Bruder, der durch den Willen unseres Herrn Vater geworden ist. Vatersein und Brudersein aber ist alles miteinander Gnade. Alles! Alles!«

Die »Mondscheinrede« ging den Menschen unter die Haut. Die anwesenden Kardinäle, Bischöfe, nichtkatholischen Beobachter, Diplomaten und Journalisten, die Johannes XXIII. nach dem Konzilsauftakt in großen Audienzen empfangen wird, horchten auf. So hatte seit Pius IX. kein Papst mehr geredet. Seine Sprache war das »Heilmittel der Barmherzigkeit« und musste den staunenden Gelehrten, die den Heiligen Vater als einen vielleicht heiligen, jedoch harmlosen Konservativen belächelten, sehr zu denken geben. Die Szene hatte für die in eine ungewisse Zukunft aufbrechende Kirche eine prophetische Dimension. Alle hatten sie von diesem bereits sterbenskranken Bauernsohn zu lernen, dass jede noch so ambitiöse Theologie nur Stroh drischt, wenn sie nicht das hoffende Herz der Menschen erreicht. Die Nacht, der Mond, die sich zurück in die Ewige Stadt bewegenden Fackeln: es war wie ein Wetterleuchten – verheißungsvoll und unheimlich zugleich. Oben im dritten Stockwerk erlosch bald das Licht.

Frischer Wind kam auf, für die nächsten Tage hatte die RAI die ersten Herbststürme angekündigt. Die Kirche und das Konzil sollten davon nicht verschont bleiben.

8. Ein ganz netter Club

Die »Sintflut der Zeiten« sei zwar noch nicht vorbei, aber das Wasser sei im Sinken begriffen. Karl Barth, der evangelische Jahrhunderttheologe und Altmeister im Jonglieren mit biblischen Bildern, hatte dies an Hans Küng geschrieben, lange bevor man hinter den Mauern des Vatikans über ein Konzil und über ökumenische Aufbrüche zu munkeln begann. Der Alte sah »Land« – und sein schweizerisch verhaltenes Lob für die unverhoffte Annäherung zwischen katholischer und protestantischer Theologie galt keinem der alten Kämpen katholischer Theologie, sondern einem jungen Mann, von dem man auf evangelischer Seite noch nie etwas gehört hatte. Ein gewisser Hans Küng hatte ein Buch geschrieben, das sich mit dem Thema befasste, das sozusagen Kern und Stern evangelischer Systematik ist; es hieß einfach »Rechtfertigung« und wurde von Hans Urs von Balthasar 1957 herausgegeben und verlegt.

Von Balthasar, auch er Schweizer wie Barth und Küng, hatte selbst über Barth gearbeitet und war mit dem evangelischen Theologen gut befreundet. Manchmal war von Balthasar in Basel mit einem Packen Mozartplatten unter dem Arm auf dem Weg zu Barth. Mozart verband sie, wenn sie in der Theologie nicht mehr weiter kamen. Die offizielle katholische Kirche hatte von Balthasar den Frontalangriff auf die »Ekklesia triumphans« (= triumphierende Kirche), den er in seinem hellsichtigen Büchlein »Die Schleifung der Bastionen« gestartet hatte, nicht verziehen. Von Balthasar war für die römische Kurie Persona non grata, wurde keines Blickes gewürdigt, geschweige denn als Berater zum Konzil eingeladen. Keine Frage – was der junge Küng da trieb, passte ganz in seine Linie, musste unterstützt werden. Hans Urs von Balthasar war nicht nur Theologe (als solcher wird er oft in einem Atemzug mit Karl Rahner genannt, wenn es um die Frage nach den wirklich großen Denkern der katholischen Kirche im 20. Jahrhundert geht), er war Übersetzer, Herausgeber, ja er hatte sich sogar einen eigenen Verlag in Einsiedeln in der Schweiz zugelegt, den Johannes-

Verlag. Im Gegensatz zu den Bedenken, die Küng später ihm gegenüber hegen sollte, war er damals von seinem Engagement beeindruckt: Der Titel erschien auf dem Cover in großen Versalien-Buchstaben, die Schrift empfand er als »charaktervoll«, das Layout als »leicht lesbar«.

Von Balthasar war ein alter Fuchs; aus bitterer eigener Erfahrung wusste er um die katholischen Fallen, in die Küng hineintappen konnte. Deshalb hatte er dem Buch ein kluges Geleitwort mit auf den Weg gegeben, worin er ausdrücklich die Entschlossenheit und Offenheit von Küngs Studium im römischen Germanicum hervorhob. Außerdem hatte von Balthasars Verlag großzügig Rezensionsexemplare verschickt und eine Startauflage von 2500 Stück gewagt. Nur der Studienpräfekt der Gregoriana-Universität, Pater Charles Bouyer, hatte Küng geraten, es »nicht so zu machen«, wenn er Erfolg haben wolle. Das Milieu roch nach Opposition.

Bald hielt Barth das Buch in Händen. Bereits beim ersten Telefonat ließ er den jungen katholischen Kollegen wissen, aus ihm könne »noch was werden«. Das war eine Art Ritterschlag über die Demarkationslinien der Konfessionen hinweg. Küng war gerührt, pflegte den lange ersehnten Kontakt, traf den renommierten protestantischen Systematiker bei der Thesenverteidigung von P. Henri Bouillard in der Pariser Sorbonne und war bald ein willkommener Gast in dessen Haus in der Basler Bruderholzallee. Hier tafelte er mit dem Gelehrten, mit dessen Frau sowie seiner Muse Charlotte von Kirschbaum, die der junge Besucher als »nicht weniger sympathische, aufgeweckte Mitarbeiterin« schätzte. Bei der munteren Unterhaltung zu viert interessierten ihn keine privaten »Recherchen« über Barths komplizierte Ménage à trois.

Natürlich wurde das Buch von Vertretern der katholischen Kirche mit größtem Interesse gelesen. Auf die jungen «Wilden» war zu zählen. So dürfte es Küng dankbar vermerkt haben, dass Kollege Joseph Ratzinger ihn gleich in zwei Rezensionen der Öffentlichkeit empfahl. Kaum zu erwarten war, dass Küng auch ein Dankschreiben vom Erzbischof von Mailand und späteren Papst Paul VI., Giovanni Battista Montini, erhielt, dem er kurze Zeit später auch persönlich begegnete. Montini sollte Karl Barth 1966 sogar in den Vatikan einladen, ein Zeichen, das weithin Beachtung fand. Montinis Dankschreiben an Küng war aber schon damals wie ein Gruß an einen Mutigen, der sich ganz weit nach draußen gewagt hatte. Als Hans Küng 2001 dieser Brief aus seinem Archiv, just am Tag der Kardinalskreierung dreier ihm wohlbekannter Universitätstheologen, zufällig noch einmal in die Hände fiel, bemerkte er: »Wie leicht wäre es mir doch gewesen, ja wie leicht wäre es mir gewesen, wie diese Kollegen den Weg in Richtung Hierarchie einzuschlagen. Aber wie froh bin ich, dass ich der Theologie treu geblieben und meinen Weg eigenständig weitergegangen bin.«

In den Jahren des Kontaktes mit Karl Barth vernimmt man bei Hans Küng erste Signale für eine Standortsuche, die nicht mehr darauf bedacht war, zu 100% auf römischer Linie zu stehen – die Voraussetzung für den Aufstieg in der Hierarchie. So macht Küng – man höre auf die Zwischentöne – den auf vorsichtige Annäherung bedachten protestantischen Theologen Barth, noch vor der Veröffentlichung des Buches »Rechtfertigung«, auf eine nicht in Erscheinung getretene »böse Meute der Hyperorthodoxen dies- und jenseits der Alpen« aufmerksam, oder erzählt über die angeblichen Christuserscheinungen des greisen Papstes Pius XII. ökumenische Witzchen. Aber welche weitergehende Absichten verfolgte er? Man muss sich immer vor Augen halten: Um dieses hierarchischen Aufstieges willen hatte sich der clevere junge Küng ja für ein Studium in Rom entschieden. Wenn man nicht gerade Bischof (oder mehr) werden will, braucht man nicht nach Rom zu gehen. Es gab und gibt wissenschaftlich profiliertere Fakultäten. Der junge Ratzinger war gar nicht auf die Idee »Rom« gekommen – und hingeschickt hat ihn niemand. Die Position, auf die Küng zunächst spekulierte, war die Situierung im freien Renommee wissenschaftlicher Theologie. Wer einen Namen hat, braucht Repressalien nicht zu fürchten.

Seit dem Ende der 50er Jahre kann man einen Zwiespalt bei Hans Küng feststellen. Spottet er nicht über etwas, das er selbst sehr gerne geworden wäre? So kann er es im Rückblick seines Erinnerungsbuches durchaus dankbar vermerken, dass sich Kollege Ratzinger einstmals so nachdrücklich für sein Barthbuch eingesetzt hatte, doch wird dieser drei Seiten weiter in seiner Funktion als Kardinal in die Nähe vatikanischer »Denunziaturen« gerückt und beschuldigt, »wie in allen autoritären und totalitären Systemen« so genannte Freunde als »hässliche kleine Zuträger« zu beschäftigen. Als am 31. Oktober 1999 in Augsburg die zentrale Einigungserklärung über die Rechtfertigungslehre zwischen der katholischen und protestantischen Kirche unterzeichnet wird, fehlt Küng und beklagt wohl zu Recht seine Streichung von der

Einladungsliste. Dies jedoch nicht, ohne mitzuteilen, dass der »zuständige Chef der römischen Inquisitionsbehörde, Kardinal Joseph Ratzinger, sonst bei kirchlichen Feiern immer gern im Vordergrund«, in Augsburg (aus schierem antiökumenischem Affekt?) ebenfalls fehlte. Seinen ehemaligen Assistenten und Kollegen, den späteren Kardinal und Leiter des Einheitssekretariates Walter Kasper, verdächtigt Küng, für den Kardinal »mitunterschrieben« zu haben, und bezeichnet ihn abfällig als »Adlatus«. Der für Versöhnung zwischen den Konfessionen engagierte Theologe Hans Küng warnt die protestantische Seite vor »Kälteschocks«: »… mit solchen Repräsentanten des römischen Systems an der Spitze der katholischen Kirche, Schönrednern und Schöntuern, ist ein ehrlicher Ökumenismus nicht zu machen.« Etwas milder fügt er hinzu: »Ob wir einen solchen noch erleben werden?«

Dies sind keine Zitate, die in alten Wunden stochern. Vermutlich würde sich Hans Küng heute differenzierter äußern. Auch dürfte Papst Benedikt XVI. sie »vergessen« haben. Allerdings stehen sie in Küngs Autobiografie und weisen nach, wie weit die katholisch-akademische Selbstzerfleischung ging, während in den christlichen Kirchen das einfache Volk Gottes für Einheit und Versöhnung betete.

Wichtiger als die hintergründige Standortsuche war jedoch die Nähe Küngs zum Studierzimmer Karl Barths in der Basler Bruderholzallee. Der Mann, der recht bald so etwas wie der *väterliche Freund* wurde, öffnete dem jungen Priester eine neue Sicht christlicher Freiheit, die sich demütig allein auf den »verborgenen Gott« bezog.

Es war für Küng befreiend, dazusitzen mit dem Alten, irgendwie weit weg von all den verfestigten Evangelizismen und Katholizismen – *sie beide*, hörend auf das Wort, verbunden im Wort und Geheimnis Gottes. War das nicht Ökumene in nuce? Einer der engsten Mitarbeiter Küngs, der unterdessen an der Universität Nijmegen lehrende Prof. Hermann Häring, hat in der Beziehung zwischen dem alten Mann und seinem jüngeren Bewunderer ein Modell protestantischer und katholischer Sehnsucht nach Einheit erkannt. Hier sollte sich die Gestalt der von Hans Küng propagierten *ökumenischen* Theologie herausbilden. Warum noch evangelische Theologie lehren? Warum noch katholische? Ist das nicht ein prinzipieller Anachronismus angesichts der Übermacht des ergangenen Wortes, das uns immer größer in die Pflicht nimmt, als es uns Unterschiedene sein lässt? Ihre Grundlagen sind eine uneingeschränkte Gesprächs-, Reform- und Versöhnungsbereitschaft, deren Konturen bereits auf das »Weltethos« verweisen, das alle Religionen mit einschließt. Die Dynamik von Gott her – so sieht es Küng – macht nicht nur nicht an den Konfessionsgrenzen Halt; sie überspringt auch in bestimmter Hinsicht die Grenzen der Religionen.

Im Herbst 1958 kam es zu einer Initiative Barths, der seinen katholischen Interpreten Küng in Luzern anrief und ihn zu einer Gastvorlesung an der protestantischen Theologischen Fakultät Basel einlud. Diese sollte dem Thema der »immer wieder zu reformierenden Kirche« (ecclesia semper reformanda) gewidmet sein und würde am 19. Januar 1959 in Basel stattfinden. Niemand wusste zu diesem Zeitpunkt, dass sechs Tage später, am 25. Januar 1959, Papst Johannes XXIII., zum Ende der Weltgebetswoche für die Einheit der Christen, in der römischen Benediktinerabtei St. Paul vor den Mauern die Einberufung des Zweiten Vatikanischen Konzils ankündigen würde. Der Zufall ist geladen mit Fügung und vielleicht doch mehr als nur ein »lebensgeschichtliches Glück«, wie es ein anderer treuer Begleiter Küngs, Prof. Karl-Josef Kuschel, bezeichnet hat. Die zeitliche und thematische Nähe der beiden Ereignisse werden kirchengeschichtlich von Bedeutung sein.

Und auch hier beim *ecclesia semper reformanda* wird sich nach und nach eine Differenz auftun, die Küng in Gegensatz zu Ratzinger und (noch später) Johannes Paul II. setzt. Den beiden wird der Schweizer einmal vorwerfen, in der Frage der ständigen Reformbereitschaft der Kirche noch im Jahre 2000 nur die traditionelle römische Auffassung wieder »aufgewärmt« zu haben. Demnach müsse nicht die *Kirche* reformiert werden, sondern ihre »*Glieder*«. Die Kirche sei heilig und unbefleckt; sie bestehe zwar aus Sündern, sei selbst jedoch nicht sündig, so Ratzinger. Küng hält dagegen: Sogar das Früh- und Hochmittelalter kannte allerdings bereits ein ganz anderes Bild: die Kirche als »casta meretrix, keusche Hure«. Die Kirche und jeder in ihr war allezeit zugleich keusche Jungfrau und Hure, ständig Untreue und dennoch Geliebte.

Natürlich war Küng berauscht von der Idee des Konzils. Er wusste genau, was er jetzt tun sollte, und er sehnte Zeit herbei, um seinen kühnen Plan in die Tat umzusetzen. Er hatte mittlerweile keine Pariser Freiheiten mehr. Selbst an kleine Fluchten war nicht zu denken. Küng war inzwischen Assistent eines nicht nur körperlich großen, anspruchsvollen Mannes, von dem man noch viel hören sollte: Prof. Hermann Volk. Mitten im Semester gab es alle Hände voll zu tun. Sobald er aber Zeit hatte – das war im Sommer 1959 –, setzte Hans Küng seine Basler Vortragsnotizen in ein Buch über Konzil und Reform um.

Es geschah »mit heißem Herzen und kühlem Kopf«. Er schleuderte es gewissermaßen aus sich heraus. All das, was Hans Küng in den letzten Jahren gehört und gesehen hatte, was er gedacht und gefühlt und in sich aufgenommen hatte, in Rom, in Paris und in der befreienden Begegnung mit Barth – all das, was sein Kirchenbild prägte und veränderte –, das musste jetzt heraus, musste sich verdichten in einem kraftvollen Ruf nach Veränderung in Freiheit. Um diese Theologen-Arbeit zu leisten, zog sich Küng in seine Heimat zurück. Er brauchte diese Kulisse und die Ruhe, die sie ausstrahlte, um wie im Rausch zu schreiben. Mitunter setzte er sich in ein Boot, ruderte hinaus auf den Sursee und dachte nach über eine Kirche, die im Hafen dümpelte und doch für die offene See bestimmt war. Mochte sie doch ein bisschen schaukeln. Mochten doch Stürme kommen.

Aus dem geplanten »kleinen Taschenbüchlein« wurde ein Reformprogramm für das Konzil. Obwohl mit heißem Herzen geschrieben, war das Buch durchsetzt mit klugen Verneigungen vor der Tradition. Das ging nicht anders, er nahm taktische Rücksichten. Also wertete er seine Ideen und Vorschläge, in denen er eine neue Nähe zu Luther und Calvin suchte, diplomatisch mit zahlreichen Kronzeugen der katholischen Tradition auf. Diese reichten von Augustinus über Newman bis zu Yves Congar; mehrfach wurde auf den charismatischen Papst des »aggiornamento«, Johannes XXIII., verwiesen (der in späteren Wertungen des Autors weniger prophetisch abschneidet). Bemerkenswert ist, dass Küng den Begriff Karl Rahners von der »sündigen Kirche« aufgriff und ihn, auch für römische Zensoren, mit dem Hinweis akzeptabler machte, dass Christen unter den Mängeln und Verfehlungen der Kirche »leiden dürfen«. In seiner Kritik an dem unter Papst Pius XII. »überbordenden marianischen Maximalismus« hielt er sich vorsichtig im Windschatten von Kardinal Montini und schloss ein neues Mariendogma aus.

Küngs Stoßrichtung war klar: Wenn das Konzil die Reform will, geht es nicht, ohne dass das Konzil die Einheit aller Christen will. Oder anders: Wenn das Konzil sich zur Einheit bekenne, gehe es nicht aus ohne eine Reform an Haupt und Gliedern. Diese Vision war nicht in einer einsamen Studierstube geboren worden, sondern hat einen ziemlich präzisen Ort in Basel. Da war dieses eine Mittagessen mit dem großen alten Theologen, wo es – das Thema konnte nicht ausgespart bleiben – um den Papst ging. Hans Küng war auf einen vehementen Reflex der Ablehnung eingestimmt, aber Barth war immer für Überraschungen gut. Der unorthodoxe protestantische Theologe nahm die evangelische Ablehnung des Petrusamtes nicht als das letzte Wort seiner Kirche, ja er geriet geradezu ins Schwärmen, sprach von »ungeheuren Möglichkeiten« des Petrusamtes, wenn man es nur in anderer, biblischer Weise verfassen und ausüben würde. Es überraschte wenig, dass Barth mit Gestalt und Praxis von Pius XII. wenig anfangen konnte: »Ich kann von diesem Stuhle Petri her«, so Barth, »die Stimme des Guten Hirten nicht hören.« Barth ermunterte Küng zu seinem Buch, ahnte wohl auch von seinem prägenden Einfluss auf den merkwürdigen Adepten aus einem ganz anderen Land und riet ihm eindringlich, doch ja formal und stilistisch »protestantischen Geruch« zu vermeiden. Natürlich bekam Barth das Manuskript Küngs vor der Drucklegung zu lesen. Auch hier wieder der Rat zu kluger Zurückhaltung: Er, Küng, möge es doch nicht »Konzil, Reform und Wiedervereinigung« nennen, das sei des Guten zu viel, sondern »Konzil und Wiedervereinigung – Erneuerung als Ruf in die Einheit«. So geschah es.

Bei aller Unterstützung durch Karl Barth – das mochte Hans Küng in seiner eigenen Kirche in dieser prekären Zeitstunde wenig nutzen. Die Emotionen waren hochgepeitscht, das Gelände war vermessen und vermint. Wenn es jetzt keine Autorität gab in Gestalt einer Respektsperson, die ihn über ein Vorwort unterstützte, konnte man das Unternehmen gleich abblasen. Sein Verleger von Balthasar war selbst verbrannt, außerdem als Herausgeber im Rollenkonflikt. Was war mit Montini? Der war mit seinem Kopf »im Frömmigkeitswinkel«; ihn wagte Küng gar nicht erst zu fragen. Die erste Begegnung mit ihm war geprägt von einer distanzierten Liebenswürdigkeit; der Mensch beeindruckte, der Kirchenmann blieb verschlossen. Küng erinnerte sich später: »Ich schaue ihn an: Letztendlich undurchschaubar … ein wirklicher Reformer oder nur ein halber? Nein, das darf ich ihm bei seiner exponierten Stellung nicht zumuten.« Der sich progressiv gebärdende Kardinal Döpfner ist dann lieber doch nicht bereit und winkt ab. Sein Chef, der Münsteraner Dogmatiker Hermann Volk, hat seinen Assistenten bereits angeherrscht und fürchtet um seine Karriere.

Schließlich erbarmte sich der Wiener Kardinal Franziskus König. Aber als sollte es nicht sein, verunglückte der legendäre Mann auf der Rückreise von der Beerdigung des Zagreber Kardinals Stepinac. Küng war konsterniert, ein Rennen gegen die Uhr begann. König ließ ihn schließlich wissen, er könne kommen, irgendwie werde man das schon hinbekommen. Sein Verleger spielt mit, organisiert seinem verrückten jungen Autor kurzerhand ein Flugbillett nach Wien – und plötzlich stand Hans Küng am Krankenbett des bis zum Kopf einge-gipsten Kirchenfürsten. Der Kardinal nickte ihm zu und diktiert dem Autor ein kurzes Wort der Zustimmung. Sich auf die »Anregung des Heiligen Vaters« und der »treuen kirchlichen Gesinnung« beziehend, wünschte er dem Buch »verständnisvolle Aufnahme und eine weite Verbreitung«.

Daran sollte es nicht fehlen: In sieben Monaten erzielte die Neu-erscheinung drei Auflagen; bald darauf folgte eine französische Über-setzung mit einem Vorwort von Kardinal Liénart. Die angelsächsische Ausgabe war bereits in Vorbereitung, wurde jedoch zunächst von konservativen Kreisen in den USA behindert, was den unaufhaltsamen Durchmarsch zum Bestseller nicht aufhalten konnte. Die Anglikaner waren spontan begeistert; der Erzbischof von Canterbury, Geoffrey Fisher, schrieb, er habe »noch nie ein solches Buch gelesen«. Mehr als 150 Zeitungen und Zeitschriften veröffentlichten beachtliche, manch-mal gar hymnische Besprechungen. »Time Magazine« widmete Küngs Werk eine ganzseitige Vorstellung. Über das kommunistische Organ »Unità« geriet das Buch sogar ins frostige Moskau.

Der Vatikan reagierte zunächst zurückhaltend. Ein Übersetzungs-fehler in der französischen Ausgabe hatte die Frühwarnsysteme auf-leuchten lassen. Doch zögerte Küng nicht, Papst Johannes XXIII. seine »bescheidene Arbeit« zukommen zu lassen. Zu seinem Staunen erfuhr er aber von einem Monsignore der Kurie, der »Beattisimo Pad-re« habe sich das Werk bereits vor einigen Monaten besorgen lassen, und es »natürlich, zumindest teilweise, gelesen«. Unterdessen befand es sich in den etwas kühleren Händen des Theologen des Päpstlichen Hauses, des Dominikanerpaters Luigi Ciappi, des Mannes, der später als Kardinal nicht unwesentlich an der umstrittenen Enzyklika »Hu-manae vitae« beteiligt sein sollte. Ciappi war die Vorsicht in Person; erst 1965, zum Ende des Konzils und mit fünfjähriger Verspätung, durfte auch die italienische Ausgabe der »heißen« Schrift in Rom erscheinen, wo, nach den Worten von Monsignore Jan Willebrands, das Heilige Offizium stets bestrebt sei, »die Gläubigen vor der Wahrheit zu schützen«.

Küngs Vorstoß, der zugleich von einer wichtigen ökumenischen Tagung im belgischen Benediktinerkloster Chevetogne sowie von Publikationen im orientalischen Christentum und des Bischofs von Paderborn, Lorenz Jaeger, eine Art Geleitschutz erhielt, fand schließlich die starke Beachtung des brasilianischen Konzilshistorikers J. Oscar Beozzo, der in einem Beitrag zum äußeren Klima der Vorkonzilskämpfe von einem »außergewöhnlichen Erfolg« und einer »explosionsartigen Verbreitung der Idee Küngs« spricht. Zu einem Zeitpunkt dürftiger Information wirkte das Buch über die Verknüpfung von Reform und Einheit wie ein Befreiungsschlag. Formal von versierter Höflichkeit, in der Sache eine Offenbarung!

Die römische Szene der Zeit vor dem Konzil war streng defensiv: Es herrschte das Regime einer undurchdringlichen Kurienkaste, die mit Zähnen und Klauen ihre um den Papst errichteten Bastionen verteidigte. Es war die Kirche der »Omertà« und des kontrollierten Denkens. Wer nicht kuschte, galt als Gegner. Wer nicht gehorchte, erhielt im Heiligen Offizium eine Dossiernummer; die von Hans Küng wurde bereits im Jahr 1957 angelegt; sie trug die Codeziffer »399/57i«. Wenn das nicht half, folgten Indexierungen und Berufsverbote. Selbst als Papst konnte man in das System misstrauischer Observation geraten. Als Johannes XXIII. völlig überraschend das Konzil einberief, wurde er zunächst im eigenen Staatssekretariat von Monsignore Tardini als »vorübergehend geistesgestört« verdächtigt. Eigentlich reformbereite Kardinäle und Bischöfe verbeugten sich in vorauseilendem Gehorsam. Ernst zu nehmende Theologen befanden sich ständig auf einem Drahtseil zwischen himmelfahrender Gunst oder dem Sturz ins Leere. So ist es ebenso rührend wie beschämend zu beobachten, wie gelehrte Männer, die später mit der Kardinalswürde ausgezeichnet oder auf beachtliche Lehrstühle berufen wurden, ihre kostbare Zeit mit Bittgängen und diplomatischen Winkelzügen verbringen mussten. Vitamin B – gute Beziehungen – half über die Winterzeit verweigerter Freiheit. Ohne Kniefälle und Ri-, Ra-, Rücksichten kein Durchkommen. Küng, der sieben Jahre im römischen Treibhaus verbrachte und sich nicht ganz unwohl dabei gefühlt hatte, kannte die Schliche und fügte sich zunächst noch den Realitäten an der Überwachungsfront.

Erwischte es einen kritischen Theologen, mochte es nicht gleich das Ende sein. Die strategischen Rückzüge und Umwege waren gesichert, manchmal kam es beim orthodoxen »Frisieren« des beanstandeten Textes nur auf ein Fragezeichen an. Es herrschte jedoch nicht die Stimmung wie beim Tanz auf dem Vulkan. Purpurträger vom Range Ottavianis oder Siris galten als Asketen, führten ein tadelloses Leben und wurden als Kollegen geschätzt. Die Wahl des als Inkarnation der Harmlosigkeit betrachteten Patriarchen von Venedig zum Papst und dessen unberechenbare »Menschlichkeit« hatten allerdings die Hüter allein selig machender Wahrheit aufhorchen lassen. Hinter den Kulissen ging Panik um. Manchmal schien es, als habe die Blindheit ihrer Strenge nur einer Vorahnung dessen entsprochen, was ihrer Kirche in den nächsten Jahrzehnten noch drohen sollte. Ihre Tragik bestand darin, aus ehrlicher Liebe das Falsche zu tun. Bischof Marcel Lefebvre, der bereits bei den Verängstigten im Vatikan Zuflucht suchte, würde diese Krisenzeichen bald auf eine schismatische Spitze treiben.

Die Furcht der Kurie hing auch damit zusammen, dass sie in ihren Beraterkreisen kaum über namhafte Theologen verfügte, während die Reform-Kardinäle um König, Frings, Döpfner, Suenens, Liénart oder Léger die stürmische Avantgarde der neuen Theologie aufbieten konnten: Rahner und Congar zunächst, de Lubac, Küng, Ratzinger, Schillebeeckx oder Daniélou. Die Deutschsprachigen mit ihrem frontbildenden, resoluten Elan wurden besonders beargwöhnt. Hans Küng war am 22. Juni 1962 vom Rottenburger Bischof Carl-Joseph Leiprecht in seiner Tübinger Wohnung besucht und eingeladen worden, ihn als seinen fachkundigen Theologen ins Konzil zu begleiten. Küngs besonderer Ratgeber in heiklen Fällen, der Alttestamentler Herbert Haag, drängte ihn, dieses Angebot anzunehmen und somit bei dem »kirchengeschichtlichen Jahrhundertereignis« als Theologe Einfluss zu nehmen. Knapp einen Monat später teilte Karl Rahner seinem Kollegen Küng brieflich mit, dass der von seinem Unfall genesene Wiener Kardinal König ihn gebeten habe, beim Konzil als sein Berater zu fungieren. Der tiefsinnige Fuchs aus dem Jesuitenorden hatte schnell durchschaut, worauf es jetzt ankommen würde: »Da Ratzinger, Semmelroth auch zu kommen scheinen, könnte man mit Congar, Schillebeeckx usw. einen ganz netten Club aufziehen.« Rahners Club würde Konzilsgeschichte schreiben. Gleichzeitig muss man schmunzeln: Welch eine eigenartige Allianz so verschiedener Männer hielt der knorrige Jesuit für möglich! Noch eigenartiger: Es sollte sie wirklich geben. Und sie sollte funktionieren.

Zwischen Küng und Ratzinger gab es in Sachen Konzil bereits Kontakt, die Entfernung der Lehrstühle der Universitäten Tübingen und Bonn spielte keine Rolle. Ratzingers Rezension des Rechtfertigung-Buches hatte Küng sehr behagt. Auch über den Begriff »Konzilskirche« gab es zwischen den fast gleichaltrigen Aufsteigern zunächst Übereinstimmung, doch enttäuschte es den Schweizer Fundamentaltheologen, dass sein Dogmatikkollege in einem Zeitschriftenbeitrag nicht seine Tübinger Antrittsvorlesung vom 24. November 1960 zitierte. Zwar hatte Ratzinger ebenfalls die Kirche als »das große Konzil Gottes in der Welt« bezeichnet, jedoch vor allem auf die Kollegialität der Bischöfe hingewiesen und nicht von den Laien gesprochen. Der pikierte Küng empfand es als »klerikalistische Verengung« und bezog sich dabei auf die Urkirche, die von Aposteln und Gemeinde gemeinsam gebildet wurde. So lautete seine Kritik an Ratzinger, er habe für das Lehramt der Bischöfe, mit Berufung auf das I. Vatikanische Konzil, »stramm Unfehlbarkeit« gefordert.

Da taucht das folgenschwere Wort auf! Der Begriff »Unfehlbarkeit« würde in den kommenden Jahren zu heftigen Debatten und schweren Zerwürfnissen führen. Davon konnte allerdings bei der persönlichen Begegnung zwischen beiden im Herbst 1962 in einem Café an der Via della Conciliazione, unmittelbar vor den Toren des Vatikans, keine Rede sein. Küng erinnerte sich in diesem Kontext an einen »sehr freundlichen« Kollegen, den er jedoch mit seiner spontanen Art offenbar überraschte und der »nicht ganz offen« und scheu wirkte. Ein weiterer atmosphärischer Aspekt, der beider Zukunft betraf, war die Feststellung Küngs, gegenüber seinen vielleicht »draufgängerisch mehr weltlichen Allüren« habe Ratzinger auf ihn eher als ein Schüchterner »mit unsichtbarer geistlicher Salbung« gewirkt. Dennoch hielt er ihn für einen »recht sympathischen Zeit- und Altersgenossen«, mit dem man über die aufbrechenden, großen Fragen der Kirche auf gleicher Wellenlänge argumentieren konnte. Dies gilt sehr bald schon in der wichtigen Frage der Repräsentation der Laien und der Rolle der Bischöfe auf dem Konzil, in der Küng ausdrücklich die Sicht Ratzingers in Bezug auf die apostolische Bedeutung kirchlicher Ämter teilte, wie sie schon Luther 1539 in seiner Schrift »Von den Konzilis und Kirchen« im Kontext der Heiligen Schrift betont hatte. Nicht minder galt diese gemeinsame Linie in der brisanten Frage des Petrusamtes, wo die beiden deutschsprachigen, als »Teenager« belächelten Theologen zwischen den Notwendigkeiten eines Kirchenzentrums und den Auswüchsen des päpstlichen Zentralismus, zwischen Petrusamt und Papalismus unterschieden. Selbst im Bereich amtskirchlicher Strukturen, wo es immerhin um so kritische Themen wie eine Annäherung der getrennten Kirchen in Sachen Eucharistie und Ordination geht und Küng eine »Neuüberprüfung der Dekrete des gegenreformatorischen Konzils von Trient« empfohlen hatte, drängte ihn der begeisterte Dominikanergelehrte Bernhard Dupuy, die Diskussion mit Joseph Ratzinger fortzusetzen. Es passte zur feinen Sensibilität der Franzosen, die den Mut ihres Schweizer Kollegen zwar stets geschätzt, ihn jedoch vor Übermut gewarnt haben. Küng waren ebenfalls die kritischen Anmerkungen seiner Kollegen Ratzinger und Rahner über »Das Dynamische in der Kirche« und über »Primat und Episkopat« aufgefallen. Nicht zuletzt, weil sie in der Schriftenreihe »Questiones disputatae« erschienen, deren Titel ganz nach seinem Geschmack war: Sie schaffte Freiraum für neue, zukunftsorientierte Themen und trug, sehr zur Irritation kurialer Zensoren, den traditionell klingenden lateinischen Namen »disputierte Fragen«.

Der von allen Fronten und Flügeln bedrängte Papst Johannes XXIII. nutzte die aufgeregten Tage unmittelbar vor Konzilsbeginn zu einer erneuten Demonstration seiner frommen, bäuerlichen Gelassenheit. Am 4. Oktober 1962 brach er zu einer Wallfahrt in die Pilgerorte Assisi und Loreto auf. Auch das war neu: Seit 1870 hatte kein Papst mehr die Ewige Stadt verlassen, auch politisch galt es als ein Ereignis. In der Frühe stieg der italienische Ministerpräsident Amintore Fanfani in den Sonderzug, im Bahnhof von Loreto begrüßte ihn Staatspräsident Antonio Segni, entlang der Strecke jubelten die Menschen. Beide Städte spielten in der Biografie des Papstes eine wichtige Rolle, er hatte sie 1900 auf der Fahrt zu den Veranstaltungen des Heiligen Jahres besucht und anschließend ein Stipendium zum Theologiestudium in Rom erhalten.

Das im Hügelland Umbriens gelegene Assisi ist die Heimatstadt des »Bruder Franz«, des heiligen Poverello, der den bedeutendsten Bettelorden des späten Mittelalters gründete und, auch von Nichtchristen, als eine charismatische Gestalt verehrt wurde. Dass der Papst das goldverzierte »Gefängnis« des Vatikans verlassen und sich dem armen

Franziskus anvertraut hatte, wurde weltweit als Zeichen verstanden. Niemand hatte dergleichen von der Kirche erwartet. Sollte diese jahrtausendealte Institution, die man zu kennen glaubte, noch einmal zu einer radikalen Kehre und zu fundamentaler Selbstreinigung im Stande sein? Galt die Stimme des Poverello noch etwas in der Kirche? Sollte sich die Kirche aus eigener Kraft von den verheerenden Bündnissen mit den Machthabern und Reichen der Erde befreien können? So fragten sich nicht wenige Menschen, die sich als aufgeklärte Humanisten von der Kirche abgekehrt hatten, weil sie in ihren Verengungen eher einen Angriff auf das Menschliche als dessen große Verteidigung sahen. Schließlich begab sich Papst Johannes nach seiner Rückkehr zu einer Prozession, die von der römischen Basilika Liberiana zur Lateranbasilika führte, und demonstrierte in seiner Hinwendung an den Heiligen Geist, dass er vom Konzil nicht weniger als ein »neues Pfingsten« erhoffte. Das Zeichen des Heiligen Geistes ist der Wind – das unzuverlässigste aller Elemente. Viele wünschten sich sein Dazwischenfahren, auch wenn es »Dekonstruktion« bedeuten würde. Es musste einen Weg aus der Erstarrung geben.

Während sich der Heilige Vater auf dem Weg nach Assisi und Loreto befand, brach in Tübingen ein Theologe nach Rom auf. Er hatte das Autoradio eingeschaltet, und was er über das bevorstehende Konzil hörte, motivierte ihn nicht besonders. Durch das Neckartal erreichte Hans Küng auf kleinen Landstraßen die Schweizer Grenze und übernachtete im elterlichen Haus in Sursee. Der in einem geschenkten VW über Florenz sein Ziel ansteuernde Bischofsberater hörte plötzlich eine begeisterte Direktreportage der RAI von der Pilgerfahrt des Papstes nach Assisi und Loreto. Küng schüttelte den Kopf. Statt frommer Gebete zu dem mit den Wundmalen gezeichneten heiligen Franziskus und der an die Madonna im Lorbeerhain gerichteten Lauretanischen Litanei hatte der Professor programmatische Ansprachen und Symbole erwartet: »Papalistische Salbaderei, heiliger Rummel«, tobte er, »so hätte alles schon unter Pius XII. ablaufen können.« Aber die Leute hier in Italien waren offenkundig bester Laune. Er fragte sich, ob »solche mittelalterliche Gläubigkeit« der Geist des neuen Konzils sein solle. Die Frömmigkeit der kleinen Leute spielte und spielt in der Theologie Küngs keine große Rolle. Anders als sein Kollege Ratzinger hat er nie viel damit anfangen können.

9. Skandal im Petersdom

Am 13. Oktober 1962 fegte über Rom ein Herbststurm. Von diesem Unwetter war auch in der Konzilsaula etwas zu spüren, als nach den Eröffnungsfeierlichkeiten und Audienzen, die erste Generalkongregation zusammentrat. Joseph Ratzinger und Hans Küng, die theologischen Berater von Kardinal Frings und Bischof Leiprecht, blickten von ihrer Tribüne mit Herzklopfen auf das Plenum. Genug der Choräle, das Konzil nahm seine Arbeit auf. Küng, der nach den ernüchternden Erfahrungen mit der Kurie immer wieder seine Kollegen gewarnt hatte, es komme entscheidend auf den Anfang an, ahnte nichts Gutes. Ratzinger teilte die Skepsis seines Kollegen, wusste jedoch etwas mehr. Kardinal Frings war offenbar entschlossen, das Wort zu ergreifen. Sein Berater hatte ihm zwar keine Rede vorbereitet, ihn jedoch eindringlich auf die strategische Bedeutung seiner Intervention hingewiesen. Jetzt oder nie konnte das von der Kurie beabsichtigte »Blitzkonzil« verhindert werden.

Nach der heiligen Messe inthronisierte der Generalsekretär Felici das Evangelienbuch. An einem langen Tisch vor dem leeren Papstsessel nahmen die zehn Kardinäle des Präsidialrates Platz. Papst Johannes XXIII. verfolgte das Zeremoniell an einem Fernsehschirm in seinem Arbeitszimmer. Er verstand diese Distanz als eine Geste, jetzt hatten die Bischöfe das Wort. Doch blieb auch ihm die knisternde Spannung nicht verborgen, denn die 2500 Konzilsväter sollten gleich zu Beginn der Sitzung 160 Kommissionsmitglieder wählen, die ihnen nicht nur unbekannt, sondern mit den Mitgliedern der Vorbereitungskommissionen identisch waren. Dahinter steckte ein kaum zu beschönigendes Manöver der Kurie, mit einer vorbereiteten Liste die Konzilsarbeiten auf Anhieb in die von ihr gewünschten Bahnen zu lenken. Es handelte sich ohne Zweifel um den Versuch, mit einer manipulierten Abstimmung das Weltepiskopat zu übergehen. Der Propräfekt des Heiligen Offiziums, Kardinal Ottaviani, stand im Verdacht, eine Phantomliste mit den Namen »sicherer Kandidaten« in Umlauf gebracht zu haben.

Die Unruhe in der Aula wurde heftiger. Manche richteten ihren Blick auf den Mailänder Erzbischof, Kardinal Montini, der mehrmals auf eine Verschiebung der Sitzung gedrängt hatte:

»Namen über Namen. Wie sollte man sie kennen und wie unter ihnen auswählen?«

Generalsekretär Felici ließ sich jedoch durch den kaum zu überhörenden Unmut nicht aus der Fassung bringen und rief unverzüglich zur Abstimmung »pro elegendis sodalibus« auf. Die Väter blickten auf die ihnen vorliegende lange Namensliste und zögerten. Da wandte sich der Erzbischof von Lille, Kardinal Achille Liénart, an den Vorsitzenden des Präsidialrates, Kardinalsdekan Eugène Tisserant, und sagte:

»Eminenz, es ist unmöglich, so zu wählen, ohne etwas über die qualifiziertesten Kandidaten zu wissen. Ich möchte, wenn Sie erlauben, das Wort ergreifen.«

Tisserant, ein kleiner zäher Franzose mit spitzem, grauem Bart, erzitterte. Es war es ein Affront, obendrein von einem Landsmann. Schneidend, wie von einem feurigen Oberst der Fremdenlegion, kam seine Replik:

»Ich kann es Ihnen nicht erteilen … weil das Programm dieser Sitzung keinerlei Debatte vorsieht.«

Liénart galt im Kardinalskollegium als Respektsperson, schon Papst Pius XI. hatte ihn in den Kreis der Purpurträger aufgenommen. Er wollte keine Rede halten, sondern zur Geschäftsordnung sprechen. Zwei bedeutende Vertreter Frankreichs, der »ältesten Tochter der Kirche«, standen sich Auge in Auge gegenüber. Viele Väter hielten den Atem an, als Liénart, ungeachtet der Reaktion des Dekans am Präsidiumstisch, das Mikrofon ergriff. Mit einem Handgriff zog er einen Zettel hervor und las, nicht in der vorgeschriebenen lateinischen Sprache, sondern in Italienisch – der zweite Affront. Mit resoluter Stimme erklärte der Kardinal:

»Ich stelle den Antrag, diese Abstimmung um einige Tage zu verschieben, damit die Väter Zeit finden können, einander kennen zu lernen, und damit die Bischofskonferenzen Zeit finden, ihre eigenen Listen zu erarbeiten. Ich danke Ihnen.«

In der Konzilsaula brauste Beifall auf. Erschütternd lang anhaltend. Auch das war verboten, innerhalb von wenigen Minuten also schon drei Regelverletzungen. Vereinzelt waren Protestrufe zu hören, hechelnde Stimmen alter Männer:

»Scandalo! Che spettacolo davanti del mondo! Skandal! Welch ein Schauspiel vor der Weltöffentlichkeit!«

Doch der Beifall steigerte sich noch, als der Kölner Kardinal Joseph Frings ebenfalls vors Mikrofon trat und sich demonstrativ auf die Seite seines Kollegen Liénart schlug. Vom Präsidiumstisch aus verkündete Frings, auch im Namen der Erzbischöfe von Wien und München, der Kardinäle Franziskus König und Julius Döpfner, zu sprechen. Nach einigen Minuten der Konsternation und des Tuschelns verkündete der Kardinalsdekan Tisserant:

»Der Antrag der Kardinäle Liénart und Frings ist angenommen. Die Abstimmung wird verschoben. Damit ist die heutige Sitzung beendet.«

Das Konzil begann mit einem Paukenschlag. Papst Johannes ließ das Präsidium sogleich wissen, dass er den Bischöfen drei Tage des Nachdenkens gewähre. Er hatte ja das Unwetter heraufkommen sehen und war von den Kardinälen Montini, Suenens, Bea und Léger über einen zu erwartenden Eklat informiert worden. Gegenüber Kardinal Liénart, dem Anführer der »fronde«, betonte er:

»Sie haben gut daran getan, ganz laut zu sagen, was Sie denken, denn dazu habe ich die Bischöfe zum Konzil einberufen.«

Oben auf der Zuschauertribüne der Periti durften sich die jungen Berater Küng und Ratzinger ebenfalls als Sieger fühlen. Kein Zweifel, dass Ratzinger den Kölner Kardinal dazu gedrängt hatte, in dieser entscheidenden Eröffnungssitzung seinen ganzen Einfluss in die Waagschale zu werfen und das Konzil gegen die Absichten der Kurie zu verteidigen. Frings hatte zahlreiche Einzelgespräche geführt und das gesagt, was der »inneren Vernunft der Versammlung« entsprach. Im Rückblick hat Ratzinger seine Rolle in den Kulissen dieser spannenden Ouvertüre verharmlost und darauf verwiesen, dass diese Einführungs-Intervention nicht von ihm entworfen wurde. Der Kardinal habe nur das ins Wort gebracht, was als gemeinsames Bewusstsein der Konzilsväter schon vorhanden war: die Weigerung, einfach fertige Texte zu verabschieden und nur »Notarsarbeit« zu machen. Außerdem relativierte Ratzinger die Aufregung dieser ersten Sitzung, die »gar nicht so rabiat« gewesen sei wie anlässlich zweier weiterer Interventionen von Frings, für deren Texte allerdings er verantwortlich war.

Hans Küng bezeichnete jedoch die torpedierte erste Generalkongregation als ein »kleines Wunder«. Das Konzil hatte zu sich selbst gefunden und Charakter gezeigt. Die tiefere Bedeutung dieses gelungenen Aufstands gegen das »System« lag für ihn in der Umsetzung einer im kanonischen Recht verankerten alten katholischen Tradition, die das Konzil als »oberste Gewalt über die gesamte Kirche« bezeichnet. Gegenüber der »römischen Partei« der Kurie seien die Bischofskonferenzen mit einem Schlag aufgewertet und unumgänglich geworden. Es sollte unabsehbare Folgen haben.

Nach den ersten Konflikten debattierte das Konzil zunächst über die Reform der Liturgie. Diese Priorität entstand aus einer gewissen Verlegenheit, den einen galt sie als eine Art Probelauf für das, was noch kommen sollte. Die anderen, vor allem die Deutschen und Franzosen, hegten ein besonderes Interesse für dieses Thema; dem schlossen sich auch die Belgier und Niederländer an. In diesen Ländern gab es seit der Jahrhundertwende beachtliche Bemühungen für eine liturgische Erneuerung, deren Impulse vor allem aus dem Benediktinerorden stammten, deren Klöster Solesmes, Maria Laach, Beuron, Mont César und Amay-sur Meuse (das spätere Chevetogne) frühzeitig die dringende Notwendigkeit erkannt hatten, dem »Volk Gottes« wieder eine echte Teilnahme an der Messfeier zu ermöglichen. Einflussreich war auch das Engagement des Religionsphilosophen Romano Guardini, dessen 1918 erschienenes Buch »Vom Geist der Liturgie« in den Jahren nach dem ersten Weltkrieg eine starke Wirkung in der deutschen Jugendbewegung erzielte. Bei deren Treffen auf Burg Rothenfels im Maintal erwies sich Guardini nicht nur als ein charismatischer Erneuerer, der voller Zuversicht verkündete: »Die Kirche erwacht in den Seelen«, sondern auch als Pionier einer auf »das Wesentliche« ausgerichteten liturgischen Feier. Dies ging allerdings nicht ohne Konflikte ab. Die Benutzung der Muttersprache, vor allem bei den Lesungen, oder die erstmals experimentierte Hinwendung des Priesters zum Volk wurden von der kirchlichen Obrigkeit gerügt.

Der junge Joseph Ratzinger hat für diese Aufbrüche viel Sympathie empfunden. Im Ritus der Messfeier erspürte er ein Mysterium, das, jenseits menschlicher Aufnahmefähigkeit, in die wahre Tiefe Gottes führte. Es erschütterte ihn so sehr, dass er Gottesdienst als ein »Abenteuer« erlebte, das aus einer anderen Ebene der Kreativität einbrach und sich deshalb menschlicher Inszenierung und Regie entzog. Diese göttliche Choreografie aus heiligen Handlungen und Lesungen, Gesängen und Gesten barg das ganze Gewicht 2000-jähriger Tradition.

Das zugleich Wahre und Schöne wieder zum Leuchten zu bringen, betrachtete er als eine dringende Aufgabe. Umso mehr hat es ihn empört, dass Eiferer, weit über das Ziel hinausgehend, eigenmächtige Eingriffe vornahmen, deren Folgen zu Zerstörungen führen, »wenn nicht schnell das Nötige getan wird, um diesen schädlichen Einflüssen Einhalt zu gebieten«. Ratzingers 1999 veröffentlichtes Buch »Der Geist der Liturgie« ist ein leidenschaftliches Plädoyer dieses Bemühens. Seine Kritiker haben sich allerdings bereits an dessen Titel gestoßen, der Guardinis Klassiker »Vom Geist der Liturgie« in einen Alleinvertretungsanspruch umgemünzt habe.

Vor allem die Debatte um Latein als liturgische Sprache wurde in der Konzilsaula leidenschaftlich geführt. Ausgerechnet der Kardinal aus dem multikulturellen Los Angeles, James F. McIntyre, hatte die Gemüter mit der Bemerkung erregt, der Angriff auf die lateinische Sprache käme einem »Angriff auf die Festigkeit der Dogmen« gleich. Kardinal Alfredo Ottaviani befürchtete bei der in Vorschlag gebrachten Konzelebration den »Verlust der Messstipendien«. Kardinal Antonio Bacci befürwortete die Beibehaltung des Lateins, um gewisse erotische Passagen des Alten Testaments weiter dezent zu verhüllen … Die sich dahinschleppenden Debatten mussten durch eine persönliche Intervention des Papstes beschleunigt werden, um zu einem akzeptablen Abschluss zu kommen. Wenn man bedenkt, dass am 6. Dezember 1962 eine überwältigende Mehrheit den Reformvorschlägen zustimmte und nur elf Gegner für eine Ablehnung optierten, bringt dies einen arglosen Optimismus zum Ausdruck, über den man sich aus der heutigen Sicht Joseph Ratzingers nur wundern kann. Doch hat er selbst mit dazu beigetragen. Noch ehe die konkreten Auswirkungen der ersten Konzilsentscheidung sichtbar wurden, sprachen Kommentatoren von einer »Revolution« oder gar »vom Ende des Mittelalters«. Man glaubte darin eine Kontinuität der zaghaft von den Päpsten Pius X. und Pius XII. eingeleiteten Neuorientierungen zu erkennen, deren Hauptziel ein tieferes Verständnis der klassischen römischen Messtraditionen war. Verschnörkelte Frömmigkeitsrituale des bigotten 19. Jahrhunderts sollten dabei verschwinden. Zentrales Ziel war, wie schon von Guardini angeregt und von Papst Paul VI. zu Beginn der zweiten Sitzungsperiode des Konzils programmatisch verkündet: »Christus allein«. Der Berater Joseph Ratzinger unterstützte in seinen Kommentaren zum Konzilsgeschehen Richtung und Inhalte der nach dem Prinzip des »semper reformanda« ständig fortschreitenden Liturgiereform mit Nachdruck. Obwohl er sich in seiner Autobiografie mit Inbrunst an die Messfeiern seiner bayerischen Jugendzeit erinnert, bezeichnete er während des Konzils die lateinische Messe als »archäologisiert« und als »verkrustetes Gebilde«. Den Gebrauch der lateinischen Sprache rückte er in die Nähe der »Sterilität … in der sich die lebendigen Entscheidungen des menschlichen Geistes nicht mehr zutrugen«. Außerdem habe der Einschub von Gesängen aus der griechischen und slawischen Liturgie »pfingstlich den Raum der Latinität überschritten«.

Dass ein Theologe vom Range Ratzingers wenige Jahre später seine Meinung in dieser Frage grundsätzlich geändert hat, ist nur aus dem von ihm in seinen »Erinnerungen« mehrfach erwähnten »Lebensdrama« zu verstehen. Es handelt sich ja nicht um eine Kurskorrektur, sondern um einen einschneidenden Kurswechsel, der allein mit Kollegenfrust und Karrierestrategie nicht erschöpfend zu erklären ist. Es entspräche auch nicht dem Naturell des Professors, der 1969 von der weltweit angesehenen, traditionsreichen Universität Tübingen ins provinzielle Regensburg wechselte. Außerdem haben zahlreiche andere reformfreudige Konzilsteilnehmer, wie Kardinal Frings oder die ehemals von Rom bedrängten Theologen de Lubac und Congar, ähnlich reagiert und vor Verrat und Exzessen gewarnt. Die tieferen Gründe dieses »Dramas« liegen im Zeitbruch in der Folge der 68er-Revolution. Die Entwicklung und der Sog nach dem Kappen »alter Zöpfe« und Entlüften des »Muffs von tausend Jahren« war auch in der Kirche nicht mehr aufzuhalten, und es hat den sensiblen Ratzinger nach eigenen Worten »bestürzt«, dass der inzwischen unberechenbar entscheidende Paul VI. ein neues Missale veröffentlichte und das bisher »in der Kirche aller Zeiten« geltende fast völlig verbot. Nicht nur Ratzinger beklagte, dies habe es »in der Liturgiegeschichte noch nie gegeben«. Namhafte Wissenschaftler, Künstler und Dichter, wie Julien Green, Salvatore Dali oder Georges Brassens, wandten sich mit einer Petition an den Vatikan. Doch der Papst der Pillen-Enzyklika »Humanae vitae« schlug sich, im Gegensatz zur Bioethik, diesmal auf die Seite unkontrollierbarer Innovation. Vor den gestürmten Altären spielten plötzlich Dixiebands und tanzten Balletteusen. Chorgestühl und Kanzeln wurden meistbietend auf Flohmärkten verscherbelt. Heiligenfiguren landeten auf dem Müll. Emanzipierte Pfarrer erfanden Privatmessen, andere traten als Clown und Büttenredner auf. Das Gotteshaus geriet zur Mehrzweckhalle. Schon forderte man für das Messopfer die Priesterin. Und doch wurden die Kirchen immer leerer.

Der von seinen »Jugendsünden« als theologischer »Teenager« geläuterte Kardinal Ratzinger sucht in dieser Herausforderung eine »Begegnung mit dem Mysterium, das nicht unser Produkt, sondern unser Ursprung und die Quelle unseres Lebens ist« und eine »neue Liturgische Bewegung, die das eigentliche Erbe des II. Vatikanischen Konzils zum Leben erweckt«. Seine Analyse ist unbeirrbar:

»Ich bin überzeugt, dass die Kirchenkrise, die wir heute erleben, weitgehend auf dem Zerfall der Liturgie beruht.«

Es komme schon gar nicht mehr darauf an, »ob es Gott gibt und ob er uns anredet und uns erhört. Wenn aber in der Liturgie nicht mehr die Gemeinschaft des Glaubens, die weltweite Einheit der Kirche und ihrer Geschichte, das Mysterium des lebendigen Gottes Christus erscheint, wo erscheint Kirche in ihrem geistigen Wesen dann noch?«

Hans Küng hat zu Beginn der Liturgiereform zwar dieselben Fragen wie Joseph Ratzinger gestellt, sich jedoch schließlich für andere Antworten entschieden. Auch er empfand die von der kurialen Konzilsregie eingefädelte Zurückstellung des Schemas als eine Zumutung. Hinter den Kulissen gelang der deutsch-französischen Allianz eine entscheidende Korrektur: Die Liturgie rückte an die erste Stelle, wie es den Ansprüchen eines Pastoralkonzils geziemt. Auch hatte sich Küng als Gymnasiast für die Ideale der katholischen Jugendbewegung begeistert, die liturgischen Schriften von Romano Guardini gelesen und als Seminarist in San Pastore einen Sommerkurs des Herausgebers des »Lateinisch-deutschen Volksmessbuches«, des Benediktinerpaters Urbanus Bomm, besucht. Seine besondere Aufmerksamkeit im Germanicum galt auch den Liturgie-Vorlesungen des niederländischen Professors Herman Schmidt und dem Standardwerk »Missarum solemnia« des Innsbrucker Jesuiten Josef Andreas Jungmann, den er im Konzil als Berater traf. Küng bezeichnete dieses Buch als ein »Reforminstrument kirchenpolitischer Sprengkraft«, das ihn lehrte, dass sich die Feier der Eucharistie, d. h. der Danksagung, im Laufe von zwei Jahrtausenden tiefgreifend verändert hatte. In der »Kirche aller Zeiten« war bei der so ewig gültig scheinenden Messe nicht alles »immer so«. Diese Sicht des »rückwärts blickend, vorwärts schauend« hat er sich grundsätzlich zu Eigen gemacht. Bereits auf den inoffiziellen Vortrags- und Begegnungsabenden des Konzils, bei denen in römischen Seminaren und Trattorias unbeobachtet viel Gutes getan werden konnte, gehörte Küng zu den aktivsten Animatoren und fand vor allem bei Bischöfen aus der Dritten Welt, die aus ganz anderen Kulturen als der abendländischen stammten, viel Zuspruch. Die mittelalterliche Messe aus der Zeit Karls des Großen oder die detaillierten Rubriken-Vorschriften des Konzils von Trient über sakrale Gestik und Gewänder wirkten am Kongo oder Amazonas wie absurdes Ritual von einem anderen Stern.

Küng hat bei diesen Vorträgen keinen Hehl daraus gemacht, dass er in der Gestaltung der Eucharistiefeier der Zukunft eine epochale Aufgabe des Konzils sah. Dabei pochte er auf Verbindlichkeit und Vorbild des Abendmahles Jesu und dessen Appell »Tut dies zu meinem Gedächtnis«. Im Gegensatz zu Ratzinger, der im Christus-Mysterium der Messe auch das heilige Opfer betont, hält Küng dies für eine »bibelwidrige« Bezeichnung. Seine Vorstellungen von Wort- und Mahlgottesdienst, vom Gebrauch der Muttersprache und einer Zelebration mit Blick zum Volk, die von namhaften Liturgie-Experten als »zu radikal« betrachtet werden, sind schließlich, gegen alle personalpolitischen Geschäftsordnungstricks der kurialen Minderheit, nicht mehr aufzuhalten.

Spektakulärstes Ereignis nach dem Paukenschlag der Kardinäle Liénart und Frings in der ersten Generalkongregation ist eine gescheiterte Intervention von Kardinal Alfredo Ottaviani während der Liturgiedebatte. Als er ungeachtet der Glockenzeichen des Vorsitzenden Kardinals Bernhard Alfrink die den Konzilsvätern zugestandene zehnminütige Redezeit überschreitet, schaltet der Niederländer dem Propräfekten einfach das Mikrofon ab und erntet dafür in der Aula tosenden Beifall. Ratzinger übergeht in seinem Rückblick diese symbolische Szene; Küng vergleicht sie mit dem Abgang des Stasi-Chefs Mielke in der Berliner Volkskammer. Die bald folgenden Abstimmungen zur Reform machen überdeutlich, wo im Konzil Mehrheit und Minderheit stehen. Küng ist mit dem Ergebnis zufrieden und bezeichnet die Liturgiekonstitution trotz vorausgegangener Ränkespiele und abgetrotzter Kompromisse als einen »gewaltigen Schritt vorwärts in der Realisierung der evangelischen Anliegen«. Da liegt seit den Begegnungen mit Karl Barth seine Linie: durch schrittweise Abkehr von der katholischen Gegenreformation dem Reformator Martin Luther entgegenkommen. Noch hat er den offenen Konflikt nicht gewagt und sich in taktischem Gehorsam der Langsamkeit kirchlicher Wendemanöver gefügt. Als er während seiner Sonntagsmesse in der Tübinger Johannes-Kirche vorprescht und den Kanon in noch nicht genehmigter deutscher Sprache vorträgt, stößt er auf den erbitterten Widerstand des Stadtpfarrers. Doch sollte es ihn nicht weiter betrüben. Die Messbesucher stellten sich zischend auf Küngs Seite und bereits acht Tage später erfolgte aus Rom die überraschende Nachricht, dass Papst Paul VI. offiziell den Kanon in der Volkssprache erlaubt hatte.

Aus der Distanz von vier Jahrzehnten mag man über die liturgischen Konfrontationen der Konzilsjahre lächeln. Nachdenklich stimmen allerdings die bitteren Erfahrungen, dass religiöse Reformen mit politischen nicht identisch sind. Auch wurde in dieser Zeit postmodernen Bildersturms deutlich, dass zweitausend Jahre Kirchengeschichte Tiefgang und Trost bergen, die weder der Unbarmherzigkeit konservativer und progressiver Flügelbildungen noch demoskopischen Erhebungen unterliegen. Demut ist kein Unwort und Gebet keine Verirrung. Dem entsprechen auch Erwartungen in der protestantischen Kirche, die in die Richtung katholischer Spiritualität und Mystik aufgebrochen sind. Die Sehnsucht der Menschen einer zunehmend kaputten Welt strebt, ungeachtet der Konfessionen und Religionen, nach Heilung und Heil. Allein zu sein mit dem Alleinen wird mehr denn je zur Hoffnung junger Menschen, die ein Leben in Todesschatten ablehnen. Vielleicht hat in den geheimnisvollen Zeitspannen Gottes das »Erwachen der Kirche in den Seelen«, von dem Guardini nach dem Zusammenbruch menschlichen Größenwahns auf den Schlachtfeldern der Champagne und Flanderns sprach, gerade erst begonnen. »Ich kenne keine größere Traurigkeit«, schrieb damals der arme Dichter Léon Bloy, »als kein Heiliger zu sein.«

10. Das Nachtgebet des Papstes

Die Lichter in der päpstlichen Wohnung im dritten Stock des Apostolischen Palastes brannten in der Nacht zum 21. November 1962 bis zum Morgengrauen. Zwar war das Bronzetor unter den Bernini-Kolonaden geschlossen, doch herrschte auf dem Damasushof im Innern des Vatikans noch spät ein hektisches Kommen und Gehen. Die Schweizer Gardisten, die zu dieser vorgerückten Stunde ihre mittelalterlichen Uniformen mit den kugelsicheren Westen von Sicherheitsbeamten getauscht hatten, mussten wiederholt Haltung annehmen und den Purpurträgern einen militärischen Gruß entbieten. Die Verschwiegenheit der Beschützer wurde von den Monsignori auf den matt erleuchteten Gängen nicht immer geteilt. Huschte erneut ein Kardinal mit ernster Miene in den Aufzug hinauf in die Gemächer Seiner Heiligkeit, hörte man sie bisweilen flüstern. Die Namen der Eminenzen, die jeweils einzeln und in knappen Abständen über die Marmorgänge eilten, waren ihnen bekannt. Nur verwunderte, dass nicht nur die üblichen Gesichter der Kurienkardinäle auftauchten und eine ungewohnte Nachtschicht absolvierten. Gewiss, Staatssekretär Kardinal Cicognani wurde wiederholt gesehen, er wirkte unansprechbar. Generalsekretär Felici, ein ansonsten munterer Römer mit pontifikalem Bäuchlein, verschwand mit versteinerter Miene auf der Scala Regia. Der französische Kardinalsdekan Tisserant glich einem Verschwörer. Auch Kardinal Ottaviani tauchte auf, furios wie ein Löwe.

Doch dann stand Kardinal Bea plötzlich im Portal, wie immer mit einem gütigen Lächeln, als sei es die selbstverständlichste Sache der Welt, dass sich seine jesuitischen Fältchen zu scharfen Linien krümmten. Die Audienz des kleinen, sich um die christliche Einheit sorgenden Deutschen dauerte wie immer am längsten. Der bäuerliche Papst liebte die schlichte Solidarität des versierten Bibelexperten, der sich auf stille, aber umso nachdrücklichere Weise für eine moderne Schriftauslegung in der katholischen Kirche verdient gemacht hatte. Schließlich erschien zu sehr später Stunde noch der kanadische Kardinal Léger, der stets etwas von einem Landpfarrer ausstrahlte und sich mit einem Augenzwinkern entschuldigte, dass er leider nicht auf ein Gläschen Frascati gekommen sei. Als sich hinter dem letzten Besucher die hohen Flügeltüren schlossen und die bis dahin untätig gebliebenen Nachtwächter ihre langen Runden über Treppen und Flure begannen, blieb ihnen nicht verborgen, dass hoch oben auf der Papst-Etage noch immer Licht brannte. So wagten sie es, angeblich aus dienstlichen Gründen, sich bei Privatsekretär Loris Capovilla nach den Umständen zu erkundigen, und erhielten die vertrauliche Antwort, sie mögen ohne Sorge sein, der Heilige Vater verbringe die Nacht im Gebet. Doch so ist das im Vatikan: Noch ehe ringsum in den Klöstern die Frühglocken zur Laudes schlagen, macht die Nachricht bereits die Runde. In Windeseile erreichte sie über Pförtner, Boten, Bäckergesellen und Briefträger die Kollegs, Konvente und Seminare, in denen die Konzilsväter und ihre Berater eine nicht minder unruhige Nacht verbracht hatten.

Knapp einen Monat nach seiner feierlichen Eröffnung stand das Konzil auf der Kippe.

Spätestens am Vortag war in der bis zum letzten Platz gefüllten Aula von Sankt Peter deutlich geworden, dass in der großen Kirchenversammlung eine schwere Krise ausgebrochen war. Das Konzil drohte über dem Schema »Quellen der Offenbarung« dramatisch zu scheitern. Was sich in der Vorbereitungskommission bereits angedeutet hatte, war zu Beginn der Plenardebatte am 14. November 1962 handgreiflich geworden: Die zuvor mehrmals durch unerwünschte Wortmeldungen, Beifall oder Mikrofonentzug gedemütigte Kurie war fest entschlossen, Widerstand zu leisten und in einer Kernfrage katholischer Lehre ihre Vorstellung von Tradition durchzusetzen. Dazu waren ihr notfalls Geschäftsordnungstricks und andere Täuschungen ge-rade recht. So begann die Generalkongregation unmittelbar nach der Messfeier mit einer Provokation. Der auf Revanche sinnende Kardinal Alfredo Ottaviani ergriff gegen jede Abmachung noch vor dem Berichterstatter der Kommission, Monsignore Garofalo, das Wort und provozierte das unruhig werdende Plenum mit Wiederholungen. Aber dann begründeten reihum die Kardinäle Liénart, Frings, Léger, König, Alfrink, Suenens, Ritter und Bea ihre Ablehnung des Textes. Die Frings-Intervention stammte im Wortlaut von Prof. Ratzinger, der als herausragender Kenner in Fragen der Offenbarung galt. Aber auch am folgenden Tag pochte die Minderheit der Kurie darauf, das umstrittene Schema auf der Tagesordnung zu behalten.

Als es schließlich am 20. November 1962 zur Abstimmung kam, geschah in der Konzilsaula Unglaubliches: Durch eine getürkte Fragestellung, deren List im Moment des Wahlganges kaum zu durchschauen war, schaffte es die Kurie, das Prinzip der Zweidrittelmehrheit auf den Kopf zu stellen und eine Ablehnung des völlig unzureichenden Schemas zu verhindern. Der infame Schlag saß; selbst der Papst, der die Manipulation am Fernsehschirm verfolgt hatte, reagierte sprachlos. Doch waren die lange Nacht und ihre Gebete nicht vergeblich. Während der Konzilsmesse am nächsten Morgen fiel auf, dass der Kardinalstaatssekretär Cicognani dem entsetzten Generalsekretär Felici mitteilte, dass der Papst die Entscheidung annulliert und das Offenbarungsschema von der Tagesordnung abgesetzt habe. Es ginge zu einer völlig neuen Überarbeitung an eine gemischte Kommission, der auch Theologen sowie Vertreter des Einheitssekretariates angehören. Felici zögerte noch einen Moment, wagte es jedoch nicht, die Anordnung des Papstes den Bischöfen vorzuenthalten. Jubel brach aus. Es war wie ein erfrischender Wind, der unter dieser Kuppel so oft leidenschaftlich angerufene Heilige Geist hatte das Konzil und den Papst gemeinsam beflügelt. So kann man sich täuschen.

Die Brisanz, die sich hinter dem mystisch klingenden Begriff »Quellen der Offenbarung« verbarg, war den Konzilsberatern, im Gegensatz zu manchen Bischöfen, längst klar. Hans Küng bezeichnete das Schema als »von höchst praktischer Relevanz«, gehe es doch um die fundamentale Frage: Woher wissen wir, was Gott uns offenbart hat? Luthers »sola scriptura« stand im Raum – und damit der zentrale kirchentrennende Unterschied. Für die Reformatoren kam dafür ausschließlich die Heilige Schrift in Frage; für die römische Kirche gehörte dazu auch die Tradition. Dennoch war in und vor allem am Rande der Konzilsaula die Meinung weit verbreitet, dass eine neue Hinwendung zur Bibel notwendig sei. Aber wie? Die konservative Vorlage war von der Absicht getragen, das Element der Tradition noch weiter zu stärken und selbst hinter die neue Wertschätzung der Heiligen Schrift, wie sie Pius XII. in einem Lehrschreiben verdeutlicht hatte, zurückzugehen.

Selten ist es die Wissenschaft, die in solchen Fällen den Weg weist. Aber hier war es einmal der Fall. Gegen die Einschätzung, wonach wir unsere Kenntnis über die Offenbarung teils über die Heilige Schrift, teils über die Lehrtradition der Kirche bezögen – das hatte man scheinbar auf dem Trienter Konzil so definiert –, sprachen die Forschungsergebnisse des Tübinger Dogmatikers Josef R. Geiselmann aus den fünfziger Jahren. Er hatte sich das Offenbarungs-Dekret des Trienter Konzils noch einmal genau angesehen und festgestellt, dass das nachreformatorische Konzil Tradition und Bibel gar nicht gegeneinander ausspielte – hier stehe ein »et« zwischen Bibel und Tradition! In der Bibel befinde sich die »materielle Vollständigkeit« der Glaubenslehre. Durch die Tradition dürfe also nichts hinzukommen, was nicht eigentlich schon in der Schrift stehe.

Die Tradition habe, so fasst Kardinal Walter Kasper die Diskussion zusammen, die von Geiselmann angestoßen über ihn hinausführte, »eine unverzichtbare Interpretations- und Vergewisserungsfunktion«. Damit war man auf einer Erkenntnisebene, auf der man gleich zwei Wünschen gerecht werden konnte: Man konnte sich mit dem evangelischen »sola scriptura« versöhnen und fand gleichzeitig eine Basis, um die historisch-kritische Schriftauslegung aus der Oppositionsrolle gegen die Tradition herauszuführen und sie in das Ganze der Glaubenserkenntnis zu integrieren. Vor und nach der Verkündigung des Dogmas der leiblichen Aufnahme Mariens in den Himmel hatten die skeptischen Einwürfe historisch-kritischer Exegeten bereits zu dramatischen Auseinandersetzungen geführt.

Joseph Ratzinger hatte sich zusammen mit Hans Küng und dem Belgier Charles Moeller gegen die Offenbarungs-Vorlage der Theologischen Kommission des Konzils engagiert. Karl Rahners und Eduard Schillebeeckx' kritischer Kommentar zur Vorlage fand unter den Vätern weite Verbreitung. Die Gegner waren entschlossen, das Schema zu Fall zu bringen. Küng weist in seinen »Erinnerungen« ausdrücklich darauf hin, dass Ratzinger auf der Seite der theologischen Rebellion stand, während er selbst in seinen »Erinnerungen« erklärt, von der allgemeinen »Konzilspropaganda« zunächst »fasziniert« gewesen, aber »sehr bald« zu der Einsicht gekommen zu sein, dass sich die Problematik so nicht lösen lasse. Seine differenzierende Position sei in der allgemeinen Opposition gegen das Schema »einfach beigezählt« und als eine weitere Stimme pro Geiselmann gewertet worden.

Ratzingers eigene Bedenken datieren bereits aus dem Jahr 1956, wo er als Lehrstuhlvertreter an der Philosophisch-Theologischen Hochschule von Freising von Prof. Michael Schmaus eingeladen wurde, zu Ostern an einer Tagung der deutschsprachigen Dogmatiker in Königstein teilzunehmen, die so erfolgreich verlief, dass daraus eine regelmäßig tagende Arbeitsgemeinschaft wurde. Der gerade 29-Jährige lernte bei dieser Gelegenheit nicht nur Karl Rahner kennen, sondern wurde auch zum ersten Mal mit den Thesen Geiselmanns konfrontiert. Er sei, so erinnert er sich, damals mit seiner Sicht über den »vermeintlichen Fund« nicht verstanden worden. Ebenso wie Hans Küng war auch Joseph Ratzinger der Überzeugung, dass mit dem umstrittenen Offenbarungs-Schema des Konzils das ganze Problem der Bibelauslegung zur Debatte stand. Ratzinger fügte hinzu, es sei überhaupt um die Frage gegangen, »wie sich Geschichte und Geist im Gefüge des Glaubens zueinander verhalten«.

Es ist nicht einerlei, dass der Kardinal als Memoirenschreiber, der sich über seine Konzilserfahrungen weitgehend ausschweigt, dennoch der Erläuterung seiner Haltung in der Offenbarungs-Diskussion breiten Raum widmet. Das, was er mehrmals als »Drama der nachkonziliaren Epoche« beschworen hat, ist für ihn weitgehend von der Frage bestimmt, ob nun die Schriftauslegung als letzte Instanz in der Kirche zu betrachten ist oder nicht. Ein wichtiger Teil dieses Dramas lag im Konzil selbst, dem es nicht gelungen war, die tatsächliche Endfassung über die Offenbarung dem öffentlichen kirchlichen Bewusstsein zu vermitteln: »*Offenbarung, das heißt das Zugehen Gottes auf den Menschen, ist immer größer als das, was in Menschenworte gefasst werden kann, größer auch als die Worte der Schrift ... Offenbarung ist nicht ein auf die Erde gefallener Meteor, der nun als Gesteinsmasse irgendwo herumliegt, wovon man Gesteinsproben nehmen, ins Labor tragen und dort analysieren kann. Die Offenbarung hat Werkzeuge, aber sie ist nicht vom lebendigen Gott ablösbar, und sie verlangt immer nach dem lebendigen Menschen, bei dem sie ankommt. Ihr Ziel ist immer, die Menschen zu versammeln, zu vereinigen – darum gehört Kirche zu ihr.*« Joseph Ratzinger kann sich gut daran erinnern, in der kritischen Phase der Offenbarungs-Debatte eine zumindest mitentscheidende Rolle gespielt zu haben. Die von Hans Küng auf die Kurzformel gebrachte Frage »Woher wissen wir, was Gott uns offenbart hat?« beschäftigte ihn seit seinen elegischen Spaziergängen im Park von Fürstenried.

Im Auftrag von Kardinal Frings, der um eine Überwindung der Konzilskrise bemüht war, entwarf Ratzinger in seiner unverkennbaren

Kleinschrift ein völlig neues Kurzschema, das sich in den großen Linien an seine am Vorabend des Konzils vor den deutschen Bischöfen geäußerte Auffassung anlehnte. Diesmal hatte es Frings arrangiert, dass sein Berater den Text einem Kreis einflussreicher Kardinäle vortragen konnte. Sie horchten auf und baten Ratzinger, seine Ideen in Zusammenarbeit mit Karl Rahner in eine zweite, vertiefte Fassung zu bringen. Der Auftrag hatte Symbolwert für die Fortsetzung des Konzils: Man fing noch einmal von vorne an, aus der Mitte der Bischöfe heraus wurden in enger Zusammenarbeit mit fachkundigen Theologen neue Texte erarbeitet.

Ratzinger kannte den knorrigen, manchmal sonderbaren Karl Rahner seit jener Tagung 1956 in Königstein, wo beide sich sehr bald näher kamen. Dies nicht nur im menschlichen Bereich, wo zwei geniale Pioniere der Aufbruch-Theologie mit einem Faible für Versenkung ihre Köpfe zusammensteckten, sondern auch in der konkreten Arbeitsteilung. Rahner war gerade mit der neuen Herausgabe des »Lexikons für Theologie und Kirche« beschäftigt und engagierte sich auch lebhaft für das evangelische Pendant »Die Religion in Geschichte und Gegenwart«, ein gigantisches Werk, zu dem Ratzinger gerade ebenfalls einige Artikel beisteuerte. Sogleich galt ihr Gespräch den da und dort angewandten editorischen Methoden. Ansonsten stand viel Dogmatik auf der Tagesordnung, die noch von manch mittelalterlichen Schatten befreit werden musste.

In der Teamarbeit für den Entwurf eines neuen Offenbarungsschemas bestimmte der routinierte Rahner die Marschrichtung. Es schien, dass sich Ratzinger nicht so sehr den forschen Orientierungen des Jesuiten beugte, sondern ihn in einem Anflug lässiger Resignation vorpreschen ließ. Das Ergebnis jedenfalles konnte sich sehen lassen. Hans Küng bezog sich ausdrücklich auf die Inspiration durch die beiden Kollegen, als er im Dezember 1964 in Bombay auf einem Symposium unter dem Titel »Christliche Offenbarung und nichtchristliche Religionen« teilnahm und über das große Thema seiner späten Jahre sprach: »Die Weltreligionen in Gottes Heilsplan«.

Bei der gemeinsamen Arbeit war jedoch Rahner und Ratzinger klar geworden, dass sie trotz zahlreicher gemeinsamer Wünsche und Hoffnungen für das Konzil »theologisch auf zwei verschiedenen Planeten lebten«. Diese Wertung stammt von Ratzinger und verweist erneut auf den tiefen Riss, der sich bereits in der Anfangsphase des Konzils im Zentrum der Kirche auftat. Rücksichten und Fügsamkeiten im autoritären System hatten bislang die auseinander strebenden Kräfte im gemeinsamen Widerstand zusammengehalten. Manchmal schien, dass eine triumphierende Kirche die letzten Jahrhunderte im Blindflug seliger Unbelehrbarkeit verbracht hatte und über Nacht vor den Abgründen der Zeitgeschichte notlanden musste. Nachdem der enge Kreis kurialer Machthaber fachlich und personell ins Schlittern geriet, wurden neue Energien frei. In der sich rapide aufheizenden Konzilsatmosphäre verhärteten sich die Fronten, bildeten sich theologische Zirkel, nationale Gruppen, kuriale Kreise sowie Seilschaften aus den Universitäten und Ordenshäusern. Es war eine riesige Männerversammlung, auf der es nicht nur um Macht und Mehrheiten ging, sondern wo auch persönliche Sensibilitäten, Präferenzen und Karriereplanungen eine Rolle spielten. Über allen Differenzen und Abstimmungen thronte ein milde lächelnder Papst, der mit großväterlichem Watschelschritt und entwaffnender Frömmigkeit zwischen den Fraktionen zu vermitteln versuchte.

Wie messerscharf die Kontroversen ausgetragen wurden und in welche Katakomben sie führten, zeigt ein Hinweis Ratzingers, der sich mit dem die Konzilberatung dominierenden Rahner zwar in vielen wichtigen Reformfragen einig war, doch, wie er ausdrücklich nuanciert, »aus ganz anderen Gründen«. Kern der Konflikte zwischen den Reformtheologen, die bald auch zwischen Ratzinger und Küng virulentere Formen annehmen würden, waren, ganz abgesehen von ihren schwierigen Psychogrammen, die unterschiedlichen Grundlagen und Absichten ihrer Theologie. Während Ratzinger durch Augustinus auf »Geschichte« gepolt war (wie sie sich fundamental in der biblischen Heilsgeschichte ereignete) und vorzugsweise aus dem Fundus der Kirchenväter schöpfte, war Rahner ein komplizierter spekulativer Philosoph, der – von Thomas von Aquin herkommend – sich in der jahrelangen Mühle jesuitischer Kaderschulen in die Meister des deutschen Idealismus, Hegel und Fichte, sowie in den »Meister aus Deutschland«, den ehemaligen Theologiestudenten und Denker von »Sein und Zeit«, Martin Heidegger, vertieft hatte. Ratzinger machte zu seinem Erstaunen die Feststellung, dass bei Rahner die Schrift und die Kirchenväter keine große Rolle spielten:

»Der ganze Unterschied zwischen der Münchener Schule, durch die ich gegangen war, und derjenigen Rahners ist mir in jenen Tagen klar gewor-

den, auch wenn es noch einige Zeit dauerte, ehe die Trennung unserer Wege nach außen sichtbar wurde.«

Hans Küngs Verhältnis zu Karl Rahner ist noch spannender. Er hegt für ihn echte Bewunderung. Bei ihrer ersten Begegnung in einem Zimmer in Innsbruck legte sich der angesehene Dogmatiker während einer ausschweifenden theologischen Disputation einfach auf sein Bett und dozierte munter weiter (das mochte »schulbildend« sein, denn witzigerweise ist auch vom Glaubenspräfekten Kardinal Ratzinger bekannt, dass er bei längeren Interviews seine Füße locker über die Lehne legte). Bei Rahner ging es nicht um Theologie aus dem Schaukelstuhl. Rahner, der von der »Neuen Zürcher Zeitung« und vom »Spiegel« bald als »führender Kopf der katholischen Theologie im deutschen Sprachbereich« gelobt wurde, beeindruckte den jungen Küng mit seinem couragierten Bekenntnis zur »sündigen Kirche«, seiner zustimmenden Haltung zur Konzelebration oder zur nichtbiologischen Interpretation der Jungfrauengeburt tief.

Als er jedoch im Frühjahr 1962 die Herausgabe von Küngs riskantem Buch »Strukturen der Kirche« übernehmen sollte, wurden die Dinge komplizierter. Der von dem Jüngeren bewunderte »Protagonist der Freiheit in der Theologie« zeigte jesuitische Schwächen. In der Auseinandersetzung um Vorwort und Inhalt des in der Reihe »Quaestiones disputatae« geplanten Werkes kam Küng zu einer Einschätzung Rahners, die sich im Kern von der Ratzingers nicht unterscheidet. Ihre theologische Methode sei »zunehmend verschieden«, klagt der junge Professor aus Tübingen. Küng warf Rahner vor, mit halsbrecherischer Argumentation »Versöhnung« erzwingen zu wollen und dabei sogar die Herz-Jesu-Verehrung oder die mittelalterliche Ablasstradition »theologisch elegant« umzuinterpretieren. Im Grunde lautete sein Urteil, der Dogmatiker sei ein Kompromissler, aber auf hohem Niveau.

Küng fuhr förmlich aus der Haut, als es anlässlich einer dringenden Korrektur-Besprechung im Mai 1962 im Jesuitenhaus in der Münchener Kaulbachstraße zu einem Konflikt kam. Dem »höchst ungnädigen« Rahner schrie er nach einer langen Geduldsprobe ein »Genug!« entgegen und schlug mit der Faust auf den Tisch. Nach dieser Erfahrung zog er die gleichen Konsequenzen wie Ratzinger: Der dogmatische Meister halte sich an ein völlig unhistorisches Procedere; es fehle ihm an historisch-kritischem Denken und exegetischer Bildung, er verliere sich im Labyrinth seiner philosophisch angerührten Spekulationen.

Kurioserweise spielten zwei Frauen in diesem Streit schließlich besänftigende Rollen. Küng wurde nach einer in depressiver Stimmung stattfindenden Rückfahrt von München nach Tübingen in seinem Haus am Neckar von seiner Mitarbeiterin Christa Hempel wieder aufgepeppelt. Rahner hatte nach dem Eklat in München eine Begegnung mit der Schriftstellerin Luise Rinser, in die er sich auf Mitleid erregende Weise verliebte und die ihn, so vermutete Küng später, versöhnlicher stimmte. Schließlich erschien das Buch über die Kirche am 7. Juli 1962 mit historisch begründeten Vorschlägen zur Anerkennung von Taufe und Eucharistiefeier durch Laien. Kardinal Döpfner empfand die Schrift als »erregend« und »schlafraubend«. Karl Rahner hatte unterdessen, nach einer Intervention der römischen Zensurbehörde, auf sein Vorwort verzichtet.

Am 2. Dezember 1962 scheiterte das Offenbarungsschema spektakulär. Eine kuriale Minderheit hatte mit Geschäftsordnungstricks versucht, die unannehmbare Vorlage wieder zurück in die Hände der Konservativen zu spielen. Da griff der Papst – ganz gegen seine Gewohnheit – selbst ein. Er veränderte die Kommission und setzte neben dem mächtigen Verweigerer Ottaviani den alten Bibelfuchs Kardinal Bea als Co-Präsidenten ein.

Man ging wenige Tage darauf auseinander, ohne ein Offenbarungsdokument, ja ohne überhaupt ein einziges Dokument verabschiedet zu haben. Erst in der Vierten Sitzungsperiode im Herbst 1965 – an sie dachte 1962 niemand – sollte es mit *Dei Verbum* ein Dokument über die Offenbarung geben. Das Konzil war vertagt. Aber wenigstens wurde klar, worüber – und vor allem in welcher Weise – zu sprechen war. Von den internen Konflikten zwischen den progressiven theologischen Beratern drang wenig nach draußen. Auch ließen das Nachtgebet des Papstes und der Jubel in der Konzilsaula noch nichts von jenem Riss ahnen, der die Phalanx der greisen Kurienkardinäle von der im »balzo avanti« (im »Sprung nach vorne«) davonstürmenden Mehrheit trennte. Er war einem Epizentrum entsprungen, dessen Stöße und Nachbeben bis zum heutigen Tag die katholische Welt erschüttern. Letztlich ging es um die Glaubwürdigkeit und Lebensfähigkeit der Kirche Gottes in einer aus allen Fugen geratenen Welt.

11. Das Auge des Großinquisitors

Als Hans Küng am Vormittag des 14. Oktober 1965 das große Eisengitter zur Piazza del Sant' Ufficio passierte, empfingen ihn die beiden wachhabenden Schweizer Gardisten mit Stolz und Sympathie. Da kam nicht nur der Schweizer Landsmann, da kam der junge Star des Konzils, der »glanzvolle« – andere sagten: »fatale« – Konzilsberater, der Mann, der so viel Staub aufgewirbelt hatte; da kam der brillante Buchautor, der die katholische Kirche polarisierte und über den auf den Fluren des Vatikans so viel getuschelt wurde. Wahrscheinlich nahmen sie an, Hans Küng wolle sich gegenüber ins Campo Santo begeben, das kleine deutschsprachige Kolleg im Schatten des Petersdoms. Doch Küng war in heikler Mission unterwegs und wandte sich nach links zu dem mächtigen Gebäude des Heiligen Offiziums, in dem noch immer der gefürchtete Kardinal Ottaviani wie ein sakraler Potentat seines Amtes waltete. Ursprünglich befand sich hier die Zentrale der »heiligen Inquisition«.

Der Gast, der mit Pünktlichkeit am Portal der finsteren Institution die Klingel drückte, wurde nicht in ein dunkles Verlies, sondern mit ausgesuchter Höflichkeit in den Saal auf der ersten Etage geführt und dort eine kurze Zeit allein gelassen. Für Hans Küng war es eine Premiere; er hatte den Palazzo des Heiligen Offiziums noch nie betreten und konnte feststellen, dass es in dem Raum mit den geschlossenen Fensterläden weder nach Qualm noch nach Schwefel roch. Die Zeit, da man hier Peitschenhiebe hörte und Schreie um Gnade flehender, ihren Werken abschwörender Ketzer, war doch lange vorbei – dennoch: Es schien etwas davon in den Mauern hängen geblieben zu sein. Jetzt umfingen den Gast vornehme Kühle, spärliche Ornamente, gedämpftes Barock. Hans Küng spürte ihn – diesen Anhauch einer ihrer Sache sehr sicheren jahrtausendealten Macht. Ehe der Professor aus Tübingen seinen Phantasien über den Genius loci freien Lauf lassen oder ein letztes Stoßgebet an die Adresse von Giordano Bruno und Galileo Galilei richten konnte, schlug die Mittagsglocke über dem linken

Portal des Petersdomes. Es war ein aufrüttelnder Klang, der Küng –
wie er sich im Nachhinein erinnerte – zusammenzucken ließ. Er vermochte ihn zwar gleich in das strenge Regelwerk liturgischer Appelle
einzuordnen, doch war er im Wahrnehmungsraum dieses historischen
Ortes von besonderen Assoziationen begleitet. Welche Stunde schlug
ihm da?

Zugleich mit dem ersten Glockenschlag öffneten sich am Ende des
Saales die Flügeltüren, genauer gesagt, sie wurden von einem Monsignore aufgestoßen. Es geschah knallend, überfallartig, als habe er mit
seinen schweren schwarzen Schuhen gegen das lackierte Holz getreten.

Hans Küng, der auf manches gefasst war, hat diese Ouvertüre tatsächlich wie einen »Knall« empfunden, der sich synchron in das Ge-
läute mischte und den Blick freigab auf eine Gestalt von erschrecken-
der Würde. Mitten im Türrahmen stand purpurrot Alfredo Kardinal
Ottaviani. Seidenglänzend, steinalt, die knorrige Hand am goldenen
Brustkreuz. Der Wächter über das so genannte Böse.

Statt dem Gast zur Begrüßung die Hand zu reichen, führte er sie zu
einem Kreuzzeichen an seine Stirn und betete mit lauter Stimme:

»Angelus Domini nuntiavit Mariae … der Engel des Herrn brachte
Maria die frohe Botschaft.« Dann kam schon die Antwort: »Et conce-
pit de Spiritu Sancto … und empfing vom Heiligen Geist.«

Hans Küng fing den Ball auf wie ein Chorknabe und betete mit
dem Kirchenfürsten auf Latein den Gruß des Engels Gabriel an die
Magd des Herrn. Der Kardinal begrüßte ihn weder mit einer entge-
genkommenden Geste noch mit kühler Distanz. Er warf ihm die uralte liturgische Formel hin, die nichts anderes zulässt als Zustimmung,
Einstimmung in etwas Objektives. Ein lateinisches Gebet als eine Art
feindliche Übernahme. Die Kirche ist die Kirche ist die Kirche. Wir
verhandeln nicht. Keine Zugeständnisse, keinen Millimeter. Keine
Konzession an die Volks- und Muttersprache, kein Zwischenruf für
eine nichtbiologische Deutung der Jungfrauengeburt, auch nicht auf
Nebenkriegsschauplätzen, auch keine Frotzeleien über das Geschlecht
von Cherubim und Seraphim. Der Kardinal ließ den jungen Revoluz-
zer den Refrain in dreimaliger Wiederholung sprechen – alleine. Küng
patzte nicht. Er hatte selbst während sieben Jahren in Rom in einem
roten Talar vor dem Pacelli-Papst und seinem Kollegium gekniet; er
kannte die Spielregeln.

Die Sessel, auf denen sie nach der schließlich erfolgten Begrüßung Platz nahmen, waren von verschnörkeltem Gold und rot überzogen. Da saßen sie nun und sahen sich an. Der Gast machte dem Gastgeber schöne Augen. Ein selbstbewusster junger Mann im Angesicht der Macht. Der gut aussehende Schweizer Theologe konnte gewinnend lächeln. Der Kardinal sah schlecht, doch machte es ihn nicht unsicher. Auch andere haben ihn beschrieben, den eigentümlichen Blick des alten Ottaviani, von dem man meinen möchte, Fellini habe ihn kopiert und Umberto Eco habe ihn in Versatzstücken in die Komparserie von »Der Name der Rose« aufgenommen: Ein Lid fast geschlossen, das andere weit aufgerissen; man wusste nie, aus welchem Auge er noch zu sehen vermag. Möchte man in Deckung gehen oder sich höflich abwenden von dieser schleichenden Blindheit, nimmt er einen wieder ins Visier. Was sieht er eigentlich, fragte sich Küng. Der alte Mann schien zu sagen: »Ich sehe alles«, der beargwöhnte Theologe glaubte zu wissen: »Er sieht nur, was er sehen will.«

Aber dann kam Ottaviani zur Sache. Es geschah schmunzelnd, bestimmt, gezielt: Der Gast möge bitte nicht gleich nach dem Gespräch auf dem Petersplatz vor laufenden Kameras eine Pressekonferenz abhalten. Hans Küng verging das Lächeln; die Einleitung passte zu dem, was er von diesem Ort der Verschwiegenheit gehört hatte: katholische Omertà, tückische Stille der Täter.

Küng sah nicht, dass Ottaviani ihn sehr gezielt an diesem Punkt packte: dem Quäntchen Eitelkeit, das auch zu seinem Charakterbild gehört. Der oberste Glaubenshüter hatte ihn, auch bei beschränktem Augenlicht, in seiner Neigung erkannt, sich gerne etwas im Blitz- und Scheinwerferlicht zu sonnen – bei allem Eifer für die »Wahrheit«. Man hatte es in den Diensträumen des Heiligen Offiziums als hochgradig deplatziert empfunden, als sich der forsche junge Konzilsberater in einem Artikel über die dritte Konzilssession in kritischem Freimut und mit scharfem Ton über den Papst geäußert hatte. Im Anschluss an die »schwarze Woche« des Konzils hatte Küng geschrieben, die Glaubwürdigkeit von Paul VI. sei »auf den Nullpunkt gesunken«. Ein Selbstdarsteller auf Kosten der Kirche? Schon der leise Verdacht schaffte eine Kluft, die mit Argumenten schwer zu überbrücken war.

»Mit Verlaub« erinnerte ihn Ottaviani an die Bedeutung des Papsttums in schwierigen Zeiten; von einem hochbegabten Theologen, der lange Jahre in unmittelbarer Nachbarschaft der Päpste verbracht habe, erwarte man mehr Treue. Überhaupt – ein »treuer Sohn der Kirche« zu sein, das war es, was die Schule des strengen Papstes Pius XII. von einem jungen Theologen erwartete. Nicht Kreativität, Subtilität, Freimut – Treue hatte Priorität. Alles andere disqualifizierte. »Ganz und gar loyal in uneingeschränkter Solidarität«, der Kardinal sprach in einem bemessenen, eindringlichen Ton, mehr Appell als Aufforderung. Obendrein sagte er es in vertraulichem »romaniccio«, dem alten Dialekt der Römer. Küng kannte diese Mundart, die ihn nahezu ins Vertrauen zu ziehen schien. Später sollte er sich erinnern, Ottaviani habe in ihm auch so etwas wie Mitleid geweckt.

Mitleid? Der Kardinal belehrte ihn nicht von oben herab – er wurde beredt, versuchte den jungen Theologen zu überzeugen, ihn auf seine Seite zu ziehen; Ottaviani jonglierte förmlich mit Argumenten aus der Tradition, mit der untheologischen Summe vatikanischer Vorschriften, mit Kirchenrecht, mit all dem »Kleingedruckten«, worin Küng nur eine evangeliumsferne Last sah, die das einfache Leben der Menschen zu ersticken drohte.

Sollte er den angeschlagenen Hüter kompromisslosen Glaubens jetzt mit exegetischen und dogmatischen Argumenten konfrontieren, die seine Sprache nicht waren? »Semper idem – immer das Gleiche«, so lautete der Wahlspruch des alten Mannes. Küng verstand schon, was das meinte – »Christus gestern und heute, Alpha und Omega …« –, aber es hatte sich doch in tragische Starre verwandelt, die sich dem Windhauch des Geistes verschloss. Ottaviani umgab eine Einsamkeit, gegen die er sich gleichzeitig zu wehren schien. War er nicht auch der Bäckerssohn aus dem Armenviertel Trastevere, der sich selbstlos für ein Waisenhaus einsetzte?

Das Konzil war sein letztes Gefecht mit den Dämonen böser Zeit. Seine Intervention über »Die Natur der streitenden Kirche« war zu Beginn des Konzils von der neuen Mehrheit niedergebügelt worden, dann drehte ihm, ein unerhörter Vorgang, ausgerechnet sein Kardinalskollege Alfrink aus den sich schismatisch gebärdenden Niederlanden das Mikrofon wegen Zeitüberschreitung ab. Traurig und niedergeschlagen schlurfte der kuriale Patriarch aus der jubelnden Aula. Schließlich kamen ihm, dem Bollwerk des Glaubens, jene sarkastischen, demütigenden Konzilswitzchen zu Ohren, mit denen man sich über seine fortschreitende Erblindung lustig machte: »*Guter Gott, öffne die Augen des Kardinals Ottaviani, und wenn es deiner Barmherzigkeit nicht gelingt, so schließe sie in deiner Allmacht für immer.*« Tatsächlich hatte er das Konzil für sich zu einem Kampf auf Leben und Tod gemacht und manche Persiflage selbst provoziert.

Bereits vor der ersten Session hatte er nach einer Rede des Mailänder Erzbischofs, Kardinal Montini, wissen lassen: »Ich bete zu Gott, dass ich vor dem Ende des Konzils sterben kann – so kann ich wenigstens als Katholik sterben.« Als man seine von langer Hand vorbereitete Textvorlage (»Schema«) abschmetterte, zeigte er Format und Würde. Mit sich selbst im Reinen, flüsterte er illusionslos ins Mikrofon: »Ich erwarte nicht, die üblichen Litaneien von euch allen zu hören: Es ist nicht ökumenisch und ist zu scholastisch, es ist nicht pastoral und zu negativ und ähnliche Klagen. Dieses Mal will ich euch ein Geständnis machen: Diejenigen, die längst gewöhnt sind zu sagen ›Nimm es weg und ersetze es‹, sind schon bereit zur Schlacht. Und ich will auch etwas anderes offenbaren: Schon bevor dieses Schema verteilt wurde, war ein alternatives Schema vorbereitet. So ist alles, was mir bleibt, zu verstummen. Denn wie die Schrift sagt: Wo niemand hört, ist es sinnlos zu reden.«

Als Hans Küng nach dem langen Monolog des Kardinals endlich zu Wort kam, preschte er daher nicht mit Rechtfertigungen und Gegenargumenten nach vorne, sondern erinnerte ihn in einer Szene, die aus den »Fioretti« des heiligen Franz stammen könnte, an seine Jugendzeit: »Eminenza, Lei sa, sono ancora giovane – Sie wissen, ich bin noch jung …«

Es war eine geschickte Brücke: Erklärung und Entschuldigung zugleich, forderte jedoch auch ein Recht, das keinem verwehrt werden kann, das Recht auf ungestüme Wahrheitssuche. Es ist kein Fehler, jung zu sein. Ottaviani war sogleich im Herzen gerührt und gestand, »questo è vero«, gestand auch, dass er in seiner weit zurückliegenden Jugend ebenfalls viele Dinge gemacht hat, die er sich später nicht mehr zutraute.

Als Küng den alten Kardinal verließ, atmete er auf: kein Bannstrahl, keine Bestrafung, sondern eine Entlassung in Ehren. Lediglich die Bitte an den sich verabschiedenden Gast, über sein Verhältnis zu Rom und dem Papst seine alten Lehrer am Germanicum, den Kirchenrechtler P. Bertrams und den ehemaligen zweiten Privatsekretär von Pius XII., P. Hentrich, zu konsultieren. Bereits eine Woche später saß Küng den beiden Altmeistern vieldeutiger Hofsprache gegenüber und ließ sich davon überzeugen, dass er es in seinem kritischen Kommentar unterlassen hat, auf die gute Absicht des Papstes zu verweisen. Zwar hatte er dies nach der Veröffentlichung seines Artikels in einem persönlichen Schreiben an den Theologen des Päpstlichen Hauses, Carlo Colombo, getan und darauf verwiesen, »wie viel die Kirche, die Christenheit, die Welt gerade von Paul VI. erwarten«, doch sah er ein, dass er es zunächst versäumt hatte. Bereits Ende November 1965 setzte er sich hin und schrieb dem Papst, der ihn persönlich und seine Bücher gut kannte, einen Brief und bat um eine Audienz. Die Zeit wurde knapp, am 8. Dezember 1965 sollte das Konzil zu Ende gehen, und Hans Küng wollte endlich nach Tübingen zurückkehren. Er ließ das Schreiben auf den üblichen Sonderkanälen dem freundlichen Privatsekretär des Papstes, Don Pasquale Macchi, zukommen, der prompt reagierte. Paul VI. wolle ihn sehen. Unter vier Augen.

Auf wen musste sich Hans Küng einstellen? Über Päpste, ihre historische Rolle und – wenn man so will – »mystische« Sendung wurde und wird in Rom viel spekuliert. Es gibt »Papologen« und sogar eine Art Vatikanologie. Das ist eine von einem kleinen Kreis Eingeweihter bis in die abstrusesten Details betriebene Wissenschaft. Es geht um Leben und Wirken der Päpste, wobei jenseits der Daten und Fakten der Kirchengeschichte so mysteriöse Dinge wie Namen, Zahlen und Symbole eine wichtige Rolle spielen. Bei den obskuren »Offenbarungen des Malachias«, eines irischen Sehers aus dem 11. Jahrhundert, reichen die Spekulationen bis hin zu apokalyptischen Prophezeiungen über die letzten Päpste und das bevorstehende Ende der Zeiten. Hans Küng hatte an der Päpstlichen Universität Gregoriana noch bei dem Kirchenhistoriker Freiherr Ludwig von Hertling gehört, der bei der Erforschung solch kurioser Zahlenspiele zu der Erkenntnis gekommen war, dass alle Päpste mit der Zahl 6 unglückliche Päpste gewesen seien. Nachdem der 67-jährige Giovanni Battista Montini am Freitag, dem 21. Juni 1963, im sechsten Wahlgang zum Papst gewählt worden war und Hertlings Zahlenmystik versehentlich in einen Artikel des »Osservatore Romano« geraten, dort jedoch rasch wieder entfernt worden war, hatte sich Hans Küng über diese sonderbaren Dinge so seine Gedanken gemacht. Und da war auch dieser merkwürdige Ausrutscher seines Dozenten am »Germanicum«, P. Gustav Gundlach, der im Eifer des Gefechts einmal mit erregter Stimme ausgerufen hatte: *»Wenn ich einen im Vatikan eliminieren könnte, so wär's der Montini.«*

Als Substitut im Staatssekretariat hatte Giovanni Battista Montini einst den Fauxpas begangen, Sympathien für die französischen Arbeiterpriester zu zeigen; tatsächlich wurde er kurze Zeit später nach Mailand abgeschoben. Küng konnte Montini in den 50er Jahren mehrmals bei Zeremonien im Vatikan beobachten und bei einer späteren persönlichen Begegnung seine irritierende Balance zwischen Nähe und Zurückhaltung kennen lernen. Die progressiven Theologen Teilhard de Chardin, Yves Congar, Henri de Lubac waren ihm bestens bekannt, ebenso der von de Lubac und der Lyoner Schule beeinflusste Hans Urs von Balthasar, der in seinen wilden Jahren die »Schleifung der Bastionen« verlangt und das Bild einer demütigen, armen, dienenden Kirche entworfen hatte. Küngs Philosophieprofessor an der Sorbonne, Jean Guitton, zählte zu seinen besonderen Freunden; Guitton durfte nicht nur einen exklusiven »Dialog mit Paul VI.« publizieren, sondern auch als erster Laie auf dem Konzil sprechen. Johannes XXIII., der mit seiner bäuerlichen Menschenkenntnis die »Papologen« stets zu entwaffnen verstand, bezeichnete den vom ihm designierten Nachfolger Montini schmunzelnd als »il nostro Amleto di Milano«, rückte ihn somit in die Nähe des »To be or not to be«-Helden aus Shakespeares Drama. Dass der neue Papst nach dem Tod Johannes' XXIII. sogleich erklärt hatte, das Konzil konsequent fortzusetzen, ließ hoffen, dass er die bewegenden Ansätze der Franzosen verinnerlicht hatte und ihnen Taten folgen lassen wollte. Tief bewegte es Küng, dass Paul VI. im September 1966 Küngs hochverehrten Mentor, den Nestor der protestantischen Theologen, den großen Karl Barth, wie dieser betont, »im innersten Sanktuarium der römisch-katholischen Kirche« zu einer Privataudienz empfing und dessen Lebenswerk würdigte.

Doch die Ernüchterung folgte auf dem Fuß: Bereits die Besetzung der Spitzenpositionen in der Kurie, wo erneut die Bremser Cicogniani, Ottaviani und Pizzardo nach alter Art schalten und walten durften, enttäuschte Küng, wie sie im Übrigen auch Ratzinger und viele andere aufgeschlossene Theologen, Bischöfe und Laien enttäuschte. Zwar ernannte er die Kardinäle Suenens, Lercaro, Döpfner und Agaganian in der Konzilsführung zu Moderatoren und kündigte eine Kurienreform an, dann aber überraschte er in den offenen Fragen der Bischofskollegialität, des Charismas der Laien oder des Zölibates mit rasch herbeigeführten fragwürdigen Entscheidungen, die teilweise mit offenem Protest aufgenommen wurden. Die Mehrheit der Konzilsväter hatte gerade hier eine offene Diskussion erwartet. Im Grunde tobte hinter den Kulissen ein heftiger denn je geführter Machtkampf um die Orientierung der Kirche. Zwischen dem sicheren Hafen der Tradition und einem Aufbruch zu neuen Ufern *lavierte* der Hamlet-Papst. Er wollte es allen recht machen – und verprellte viele.

Zug um Zug entwickelte sich der persönlich lautere, aber bis ins Selbstquälerische grüblerische Paul VI. zu einer tragischen Gestalt. Er veräußerte seine dreimal gekrönte Mitra und trug unter seinem weißen Gewand auf bloßer Haut ein Cillicium aus Ziegenhaaren, womit sich in einer anderen Zeit die Kartäusermönche zur Buße quälten. Statt zum traditionellen bischöflichen Hirtenstab griff er – nach und nach ein anderer Leidensmann mit mystischen Zügen – zu einem Stab mit der Skulptur des gekreuzigten Christus. Hans Küng erschien diese Neigung zur »Leidensmystik« als »Blasphemie«. Der Papst umarmte den orthodoxen Patriarchen Athenagoras mit einem bewegenden Bruderkuss, verbreitete jedoch in seiner Rede vor den Konzilsberatern zu diesem ökumenischen Thema nur freundliche Harmlosigkeiten. Yves Congar kommentierte, es sei »eine Schande«; Hans Küng spottete, diesen Text hätte er auch vor bischöflichen Chauffeuren vortragen lassen können.

Als jedoch der Tübinger am 2. Dezember 1965 während der Mittagsstunde zu einer persönlichen Audienz in der Privatbibliothek von Paul VI. empfangen wurde, war nicht Ort und Stunde für spitze Bemerkungen. Der Papst erwartete ihn unmittelbar hinter der Türe an seinem Schreibtisch. Keine pontifikalen Distanzen. Sein kahler Kopf wie ein Adler, scharfe Stirnfalten, buschige Brauen, glühende Augen.

Bevor er zur Sache kam, lobte er die »Begabung« seines Gastes und seine Wirkung weit über die Mauern der Kirche hinaus, doch würde er es vorziehen, wenn der junge Theologe sie »in den Dienst der Kirche« stellen würde. Andernfalls sei es besser, »niente – nichts« zu schreiben. Küng ging in Deckung.

»Sie müssen Vertrauen zu mir haben«, lächelte der Papst.

»Ich habe zu Ihnen Vertrauen, Heiligkeit, doch nicht zu allen aus Ihrer Umgebung.«

»Ma – aber«, reagierte der Papst, er müsse ja auch nicht unbedingt mit allem gleich einverstanden sein, es komme darauf an, sich ein wenig anzupassen. Es war ein römischer Karrierewink, Laufbahn gegen Wohlwollen. Hans Küng sollte eben dies bald seinem Kollegen Ratzinger vorwerfen. Doch damals war Küng selbst noch Teil des römischen Systems und überzeugt davon, darin Gutes bewirken zu können … Schon zog er ein kleines Memorandum über Empfängnisverhütung und Unfehlbarkeit aus der Tasche. Als sich der Papst erhob und den noch nicht verlorenen Sohn segnete, hatte das Gespräch statt 15 Minuten eine drei viertel Stunde gedauert. Im Vorzimmer wartete ungeduldig der Generalsekretär des Konzils, Erzbischof Pericle Felici, vor dem sich Küng mit dem Gruß »Eccellenca!« tief verbeugte. Gelernt ist gelernt.

Was das Verhältnis zu Joseph Ratzinger betraf, so war in diesen Dezembertagen von Meinungsverschiedenheiten oder gar Zerwürfnissen zwischen den beiden nichts zu spüren. Es stellten sich auch keinerlei Karrierefragen. Hans Küng hatte für die spektakulären Interventionen von Kardinal Frings, die sozusagen 1:1 aus der Feder des Freundes geflossen waren, nur Hochachtung empfunden. Küng wusste das natürlich und übertrug sie nahtlos auf den gleichaltrigen Kollegen, mit dem er sich im Geist des Aufbruchs verbunden fühlte. Frings war ein 76-jähriger, mutiger, aber kränklicher Mann; ihm unterstand eine der reichsten Diözesen der Erde, und er verfügte nicht nur als Großsponsor der katholischen Kirche über enormes internationales Ansehen. Sein Mut bestand allein schon darin, die Aufsehen erregenden Ratzinger-Texte vorzutragen.

Übrigens wusste jedermann, dass sie, bis auf einige stilistische Retuschen, von Ratzinger stammten. Ratzinger spielte ein gefährliches Spiel, ein womöglich noch gefährlicheres Spiel als Küng selbst, der mehr vor den Toren der Konzilsaula mit den »außerparlamentarischen« Kräften der kritischen Medien operierte, während Ratzinger am offenen Herzen der Kirche operierte. Ratzinger hatte gegenüber der in die Enge getriebenen, jedoch nach wie vor mächtigen Kurie viel, wenn nicht alles zu verlieren. Umso mehr hatte Küng, und mit ihm alle Märtyrer-Theologen im »Bund der Vertriebenen«, die Intervention bewundert, die Frings mit außergewöhnlicher Schärfe gegen die inquisitorischen Praktiken des Heiligen Offiziums hielt. Jene Pulverfass-Sitzung vom 8. November 1963 ist allen Vätern als ein Großereignis des Konzils in Erinnerung geblieben. Niemals hatte es jemand je zuvor gewagt, eine so harsche und messerscharf verargumentierte Kritik an die Adresse der über dem Kirchenrecht stehenden Institution von Kardinal Ottaviani zu richten. Zu dieser Brisanz passte die hohe Stimme von Frings wie eine dramaturgische Ergänzung: »*Die Verfahrensweise des Sanctum Officium entspricht in vielem nicht mehr der heutigen Zeit, gereicht der Kirche zum Schaden und ist für viele ein Skandal.*« Das war Hochverrat. »Plausus in aula«, vermerkte das Tagesprotokoll, es bedeutet brandender Beifall. Hans Küng hat gute Gründe, besonders aufzuhorchen, als der Kardinal fortfährt: »*Zu fordern ist, dass auch in dieser Kongregation niemand in Bezug auf den rechten Glauben angeklagt, beurteilt oder verurteilt werde, ohne dass er und sein Bischof vorher selber angehört worden seien; ohne dass er vorher die Argumente kennt, die gegen ihn oder das von ihm geschriebene Buch sprechen; ohne dass ihm vorher Gelegenheit gegeben wird, sich selbst oder sein Buch zu korrigieren.*«

Frings/Ratzinger fochten aber nicht nur für innovative Theologen, die in der Ära Pius' XII. eine Leidenszeit der Verdächtigung, Verfemung, ja Verbannung durchzustehen hatten. Die Vorwürfe bezogen sich auch auf die Personalpolitik innerhalb der römischen Kurie, die Frings als inflationär kritisierte: »*Der Episkopat selber ist ein Amt und nicht eine Ehre und Zierde für ein anderes Amt. Wer zum Bischof geweiht wird, der sei denn auch Bischof und nichts anderes … Ich schlage also vor, es möge festgelegt werden, dass die Zahl der Bischöfe und der Priester in der römischen Kurie zu vermindern sei und zu ihr auch Laien zugelassen werden mögen.*« Das saß.

Im allgemeinen Tumult von Beifall und Zwischenrufen schritt damals Kardinal Ottaviani ans Rednerpult. Seine Hände bebten, das Gesicht war glühend vor Zorn: »*Es sei mir gestattet, auf das feierlichste gegen die Worte zu protestieren, die gegen diese Höchste Kongregation des Heiligen Offiziums, dessen Präsident der Papst selbst ist, ausgesprochen worden sind. Sie geschahen aus Unwissenheit, um kein schlimmeres Wort zu gebrauchen.*«

In diesem Moment war Kardinal Frings durch sein Alter, sein Amt und seine beherrschende Stellung halbwegs geschützt, nicht jedoch der Teenager-Theologe aus Deutschland, als den ihn der Dogmatikprofessor Schmaus aus München verhöhnt hatte. Oben auf der Tribüne der Berater erlebte Joseph Ratzinger einen erschütternden Moment seiner frühen Laufbahn. Die Blicke richteten sich auf ihn, die einen begeistert, die anderen entsetzt. Durch die Reihen der Bischöfe ging ein Riss; einige schwiegen betreten, andere stimmten heftig zu. Was Ratzinger seinem Kölner Mentor in den Redetext schrieb, entstammte jedoch weder jugendlicher Unwissenheit noch böswilliger Angriffslust. Ratzinger hatte alles wohl überlegt und sollte es in seinem 1969 veröffentlichten Buch »Das neue Volk Gottes« sogar einen »Skandal« nennen:

> »… Skandal ist es, wenn unter dem Vorwand, die Rechte Gottes zu verteidigen, nur eine bestimmte gesellschaftliche Situation und die in ihr gewonnenen Machtpositionen verteidigt werden. Sekundärer, selbst gemachter und so schuldhafter Skandal ist es, wenn unter dem Vorwand, die Unabänderlichkeit des Glaubens zu schützen, nur die eigene Gestrigkeit verteidigt wird … Skandal ist es, wenn unter dem Vorwand, die Ganzheit der Wahrheit zu sichern, Schulmeinungen verewigt werden … Das Gefährliche aber ist, dass dieser Skandal sich immer wieder mit dem Evangelium selbst identifiziert …« Wie gesagt – der Text entsprang nicht dem Furor des Tages; er stammt von 1969, wurde also sechs Jahre nach den dramatischen Ereignissen von Ratzinger niedergelegt.

Hans Küng hat später dem Glaubenspräfekten Joseph Ratzinger seine Worte vom »Skandal« genüsslich vorgehalten. Er selbst sei es doch jetzt, der eben diesen »Skandal« immer wieder produziere. Manche hätten ihm deshalb vorgeworfen, das Erbe von Kardinal Frings verraten zu haben. »Ich würde ihm eher vorwerfen«, so Küng in seiner Abrechnung mit dem Weggefährten, »er habe sein ureigenes Erbe vertan.«

Joseph Ratzinger, ein Verräter an der Sache, für die er einst alles riskiert hatte? Seine Zukunft als Theologe, seine kirchliche Karriere, seine Heimat in der Kirche? Ein Hasardeur, der sein Erbe verspielt? Ist der heutige Benedikt XVI. ein auf der Strecke seiner eigenen Geschichte Gescheiterter? Ein theologischer Wendehals, der sich den Aufstieg nach ganz oben mit dem Verrat an der Wahrheit erkaufte? Wahrheit – dieses Wort, das der heutige Papst so gerne im Munde führt, das er sich – »Mitarbeiter der Wahrheit« – sogar als Wahlspruch in sein Münchner Bischofswappen setzen ließ?

Joseph Ratzinger hat sich selbst die Frage gestellt, warum es so kommen musste, dass man ihm seinen Weg vom mutigen Konzilsrevoluzzer zum Warner und Mahner vorhalten konnte. Er hat sich selbst mehrfach darüber Rechenschaft gegeben, etwa in »Salz der Erde«, wie das biografisch und intellektuell zusammenpasste – seine Absicht, dem Konzil treu zu bleiben, »ohne Sehnsucht nach einem unwiederbringlich vergangenen Gestern«, und zugleich derjenige zu sein, der an einen Punkt kam, an dem er so scharf wie kaum ein anderer den *»Konzilsungeist«* verurteilt hatte.

Aus der Distanz eines Vierteljahrhunderts erkannte Ratzinger eine dramatische Diskrepanz zwischen den euphorischen Erwartungen an das Konzil und den falschen konziliaren Einschätzungen der »großen Geschichtsströme«, von denen er seit seinen Augustinus- und Bonaventura-Studien weiß, dass sie unaufhaltsam sind: Sich aus der triumphierenden Kirche befreiend, *»haben wir das Christentum lieber in die Breite wachsen sehen wollen und nicht erkannt, dass die Stunde der Kirche auch ganz anders aussehen kann«*. Gefordert war – so sah es der Glaubenspräfekt im Nachhinein – ein Wachstum, das sich nicht an Zahlen festmacht, sondern ein *Wachstum in die Tiefe*. Aber man glaubte, man müsse nur »machen«, müsse nur gewisse Hebel umwerfen und es begänne ein neuer Morgen der Kirche. Erneut bezog er sich selbst mit ein, wenn er die Fehleinschätzung, was die Wirkmacht von Reformen betrifft, erwähnte: Man glaubte, man müsse nur Ballast abwerfen, dann würde der Fesselballon katholische Kirche wieder steigen: ein paar »nebensächliche« Glaubenswahrheiten, ein Arsenal von sperrigen Frömmigkeitsübungen ... Man müsse nur gewisse Worte weglassen, gewisse moralische Zugeständnisse an den Zeitgeist machen, dann würde »die Welt« verstehen und den Glauben mit offenen Armen entgegennehmen. Ratzinger verwies auf die evangelische Kirche, die mit ihren strategischen »Anpassungen« an den Zeitgeist keinen Deut weitergekommen sei. »Konzilsungeist« habe zu einer »Verdünnung des Glaubens« geführt, sei der groß angelegte Versuch gewesen, »Geschichte bequemer zu machen«. Es zeige sich immer mehr, dass durch bloße Konzessionen echte Vertiefung nicht zu erreichen ist. Die »Stunde der anderen Kirche« bedeute, »auf äußere Macht, auf äußere Faktoren zu verzichten, aber umso mehr aus dem Glauben zu leben«.

Als die beiden theologischen Berater Küng und Ratzinger nach der Abschlussfeier des Konzils am 8. Dezember 1965 nach Deutschland zurückkehrten, geschah dies mit zwiespältigen Gefühlen. In die Freude, das nahe Weihnachtsfest im Kreise der Familie und Freunde feiern zu können, mischte sich Skepsis. Ihre Studenten warteten gespannt auf ihre gesammelten Erfahrungen eines Jahrhundertereignisses. Hans Küng enttäuschte sie nicht: Er listet mit schweizerischer Präzision die erfüllten und unerfüllten Forderungen auf und fragte trotz mancher Enttäuschung: »Wo stünden wir heute ohne das Konzil?« Der Schwimmer über die Untiefe des Sees richtet bereits seinen Blick auf die Zeit danach. Er spürt Wind und Atem sowie die »Erfüllung einer großen Hoffnung«. Am 10. Dezember 1965 wurde Hans Küng zum Dekan der Katholisch-Theologischen Fakultät in Tübingen gewählt, eine hohe Ehre für den noch jungen Theologen. Seine Bücher der Konzilsjahre hatten weltweit Furore gemacht. Viele Kommentatoren rühmten ihn als einen »Propheten«. Er war einer der Köpfe einer neuen, weltoffenen Kirche. Manche glaubten: Das Konzil ist zu Ende, jetzt beginnt das Konzil!

Joseph Ratzinger, der Spaziergänger im Park von Fürstenried, kehrte »tief beunruhigt« heim. Er war inzwischen einem Ruf an die Universität Münster gefolgt und fürchtete schon zu diesem Zeitpunkt, dass in der katholischen Kirche bald vieles – zu vieles? – zur Revision stehen werde: die Unantastbarkeit des Glaubens, die man der Kontrolle der Gelehrten unterwirft; die sich ausbreitende Idee einer Volkssouveränität und der »Kirche von unten« sowie die Befreiungstheologie als Rezept einer christlichen Guerilla für Weltverbesserung.

Ratzingers römisches Resümee vor den Münsteraner Studenten setzte bemerkenswerte Akzente. Hier bereits zog er eine Bilanz mit kritischen Untertönen; er spürte ein Klima schleichender Unruhe heraufziehen und äußerte in einem Vortrag erste, vorsichtige Warnungen. Deren Wiederholung auf dem Bamberger Katholikentag 1966 ließ Kardinal Döpfner aufhorchen, der bei dem mutigen Theologen, der für Kardinal Frings doch so kühne Reden verfasst hatte, »konservative Streifen« zu erkennen glaubte. Der junge bayerische Professor erwies sich als ein sensibler Mensch, dem das »finstere Münster« zusetzte; er fühlte sich nach den langen Konzilsjahren müde und gesundheitlich geschwächt. Ohne es sich selbst richtig einzugestehen, hatte er Heimweh, das von seiner Schwester, die ihm den Haushalt führte und sich über das »Alleinsein im Norden« bitter beklagte, unterstützt wurde.

Offenbar nicht der Zufall, sondern die Fügung wollte es, dass an der Universität Tübingen zu eben diesem Zeitpunkt der Lehrstuhl für Dogmatik frei wurde. Für den neuen Dekan Küng kam nur einer in Frage: Ratzinger. Die Fakultät und der Große Senat stimmten seinem Vorschlag einstimmig zu. Im Sommersemester 1966 fand Ratzingers erste Vorlesung statt.

Das Drama nahm seinen Lauf.

144

12. Donnerstagabends in Tübingen

Es war ein sonderbarer Sommer 1966 in Tübingen. Entgegen seinen Gewohnheiten verbrachte Hans Küng die Ferienmonate in seiner Wohnung in der Gartenstraße 103. Das dreistöckige Haus lag am Neckar, direkt neben dem des Bürgermeisters und Landrates. Von hier aus brauste er sonst in einem Alfa Romeo zu seinen Vorlesungen und Seminaren in der Katholischen Theologischen Fakultät, deren Dekan er war. Aber in diesen Tagen bekam man ihn kaum zu Gesicht, noch spät nachts brannte in seinem Arbeitszimmer Licht. Die üblichen Begegnungen, oft feucht-fröhliche im Kollegenkreis, fielen aus. Es war Ferienzeit, der Große Senat und alle sonstigen Kommissionen hatten sich auf den Herbst vertagt.

Hans Küng war immer ein zäher Arbeiter. Seit dem Konzil, das seit rund einem halben Jahr endgültig zu Ende war, schrieb er unermüdlich an seinem Buch »Die Kirche«. Irgendwie war es auch ein Rennen gegen die Uhr, denn der ehrgeizige Autor wollte den Publikationstermin nicht allzu weit vom Konzilsabschluss hinausgeschoben wissen. Zum Auftakt des Konzils hatte er mit seinem Werk über »Konzil und Wiedervereinigung« nicht nur Furore gemacht, sondern die Debatten und Dekrete der Bischöfe stark beeinflusst. Mit einem feinen Gespür für Dramaturgie sollten jetzt all seine Erfahrungen und Überlegungen der dreijährigen Kirchenversammlung in ein neues Buch einfließen. Mehr noch als das erste Konzilsbuch würde das abschließende gewagt sein und weltweit Wirkung erzielen. Was jetzt auf der Tagesordnung stand, war der Kampf um die Deutehoheit des Konzils. Die wollte Küng nicht den falschen Interpreten überlassen.

Die Würfel seien gefallen gewesen, so beurteilte er in seinen »Erinnerungen« die Lage nach Abschluss des Werkes. Er hatte nichts dem Zufall überlassen, hatte sein Bestes gegeben: Man müsste die Kirche vom Kopf auf die Füße stellen. Es ging um Wende in einem denkbar umfassenden Sinn. Als am 27. August über der Stadt am Neckar der Morgen graute, setzte er total erschöpft den Schlusspunkt unter das

Manuskript. Es war ein 600-Seiten-Sprengsatz geworden. Das Manuskript musste sofort in Druck gehen, der Verleger und die Übersetzer warteten bereits ungeduldig. Es war fünf Uhr, doch brach er bereits nach einer halbstündigen Ruhepause zum nächsten Termin auf, der ihn fünf Stunden später im heimatlichen Sursee erwartete. Der Alfa und sein Schutzengel, an den er vermutlich ohne große Begeisterung glaubte, brachten ihn rechtzeitig nach Hause.

Auch für Joseph Ratzinger war dieser Sommer völlig verschieden von den vorausgegangenen im hektischen Rom. Anders als Küng beschäftigten ihn in diesen Ferienmonaten häusliche Probleme. Der Professor zog um. Die lange Fahrt vom kühlen Münster ins schwäbische Tübingen geschah nicht ohne Erleichterung. Neue, ambitionierte Aufgaben erwarteten ihn dort, der Möbelwagen war voll gepackt mit Büchern. An seiner Seite seine »Perle«, Schwester Maria Ratzinger, die treue Haushälterin. Wie das Beispiel in den Privatgemächern von Papst Pius XII. lehrt, hatte sich selbst der autokratische Pacelli-Papst vom Regime der ihn »behütenden« deutschen Nonne Sr. Pascalina Lehnert nicht unwesentlich beeinflussen lassen; die Kurienkardinäle hatten die Gewaltige mit einem mokanten Grinsen »virgo potens, mächtige Jungfrau« getauft. Der reisende Professor war nicht ganz immun gegen wohlmeinende schwesterliche Einflüsterungen. Seine Maria, die für ihn den Posten einer Chefsekretärin aufgab und ihn liebevoll umsorgte, so wie sie es ihrer im Sterben liegenden Mutter versprochen hatte, lag ihm am Herzen. Maria, die sich für Kunst und Literatur interessierte und ihren Bruder Joseph mit Dampfnudeln, Bröselschmarrn oder Apfelstrudel verwöhnte, war milde, doch zog es sie mit einiger Vehemenz aus dem kühlen Münster in die weit entfernte bayerische Heimat zurück. Ihre Klagen waren so herzergreifend, dass es Ratzinger zu viel wurde und er selbst seinem Kollegen Küng anvertraute, er könne seiner Allerbesten nicht länger zumuten, »hier endlose Zeiten allein im Norden zu sitzen ...« Mit jedem Kilometer Süden leuchteten ihre Augen auf. Das schöne, neue Haus in der Friedrich-Dannemann-Straße, eine von Tübingens besten Wohnlagen, tröstete das Geschwisterpaar über die westfälischen Entbehrungen hinweg. Bald schon fiel den Nachbarn ein kurioser Mann im Stadtbild auf, fast noch zu jung, um ihn schon »Herr Professor« zu nennen: der neue Ordinarius für Dogmatik, ein höflich grüßender Priester, etwas schüchtern, doch liebenswert. Völlig ungewohnt war jedoch, dass er eine schwarze Baskenmütze trug und mit einem Fahrrad, auf dessen Gepäckständer sich in einer abgenutzten Ledertasche Bücher und Vorlesungsnotizen befanden, zur Universität fuhr.

Für die bodenständigen Schwaben war es eine kuriose Szene, so stellten sie sich die »fröhliche Wissenschaft« vor, doch hatte der Zugereiste einen eher kontemplativen Blick. Manche Passanten erinnerte er an einsame Radfahrer zwischen niederländischen Deichen und Windmühlen oder an die Verfilmung von Georges Bernanos' dramatischem »Tagebuch eines Landpfarrers«. Wenn dann vor der weltberühmten Bibliothek für Theologie und Orientalistik Küngs rassiger Alfa Romeo neben Ratzingers simplem Fahrrad parkte, wirkte es wie ein Symbol zweier theologischer Welten. Eine davonbrausende und eine beharrliche, eine mondäne und eine bescheidene, eine mit der schnellen Zeit verbündete und eine die Kunst der Langsamkeit nicht aufgebende. Die ein und aus gehenden Studenten lächelten und meinten schon einmal, es handle sich bei ihren beiden vom Konzil heimgekehrten Dogmatikern um eine spannende Mischung aus Niki Lauda und Franz von Assisi. Gab Küng Gas, trat Ratzinger in die Pedale. Brummten Küngs italienische Zylinder, klapperte Ratzingers Kettenschutz. Spielte Küng mit der Kupplung, zog Ratzinger sanft die Bremse. In der 500-jährigen Gelehrtenrepublik am Neckarufer brauste Hans Küng in allen Gassen, doch in der verwinkelten Enge schwäbischen Biedermeiers nicht immer als der Schnellere. Doch selbst wenn Küng vorbeiflitzte, saß Ratzinger stets etwas höher. Der eine war rasant, der andere hatte mehr Überblick. Regnete es in Strömen über dem Neckartal, kehrte Ratzinger durchnässt zur Schwester heim, die ihn wie Witwe Bolte umsorgte. Küng war über sein Autoradio über die Aktualität stets bestens informiert, Ratzinger ließ sich Zeit und las das »Schwäbische Tageblatt«. Ältere Akademiker glaubten gar in dem Professor am Lenker und in seinem Kollegen am Steuer das traditionsreiche Ideal deutscher Universitäten verkörpert zu sehen: »Einsamkeit und Freiheit«. Bei ihrer unterschiedlichen Mobilität ließ sich auf den, der mit dem Alfa, und auf den, der mit dem Fahrrad kam, sogar der Wahlspruch des württembergischen Grafen Eberhard im Bart anwenden: »Attempo – ich wag's.« Jeder auf seine Weise. Selbst die Palme im Wappen der Universität hatte entfernt etwas mit ihren Glaubens-Fahrten zu tun, denn sie erinnert an eine im Jahre 1468 unternommene Pilgerreise Graf Eberhards nach Jerusalem, die eine geistige Umkehr bewirkt haben soll.

Küng hatte sich in den sechs Jahren, die er bereits in Tübingen lehrte, einen hervorragenden Ruf erworben. Der spätere Bundeskanzler der Großen Koalition, »Silberzunge« Kurt Georg Kiesinger, ernannte ihn als Ministerpräsident von Baden-Württemberg im Juni 1960 zum ordentlichen Professor auf Lebenszeit. Für den theologischen Abenteurer – so ließ es sich zumindest an – ein ruhiger Ort des Kraftschöpfens für so manche Expedition ins Unabwägbare. Im Wilhelmsstift, dem Tübinger Theologenkonvikt, wo er die erste Zeit wohnte, wurde der unbekümmerte Schweizer nicht selten mit den Studenten verwechselt. Es war die Zeit katholischen Aufbruchs; der 32-jährige Aufsteiger hatte alles, um diese Hoffnung zu verkörpern. Die Nachbarschaft zum berühmten Evangelischen Stift, in dem sich so geniale Köpfe wie Hegel, Schelling und Hölderlin entfalten konnten, bestimmte den Genius Loci und bildete eine Herausforderung der besonderen Art. Nicht minder von Bedeutung für Küngs Werdegang: Hier wurde durch Ferdinand Christian Baur die historisch-kritische Methode begründet, die im später heraufziehenden Streit mit Joseph Ratzinger eine wichtige Rolle spielen sollte.

An klangvollen Namen fehlte es wahrlich nicht in dieser Stadt, von der es hieß, sie sei selbst die Universität und der »Vorhof zum Himmel«. Der Reformator Philipp Melanchthon lehrte an diesem Vorhof. Der Astronom Johannes Kepler brachte im 17. Jahrhundert dessen Himmel etwas in Bewegung. Die Dichter Eduard Mörike und Ludwig Uhland schöpften zwischen den Türmen Kraft und Inspiration. Der liberale David Friedrich Strauss revolutionierte im 19. Jahrhundert mit seinem »Leben Jesu« die Theologie. Wolfgang Schadewaldts Homer-Übersetzung avancierte zu einem Klassiker. Der Völkerrechtler Carlo Schmid zählte nach dem Ende des Zweiten Weltkriegs zu den Vätern des Grundgesetzes der Bundesrepublik Deutschland. Ein Mekka der Geisteswissenschaften. Aber auch der Tübinger Chemiker Adolf Butenandt erhielt den Nobelpreis. Und Hans Geigers Zähler zur Messung der Radioaktivität wurde auf Anhieb weltberühmt. Auch Küngs großer Protektor von der anderen Fraktion, Karl Barth, hatte 1908 ein Jahr in Tübingen verbracht. Konfessionelle Unterschiede zwischen der katholischen und der evangelischen Fakultät – auch sie eine Einrichtung mit Weltniveau – spielten im Alltag keine wirkliche Rolle. Man kannte und schätzte sich. Zu den herausragenden zeitgenössischen Theologen, bei denen der junge Küng, sehr zur Freude des Wiener Kardinals König, spontane Aufnahme fand, gehörten Karl August Fink, Ernst Käsemann, Hermann Diem, Karl Hermann Schelkle sowie der Alttestamentler Herbert Haag, der sein engster und treuester Freund wurde.

Die Tübinger Theologen fühlten sich zur Creme der Branche gehörig. Gerne verwies man auf die liberale Tübinger Tradition, die katholischerseits im 19. Jahrhundert beispielsweise den ersten Ökumeniker aufweisen konnte, den vornehmen, klugen Möhler. In der katholischen Welt schlug Tübingen einerseits Achtung entgegen – hier wurde Wissenschaft auf höchstem Niveau getrieben –, andererseits gab es hier immer wieder Köpfe, die sich nichts vorschreiben ließen – geschützt von klugen Bischöfen, die von der ein wenig exterritorialen Freiheit in der Regel loyalen Gebrauch machten. Man war Avantgarde gewissermaßen aus Tradition. Fragen gehörte zum Geschäft, abgründiger zu fragen und noch eine Idee kritischer zu sein als anderswo, passte in die doppelbödige Behaglichkeit des Städtchens. Weil der Deutsche Idealismus, vor allem Hegel hier zu Hause war, zählte er zu den nicht kanonisierten Hausgöttern diverser theologischer Systemdenker von Jürgen Moltmann bis hin zu Eberhard Jüngel, der seiner schriftfixierten evangelischen Kirche allerhand verdächtige Philosophie beim Nachdenken über Gott zumutet.

Keine Frage, dass nach dem Konzil alle wirklich brennenden Fragen hier in einen offenen Diskurs gebracht wurden. Natürlich ging es um den historischen Jesus, überhaupt um kritische Exegese, die Auslegung der Heiligen Schrift und wieweit das Lehramt da noch mitzureden hatte, um Hermeneutik, die Kunst ihres Verstehens, um so heikle Fragen wie Jungfrauengeburt, Unfehlbarkeit oder Ökumene. Hans Küng war nicht der Mann, der Wasser ins Feuer goss. Er hatte immer Spaß daran, wenn es brannte. Er suchte nach dem, was nach dem Feuer übrig blieb, gemäß dem biblischen Wort: »Die Wahrheit wird euch frei machen« (Joh 8,22). Das war zwar auch die Universitätsdevise der konkurrierenden Freiburger, aber es galt genauso für Tübingen.

Dass überhaupt in Tübingen neben der traditionsreichen evangelischen Fakultät auch eine katholische entstehen konnte, war in Deutschland einzigartig. »Nicht neuscholastisch-römisch, reformoffen, aber nicht profillos«, so bezeichnete Küng ihre Orientierung. Küng wurde zu einem anspruchsvollen, fordernden Lehrer. In seiner nicht zu bremsenden Begeisterung für das Fach »Fundamentaltheologie« – gemeinhin versteht man darunter die Rechtfertigung des Glaubens vor dem Forum der Vernunft – setzte er bei seinen Schülern all das voraus, was er in Rom, Paris und Münster an Erfahrungshorizont gewonnen hatte, um seinen gigantischen Lesehorizont nicht zu erwähnen. Wer einmal in »Christ sein« hineingeschaut hat, ahnt, dass dahinter Bibliotheken stecken, die der »Kraftmensch« Küng sich unermüdlich einverleibt hatte. So hinterließ er manche konsternierte Hörer, die seinen Parforceritten nicht gewachsen waren.

Es war noch die Zeit der »alten Zöpfe« und der »Fachidioten«, und der eifrige Ordinarius half sich mit Kolloquien und Sprechstunden gegen die drohenden Gräben. Kontakte waren nie sein Problem. Seine Antrittsvorlesung hielt er am 24. November 1960, nicht wie ursprünglich beabsichtigt über die Leben-Jesu-Forschung, sondern aktualitätsbezogen zum Thema »Das theologische Verständnis des Konzils«. Seine überraschende These lautete: »Die Kirche selbst ist das Konzil.« Ein Hauch von Freiheit ging durch den voll besetzten großen Festsaal. In diesem Kontext fällt in Küngs »Erinnerungen« auch der Name seines damals noch in Bonn lehrenden Kollegen Joseph Ratzinger. Doch bei allem Konsens bemängelt Küng, Ratzinger habe an entsprechender Stelle nicht aus seiner Antrittsvorlesung zitiert, und warf ihm in diesem Punkt »klerikalistische Verengung« vor. Nur eine lapidare Szene aus den Biografien des Alfa- und des Radfahrers; doch lässt sie tief blicken. Wo Küng gerne von der »Gemeinde« sprach, hatte Ratzinger Bedenken.

Der Ruf von Hans Küng unmittelbar nach dem Konzil konnte in Tübingen besser nicht sein. Zweimal wählten ihn die Kollegen einstimmig zum Dekan der Katholisch-Theologischen Fakultät. Er gehörte dem Großen Senat an, der über Bauprojekte, interdisziplinäre Zusammenarbeit, internationalen Austausch, Berufungen und Ernennungen entschied. Auf den zahllosen Sitzungen lieferte er sich heftige Fehden mit Kontrahenten und pochte darauf, dass die Tübinger Theologen-Lehrstühle nur »mit den Besten aus Deutschland« besetzt wurden. Sein Ehrgeiz betraf jedoch nicht allein das Renommee seiner Fakultät, sondern insgeheim den Aufbau einer starken strategischen Position. Es ging um die Fortsetzung des Konzils mit anderen Mitteln. Die dreijährigen Kämpfe, Kabalen und Intrigen in Rom hatten ihn geprägt. Zu oft hatte er in seinem eidgenössischen Zorn Fäuste in den Taschen machen müssen, hatte mit Kniefällen und Verbeugungen eines von Jesuiten gedrillten Musterschülers aufwarten müssen, um den kurialen Erwartungen zu entsprechen. Hier war er ein freier Mann unter frei denkenden Leuten. Doch hatten seine Schriften den römischen Greisen schwer zu schaffen gemacht und ihnen indirekt bittere Abstimmungsniederlagen beigebracht. Es krachte im Gebälk der uralten Bastion, es rieselte der Kalk – und Küng hoffte, von Tübingen aus diesem Trend kräftig nachhelfen zu können.

Er war allerdings Realist genug, um zu wissen, dass jener »nette, kleine Club« progressiver europäischer Theologen, den Rahner in Rom initiiert hatte, aus einem Haufen schwieriger Individualisten bestand, die nicht nur verschiedenen Schulen und Orden angehörten, sondern sich auch im Laufe der Konzilsjahre ihre sehr privaten Meinungen über Zustand und Zukunft der Kirche gebildet hatten. Der Jesuit Henri de Lubac vermisste bereits in der Konzilsaula bei Küng die Zuneigung für »unsere Mutter Kirche«. Der Dominikaner Yves Congar empfahl ihm mehr Gelassenheit und Geduld. Edward Schillebeeckx – ein ganz von der kritischen Exegese herkommender Geist – blieb stets ein dickköpfiger, eigensinniger Flame, der schwer in eine Schlachtordnung einzubringen war. Karl Rahner hatte ihn schon mehrmals angebrummt. Der elitäre Hans Urs von Balthasar vergrub sich in sein gigantisches Mammutprojekt »Herrlichkeit« und gab wie der Weise vom Berge immer zynischere »Klarstellungen« zum Konzil und zu einer nachkonziliaren Wirklichkeit, die nach seiner Auffassung sich sukzessiv zu einem Abbruchunternehmen am falschen Ende entwickelte. Nach wie vor rief er zur Radikalität auf, aber zu persönlich-mystischer, nicht zu einer, die an den Strukturen der Kirche etwas ändern wollte. Schließlich war da noch der gleichaltrige Joseph Ratzinger, den er für irgendwie nicht ganz durchschaubar hielt und über dessen »befremdende hohe Stimmlage« er sich mitunter amüsierte.

Aber mehr noch, selbst in der protestantischen Theologie, der er bislang so bereitwillig nachgeeifert war, wankten die Fundamente. Der hochverehrte Karl Barth gestand ihm freimütig: »Ich bin überholt«, und: »Ich kenne mich nicht mehr aus.« Im Frühjahr 1965 teilte er dem fassungslosen Küng in Sursee mit, er habe die Arbeit an seinem inzwischen zwölf Folianten umfassenden Lebenswerk »Kirchliche Dogmatik« aufgegeben. Basta. Ende. Es ging nicht mehr. Das Terrain für in sich geschlossene Systeme war brüchig geworden. Barths großer evangelischer Zeitgenosse, der revolutionäre, an der existenzialen Hermeneutik geschulte Exeget des Neuen Testaments, Rudolf Bultmann, erklärte bei einem Besuch von Küng in Marburg: »Das ist jetzt mein letztes Buch.« Schon war der Streit seiner Schüler im Gange. Heinrich Schlier war bereits 1953 zum katholischen Glauben konvertiert und vielen ein Dorn im Auge. Die Thesen des linken Tübingers Ernst Käsemann wurden 1963 in Montreal auf der »4. Weltkonferenz für Glauben und Kirchenverfassung« einstimmig von Protestanten und Orthodoxen als »völlig unökumenisch« abgelehnt.

Kurzum: Die Krisenzeichen ringsum mehrten sich und spielten nach Tübingen herein; die Kontroversen und Konflikte an Tübingens weltberühmten theologischen Fakultäten waren kein Sturm im Biotop schwäbischer Stiftsgelehrter, sondern nur begleitende Zeichen einer viel tieferen Krise in den abendländischen Kirchen. Während die Professoren einander Thesen, Kampfschriften und Fußnoten um die Ohren hauten, die Emeriten erschöpft in den Ruhestand flüchteten und ihre zerstrittenen Nachfolger nach Alliierten suchten, brach im Mai 1968 mitten im Herzen der Universitäten der USA und Westeuropas eine Studentenrevolte aus, die in der Geschichte der Geisteswissenschaften ihresgleichen sucht. Der weltreisende Aachener Politologe Klaus Mehnert nannte das Phänomen, das über Princeton und Paris mit einer kleinen ordnungsgemäßen Verspätung Deutschland überflutete, einen »Zeitbruch«. Statt Bonaventura und Barth stürmten die totgeglaubten Marx und Engels die Vorlesungsverzeichnisse. Die neue Lichtgestalt der studentischen Freischärler, Che Guevara, rief dazu auf: »Seien wir realistisch, fordern wir das Unmögliche.« Bald erreichte der Bildersturm auch das Neckartal: Linkshegelianer im sanften Garten des Rechtshegelianismus. Die Jeans-Revolutionäre und ihre parkagewandeten Blumenmädchen rüttelten respektlos am Palmenwappen von Graf Eberhard im Barte. Der Alfa-Ritter Küng und sein Pedalo-Edelmann Ratzinger gingen erst einmal in Deckung. Die Invasion stand im Seminar nicht an. Was sollte der historische Jesus dem auferstandenen Lenin antworten? Wozu noch laue Konzilsdekrete, wenn Herbert Marcuse die große Freiheit prophezeite? Und was besagte das ganze Martyrologium Romanum, nachdem auf offener Straße Benno Ohnesorg und Rudi Dutschke verblutet waren? Das keimfreie Nachdenken über Ethik an sich wurde überdies sinnlich erschüttert. Selbst Theologen konnten dem Schlachtruf »Wer zweimal mit derselben pennt, gehört schon zum Establishment« etwas abgewinnen. Theologische Traktate wurden, wenn überhaupt noch, in Kommunen und WG's studiert.

Bevor jedoch den Magnifizenzen und Talarträgern vom Studenten-Proletariat der Krieg erklärt wurde, hatte Hans Küng ein von ihm gezielt anvisiertes Erfolgserlebnis. Sein im April 1967 erschienenes Werk »Die Kirche« wurde in der theologischen Öffentlichkeit so aufgenommen, wie er es sich erhofft hatte. »Wahrhaft katholisch«, so nannte er das Buch; »und gerade deshalb bisweilen abweichend vom gewohnt Römisch-Katholischen«. Während ihm aus dem milde in »Glaubenskongregation« umbenannten »Sanctum Officium« bedrohliche Gerüchte über »Denunzianten und Inquisitoren« zu Ohren kamen, reagierten seine protestantischen Kollegen nahezu euphorisch. Karl Barth äußerte nach der Lektüre, es handle sich um ein »tief evangelisches Buch«, was man katholischerseits mit gemischten Gefühlen aufnahm. Und auch das erfreute nicht alle: Ernst Käsemann erklärte im Festsaal der Tübinger Universität die »Kirchenspaltung zwischen mir und Küng für beendet«. Die Reaktionen katholischer Theologen waren nicht minder positiv. Der Dominikaner Yves Congar schrieb, Küngs kritische Methode führe nicht zu einer »Kirche, die geglaubt wird«, sondern zu einer »sehr vielfältigen Beschreibung der Urkirche«. Die Merkmale ihres »Wesens« bezögen sich kritisch auf ihr »Unwesen«. Der Jesuit Otto Semmelroth, ein loyaler Zuarbeiter des Konzils aus der zweiten Reihe, kommentierte, bei aller Ungewohntheit mancher Aussagen, die auch das Schockierende nicht scheuten, biete das Buch eine »durchaus katholische Ekklesiologie«. Bemerkenswert vor allem die Wertung des von Jahr zu Jahr vorsichtiger werdenden Hans Urs von Balthasar, der von einem »Buch der Leidenschaft« sprach, das eine ökumenische Kirchenlehre biete, »an deren Ende im Grunde jedes katholische Ärgernis für den Protestanten aus der Welt geschafft ist«. Die Reaktionen aus der anglikanischen Kirche waren nicht minder hoffnungsvoll.

Dass sich Hans Küng in diesem Kontext eines breiten ökumenischen Aufschwungs auf seinen »gleichaltrigen, gleich gesinnten und gleich fähigen Kollegen Joseph Ratzinger« besann, war ein beachtlicher Vorgang. Der Tübinger Dogmatiker Leo Scheffczyk hatte einen Ruf an die Universität München erhalten (wohin er besser passte) und für Küng kam nur ein Nachfolger in Frage: Ratzinger. Dabei ging er als Dekan den keineswegs üblichen Weg, seinen Favoriten »unico loco«, das heißt ohne Zweit- und Drittkandidaten, auf die Berufungsliste zu setzen. Selbstverständlich hatte er sich mit Ratzinger über diese Bevorzugung abgesprochen und fand dafür in der Fakultät sowie im Großen Senat einstimmiges Einverständnis. Küngs Vorschlag war von langer Hand eingefädelt. Bereits im Sommer 1964 hatte er Ratzinger zu einer Gastvorlesung nach Tübingen eingeladen, die dieser zum kritischen Thema der Wesensverwandlung von Brot und Wein in der Eucharistie hielt und die viel Zuspruch fand. Am 2. Mai 1965 folgte ein Besuch Küngs bei Ratzinger in Münster, bei dem Details des Wechsels nach Tübingen besprochen wurden. Der nahezu konspirativen Begegnung folgte neun Tage später ein Schreiben Küngs, worin er noch einmal betonte, was die anvisierte neue Aufgabe für den Umworbenen so attraktiv mache: »… die wissenschaftliche Zusammenarbeit mit katholischen und evangelischen Kollegen an einem Ort großer freier Tradition, die ausgezeichneten Arbeitsbedingungen …« Mit einem verständnisvollen Blick auf die ihn bewirtende Ratzinger-Schwester Maria fügte er auch »die Nähe zu Ihrer Heimat« seiner Argumentationskette bei. Wenige Stunden bevor in Tübingen die Fakultät über einen Ruf »unico loco« an Ratzinger entschied, meldete dieser sich telefonisch beim Dekan Küng und sicherte ihm eine Annahme zu. Nachdem alles wie besprochen gelaufen war, schrieb Küng am 8. Juni 1965 dem neuen Fakultätskollegen für »Dogmatik und Dogmengeschichte«: »Ich freue mich riesig auf Ihr Ja.«

Der beiderseitigen Erleichterung Küngs und Ratzingers über das exklusive Berufungsverfahren und den folgenden Einstimmigkeiten in den zuständigen Gremien haftete dennoch ein Hauch von Übermut an. Trotz Ratzingers stiller Sympathien für eine kirchengebundene Theologie und gewissen sich andeutenden Reserven gegenüber der sich autonom gebärdenden Vernunft hielt Küng ihn für eine »Idealbesetzung«. Er würdigte dessen Laufbahn und hohes Ansehen sowie seine »große Offenheit für Fragen der Gegenwart«. Als es zur Entscheidung kam, bezeichnete er ihn sogar, entgegen anderslautenden kleinen Animositäten, als »menschlich sympathisch«. Umso mehr verwunderte ein Kommentar des nicht in die Auswahl gekommenen Tübinger Fundamentaltheologen Max Seckler, der gegenüber Küng äußerte, es habe die Fakultät beeindruckt, dass er seinen »stärksten Konkurrenten geholt« habe. Obwohl der Dekan antwortete, er habe »den Besten berufen«, war offenbar den hellhörigen Kollegen bereits zu diesem Zeitpunkt eine gewisse Konkurrenzsituation aufgefallen.

Dazu hatten offenbar auch Ratzingers Gastvortrag beigetragen. Ansonsten war auch in der Theologie, wie überall im Leben, das kleinliche Ränkespiel allzu menschlicher Rivalitäten nicht auszuschließen. Ohnehin war der Start verheißungsvoll. Küng und Ratzinger forderten im Januar 1967 in der Reihe »Ökumenische Forschungen« gemeinsam in den christlichen Kirchen das »Abwerfen unnötigen theologischen Ballastes« und die Lösung der »kirchenspaltenden Fragen«. In der Universitätszeitung »Attempto« fragte Küng schon einmal forsch nach der Unfehlbarkeit des Lehramtes, während Ratzinger, keineswegs konträr, über »Tendenzen in der katholischen Theologie der Gegenwart« schrieb. Der jubilierende Ton des Herausgebers Walter Jens zeugt von einer naiven Begeisterung, die noch im Dezember des europäischen Schicksalsjahres 1968 in den anspruchsvollen geisteswissenschaftlichen Fakultäten der Eberhard-Karls-Universität herrschte: »Und dann dieser Glücksfall!! Ein Grundsatz-Artikel aus Ratzingers Feder, Fundament fortwirkender Überlegungen, daneben, kühn in die Lüfte steigend, eine Rakete, abgefeuert in helvetischen Marken, nur über Tübingen kreisend … Ein Dank den Theologen … ein solches Gunstgeschick erleben Redakteure nicht alle zehn Jahre.« Die Zusammenarbeit zwischen Küng und Ratzinger konnte vorbildlicher nicht sein. Gemeinsamer Nenner war die Freiheit in der Kirche als Voraussetzung der ökumenischen Verständigung. Küng schickte dem Kollegen seine dazu veröffentlichte »Theologische Meditation« und Ratzinger antwortete, er brauche wohl nicht zu sagen, »wie sehr ich Ihnen gerade in dieser Sache zustimme«.

Dass sich die Professoren, abseits aller Lehrveranstaltungen, auch zu privaten Begegnungen trafen, gehörte zum kollegialen Stil in der behaglichen Stadt. Vor allem der unternehmerische Dekan Hans Küng konnte sich vor Einladungen kaum retten. Wie der Ratzinger-Biograf John L. Allen berichtet, hatten sich die beiden jeweils den Donnerstagabend für ein gemeinsames Abendessen reserviert. Küng wird an diese Treffen offenbar nicht gerne erinnert, selbst seine engsten Mitarbeiter wussten nichts davon. Der amerikanische Vatikan-Korrespondent betont jedoch, dass Ratzinger in Tübingen nur mit Küng solch freundschaftlichen Kontakt gepflegt hat. Später wurde geschmunzelt, bei diesem »jour fixe« habe es sich um »das Abendmahl von Emmaus« gehandelt, bei dem nur noch »der Dritte« fehlte. Andere betonten, das Wesen des »Dritten« an diesem Ort habe in seiner Unsichtbarkeit bestanden ... Aber dem Spott lag wohl eher ein Aufhorchen zu Grunde, das von dem Gemunkel über die Vieraugengespräche an gut gedeckten schwäbischen Tischen ausgelöst wurde. Da war ja nicht nur die Kontinuität gemeinsam durchstandener Konzilskämpfe, sondern vor allem ihr ambitioniertes Zeitschrift-Projekt. All diese Bemühungen sollten nicht im Sande der geduldig mahlenden Kurie verkümmern. Küng zögerte auch nicht, mit Ratzinger seine Traumvorstellung zu besprechen, noch einen anderen Kollegen, den berühmten Karl Rahner, an die Tübinger Fakultät zu holen und zusammen mit der nachrückenden zweiten Reihe um Hermann Häring, Walter Kasper, Karl Lehmann, Johann Baptist Metz und Otto Hermann Pesch eine robuste Bastion deutscher Fortschrittstheologie zu bilden. Die mehrsprachige Zeitschrift ›Concilium‹ war dafür als einflussreiches Forum gedacht. Das Bild der beiden Theologen donnerstags im Abendlicht des Gasthauses, einander zugeneigt beim Weine, sich über die alte und ewig junge Kirche austauschend, hat etwas Klassisches: vertrauliche Nähe zweier Kirchen-Streiter in den Stürmen der Zeit.

Vergleicht man die Rückblicke auf die Tübinger Jahre, so scheint es, als habe Joseph Ratzinger sie differenzierter in Erinnerung. Es ging zunächst um private Befindlichkeiten. Er mochte zwar nicht schwermütig von »Heimweh« sprechen, aber die von Küng angebotene Rückkehr in den Süden bedeutete ihm viel. Obendrein fühlte er sich, anders als sein kraftstrotzender Widerpart, gesundheitlich angeschlagen; die Aufregungen des Konzils, sein Fronteinsatz im Schatten des Kölner Kardinals sowie das ständige Pendeln zwischen Rom und seiner westfälischen Uni hatten ihn erschöpft. Küng kannte er von einer Dogmatiker-Tagung 1957 in Innsbruck. Seine Doktorarbeit über Karl Barth hatte er »mit Genuss« gelesen, obwohl der theologische Stil des Schweizers nicht der seine war. Auch hatte es über Küngs Buch zur Theologie des Konzils »eine schon etwas ernstere Kontroverse« gegeben, aber es gehörte nun einmal zu den Unterschieden in der gemeinsamen Sache. Ähnlich wie bei Rahner, spürte Ratzinger auch bei Küng relativ früh, dass ihre Wege »noch weiter auseinander gehen würden«. Das waren so seine Witterungen; weil er sie scheu für sich behielt, wurden sie ihm später zum Vorwurf gemacht. Dabei hat er es an Zivilcourage nicht fehlen lassen. Als sich die Tübinger Theologen 1968 für eine gemeinsame Resolution zu Gunsten des vom bischöflichen Ordinariat Rottenburg belangten Religionspädagogen Hubertus

Halbfas aussprachen, stellte sich der Dekan Ratzinger einsam dagegen. Die darauf folgende heftige Debatte brach schließlich zusammen, als Halbfas bald darauf in den Hafen der Ehe einlief.

Tübingens kleine lebhafte Welt, die ständige Herausforderung protestantischer Theologie und der Großdiskurs mit den wild gewordenen Tübinger Geisteswissenschaftlern forderten dem introvertierten Ratzinger viel ab. Er wollte ja kein »Lobredner des Bestehenden« sein, die Kirche fordere nicht den »Gehorsam der Schmeichelnden«. Tapfer richtete er sich darauf ein, seine Vorlesungen auf Bultmanns Entmythologisierung und Heideggers Existentialismus auszurichten, machte jedoch die befremdliche Erfahrung, dass es auf diese Auseinandersetzungen jetzt schon nicht mehr ankam. Konsterniert musste er mit ansehen, dass »fast über Nacht« in den Hörsälen ein vogelfreier Marxismus putschte, der den seit 1961 in Tübingen lehrenden Ernst Bloch als neue Lichtgestalt feierte. Der von seinen Kritikern als französischer und sowjetischer Lohnschreiber, Revolutionär, Konterrevolutionär, Mystiker, Liebhaber reicher Damen und spätbürgerlicher Philosoph beargwöhnte Bloch wurde von den Studenten so sehr als Übervater verehrt, dass sie noch bei seinem Tod 1977 allen Ernstes den kuriosen Vorschlag unterbreiteten, Tübingens traditionsreiche Universität in Ernst-Bloch-Universität umzubenennen. Dazu zirkulierte bereits ein neues Wappen: statt Eberhards Palme aus dem Heiligen Land die geballte Faust der Weltrevolution. »Zu viel ist voll vom Etwas, das fehlt. Etwas treibt in uns, will weiter, hält es nicht bei uns aus, will aus sich heraus«, so lockte er, ebenso messianisch wie unbestimmt, in seinen Hauptwerken »Das Prinzip Hoffnung« und »Vom Geist der Utopie«. Man nahm das sehr ernst, auch wenn satirische Geister schon damals seine Philosophie auf den Nenner brachten: Wir wollen leidenschaftlich voran; wir wissen nur noch nicht wohin. Die Zeit kreiste – und Bloch brachte sie auf Touren. Was die ihm zu Füßen liegenden Studenten, selbst wenige Jahre nach dem von sowjetischen Panzern niedergewalzten Prager Frühling, nicht interessierte, war Blochs Rechtfertigung von Stalins Moskauer Schauprozessen. Selbst seiner Frau und den von Reisen aus der UdSSR heimkehrenden Freunden wollte Bloch keinen Glauben schenken. Der reine Lehrer konnte kein Blut sehen. Der Seher hatte anderes im Blick. Aus dem amerikanischen Exil nach Deutschland aufbrechend, entschied er sich zunächst für Ulbrichts Stacheldraht-Sozialismus und lehrte ab 1957 an der Universität Leipzig. Doch wollten die Enkel Stalins nichts von ihm wissen. Nach dem Bau der Berliner Mauer im August 1961 blieb er in der etwas bequemeren Bundesrepublik – und traf auf unverhofftes Interesse, vor allem bei zeitbewegten Philologen und bibelmüden evangelischen Theologen.

Gerhard Zwerenz schrieb zum 120. Geburtstag Blochs, Joseph Ratzinger sei vor Blochs »atheistischer Frömmigkeit« und »marxistischer Versuchung« warnend bis nach Rom entflohen. Andere behaupten, aufgebrachte Studenten hätten dem Dogmatiker während der Vorlesung das Mikrofon entrissen. Richtig ist, dass die theologischen Fakultäten Tübingens – besonders die evangelische – in diesen Tagen zum eigentlichen Zentrum marxistischer Ideologie avancierten. »Die Zerstörung der Theologie, die nun durch ihre Politisierung im Sinne des marxistischen Messianismus vor sich ging«, so Ratzinger, »war ungleich radikaler, gerade weil sie auf der biblischen Hoffnung basierte und sie nun dadurch verkehrte, dass die religiöse Inbrunst beibehalten, aber Gott ausgeschaltet und durch das politische Handeln des Menschen ersetzt wurde.« Selten ist der Kardinal in seinen Lebenserinnerungen so deutlich, so unmissverständlich, so ablehnend und erschrocken: »Ich habe das grausame Antlitz dieser atheistischen Frömmigkeit unverhüllt gesehen, den Psycho-Terror, die Hemmungslosigkeit, mit der man jede moralische Überlegung als bürgerlichen Rest preisgeben konnte, wo es um das ideologische Ziel ging. Das alles ist an sich aufregend genug, aber zur unerbittlichen Herausforderung an den Theologen wird es dann, wenn die Ideologie namens des Glaubens vorgetragen und die Kirche als ihr Instrument benutzt wird.«

Konkret hieß es in einem Flugblatt der Tübinger Fachschaft »Evangelische Theologie«: »Was ist denn das Kreuz Jesu anderes als der Ausdruck sadomasochistischer Schmerzverherrlichung?« Im Sommer 1969 verkündeten die linken Mundwerker gar: »Das Neue Testament ist ein Dokument der Unmenschlichkeit, ein groß angelegter Massenbetrug.« Ihre Überschrift lautete: »Jesus der Herr – Partisan Käsemann«. Die Professoren Bloch, Moltmann und Käsemann zeigten offen Sympathien füreinander und boten freigiebig Römer 8 im Tausch gegen das richtige Bewusstsein. Vielleicht erfüllte sich im »tiefen Tal« unterhalb der »droben stehenden Kapelle« der Lebenstraum des alten Bloch: ein Hochamt für die Revolution, die Große Koalition der Ketzer. Moltmann hielt unter dem mysteriösen Kreuz nichts mehr für ausgeschlossen, denn: die großen Dinge kommen im Chaos. Der mildere Käsemann hatte eine Tochter im Befreiungskampf gegen die argentinische Militärjunta verloren und sann auf akademische Wiedergutmachung seiner bürgerlichen Zurückhaltung.

Der damalige Dekan Prof. Ratzinger dagegen spürte das Wegbrechen der Fundamente. Das Ressentiment eines oberbayerischen Schöngeistes? Gewiss nicht. Dazu war Ratzinger ein zu nüchterner Kopf. Die Bedrängnisse nahmen handfesten Charakter an: Erstsemester spuckten ihm auf die Füße und störten mit Trillerpfeifen seine Vorlesungen; schlimmer noch: Der »Mittelbau« frustrierter Räte und Assistenten wand sich in anpasserischen Manövern. Vielleicht fehlte es Ratzinger an taktischer Distanz, die dem nüchternen Schweizer Küng in keiner Phase abging. Aber das sind Einschätzungen nach geschlagener Schlacht. Den Theologen Ratzinger, der sich jedem Argument stellte, beschlich eine Art von Resignation angesichts der schieren Unmöglichkeit, noch einen argumentativen Diskurs zu führen. Traumatisch ist ihm in Erinnerung geblieben, dass er zusammen mit dem evangelischen Theologen Prof. Ulrich Wickert in einer Studentenvollversammlung vergeblich forderte, die »Evangelische Fachschaft« möge sich von den im Flugblatt ausgesprochenen Blasphemien distanzieren, dies jedoch mit dem Hinweis auf die notwendige Auseinandersetzung über deren »sozialpolitische Wirkungen« einstimmig abgelehnt wurde: »Der leidenschaftliche Appell von Professor Wickert: Das ›Verflucht sei Jesus‹ muss aus unserer Mitte verschwinden! verhallte unbeantwortet.« Ratzingers fassungsloses Fazit hat einen orakelnden Unterton: »So wusste ich, worum es nun ging: Wer hier Progressist bleiben wollte, musste seinen Charakter verkaufen.« Kein Blick zurück im Zorn, die Koffer waren längst gepackt, nach dem Sommersemester 1969 knallten die Türen.

Küng hat den Entschluss seines Kollegen Ratzinger, bereits nach drei Jahren Tübingen den Rücken zu kehren, zunächst nicht als Spekulation auf eine klammheimlich anvisierte Kirchenkarriere interpretiert, was er später sehr wohl tat. Im Gegenteil: Küng musste zugeben, dass auch er in dieser chaotischen Zeit das Ziel von »sit-ins« linksgerichteter Studenten war, die seine Seminare stürmten und das Katheder besetzten; doch habe es ihn »nur zeitweilig verärgert«. Im Gegensatz zum »zaghaften« Ratzinger, für den dies alles schrecklich gewesen sei, habe er sich als »starke Persönlichkeit« bald wieder beruhigt.

Richtig ist, dass Küng zum Semesterende 1968 der »Überfälle« so sehr müde war, dass er seine Vorlesungen einfach ausfallen ließ oder seine Assistenten an die Front schickte. Das Privatissimum zusammen mit Ratzinger, donnerstagabends im Gasthaus, fand unterdessen weiter statt. Von den Späh- und Stoßtrupps der »Weltrevolution« offenbar unbemerkt, klagten beide über den Kummer, der über ihre »harmonischen Jahre« hereingebrochen war. Das Fass zum Überlaufen brachte schließlich für Ratzinger der permanente Konflikt innerhalb der »Katholischen Hochschulgemeinde«, wo junge Aktivisten ein »politisches Mandat« verlangten und, vorbei an der Zuständigkeit des Rottenburger Bischofs, über die Berufung des Studentenpfarrers selbst entscheiden wollten. Die Wellen schlugen sehr hoch, aber auch in diesem Widerstand stand Küng auf der Seite seines Kollegen.

Dann aber verließ Ratzinger, wie Gerhard Zwerenz grinsend bemerkte, »den freundlichen Neckarort seines Schreckens«. Krasser als Regensburg hätte die Wahl eines anderen Universitätsstandortes nicht ausfallen können. Aus Tübinger Perspektive hauste dort dumpfer katholischer Ungeist und finsterste Reaktion, krachlederner Traditionalismus und ultramontane Romhörigkeit. Das dort herrschende theologische Niveau hielt man für eine Lachnummer. Entgegen seiner ersten Einschätzung hielt Küng später Ratzingers Umzug nach Regensburg »zweifellos« für den Beginn seines »Marsches durch die Institutionen«. Dies sei die eigentliche Intention seiner Flucht unter die »Fittiche von Bischof Graber, dem Rechtsaußen der deutschen Bischofskonferenz« gewesen. Ratzingers Berufungen zum Erzbischof und Kardinal von München (1971) sowie zum Präfekten der Glaubenskongregation (1981) seien die Fernwirkung seiner Flucht ins provinzielle Regensburg. Dass Ratzinger selbst immer wieder bekundete, er habe sich nach keinem Amt gesehnt, er habe immer Wissenschaftler sein wollen, seine Lebensplanung sei es gewesen, in Ruhe ein theologisches Werk auszuformulieren, kommentierte Küng mit Häme. Vor dem Hintergrund der weltweiten Anerkennung Ratzingers als theologischen Autors und seiner Papstwahl im April 2005 wirft der Nachruf, den Küng ihm in dieser Sache in seinen »Erinnerungen« widmete, leider ein ungutes Licht auf das Niveau, mit dem die Auseinandersetzung zeitweise geführt wurde: »Zu hoffen bleibt, dass Ratzinger trotz des fehlenden Oeuvres nicht gar so rasch vergessen sein wird wie etwa der ebenfalls allmächtige Kardinal Merry del Val, Staatssekretär des Antimoder-

▷

Joseph Ratzinger im Sommersemester 1959 als junger Dozent in Freising.

▽

Das Klavier ist immer in der Nähe: Joseph Ratzinger 1959 in seinem Freisinger Arbeitszimmer.

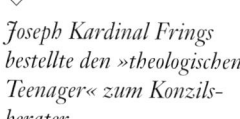

◁
*Professor Ratzinger 1960
in der Seminarbibliothek
in Bonn.*

▽

*Joseph Kardinal Frings
bestellte den »theologischen
Teenager« zum Konzils-
berater.*

*Hans Küng, Student am
»Germanicum« in Rom,
mit seiner Familie.*

▷

*Hans Küng 1954 bei der ersten
Heiligen Messe.*

△

Hans Küng mit seinen Schwestern 1954.

▷

Prof. Ratzinger 1971, damals noch in »Räuberzivil«.

△

1980: Der Papst verabschiedet sich in München Riem von dem Mann seines Vertrauens.

▷ ▷

Der evangelische Jahrhunderttheologe Karl Barth (1886–1968) setzte große Hoffnungen auf Hans Küng.

◁

1977: Der neue Erzbischof von München segnet Kinder.

△
Joseph Kardinal Ratzinger gratuliert Karl Rahner (1979) – ein nicht immer ungetrübtes Verhältnis.

Hans Küng (um 1980) suchte die Weite des Dialogs. ▷

△
Hans Küng bei seiner letzten Vorlesung 1996 in Tübingen.

▷△
Hans Küng 2004 mit Kofi Annan.

▷
Hans Küng und Kardinal Lehmann auf dem Katholikentag in Ulm 2004:
Der Faden riss nie ganz.

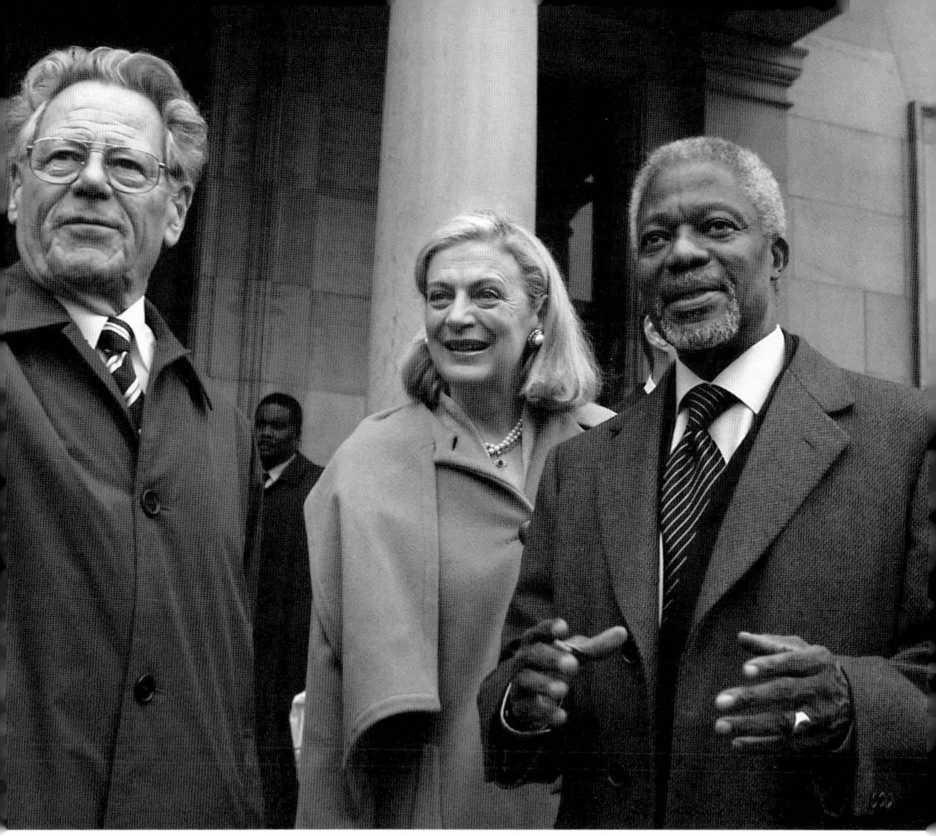

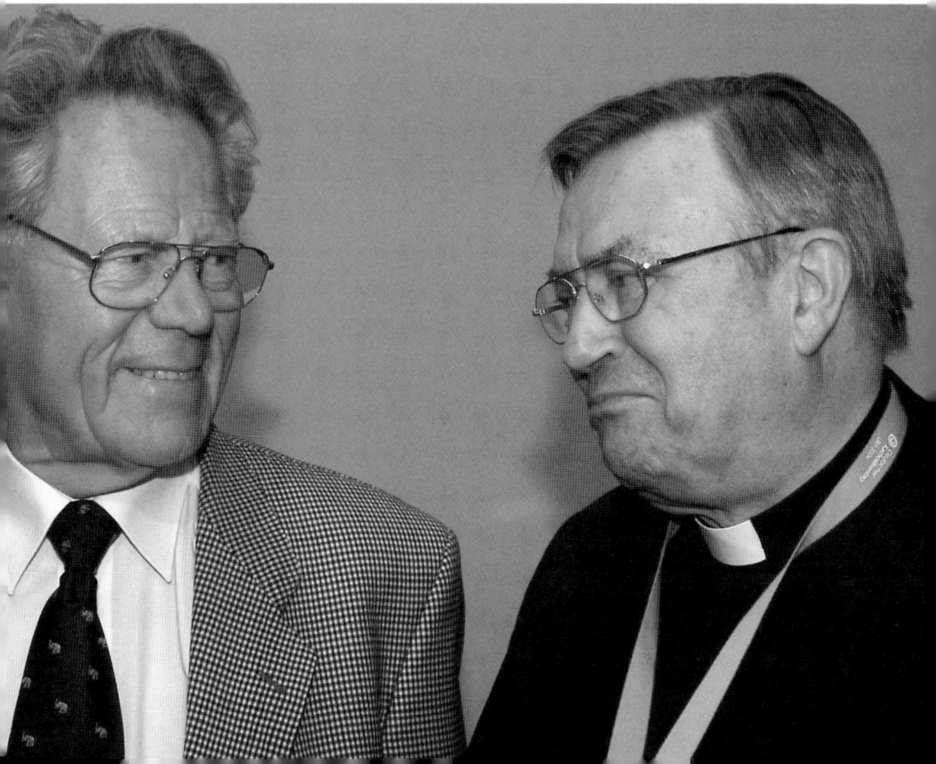

△
Der Präfekt der Glaubenskongregation 2001 und seine berühmte Aktentasche.

▷
2004: Hans Küng feiert in der Stuttgarter Domkirche St. Eberhard sein Goldenes Priesterjubiläum.

18. April 2005: Der Tag vor der Papstwahl.

△

19. April 2005: Der neue Papst zeigt sich auf der Balustrade des Petersdomes der Weltöffentlichkeit.

△
Hans Küng: Skeptisch, doch offen für Überraschungen.

nisten-Papstes Pius X., oder eben auch Kardinal Ottaviani, an dessen Namen trotz vieler Reden und Verlautbarungen sich heute selbst junge Theologen kaum noch erinnern.« Auf Ratzinger zielte auch seine Bemerkung über »ein anhaltendes gehorsames Schweigen ... wie man es in geradezu peinlicher Weise immer wieder bei Bischofskandidaten und Bischöfen beobachten kann, die sich von fortschrittlichen katholischen Professoren oder Seelsorgern zu konservativen bis reaktionären römischen Würdenträgern mausern«. Immer wieder werde darüber gerätselt, wie sich der freundliche, offene Theologe Ratzinger zum »römischen Großinquisitor« gewandelt habe. Küng rätselte allerdings nicht mit, er wusste es schon.

Es klingt sonderbar, denn im Leben Hans Küngs gab es Phasen, in denen er ein kirchliches Amt mit größerer Zielstrebigkeit anging als sein bayerischer Widerpart. Wenn man bedenkt, wie häufig und bissig Küng den Frontwechsel kommentierte, versteht man besser, dass hier nicht sine ira et studio gesprochen wurde, und auch nicht aus bloßer Verletztheit des kirchlich Inkriminierten. Spekulationen über Karrierechancen und Machtmöglichkeiten im Amt verlieren an Kraft, wenn sie von unmittelbar Interessierten vorgetragen werden. Küng räumte ein, dass selbst Freunde und manche seiner Leser gerade diese Periode seiner Biografie mit Skepsis beobachtet hätten. Doch pocht er darauf: »Und trotzdem galt und gilt für mich, dass ich diesen Weg durch die Institutionen unter den gegebenen Umständen auf keinen Fall hätte verantworten können. Neidlos glücklich bin ich darüber, dass ich meinem Gewissen gefolgt bin.«

Der entsprechende kritische Hinweis bezieht sich nicht auf Ratzinger allein; er gilt auch den später zu Kardinälen berufenen Kollegen Dulles, Lehmann, Mejia, Kasper oder Tucci. Die nachdenklichen Fragen der Freunde und Leser rühren wohl daher, dass Küng ausgerechnet in der Tübinger Zeit mit einer besonderen Gunst von Papst Paul VI. bedacht wurde – wie eine letzte Verlockung, doch dem System nicht von außen, sondern von innen, vielleicht sogar sehr von innen, zu dienen. Nach dem eher milden Gespräch, das er mit dem als »Großinquisitor« bezeichneten Kardinal Ottaviani führen konnte, nach der bemerkenswerten Privataudienz bei Papst Paul VI., deren Dauer selbst den wartenden Generalsekretär des Konzils, Felici, gestört hatte, ließ ihm der Papst in der Osterwoche 1966 ein persönliches Geschenk überreichen: »Schön verpackt in eine Schachtel mit gelb-weißen Bändern und einem kleinen Palmzweig, finde ich, in Leder gebunden, auf Samt geheftet, zum Aufstellen eine vergoldete Plakette des auferstandenen Christus!« Dem päpstlichen Ostergruß beigefügt war ein vertrauliches Schreiben, in dem der Papst, durch die Feder des Substituts Monsignore Dell'Aqua, auf seine guten Erinnerungen an Küngs Besuch zum Abschluss des Konzils sowie auf die Lektüre seiner Artikel verwies und dabei die Frage aufwarf: »Könnte ein Theologe, der der Wahrheit und der Kirche dienen will, nicht vielleicht in mehr positiver Form einen Beitrag zum Konzil und zur immer tieferen Erkenntnis der katholischen Glaubenswahrheiten bringen?« Der Heilige Vater »erflehe« für Küngs wissenschaftliche und seelsorgerische Tätigkeit den Beistand des Heiligen Geistes und richte an ihn »die inständige und väterliche Bitte, die heilige Kirche zu lieben und bei ihrem Bau tatkräftig mitzuhelfen, und segnet Sie dazu von Herzen«. Mochte da bei Küng nicht doch noch einmal der Gedanke an seine Anfänge und die vielleicht größeren Möglichkeiten der Wirkung im Amt hochgekommen sein?

Die wichtigste Passage der Antwort, die Hans Küng am 6. Juni 1966 nach Rom sandte, fiel vieldeutig-eindeutig aus: »Ich werde weiterhin bemüht sein, meiner Liebe zur Kirche in meinen theologischen Werken aufrichtig Ausdruck zu geben. Für diese wohlwollende Sorge des Heiligen Vaters um meine theologische Arbeit bin ich besonders dankbar.« Eine sehr römische Antwort auf wohlwollende Zeilen, ein Brief in Diplomatensprache. Unterdessen arbeitete der Papst bereits an den Vorentwürfen zur Pillenenzyklika »Humanae vitae« und Hans Küng an seiner »Anfrage« zur päpstlichen Unfehlbarkeit.

Betrachtet man die Tübinger Jahre des Alfa- und des Radfahrers aus der Distanz von fast vierzig Jahren, bleibt ein Bedauern, dass ihre gemeinsamen Donnerstagabende im Sommer 1969 zu Ende gegangen sind, bevor sie wirkliche Früchte tragen konnten. Was »Emmaus« anbelangt, sind beide nicht noch in derselben Nacht gemeinsam zurück zu den Brüdern nach Jerusalem aufgebrochen. Doch deuten die Fakten darauf hin, dass weder dem Schnellen noch dem etwas Langsameren in dieser Zeit schwerer Herausforderungen Karriereziele vor Augen schwebten. Jeder wählte, mit Vorfahrt für die Wahrheit, seinen eigenen Weg.

13. Das erste Abendmahl

Der niederländische Verleger Paul Brand war am Abend des 21. November 1962 in heller Aufregung. Nach einem heftigen Streit um das Schema der Offenbarung hatte das Konzil noch wenige Stunden zuvor am Rande des Scheiterns gestanden. Doch dann zog Papst Johannes XXIII. in seiner heiligen Unberechenbarkeit den umstrittenen Entwurf zurück und versetzte der Kurie einen schweren Schlag. Die Meldung verbreitete sich in Rom wie ein Lauffeuer, der »gute Papa Giovanni« hatte wieder einmal Freund und Feind überrascht. Paul Brand, der seinen Ohren nicht traute, brach sogleich zu Karl Rahner in die Gregoriana-Universität auf. Er kannte die Launen des jesuitischen Haudegens schon seit langem, doch glaubte er zu spüren, dass der nachdenkliche Mann insgeheim auf ihn wartete.

Seit vier Jahren hatte der Verleger keine Gelegenheit ausgelassen, für die Gründung einer internationalen katholischen wissenschaftlich-theologischen Zeitschrift zu werben. Allein die lange Bezeichnung schreckte schon viele ab, Rahner, mit dessen Autorität dieses Projekt stand und fiel, hatte jedoch seit dem ersten Versuch Brands im Jahr 1958 mehrmals abgewinkt. So sehr der Verleger auch auf eine »schlagkräftige, offene und zur Erneuerung bereite Welttheologie« drängte, brummte er nur, man dürfe in dieser Kirche ja ohnehin nicht das Maul aufreißen, und verwies auf die Rede- und Schreibverbote namhafter Kollegen, auf die Index-Praktiken des Heiligen Offiziums und die Denunziations-Routine ihrer Mitarbeiter. Welche Chancen sollte eine Zeitschrift mit diesen aufs Ganze gehenden Ambitionen haben?

Brand hatte bereits im Frühjahr in Tübingen bei Hans Küng Trost gesucht. Beide waren seit 1958 gute Freunde. Bei allem Interesse für Aufbruchstheologie lag ihnen auch deren internationale Vernetzung und Vermarktung am Herzen. Bis auf »Rechtfertigung« waren alle Bücher Küngs in Brands Verlag erschienen. Diesmal hielt sich jedoch Küngs Begeisterung in Grenzen. Nach der Papst-Intervention sah die Lage jedoch ganz anders aus. In der Nacht vor dem sitzungsfreien

Donnerstag wurde in zahlreichen Kollegs der Episkopate aus aller Welt auf den Sieg in der Konzilsaula angestoßen, der Heilige Geist hatte Durst. Der Verleger war aus dem Häuschen. Nun war er überzeugt: Jetzt kam die Stunde der Theologen, »plötzlich und erstaunlich konkret«. Bereits am nächsten Tag raste er durch Rom und traf Küng und Schillebeeckx, die sich auf einen Ruhetag gefreut hatten, jetzt allerdings mobil machten. Keiner zweifelte mehr, dass die Stunde noch nie so günstig war, um den progressiven Kräften in Gestalt eines scharfen Profilmediums eine Speerspitze zu geben. Ununterbrochen telefonierte Brand mit seinen Freunden und lud für den Abend zu einem gemeinsamen Essen ein. Der fliegende Holländer wollte nichts mehr dem Zufall überlassen. Konspirativer Treffpunkt war das Restaurant »Ernesto«, ausgerechnet an der Piazza Dodici Apostoli, dem Platz der zwölf Apostel. Für die Zeitschrift-Pioniere handelte es sich um das »erste Abendmahl«.

Der umtriebige Brand wollte Nägel mit Köpfen machen. Seinem theologischen Trio Rahner-Schillebeeckx-Küng hatte er den belgischen Dominikaner Marcel Vanheugel beigeordnet, der als Organisationsgenie bereit stand, um die Sekretariatsarbeit zu übernehmen. Als Ehrengast, vielleicht auch ein klein bisschen als amtliches Feigenblatt, erschien Bischof de Vet aus Breda. Ebenfalls aus den Niederlanden kamen die Theologen Berkhouwer, Groot und Haarsma, womit die absolute Mehrheit der noch von sich reden machenden holländischen Katechismus-Fraktion gesichert war. Anwesend waren auch die Konzilsberater Joseph Ratzinger und Jean Daniélou, deren selbstverständliche Präsenz etwas deutlich macht von den zu diesem Zeitpunkt noch undenkbaren Gräben, die sich bald schon zwischen den samt und sonders als »progressiv« geltenden europäischen Theologen auftun sollten. Ratzinger galt als unverzichtbare Vertrauensperson, von der man sich für den Start kompetente, die Absichten der Zeitschrift klarstellende Beiträge erhoffte. Es war auch ein taktischer Schachzug, der freies Geleit sicherte: Rahner schrieb zu kompliziert, Küng stand bereits unter Beobachtung.

Die Mitarbeit des französischen Jesuiten Jean Daniélou war ebenfalls hoch willkommen; er vertrat die im Vatikan lange Zeit angefeindete »Nouvelle théologie« und hatte sich, zusammen mit seinem Ordensbruder Henri de Lubac, durch die Herausgabe der Quellentexte »Sources chrétiennes« einen Namen gemacht. Doch fiel in der Folge auf, dass Daniélou bereits ein Jahr später, zum Zeitpunkt der Vorbereitung der ersten Ausgabe, die Direktionsversammlungen mied. In Rom blieb ja nichts verborgen, das Projekt befand sich bereits im Fadenkreuz der Kurie und den beiden, strengem Gehorsam unterworfenen Jesuiten Daniélou und de Lubac wurde vom General der Gesellschaft Jesu untersagt, bei einem Experiment dieses Schlages mitzumischen. Rahners jesuitischer Gehorsam war weitmaschiger gestrickt. Küng verdächtigte jedoch den als wendig und nervös bezeichneten »kleinen Pater« Daniélou, gegen die Zeitschrift gehetzt und als »Hauptagitator« die fatalen Reaktionen der Kurie angezettelt zu haben. Der Vorgang ist mehr als eine Randnotiz, denn er zeigt, mit welchem Eifer Küng gegen vermeintliche Gegner, Verräter oder Wendehälse vorgehen sollte.

Daniélou würde sich in den kommenden Jahren in der Tat um »römische Orthodoxie« bemühen und deshalb schon 1969 den Kardinalshut erhalten: »Wird ein bedeutender Theologe zahnlos«, so giftete Küng, »ist er reif für das Kardinalat.« Auch konnte er es sich später in einem Anflug von helvetischem Puritanismus nicht verkneifen, erneut die Umstände von Daniélous Tod im Jahr 1974 im Treppenhaus eines zweifelhaften Pariser Etablissements als »Seelsorgebesuch« aufzuwärmen und gleich die Bemerkung folgen zu lassen: »Mir persönlich hat er nichts Böses getan. Requiescat in pace.« Es sollte heißen: »Ich habe nichts gesagt.« Der Fall Daniélou sorgte damals nicht nur in der französischen Öffentlichkeit für erregte Debatten. Während sich die Regenbogenpresse in Sarkasmus suhlte, fragten andere Medien: »Wer wirft den ersten Stein?« Sie erinnerten nicht nur an die Exzesse der Renaissance-Päpste, sondern auch an die Zölibats-Dramen allein gelassener Priester. Der für seine Noblesse geschätzte Henri de Lubac hatte 1974 seinem toten Mitbruder Jean Daniélou einen Nachruf gewidmet, der sich auf bemerkenswerte Weise von der Heuchelei der Voyeure abhob. Nicht ohne Anspielung setzte er diesen Sterbefall in einen größeren Kontext und verwies auf Daniélous Engagement in den Nachkriegsjahren, zu einer Zeit, »da jener ›geistige Zusammenbruch‹ begann, von dem Karl Barth gesprochen hat, und der sich trotz der Erneuerungsversuche eines verratenen Konzils seither nur beschleunigt hat«. Da wie dort standen die Zettelkästen bereit. Den Gegner mit seinen eigenen Waffen schlagen, war schon immer die manchmal recht zweifelhafte Freude der Theologen.

Zur Gruppe, die sich im November 1963 im Café »San Pietro« um die Verwirklichung von Brands Zeitschrift-Projekt bemühte, zählte auch der Mailänder Monsignore Carlo Colombo, der als »Theologe des päpstlichen Hauses« über einen direkten Draht zu Paul VI. verfügte und eine Vermittlerrolle zwischen dem Direktionskomitee und der hellhörig gewordenen Kurie übernahm. Versuche, die Ernennung von Hans Küng zum Direktor der Ökumene-Sektion der Zeitschrift zu verhindern, scheiterten ebenso wie ein im Februar 1964 unterbreitetes Ultimatum, das u. a. die Einsetzung eines »Bischofskomitees« sowie die Änderung des Namens der neuen Zeitschrift »Concilium« forderte. Auch diese Vorstöße, die auf den entschlossenen Widerstand von Karl Rahner, Yves Congar sowie von Monsignore Neophytos Edelby aus Damaskus stießen, verdeutlichen in ersten Umrissen die tiefen Konflikte der nahen Zukunft, in deren Mittelpunkt Hans Küng und etwas später Joseph Ratzinger rücken sollten: Was soll der Bischof, was darf die Theologie?

Zentrum der ersten Aktivitäten war ein Büro, das Brand in der »Albergo del Sol« an der Piazza Rotonda, direkt gegenüber dem Pantheon, in dessen Rund Rafael ruht, anmietete. Ohnehin war es eine pikante Nachbarschaft: Der Genius Loci war perfekt: Um die Ecke befand sich die Kirche Santa Maria sopra Minerva mit den Reliquien der heiligen Caterina von Siena, die als junge Frau den Päpsten und Kardinälen unerschrocken entgegengetreten war. So geriet Brands Albergo zu einem Ort veritabler Konspiration. Bischöfe kamen und gingen unerkannt. Für Journalisten wurde das Büro in der Folge zur Adresse Nummer 1, wenn es um spannende Background-Recherche ging. Die Theologen hielten gerne Hof, erkannten sie doch, dass man die Presse als Kampfmittel einsetzen konnte. Man musste nur, unter dem Mäntelchen der Verschwiegenheit, geschickt das eine oder andere lancieren: »Aber bitte, das bleibt unter uns! Und wehe, Sie nennen meinen Namen!« So manche Bombe wurde auf diese Weise gezündet.

Noch ehe die erste Nummer von »Concilium« erschien, verfing sich das Konzilsmanagement in einem ernsthaften Problem: Es ging um die Rollenverteilung von Hierarchie und Forschung. Die guten Bischöfe auf den Stahlrohrgerüsten waren zum großen Teil Seelsorger und keine Theologen. Manche konnten aufgrund mangelhafter Lateinkenntnisse den Debatten nur unzureichend folgen; andere waren so alt, dass sie gelegentlich aus dem Nickerchen aufschreckten, wenn es da vorne einmal heftiger zur Sache ging. Bereits in der Vorbereitungsphase des Konzils, jedoch vor allem bei den Eklats der ersten Sitzungsperioden, war unübersehbar geworden, dass an sich die Berater der Bischöfe die entscheidenden Fäden zogen. Zunächst störte es nur die alten Eminenzen der Kurie, die sich nur darüber wundern konnten, dass Lehrer und Autoren, die sie noch kurze Zeit zuvor in die Wüste von Exil und Schweigejahren geschickt hatten, urplötzlich die Strippen zogen und ihnen, unter dem feixenden Beifall der Konzilsaula, demütigende Abstimmungsniederlagen zugefügt haben. Der von den Theologen als »le petit barbu, der kleine Bärtige« belächelte Kardinalsdekan Eugène Tisserant hatte ihnen sogar verboten, während der Sitzungen Papiere zu verteilen. Das war umso skurriler, als er offenbar keine Ahnung davon hatte, dass die wirklich brisanten Papiere Abend für Abend in den römischen Ristorantes verteilt wurden, in denen die Eminenzen sich bei Pasta, Dolci und Rotwein stärkten, ganz zu schweigen von den Hinterzimmern, in denen regelmäßig Komplott-Begegnungen von Bischöfen und Beratern stattfanden ...

Viel mehr als Johannes XXIII. hatte sein Nachfolger Paul VI. einen intimen Einblick in dieses dichte Geflecht strategischer Kommunikation. Er selbst galt als »progressiv«, war er doch als Substitut spektakulär aus dem Staatssekretariat Pius' XII. geschasst worden und hatte er sich doch als Erzbischof der Arbeiterregion von Mailand seine sozialen Meriten erworben. Bei allem, was sich später theologisch um seine Person noch ereignen sollte, blieb er politisch-sozial gesehen immer ein mehr oder weniger strammer »Linker«, gewissermaßen ein Sozialdemokrat auf dem Papstthron. Wichtige Richtungsentscheidungen des Konzils hatte er zusammen mit den Kardinälen Suenens, Alfrink, König, Léger, Frings und Döpfner bei Papst Johannes durchgesetzt. Er wusste genau, dass es Männer vom Format Rahners, de Lubacs, Congars, Küngs und Ratzingers waren, die bei seinen geschätzten Kollegen im Flüsterkasten saßen. Hans Küng hat keinen Hehl daraus gemacht, dass »wir für den allergrößten Teil der bischöflichen Interventionen faktisch die Autoren« waren. Auch Joseph Ratzinger räumte ein, mitunter »durch den Mund eines bedeutenden, bekannten Kardinals« zu sprechen. So durfte man sich auf Dauer nicht wundern, dass sich bei dieser starken, sich immer mehr ausweitenden Einflussnahme die Gegenkräfte formierten. Die rasch Sensationen witternden und von interessierter Seite vorab informierten »Vatikanologen« der internationalen Presse berichteten sogleich über die von Kurienkreisen verbreitete Warnung vor einem »Konzil der Theologen«.

Nach Abschluss des Konzils erhielt diese Einschätzung immer neue Nahrung und wurden die Befürchtungen noch stärker. Für die meisten der in ihre Fakultäten heimkehrenden und von den Studenten angefeuerten Theologen fingen die Reformen jetzt erst richtig an. Erste Konfliktfälle deuteten auf Schlimmeres. Hans Küng gab dem Papst, als Antwort auf dessen Ostergeschenk, einen klassisch verklausulierten Korb. Die Planungen der »Concilium«-Direktoren, eine internationale Vereinigung fortschrittlicher Theologen aufzubauen, die hierarchische Begleitungsbestrebungen durch römische Schatten mit bibelfesten Argumenten abschmetterte, ließen einen weiteren Autoritätsverlust erwarten. Dass dabei auch »stille Wasser« tiefe Einblicke gewährten, zeigte das Beispiel von Joseph Ratzinger, der in der ersten Nummer von »Concilium« – sie erschien im Januar 1965 – mit einem Beitrag über die bis dahin unterschätzte Bedeutung der Bischofskonferenzen aufwartete. »Bischofskonferenzen« – das war Gift in den Ohren der Kurie. Sollte da ein Gremium zwischen Rom und die Diözesen eingeschaltet werden, das nur realen Abbruch an Macht und Einfluss bedeuten konnte? Wehret den Anfängen! Der Vatikan-Korrespondent der unabhängigen amerikanischen Wochenzeitung »National Catholic Reporter«, John L. Allen, hat den Artikel in seiner sich wie eine Anklageschrift lesenden Ratzinger-Biografie als »die eigentliche Bombe« bezeichnet.

Brisanter noch blieb die wachsende Ungewissheit, die sich nicht nur in der engen Umgebung des Papstes, sondern auch unter den Bischöfen breit machte. In ihren Diözesen – ob in den Industriebecken des Westens, im afrikanischen Busch oder hinter den verminten Stacheldrähten des Eisernen Vorhangs – fiel es ihnen oft schwer, den Gläubigen den Mehrwert der von komplizierter Theologie triefenden Reformen zu erläutern. Mehr noch: Manche Bischöfe wurden von ihren ehemaligen Beratern und Lehrstuhlinhabern in Autoritätskonflikte gezogen, bisweilen gar lächerlich gemacht. Diese wiederum fühlten sich in ihrem Auftrag unabhängiger Lehre schwer beeinträchtigt und antworteten auf den Barrikaden der 68er-Revolte mit einer »Erklärung für die Freiheit der Theologie«, die weltweit von 1360 katholischen Theologinnen und Theologen unterzeichnet wurde. Darin hieß es u. a., das Amt von Papst und Bischöfen könne und dürfe die Aufgaben der theologischen Lehrer weder aufheben, noch hemmen oder erschweren. Deren im Zweiten Vaticanum wieder gewonnene Freiheit dürfe nicht verspielt werden. Zwar bekundeten Autoren und Unterzeichner dem Papst ihre Loyalität; sie wiesen jedoch jede Form von inquisitorischer Gängelung als inakzeptablen und irreparablen Schaden zurück. Die Suche nach Wahrheit dürfe nicht durch administrative Maßnahmen und Sanktionen behindert werden. Die Erklärung enthielt gehörigen Zündstoff: Unter den präsentierten sieben Vorschlägen zählten eine personelle und geistige Neugestaltung der Kurie, eine Altersbegrenzung der Kardinäle auf 75 Jahre, eine repräsentative Besetzung der internationalen theologischen Kommission sowie zeitgemäße Prüfungsprozeduren des unterdessen keusch in »Glaubenskongregation« umbenannten »Heiligen Offiziums«. Man kann sich denken, wie derartige Ideen bei den älteren Herren in der römischen Kurie aufgenommen wurden. Die Reaktion reichte von heller Empörung bis hin zu finsterer Entschlossenheit. Die Reihen wurden dicht gemacht. Es ging um Formation zum Kampf.

Die beiden Tübinger Professoren hatten sich über all diese Punkte bei ihren postkonziliaren abendlichen Vieraugengesprächen vorab verständigt. Keine Frage, dass bei der Verfassung der Erklärung die »Concilium«-Autoren Chenu, Congar, Metz, Rahner und Schillebeeckx Pate standen. Vor allem Ratzingers Unterschrift unter dem Text sollte ihm bald darauf von seinen Gegnern wie ein nasser Lappen um die Ohren geschlagen werden. Eigentlicher Initiator, Vorbereiter und Chefredakteur des Textes war jedoch Hans Küng, der daraus auch keinen Hehl macht. Nicht nur in Rom, aber zunehmend auch in Kollegenkreisen wurde fortan die Einflussnahme und allzu forsche Führungsrolle Küngs in der »Concilium«-Direktion kritisiert. Es war der Zeitpunkt, als er sich darum bemühte, nach Ratzinger, als i-Tüpfelchen seiner gedachten Fronde, auch den knorrigen Rahner an seine Tübinger Fakultät zu holen und mit geballter Kraft der organisierten Rückständigkeit vatikanischer Kontrolle die Bastion eines zweiten, theologisch aufgeklärten Rom entgegenzusetzen. Hatte man bei den Paukenschlägen zu Beginn des Konzils mit Blick auf die Frings-Ratzinger-Achse gefrozzelt, der Rhein fließe in den Tiber, so schien es jetzt, dass sich der Tiber stromaufwärts in Richtung Neckar bewege.

»Concilium« sollte ein gigantischer Erfolg werden; die Zeitschrift erschien 2005 in sieben Sprachen und im 41. Jahrgang. Hans Küng hatte die Zielrichtung der jährlich zunächst zehnmal publizierten Hefte klar umrissen: »Wir wollten eine Zeitschrift gründen, welche die im Konzil so erfolgreiche zentraleuropäische Theologie auch in anderen Teilen der Welt bekannt macht, und die sich auch an Bischöfe, Seelsorger und Laien wendet.« Daher auch der vom Schweizer Verleger Dr. Oskar Bettschart angeregte Name »Concilium«, der keine offiziöse Vereinnahmung des Konzils beabsichtigte, sondern ein Engagement im Geist des vatikanisch-dialogischen Aufbruchs. Dennoch entbrannte sehr bald ein erbittert geführter Streit über das wahre Erbe des Konzils. Dabei erwies sich Küng als Wortführer, er lenkte die Diskussionen, warb und warnte, oft bis in die Nächte hinein.

Doch bildete sich bald anderer Widerstand. Bestimmte theologische Wortführer, allen voran Hans Urs von Balthasar, denen das wilde »Concilium« von Jahr zu Jahr weniger passte, holten zum intellektuellen Gegenschlag aus. Blättert man in den ersten Jahrgängen von »Concilium«, kann man das Erschrecken der Gegner verstehen. »Concilium« bildete ein Forum (fast) ohne Denkverbote. Während die traditionelle Theologie in ständiger »relecture« traditioneller Auffassungen bestand, wurde hier kühn das Unterste nach oben gekehrt, wobei sich manche Beiträge aus der Distanz der Jahre als naiv, verrückt, vermessen, polemisch, utopisch über das Ziel hinausschießend lesen. Küng und seine engsten Mitstreiter wollten das so. Ein bisschen dekonstruktives Chaos, sagten sie sich in großer Gelassenheit und klammheimlicher Freude an den Turbulenzen, musste sein, damit etwas Neues kommen konnte.

Während die »Concilium«-Autoren das Konzil als ein »work in progress«, auch zunehmend als ein »Übergangskonzil« verstanden, forderten die Autoren der 1972 erstmals erschienenen »Internationale(n) katholische(n) Zeitschrift Communio« eine Vertiefung der durch das Konzil erneuerten Glaubensinhalte. Das reformerische »Concilium« vertrat »eine neue Weise des Katholischseins« und verstand sich als »Widerschein« des spannungsreichen nachkonziliaren Prozesses und seiner Entwicklung hin zu einer »Welttheologie«, ohne sich allerdings über die Schwierigkeiten der Verknüpfung »geschichtlich-kultureller Differenziertheit« mit den Normen christlicher Tradition Illusionen zu machen.

Zu den prägenden »Concilium«-Direktoren und -Autoren zählten in der Folge neben dem Trio Rahner, Schillebeeckx und Küng auf deutschsprachiger Seite Johann Baptist Metz, Franz Böckle, Jürgen Moltmann und Norbert Greinacher.

»Communio« hingegen wollte, wie ihr Titel beansprucht, in der kirchlichen Gemeinschaft eine zunehmende Frontenbildung und Polarisierung der Glaubenssichten »nicht als unabwendbaren Vorgang hinnehmen« und einen dritten Weg wagen, der übrigens von der römischen Hierarchie gestützt wurde. Die Gründer traten nicht aus einer defensiven Position gegen das Konzil an, sondern unter der Schockwirkung seiner Verwässerungen und Auswüchse, die Ratzinger als »Ungeist des Konzils« bezeichnete. »Concilium« verdächtigte deshalb die Konkurrenz, dass ihre »amtliche Rezeption« des Konzils sich weiterhin auf die klassische Unterscheidung von Lehre und Disziplin berufe, um das Zweite Vatikanische Konzil schrittweise in das Erste von Trient einzufügen.

Man reibt sich die Augen, wenn man die Namen der Leute liest, die »Communio« mitbegründeten oder ab 1972 in diesem als konservativ-reaktionäre Postille belächelten Forum ihre Stimme erhoben. Es handelte sich bei ihnen nicht etwa um einen simplen Nostalgie-Kreis zeitmüder Fundamentalisten. Etliche der Namen fand man 1:1 auch unter den Gründungsvätern des progressiven »Concilium« – sie waren schlicht von der Fahne gegangen. Was mochte sich da ereignet haben, dass diese Leute nach und nach einen spektakulären Frontwechsel vollzogen, der sie in den Augen mancher Progressiven als Judasse stigmatisierte? Die Neuorientierung »zurück zu den Quellen« von Hans Urs von Balthasar, Joseph Ratzinger, Henri de Lubac, Yves Congar, Walter Kasper oder Karl Lehmann hatte durchaus verstehbare Motive. Sie entsprang weder purer Frustration noch schlecht kaschierter Karrieregeilheit ihrer Protagonisten, obwohl man in der Zukunft etwas davon haben sollte, Communio-Autor zu sein. Dass jeder der oben genannten Theologen nach einem meist dramatischen Lebens- und wendenreichen Denkweg mit der Kardinalswürde bedacht wurde, ist Fakt. Es wäre aber eine unfaire Pauschalierung, wenn man in ihrem »Aufstieg« nur den päpstlichen Orden für verbohrte Treue oder den Lohn für reuige Sünder sehen würde, die gerade noch rechtzeitig die Straßenseite gewechselt hatten, wie auf der Gegenseite gelästert wurde.

Etwas ganz anderes ging vor: brutal davoneilende Zeit, der man mit der institutionalisierten Verunsicherung von »Concilium« nicht mehr glaubte gerecht zu werden. Das konservative Sammelbecken gegen »Concilium« entsprang einer neuen Tendenz vieler Theologen zu kirchlicher Verantwortung. Was nutzte das Sperrfeuer anarchischer Verunsicherung, wenn die Kirche dabei schwächer, ihre Verkündigung beliebiger wurde und ihre Klientel sich auf Massenflucht aus einer in sich gespaltenen Kirche befand? Es musste – diese Überzeugung bildete sich sogleich heraus – eine Brücke gebaut werden zum Amt, zu den Bischöfen, zu Rom. Die konziliare Frontstellung hatte ihren Sinn gehabt, sie durfte aber nicht in eine unversöhnte Dauereskalation mutieren. Paul Brand hat aus der zeitlichen Distanz von fast dreißig Jahren die damaligen Konfrontationen mit den Worten beurteilt: »Kein katholischer Theologe blieb in den sechziger und siebziger Jahren an seinem Ort; entweder er bewegte sich selber, oder er wurde bewegt. Das kulturelle Klima schlug um, auch innerhalb der Kirche.«

Schwerwiegende Konflikte zwischen Hans Küng und Joseph Ratzinger spielten sich ab. Denkwürdig etwa der Konflikt, der sich um einen Namen rankte, von dem man noch hören sollte. Karol Wojtyla hieß der Krakauer Kardinal, der bei der Gründung von »Concilium« eine polnische Ausgabe der Zeitschrift verhindert hatte. Arglos hieß es dazu, die polnischen Theologen seien gebildet und sprachkompetent genug, um die Hefte auch in den anderen Sprachen lesen und verstehen zu können. Als jedoch 1972 die erste Ausgabe von »Communio« erschien, förderte Wojtyla die neue Publikation mit Nachdruck und widmete ihr 1992 zum zwanzigjährigen Jubiläum eine begeisterte Laudatio. Auch Kardinal Wyszynski verwies in einer verschlüsselten Erklärung darauf, dass »Concilium« in Polen unerwünscht sei und dem Wesen des polnischen Katholizismus widerspreche.

Hans Küng war längst in den Mittelpunkt der Auseinandersetzungen gerückt, wobei sich starke Freund- und Gegnerschaften bildeten. Alle Vorzeichen seiner theologischen Biografie gerieten in einen Strudel der Polarisierung. Küng wurde allerdings auch im Freundeskreis nicht nur mit Beifall bedacht. Vor allem die Unfehlbarkeitsdebatte sollte die Grenzen der Gemeinsamkeit auch bei »Concilium« aufzeigen: Schillebeeckx ging auf vorsichtige Distanz, sogar der komplexe Rahner wechselte, nach einem heftigen Vorstoß von Balthasars, die Fronten.

Diese Risse haben dem Ehrgeiz des Verlegers Brand viel Sorge bereitet, doch sah er bald ein, dass, im Gegensatz zu bewahrenden Positionen, das Wagnis des Neuen rasch an Konsens einbüßte. Der Pluralismus fraß seine Kinder, die obendrein, bei aller Klugheit, auch private und berufliche Ambitionen verteidigen mussten. Nicht von ungefähr hatten die Herausgeber der Nullnummer von »Concilium« den armen Brand bereits im Oktober 1964 mit einem Sonderdruck in geringer Auflage geschockt, auf dessen Titelseite in großen Lettern zu lesen stand: »In dieser Nummer befinden sich die Beiträge von vielen prominenten Klerikern und weniger prominenten Laien, nebst einigen Abtrünnigen, hartnäckigen Ketzern, Schismatikern und von anderen von vornherein Verdammten sowie Humanisten.« Natürlich war es ein Gag; nach dem ersten Schrecken des Beschenkten wurde unter den Pionieren viel gelacht. Doch bald sollte ihnen das Lachen im Hals stecken bleiben.

Rahner und Schillebeeckx erklärten in der echten Nullnummer, die neue Zeitschrift wende sich »an die Männer der praktischen Arbeit in der Kirche«. Es zeichne sich eine Theologie ab, »die diesen Männern für ihre eigene Aufgabe mehr sagen kann als das, was in den Schulbüchern vergangener Jahrzehnte gestanden hat ...« Mitte der sechziger Jahre war selbst unter der katholischen Avantgarde noch viel von Männern in der Kirche die Rede. Auf leisen Sohlen näherten sich jedoch auch bald die Frauen. In der vierten Ausgabe 1980 wurde der feministischen Theologie ein ganzes Heft gewidmet: »Frauen in der Männerkirche«.

Joseph Ratzinger hat zu den fundamentalen Auseinandersetzungen dieser Jahre nachdrücklich auf zwei Auslegungsweisen des Konzils verwiesen, »dessen Erbe noch nicht offenbar ist«. Genau da jedoch müsse man »es aufnehmen, auslegen, verstehen« und »gegen die Extremisten nach beiden Richtungen« bewahren. Sosehr seine Ämter ihn auch zu vereinnahmen drohten, mochte er, gegen alle Zeitströme, seinen Glauben an die Langsamkeit von Geschichte nicht aufgeben. Das wahre Erbe des Konzils liege in seinen Texten, »es wartet noch auf seine Stunde, sie wird kommen«, da ist er sich auch heute als Papst ganz sicher.

Der Vorsitzende der deutschen Bischofskonferenz und Rahner-Schüler Karl Lehmann stand lange Jahre wie ein Prellbock zwischen den Lagern – er publizierte in »Concilium« wie in »Communio« – und hat sich dabei als Befürworter des von Ratzinger anvisierten dritten Weges empfohlen. Lehmanns Nuancierungen sollte ihn irgendwann in eine unbehagliche Lage bringen: Papst Johannes Paul II. verweigerte dem Mainzer Bischof lange Zeit auf demütigende Weise den Kardinalshut; andererseits musste er sich von Kritikern als führender Repräsentant der deutschen »Amtskirche« beschimpfen lassen. Sein »Communio«-Beitrag aus dem Jahr 1973 »Die Debatte um Küngs ›Unfehlbar?‹ und der römische Einspruch« verdeutlicht diese schwierige Position zwischen den Gräben. Er verfügte über eine intime Kenntnis der subtilen Konflikte, die, ganz abgesehen von den persönlich zugefügten Verletzungen, einen viel tieferen Kern hatten. Er wusste, wovon er sprach, wenn er auf dem Drahtseil ständiger Vermittlung mahnte: »Die entscheidende Grenze zwischen dem rückhaltlosen Eintreten für die Wahrheit und einem rücksichtslosen Sendungsbewusstsein kann hauchdünn sein.«

Das, was 1999 Dietmar Mieth und Christoph Theobald in ihrem »Concilium«-Kommentar »Unbeantwortete Fragen« als »geschichtlich-kulturelle Differenziertheit« und als Schwierigkeit der Verknüpfung mit der »normativen Struktur der christlichen Tradition« angesprochen haben, verweist auf eine rasant vorangeschrittene Entfremdung, auch sprachlich. Bereits ein Vierteljahrhundert zuvor waren in den ersten »Communio«-Ausgaben teils eindringliche, teils gereizte Rufe nach »Treue« vorausgegangen. »Traut ihnen nicht, es ist kein bisschen Treue an ihnen«, rief Hans Urs von Balthasar und titelte: »Wo ist die Treue daheim?« Henri de Lubac erinnerte an eine vibrierende Szene aus Claudels »Verkündigung«-Klassiker: »Das Unglück dieser Zeit ist groß … Sie schauen und sie wissen nicht mehr, wo der König und der Papst sind.« Auch schöpfte er aus den Tagebuchnotizen des ewigen Pilgers Léon Bloy: »Die Gemeinschaft der Heiligen ist das Gegengift und Gegengewicht zur babylonischen Zerstreuung.« Leiser appellierte Joseph Ratzinger, »den Herrn, den wir doch alle suchen, immer wichtiger zu nehmen als uns selbst«. Im Unterschied zur Kampfbereitschaft von Balthasars ist in den zahlreichen »Communio«-Beiträgen Ratzingers sein Ehrgeiz spürbar, dem Kurs »oberhalb der Fronten« die stolze Spitze zu nehmen. Auf hohem Niveau und in geschliffener Lesbarkeit möchte er sich den großen Zeit- und Streitfragen stellen. Keine Frage, dass Hans Küng gerade diese Texte mit sprungbereiter Aufmerksamkeit las, vor allem dann, wenn sich Ratzinger zu sensiblen Fragen seines Fachgebietes »Ökumenische Theologie« äußerte. Dazu einige markante Beispiele:

Küng wusste bereits 1972 in der ersten Ausgabe der neuen Zeitschrift, wer gemeint war, als sich Ratzinger mit der Frage »Was eint und was trennt die Konfessionen« auseinander setzte. Die wahre Chance des Ökumenismus liege nicht »in einem Aufstand gegen die Realität Kirche«, warnte er, »man kann ihn nicht gegen die eigene Kirche leben«. Nicht minder wurde Küngs Hellhörigkeit alarmiert, als Ratzinger 1983 in dem »Communio«-Gespräch »Luther und die Einheit der Christen« eines der Hauptthemen seines Lebenswerkes direkt ansprach. Seine Habilitation über die »Rechtfertigung« und deren Anerkennung bei Katholiken und Protestanten hatte bereits früh seine besondere Nähe zu diesen Fragen signalisiert. Karl Barth, der führende Kopf der protestantischen Theologie, begleitete ihn fortan als väterlicher Freund. Nichts anderes hatte Küng in seinem weltberühmten Buch »Konzil und Wiedervereinigung« angestrebt, das dem Konzil die Richtung wies. All seine Bemühungen an der Universität Tübingen liefen darauf hinaus, eine starke und konkret wirksame ökumenische Theologie zu pflegen, die den Verkündern der Reformation mit offenen Armen entgegenlief – mit einem hohen Maß an Sympathie, mehr brüderlich als väterlich.

Ratzinger bezog sich zunächst auf ein Zitat des luxemburgischen Lutherforschers Josef Lortz, der bereits 1949 in seinem Buch »Die Reformation in Deutschland« salopp die Ansicht vertreten hatte: »Luther rang an sich einen Katholizismus nieder, der nicht katholisch war.« Die in diesem Kontext wiederholt geforderte Aufhebung der Exkommunikation Luthers bezeichnete Ratzinger als müßig: »Sie ist mit seinem Tod erloschen, weil das Gericht nach dem Tod einzig Gottes ist … sie besteht längst nicht mehr.« Pikanter war da schon der im Emotionalen des konfessionellen Milieus immer noch leise hörbare Originalton Luthers in Sachen Papst und Kardinäle, die der Reformator als »Gesindel« beschimpfte und gefordert hatte, man solle ihnen »die Zungen hinten am Hals herausreißen und der Reihe nach an den Galgen annageln …« Ratzinger kommentierte milde, es handle sich offenbar um »in kochendem Zorn geschriebene Worte«. Zur kritischen Frage, welchen Einfluss die moderne Exegese auf die Einheit nehmen könne, antwortete er, dass manchmal ein evangelischer Exeget »katholischer« und traditionsbewusster als ein Katholik denke. Küngs großes Vorbild zitierend, erinnerte er daran, dass Karl Barth diesen Versuch, mit einer historischen Methode Einheit zu gründen,

»als völlig illusorisch ironisiert« habe, und bekräftigte, dass Einheit, die auf wissenschaftlichen Resultaten basiere, ihrem Wesen nach jederzeit revidierbar sei: »… der Glaube ist das Beständige.«

Mit Nachdruck betonte er in dem Gespräch, das vielleicht auch ein Selbstgespräch war: »Einheit verlangt neue Schritte, sie ist nicht durch interpretatorische Kunstgriffe zu bewerkstelligen … so ist auch jetzt nicht durch Lehre und Diskussion allein Einheit zu schaffen, sondern nur durch religiöse Kraft.« Am Morgen nach seiner Papstwahl hat er in seiner ersten Ansprache vor dem Kardinalskollegium in der Sixtinischen Kapelle diese Kernaussage wiederholt und hinzugefügt, dies sei die wichtigste Aufgabe seines Pontifikates: Wiederherstellung der sichtbaren Einheit. Nicht nur Hans Küng wird ihn daran messen.

Gut informierte Kommentatoren in der deutschen Medienlandschaft wussten 1972 bei der Gegenüberstellung von Küngs »Concilium« mit von Balthasars und Ratzingers Replik »Communio« zwischen Anlass und Ursache zu unterscheiden. Ludolf Hermann schrieb in »Deutsche Zeitung / Christ und Welt«, die neue Zeitschrift versuche »die Unsicherheit dort zu überwinden, wo sie entstanden ist, in der Theologie und in der kirchlichen Reflexion«. Der »Spiegel« vermutete, dass sich die Frontstellung nicht so sehr gegen »Concilium« richte, und ortete »Communio« in der Nähe von »katholischem Law and Order«, vielleicht sogar als rechtsintellektuelle Argumentationshilfe für den anstehenden Bundestagswahlkampf. Marianne Dirks schrieb in Publik-Forum den bemerkenswerten, noch immer gültigen Satz: »Wer sich den brennenden Problemen nicht nur akademisch stellt, muss bereit sein, sich verwunden zu lassen, im schlimmsten Fall zwischen den Fronten zerrieben zu werden.« Sie wehrte sich allerdings gegen den von »Communio«-Schriftführer Franz Greiner vorgegebenen Kurs, der nur »oberhalb des großen Feldes« liegen könne, »in welchem sich die Fronten bewegen … Wir verzichten auf den Beifall derer, die mitten im Feld der Konfrontationen stehen und da verharren«. Gegenüber der Konkurrenz war es eine recht prätentiöse Standortbestimmung und Marianne Dirks empfahl schmunzelnd: »Die Position ›oberhalb‹ wird man den bisher verbliebenen Weisen und der letzten Instanz überlassen müssen.«

Die Bilanz der Streit-Zeitschriften »Concilium« und »Communio« sieht nach all den Jahrzehnten ernüchternd aus. Ein »zweites Rom« richtungsweisender »Concilium«-Überlegenheit hat es in Tübingen nicht gegeben. Der »dritte Weg« kontemplativer »Communio«-Zeitkritik verlor sich im rauen Kirchenwinter. Joseph Ratzinger ist inzwischen Bischof von Rom und schreibt keine Artikel mehr. Hans Küng ist Unruheständler und wandert mit seinem Bücher-Gepäck durch die Weltreligionen. Der verschrottete Alfa und das verrostete Fahrrad sind längst reif fürs Internet. Für Küngs Gaspedal und Ratzingers Klingel bieten Skurrilitäten-Sammler Rekordpreise – es lohnt sich, sie aufzutreiben. Die Interview-Krieger begannen vorsichtige Rückzüge. Benedetto segnet seine Pilger. Kollege Küng wartet auf »Überraschungen«. Vielleicht nimmt der Papst seinen alten Tübinger Tischgenossen zu einer abenteuerlichen Fahrt mit ins Papamobil, hinaus in die Campagna. Richtung unbekannt.

14. Im Schatten des Magiers

An sich war es eine poetische Szene, die an Hölderlin, Mörike oder Uhland erinnerte: Zwei junge Theologen spazierten in einer lauen Sommernacht des Jahres 1969 durch die stillen Straßen von Tübingen hinaus ins Freie. Der Neckar glitzerte im Mondlicht. Der eine, Martin Trimpe, war Assistent des Dogmatik-Professors und Dekans der Fakultät für Katholische Theologie, Joseph Ratzinger. Der andere hieß Karel Floss, er kam aus der damaligen CSSR hinter dem Eisernen Vorhang, und er atmete zum ersten Mal den freien Geist der schwäbischen Universitätsstadt. An sich galt sein Besuch Prof. Ratzinger, der ihn seit einiger Zeit mit Literatur über Augustinus versorgte, die er für seine Dissertationsarbeit »Zeit, Geschichtlichkeit und Aurelius Augustinus« benötigte. Es war ja das Lieblingsthema des Professors, der den jungen Gast in seinem Haus an der Dannemannstraße empfing und anschließend seinem Assistenten anvertraute. Die Begegnung zwischen dem Deutschen und dem Tschechen hatte gleich eine sehr persönliche Note. Ihr Gespräch war so vertraulich, dass Trimpe dem Doktoranden einige Dokumente überließ, die es in sich hatten. Sie betrafen nicht nur eine Analyse der internationalen geistigen Situation im Anschluss an das Konzil und die Studentenrevolution, sondern zugleich deren konkrete Auswirkungen an der Uni Tübingen. Floss, der sich in einer Welt elanvollen Aufbruchs geglaubt hatte, geriet ins Staunen.

Dann beteten die beiden frommen jungen Männer einige Psalmen und gelangten außerhalb der Stadt auf einen Aussichtsturm. Unten der Fluss und das nächtliche Tübingen. Der Tscheche war sehr beeindruckt, aber dann wechselte sein Gesprächspartner das Thema und vertraute ihm an, dass die Zusammenarbeit zwischen Ratzinger und Küng beendet sei. Mit einem Menschen wie Küng könnten Ratzinger und seine Mitarbeiter nur »geistig verwildern«. Er verhalte sich immer mehr »wie ein geschickter Journalist«, für den sich in zwanzig, dreißig Jahren niemand mehr interessieren werde. Auf die erstaunte Frage seines Begleiters, wohin die Reise gehen werde, antwortete Trimpe,

Ratzinger folge einem Ruf an die neue Universität Regensburg, wo ihm Bischof Graber eine unbehelligte wissenschaftliche Arbeit garantiert habe.

Das nächtliche Idyll geriet völlig ins Wanken, denn Floss glaubte zu wissen, dass sich um Monsignore Rudolf Graber die konservativen, um die Konzilsfolgen fürchtenden Kräfte sammelten, auch jene aus seiner böhmischen Heimat. So etwa der Dominikaner Haban, ein Verehrer des französischen Philosophen Jacques Maritain, der aus böhmischer Distanz das Konzil für einen Putsch gebildeter Theologen gegen seelsorgerische Bischöfe hielt. Graber hatte zunächst als Professor für Fundamentaltheologie, Kirchengeschichte, Aszetik und Mystik in Eichstätt gewirkt. 1962 wurde er zum Bischof geweiht und galt seitdem als »Rechtsaußen«, der eine besondere Verehrung für die Muttergottes von Fatima und die stigmatisierte Seherin Therese von Konnersreuth hegte. Auch lag ihm der Dialog mit der Ostkirche am Herzen. Ratzinger empfand für ihn eine sonderbare Sympathie.

Die Darstellung der Begegnung unter dem Sternenhimmel stammt aus der Feder des später an der Katholischen Universität Olmütz lehrenden Karel Floss. Hermann Häring und Franz Kuschel haben den Beitrag unter dem Titel »Erfahrungen mit der Katholischen Tübinger Schule – Tschechische Perspektiven« in dem 943 Seiten umfassenden Arbeitsbuch anlässlich des 65. Geburtstages von Hans Küng veröffentlicht. Aus den Zeilen über das nächtliche Gespräch klingt viel Betroffenheit. In »unserem Ketzerland«, schrieb Floss, hatten das Konzil und der Einfluss von Küng/Ratzinger große Hoffnungen geweckt, die jetzt harsch enttäuscht wurden. Das betraf gewiss nicht nur Osteuropa. Der Ton Trimpes passte nicht zur bemühten Diskretion Ratzingers, doch signalisiert er gereizte Kampfbereitschaft im theologischen Schlachtgetümmel. Vielleicht war es jedoch auch nur eine private Meinung aus dem Kreis des »akademischen Mittelbaus« motzender Assistenten und Doktoranden, die Ratzinger in Tübingen als sein eigentliches »Problem« betrachtete. Es verwundert jedenfalls, dass Hans Küng, der ansonsten vor Sticheleien nicht zurückschreckt, diesen Vorgang in seinen »Erinnerungen« unerwähnt lässt und sich über das Tübingen-Gastspiel Ratzingers im Ganzen eher verständnisvoll äußert. Hatte er Bedenken gegenüber Trimpe oder Floss? Auffallend ist jedenfalls, dass sowohl Küng wie auch Ratzinger die gemeinsame Tübinger Zeit und ihr abruptes Ende mit einer sonderbaren Milde beurteilen. Selbst nach heftigstem Streit über ihre theologischen Positionen erklärte Ratzinger Ende 1998 in einem langen Gespräch mit Martin Lohmann im Bayerischen Rundfunk, er habe in Tübingen zu Küng »ein sehr positives Verhältnis« gehabt; zu den Entzweiungen sei es erst später gekommen, sie müssten »vielleicht eigentlich nicht so dramatisch sein, wie sie aussehen«.

Der »Schock«, den Karel Floss bezüglich einer Einflussnahme von Bischof Graber bei Ratzingers Berufung nach Regensburg empfunden hat, wurde von Hans Küng offenbar in dieser Form nicht vollkommen geteilt. Er hielt Graber zwar ebenfalls für den »Rechtsaußen der Bischofskonferenz« und vermutet, dass an dieser Nahtstelle Ratzingers »Marsch durch die Institutionen« begonnen hat. Beide sprechen jedoch von »Schutz« oder »Fittichen«, die Graber dem neuen Dogmatik-Professor vermittelt hätte, und treffen dabei wohl den Kern dieses Wechsels in die akademische Provinz: Der sensible Ratzinger war zutiefst aufgewühlt, so hatte er sich die Folgen des Konzils nicht vorgestellt, die zermürbenden Sitzungen im Senat quälten ihn, die Störungen seiner Lehrveranstaltungen konnte er nicht mehr ertragen, das Gerangel mit den Assistenten widerte ihn an, die dreisten Zwischenrufe marxistischer Studenten waren unerträglich. Die »Phase ruhiger Arbeit«, die er sich in Tübingen erhofft hatte, blieb eine in der Realität zerplatzende Illusion. Als 1969 ein zweiter Ruf an die neue bayerische Landesuniversität Regensburg erfolgte, nahm er erleichtert an, »weil ich meine Theologie in einem weniger aufregenden Kontext weiterentwickeln und mich nicht in ein ständiges Kontra hineindrängen lassen wollte«.

Manch einer, der ihn da ziehen sah, wollte allerdings seinen Worten, dies sei »ganz entschieden« sein letzter Wechsel, nicht so ganz glauben. Ratzinger war ja gerade einmal 42 Jahre alt, er verfügte über beachtliches Renommee als Konzilstheologe und Dogmatiker. Sollte das bereits das Ende sein? Wohl kaum, aber der Schüchterne wird zu diesem Zeitpunkt wohl selbst an eine solche Stabilität geglaubt haben. Flüchtende suchen Asyl; das, was ihm Regensburg anbot, war nach den Tübinger Tumulten eine Idylle. Und da war auch noch die Familie, die zog. Sein lieber Bruder Georg, ein begnadeter Musiker, wirkte hier als Domkapellmeister; seine Schwester Maria freute sich auf die Wiederzusammenführung der Familie – das wäre doch wunderbar, einen geschwisterlichen Haushalt führen zu können! Die Theologische

Hochschule befand sich noch im ehemaligen Dominikanerkloster mit einem Kreuzgang, weiten Gängen und einer gotischen Kirche.

Ratzinger rühmte gleich die »eigene Atmosphäre«. Man mag ihn sich vorstellen: versunken und hellwach zugleich, gleitenden Schrittes, die Lehrbücher unter dem Arm, auf den Spuren der Predigermönche Thomas von Aquin, Albertus Magnus und Meister Eckhart. Ratzinger hielt auf Stil. Selbst im Hochsommer legte er sein graues Sacco nicht ab und dozierte in gemessenem Ton im glutheißen Hörsaal. Vielleicht lag an diesem dominikanischen Ort auch noch ein Hauch mehr Abwehr als Angriff gegen die Irrtümer unbehaglicher Zeit in der Luft. Passend zu dem Idyll dieser »Alma Mater, stillenden Mutter« auch der Kollegen- und Freundeskreis in den Theologischen, Juristischen, Philosophischen und Naturwissenschaftlichen Fakultäten. Der in Amerika stark beachtete Pastoraltheologe Josef Goldbrunner und der Mittelalter-Experte Johann Baptist Auer standen ihm besonders nahe. Internationale Doktorandenseminare fanden statt, bisweilen geisterten auch »linke Flügelmänner« über die Flure, die einen Sarg in Ratzingers Hörsaal trugen, aber es waren offensichtlich Guerilleros, die sich etwas in der Adresse geirrt hatten. Da und dort zelebrierten sie die »marxistische Revolte«, aber eher in niederbayerisch faschingshafter Lesart.

Wichtiger waren dem Dogmatik-Professor seine wissenschaftlichen Publikationen, in die er auch Anmerkungen und Seitenhiebe zur Tagesaktualität einfließen ließ. Es wirkte wie eine Art Flaschenpost. So etwa 1970 seine zusammen mit dem Münchner Politologen und Kultusminister der Straußära Hans Maier verfasste Schrift »Demokratie in der Kirche – Möglichkeiten und Grenzen«. Misstrauisch äußerte er sich darin über die geforderte Mitbestimmung in synodalen Strukturen, deren »totalitäre Konsequenz« er in den komplottierenden Studentenverbänden und ihrer »ungefragten Beschlagnahmung aller Christen an der Hochschule« erkannte. Im Jahr 2000 wurde das Bändchen neu herausgegeben und Ratzinger schrieb im Vorwort, er habe überraschend festgestellt, »dass ich alles damals Gesagte auch heute noch so vertrete«. Darauf wird er auch weiter großen Wert legen: seine Meinung nicht geändert, sich gegenüber dem Zeitgeist nicht hingebogen zu haben: »Dass den Menschen die Geschäftigkeit des kirchlichen Apparats, von sich selbst reden zu machen und sich in Erinnerung zu bringen, allmählich gleichgültig wird, ist nicht nur verständlich, sondern objektiv kirchlich gesehen auch richtig. Sie möchten gar nicht immer neu wissen, wie Bischöfe, Priester und hauptamtliche Katholiken ihre Ämter in Balance setzen können, sondern was Gott von ihnen im Leben und im Sterben will und was er nicht will.«

Mitunter richtete sich seine kontemplative Kritik an seine alte Wirkungsstätte in Tübingen, wo der angesehene Exeget Herbert Haag in der Folge von Exorzismus-Auswüchsen um eine gewisse Anneliese Michels vor einem Teufelkult gewarnt hatte. Ratzinger antwortete in mehreren Bistumsblättern, mit dem Verschwinden der Dämonen gehe das Verschwinden des Heiligen Hand in Hand. In Tübingen schüttelte man den Kopf. War es nicht aufgeklärter Konsens, dass man den »Teufel« nicht wörtlich zu nehmen hatte? War der »Grundböse« von Thomas Mann in seinem Doktor Faustus nicht längst entdämonisiert? Schwefelschwaden stiegen aus den Grüften des barocken Regensburger Welttheaters.

Ebenso anachronistisch musste es den Tübingern vorkommen, wie Ratzinger auf die Fragen der nach vorwärts drängenden politischen Theologie reagierte, gewissermaßen das Ventil für Adornos Anfrage, ob denn nach Auschwitz noch Gedichte möglich seien. Auch eine Theologie, dachte man vielfach und vor allem in Tübingen, sei nach Auschwitz eigentlich nicht mehr möglich, es sei denn, sie ließe sich angesichts der Unermesslichkeit des Leids in Protest auch gegen Gott und in konkreten Kampf für die Entrechteten ummünzen. Auf einem Regensburger Forum betonte Ratzinger kühl, die Utopie einer irgendwann in Ordnung gebrachten Welt erzeuge letztlich nur Fanatismus, der das Leben verwüste: »Die Empörung gegen das Leid, die wir heute gelehrt werden und die sich als Erlösung gibt, beendet das Leid nicht, sondern macht es nur unerträglich.« Ratzinger provozierte, doch imponierte er immer wieder mit einem enormen Wissensschatz, aus dem er freihändig zu schöpfen vermochte. Selbst in John L. Allens Ratzinger-Biografie berichtet dieser ausnahmsweise einmal bewundernd, dass er in seinen Büchern zunächst den Text schreibe, danach die Fußnoten einsetze und erst dann das Quellenmaterial überprüfe: »Mit anderen Worten verfügt er über das Vermögen, sich genaue Zitate von großer Länge in Erinnerung zu rufen, in verschiedenen Sprachen und in einigen Fällen aus Werken, die er seit Jahrzehnten nicht mehr gelesen hat.«

Ratzingers eher ruhige Regensburger Jahre wurden bald durch die raue römische Wirklichkeit eingeholt. Der nach dem weltweiten Aufstand gegen seine Pillen-Enzyklika verschreckte Papst Paul VI. berief den Professor in die »Internationale Päpstliche Theologenkommission«, die auf Drängen zahlreicher Kardinäle und Bischöfe gebildet worden war. Wie sich bald herausstellen sollte, war sie von Anfang an ein zwiespältiges Gebilde. Ursprünglich als permanente theologische Beratung und Weiterbildung der Bischöfe sowie als Regulativ zur beargwöhnten Glaubenskongregation konzipiert, geriet sie gleich in die Strudel innerkirchlicher Konfrontationen. Die Pionierzeiten aus den frühen Konzilstagen waren dahin, die alten Fronten zwischen »konservativ« und »progressiv« lösten sich in tückische Nebenkriegsschauplätze auf, bewährte Freundschaften zerbrachen.

Die am 11.5.1969 zunächst für die Dauer von fünf Jahren einberufene Kommission wurde in kürzester Zeit zu einer Institution heftiger Auseinandersetzungen. Die einen wollten ein Gegengewicht zur amtlichen Theologie und drängten auf eine forsche Fortsetzung des Konzils mit anderen Mitteln, die anderen hatten in ihrem ursprünglichen Reformeifer heftige Rückschläge erfahren und befürchteten in dieser Zeit der Ungewissheit eine fundamentale Gefährdung des Glaubens. Mehr noch als theologische Positionen hatte sich jedoch der Geist geändert, in dem diese Begegnungen stattfanden. Den »netten kleinen Club« gab es nicht mehr. Stattdessen standen sich Ungeduld und Furcht gegenüber. Der Zeitgeist förderte die medienwirksame Kontroverse in einer möglichst verletzenden Sprache. Kritik galt nur, wenn sie wehtat. Es wurde nicht mehr um bessere Argumente gerungen, es wurden Kriege geführt, die schlimmsten waren die geheimdienstlichen. »Wahrheit« oder das Beste für »die Kirche« standen schon lange nicht mehr zur Debatte. Wahrheit gab es nur noch privat, die Kirche glich in stürmischer See einem Havaristen, auf dessen Brücke heftig über den Kurs gestritten wurde, während die Frauen und Kinder ihrem Schicksal überlassen wurden.

Es fällt auf, dass es Joseph Ratzinger war, der auf der bremsenden Seite mit Henri de Lubac und Hans Urs von Balthasar gegen den Reformeifer von Karl Rahner und seinen »Strukturwandel als Aufgabe und Chance der Kirche« stritt. Sein Respekt galt dagegen dem Dominikaner Yves Congar, der sich, krank und überarbeitet, in Vermittlungsaktionen erschöpfte, die keine Chance hatten. Ratzinger betont ausdrücklich, dass der Streit »ungeheuer lebhaft« war und einen »äußersten Einsatz physischer Kraft« gefordert habe. Es sagt alles: Kräftemessen bis an die Grenzen des Erträglichen. Rahner habe sich auf progressive Parolen einschwören und in abenteuerliche Positionen hineindrängen lassen, bedauert Ratzinger, der mit ansehen musste, dass die Professoren Rahner und Feiner die Türe zuknallten und der soeben gegründeten Theologenkommission den Rücken zukehrten.

Dieser Zustand virulenter Uneinigkeit und institutionellen Scheiterns auf der immerhin hohen Ebene eines päpstlich eingesetzten Beratergremiums wirft in der pyramidalen Struktur der Kirche Ende der 60er Jahre ein unmittelbares Schlaglicht auf den Papst. Dass Hans Küng ausgerechnet 1970 sein furioses Buch »Unfehlbar? Eine Anfrage« veröffentlichte, war wohl kein Zufall und hatte auch mit dem Papst seiner großen Enttäuschungen zu tun. Diesmal bastelte er an einem Brandsatz, von dem er wusste, dass er eine erschütternde Wirkung auslösen würde. Das Buch, an dem er fieberhaft arbeitete, richtete sich gegen die Bastion des Papsttums selbst. Es sollte treffen, freilich nicht zerstören; Mauern niederreißen, jedoch Wege frei machen. Alles auf eigene Gefahr.

Wenn man den Kontext päpstlichen Zögerns (Konzilserklärungen), der Fehlentscheidungen (Enzykliken über Geburtenkontrolle bzw. Pflichtzölibat), Halbherzigkeiten (Credo des Gottesvolkes oder Mischehendekret) und des Scheiterns (Internationale Theologenkommission) berücksichtigt, verlieren die Vorwürfe gegen Küng, er sei einem Papst in den Rücken gefallen, der ihn mit besonderer Gunst behandelt, persönlich empfangen und mit einem Geschenk bedacht habe, an Gewicht. Auch die Dolchstoßlegende, Küng habe mit seinem 1970 publizierten Buch eine Art Retourkutsche wegen Nichtberücksichtigung in der Theologenkommission gefahren oder es sei ihm aus purer Lust an der Provokation um Aufmischen um jeden Preis gegangen, sind überzogen.

Küng ist ein Schweizer mit robuster Sensibilität, Grundsätze sind ihm ehrbarer als Gefühle, die Sache wichtiger als Privates. Der Entschluss Pauls VI., die Theologenkommission einzuberufen, hat ihn auf Anhieb nicht überzeugt. Der Papst hatte zuvor das einstimmige Gutachten der von Kardinal Döpfner geleiteten Kommission zur Geburtenkontrolle ignoriert und einen weltweiten Skandal in Kauf genommen. Kommissionen? Was sollten diese Feigenblätter? Der Einfluss der nächsten Umgebung auf den Papst, vor allem seines Haustheologen und bald zum Kardinal erhobenen Dominikaners Luigi Ciappi, war so stark, dass auf Reaktionen im Kirchenvolk keine Rücksichten genommen wurden. Die Laien, eine Quantité négligeable? Sein Vorgänger Johannes XXIII. mochte wohl von einer visionären Ahnung beflügelt worden sein, als er Montini mit den Worten »unser Hamlet« belächelte. Der Pontifex, ein Gespaltener? Schließlich war da noch jene literarische Premiere, die der Papst 1967 seinem langjährigen Verehrer, Küngs Pariser Philosophieprofessor Jean Guitton, gewährt hatte. In dem Buch »Dialog mit Paul VI.« erschienen die Konturen eines durchgeistigten, jedoch zerbrechlichen Papstes, der sich über das Schicksal von Kirche und Welt keine Illusionen mehr machte, ihr oben auf der Dachterrasse des Apostolischen Palastes nicht helfen konnte. Ängstlich blickte er, »urbi et orbi«, in die sinkende Sonne. Vor diesem Hintergrund war »Unfehlbarkeit« eine Anfrage wert.

Joseph Ratzinger war in die entgegengesetzte Richtung unterwegs. Was immer er über Paul VI. zu dieser Zeit denken mochte – der Mann musste gestützt werden, damit das Gefüge der Kirche nicht auseinander brach. Der verbreiteten Unsicherheit in der Kirche war Einhalt zu gebieten; die verirrte Herde war beim Abstieg nicht allein zu lassen. Viel weniger noch als Hans Küng war er ein »einsamer Wolf«, er sah klar, dass sich die geistige Situation der Zeit verändert hatte; er brauchte jedoch anfeuernden, solidarischen Zuspruch, um darauf reagieren zu können. Neben Philippe Delhaye, Jorge Medina, M.-J. Guillou und Louis Bouyer erhielt er diesen Beistand in hohem Maße von zwei Kollegen, die manches miteinander verband: adlige Herkunft, gemeinsame Jesuitenjahre in der renommierten Ordenshochschule von La Fourvière bei Lyon, atemberaubende Bildung, teuer bezahlte Kritik an der Pius-Kirche, späte Rehabilitierung sowie ein Alter, das Stürmen eigentlich das Säuseln des Windes vorzieht – Henri de Lubac und Hans Urs von Balthasar. Zwei Große der Kirchen-Zeitgeschichte, die auch Hans Küng bestens kannte und je nach persönlicher Befindlichkeit rühmte oder auf den Blocksberg wünschte.

Eine der Grundüberzeugungen de Lubacs betraf die Kirche: Mit sich selbst beschäftigt oder gar sich mit dem Beweis abfindend, noch etwas am Leben zu sein, verfehlt sie ihre Berufung. Dieser Ernstfall war für ihn 1969 eingetreten, doch hatte der schwer verletzt aus dem Großen Krieg Heimgekehrte zu kämpfen gelernt. Sein Mitbruder, der Denker Pierre Rousselot, war vor Verdun gefallen. Sein Freund

Teilhard de Chardin, dem er auch in schlimmsten Jahren eisern die Treue hielt, war vom Orden mit einem Schreibverbot ins chinesische Exil verbannt worden. Einen anderen Freund, den Dogmatiker Yves de Montcheuil, erschoss die Gestapo im Maquis des Widerstands. Als Vertreter der »Théologie nouvelle« verdächtigt, wurde de Lubac erst 1958 durch Johannes XXIII. rehabilitiert. Seine Meisterwerke waren »Das Drama des humanistischen Atheismus« (1944), das die geistigen Wurzeln des Totalitarismus aufdeckte, sowie »Geist aus der Geschichte« (1950), in dem er die Spannungseinheit von Altem und Neuem Testament beschreibt: Jesus als Erfüllung der Schriften Israels. De Lubac, der so sehr unter der Enge des neoscholastischen Systems und seiner römischen Inquisitoren gelitten hatte, sprach Ende der 60er Jahre unverhohlen von einem »Verrat des Konzils« und einer grundsätzlichen »Bedrohung des Glaubens der Kirche«. Es faszinierte Ratzinger, dass der alte adlige Kämpfer, ungeachtet der erlittenen Schmach, noch einmal antrat, und warnte ebenfalls vor einem »Ungeist des Konzils«.

Hans Urs von Balthasar, eine nicht minder tragische Gestalt der herausgeforderten Kirche, stand Ratzinger noch näher. Er hatte sich vor dem Konzil mit seinem Buch »Schleifung der Bastionen« ebenfalls den Unmut der römischen Zensurbehörden zugezogen und war, obwohl einer der größten Theologen seiner Zeit, als Konzilsberater gezielt übergangen worden. Sein Blick auf die Debatten und Dekrete war der eines unverdient Bestraften, vermutlich auch etwas Beleidigten. Als schließlich in der Nachkonzilskirche die große Krise ausbrach, zählte er zu den schärfsten Kritikern der Auswüchse. Sein Buch »Klarstellungen«, in dem er allerhand kirchliche Zeitfragen in gedrängtem Stil behandelte, bestand aus lauter dunkel funkelnden kleinen Meisterstücken der Theologie; der Stil scheut die Satire nicht – selbst wer die konservativen Optionen nicht teilt, mag heute noch fasziniert sein von diesem auch literarisch brillanten Gedankenfeuerwerk. Wie von Balthasar dachte, davon konnte sich Ratzinger 1960 in Bonn auf einer ersten Begegnung überzeugen, die zum Anfang einer lebenslangen Freundschaft wurde.

Hans Küng erzählt in einem bissigen Exkurs seiner »Erinnerungen«, dass dieser Bund allerdings seine Gefährdungen hatte. Anlass war die sonderbare Verbindung, die von Balthasar zu der Konvertitin Adrienne von Speyr pflegte, einer erkrankten und 1967 verstorbenen Basler Ärztin, deren mystische Visionen ihn veranlassten, den Jesuitenorden zu verlassen und zur Herausgabe ihrer Erfahrungsberichte den Johannes-Verlag sowie eine Laien-Gemeinschaft zu gründen. Küng und Ratzinger haben sich beide über die obskure Faszination, die der angesehene Theologe an der stigmatisierten Seherin fand, mokiert. Unwillkürlich denkt man an Clemens Brentano; der vielleicht größte Lyriker deutscher Sprache im 19. Jahrhundert hatte jahrelang am Bett der Seherin Katharina Emmerick verbracht, ihre Eingebungen notiert und, literarisch gefasst, herausgegeben. Auch von Balthasar ließ sich durch das mitleidige Lächeln seiner Weggefährten nicht beirren, er verkündete plötzlich ganz gegen die Zeit, in der die theologischen Kopfgeburten aus dem Boden schossen, eine »kniende Theologie« und war sich sicher, dass die Zeit für die Botschaften Adriennes noch kommen werde. Ihre von ihm bis zu seinem Tod im Jahre 1988 redigierten Botschaften umfassen siebzig Bände. Er glaubte darin eine ihm von Gott auferlegte Sendung zu erkennen: Mystik als Lebensauftrag. Während sich Ratzinger nur im privaten Kreis dazu äußerte, schrieb Küng in seinen Memoiren, er habe, im Gegensatz zu von Balthasars theologischen Werken, »mit den an der Bettkante aufgezeichneten Gedankenflüssen seiner Seelenfreundin, Konvertitin und Antiprotestantin« nie etwas anfangen können. Weiter verwies Küng pikiert auf die frühe Verehrung von Balthasars für den elitären Kreis, den der Dichter Stefan George um sich gebildet hatte, dem u. a. Hugo von Hofmannsthal, Karl Wolfskehl und der Ostbelgier Paul Gérardy angehörten. Seine in den Dimensionen einer nur mit Karl Barth zu vergleichenden Theologie aber sprach für von Balthasar. Ehrfurcht gebietend war er der »Chef« für alle, die sich in seinen Dunstkreis wagten. Wenn es um Verehrung ging, zog es Küng lieber in die Nähe Karl Barths.

Joseph Ratzinger, auch er ein versierter Pianist wie von Balthasar, der in der Lage war, ganze Symphonien auf dem Piano darzustellen, ließ sich hingegen von dem genialischen Basler gerne faszinieren. Ihn beeindruckte die musische und spirituelle Bildung von Balthasars. Theologie im Spiegel der großen Kunst Michelangelos, Mozarts oder Dantes imponierte ihm ebenso wie dessen unermüdliches Graben nach Schätzen aus der »großen Tradition«, die er im eigenen Verlag, oft in eigenen Übersetzungen und mustergültigen Editionen herausbrachte, ob es um die Bekenntnisse und Briefe der kaum bekannten Mystikerin Mechthild von Hackeborn ging, um Therese von Lisieux oder um Juliana von Norwich. Lex orandi, lex credendi – das Gesetz des Betens ist das Gesetz des Glauben (oder anders: Was man nicht beten kann, das kann man auch nicht glauben) –, das war die uralte Maxime, die von Balthasar wieder hervorzauberte und in die kopflastige, auf Frömmigkeit herabschauende Theologie seiner Tage einspeiste. Theologe ist nur, wer auch ein großer Beter ist. Von Balthasars Gesamtwerk umfasst, neben rund hundert Bänden eigener Schriften noch einmal 110 Bände von Auswaheditionen und Übersetzungen aus den Originalsprachen. Weltweit werden zurzeit rund 100 Dissertationen über sein Leben und Werk verfasst. Henri de Lubac nannte ihn den »vielleicht gebildetsten Mann unserer Zeit«. Den Einfluss von Balthasars, des väterlich geistesverwandten Mannes, auf Ratzinger glaubt man bisweilen bis in den Stil mancher seiner Schriften zurückverfolgen zu können.

Was Hans Küng irritierte, war nicht nur die unerschütterliche Basler Freundschaft zwischen dem von ihm so sehr verehrten Karl Barth und dem kühlen Hans Urs von Balthasar, sondern auch ihre Einschätzung der sezierenden historisch-kritischen Methode in der Bibelauslegung, der sie die Offenbarungsgestalt des dreieinigen Gottes in Jesus Christus vorzogen. Keine analytische Zerlegung, sondern phänomenologische Wahrnehmung, die »ein Phänomen als Ganzes erblickt«. Küng hatte nie einen spontanen Zugang zu solcher Art von Wahrnehmungstheologie, die bei von Balthasar etwa in den lapidaren Satz mündete: »Jesus leuchtet ein.« Obendrein war der wie Küng vom Land am Vierwaldstätter See stammende von Balthasar nic Dekan ausländischer Fakultäten oder Lehrstuhlinhaber und verfügte dennoch über einen enormen Einfluss in Studenten- und Akademikerkreisen, deren Seelsorger er war. Anders als bei Ratzinger wirkte der alles mit Weltbildung durchleuchtende, unermüdlich publizierende von Balthasar auf Küng eher fremd. In der sich anbahnenden Konfrontation der beginnenden 70er Jahre eskalierten die Unterschiede zu heftigen Konflikten. Von Balthasars Frontwechsel ist übrigens genau auf das Jahr 1966 zu datieren, als er mit »Cordula oder der Ernstfall« polemisch gegen die »anonymen Christen« seines Ex-Ordenskollegen Karl Rahner vom Leder zog, in dem er übrigens trotz aller Differenzen die größte »spekulative Potenz« der Theologie der Gegenwart anerkannte.

Ratzinger im Windschatten von de Lubac und von Hans Urs von Balthasar, Küng zu Rahner und Schillebeeckx neigend: Das war die Schlachtordnung. Es begannen die großen Manöver. Beide hatten sich zwar in Tübingen ohne ein böses Wort verabschiedet. Auch erhofften sie sich da und dort eine gewisse Ruhe. Küng in moderaten Allianzen mit dem politischen Geist der Studentenrevolte, Ratzinger in seinem Regensburger Kreuzgang. Doch ging es ihnen in der Verborgenheit ihrer Absichten gar nicht so sehr um Abstand und kreatives Umfeld. In der nachrichtenarmen Zeit dieses Neuanfangs arbeitete jeder auf seine Weise mit verlässlichen Alliierten bereits am jeweils nächsten Coup auf dem strategischen Schachbrett der ratlosen Kirche. Ratzinger beugte sich intensiv über die Gründung der Zeitschrift »Communio«, Küng bastelte nicht minder eifrig und etwas schneller an seiner »Unfehlbar«-Bombe.

Regensburg war nicht nur eine Idylle. Mit Hans Urs von Balthasar als aus der Ferne lenkendem Spiritus Rector begann für Ratzinger eine Zeit, die er so noch nicht gekannt hatte. Zwar war er seit dem Konzil mit der Taktik und den Intrigen theologischer Richtungskämpfe vertraut, jedoch stets im großen Schatten seines renommierten Förderers Kardinal Frings. Diesmal jedoch ging es erstmals in eine selbst zu verantwortende Offensive. Solch ein Zeitschriftenprojekt bedurfte mehr als nur der theologischen Sympathie. Verlegerische, redaktionelle und organisatorische Qualitäten wurden verlangt. Vor allem kam es darauf an, deutlich Farbe zu bekennen. Mehrheitsbeschlüsse, die man innerlich nicht mitträgt, oder Unterschriften, die man schnell wieder vergisst, waren jetzt nicht mehr möglich. Die neue Lage erforderte ein exponiertes Engagement. Zusammen mit von Balthasar, de Lubac, Medina, Bouyer sowie dem Gründer der »Communione e Liberazione«-Bewegung, Luigi Giussani, stürzte sich Professor Ratzinger ins Abenteuer. Anspruch der neuen Publikation, die sich bald in sechzehn Sprachen ausdehnte, war es, die Theologie aus der polarisierenden Parteienbildung herauszuführen und Antworten auf die Fragen der anbrechenden »Krise der Theologie aus einer Krise der Kultur, ja, aus einer Kulturrevolution …« zu geben. Unterdessen stießen der Freiburger Dogmatiker und heutige Kardinal Karl Lehmann, der Münchener Psychologe A. Görres, der bayerische Kultusminister Hans Maier sowie der Publizist Otto B. Roegele zum Gründerkreis. Die verlegerische Leitung hatte der ehemalige »Hochland«-Herausgeber Franz Greiner übernommen. In seinen »Erinnerungen« gesteht Ratzinger, dass dieser Aufbruch seiner Regensburger Jahre nicht frei von Illusionen war. »Communio« habe noch immer nicht ganz verwirklicht, was den Gründervätern vorschwebte. Lange Zeit sei das Heft zu akademisch geblieben. Obwohl Instrument des notwendigen Disputes, habe es ihm an Schlagkraft gefehlt. Die Meister aus dem Elfenbeinturm der »Schönheits-Theologie« mussten Lehrgeld zahlen.

Joseph Ratzingers Bemühungen um Neuorientierung in einer moderaten Mitte wurden durch die Veröffentlichung des Missale Pauls VI. schwer erschüttert, denn sie hatte das Verbot des Missale Romanum zur Folge, ein in der Liturgiegeschichte einmaliger Vorgang. Ratzinger war zutiefst bestürzt, auch wegen der dafür vorgeschobenen Erklärungen, die einer fachkundigen Analyse nicht standhielten. Seine »Erinnerungen« sind selten so ausführlich und empört wie bei diesem Vorgang. Dass man ein neues, in vielen Punkten verbessertes Missale vorlegte, war nicht sein Problem, sondern der »außerordentliche Schaden«, der dadurch angerichtet wurde, dass man es »als Neubau gegen die gewachsene Geschichte stellte … Denn nun musste der Eindruck entstehen, Liturgie werde ›gemacht‹, sie sei nichts Vorgegebenes, sondern etwas in unserem Entscheiden Liegendes«. Schlimmer noch: Er benutzt in seiner Kritik die Formel, man habe gehandelt »etsi Deus non daretur«; das päpstliche Verbot wird also verdächtigt, so konzipiert worden zu sein, als ob es »gar nicht mehr darauf ankommt, ob es Gott gibt und ob er uns anhört und erhört«. Es ist ein ungeheuerlicher Vorwurf, der aus seinem Mund viel schwerwiegender im Raum steht als all jene Anklagen der bald mobil machenden Integralisten-Bewegung um Bischof Marcel Lefèbvre, die offenbar klammheimlich zwei ihnen gewogene Kardinäle in die Kurie geschleust hatte und dort, aus nächster Nähe, den leibhaftigen Satan am Werk sah.

Ein Außenstehender mag ratlos vor der Frage stehen, warum Ratzinger gerade an diesem Punkt in so eklatanter Weise aufschrie, aber es hat Gründe. Klaus Berger formulierte einmal, er habe keine Achtung vor einer Liturgie, die jünger als 1500 Jahre sei. Diese Gebete haben nicht nur die Würde mehrmillionenfacher frommer Verrichtung; sie sind vielmehr integraler Bestandteil der neben der Heiligen Schrift zweiten Säule von Glaubenserkenntnis, der »Tradition«. Sie locker zu ersetzen durch Konstrukte neuer Gebetemacher, entsetzte daher nicht den Liturgie-Fan, sondern den fundamentaltheologisch an den Prinzipien der Gotteserkenntnis interessierten Denker. Deshalb wurden bislang die offiziellen kirchlichen Gebete nur mit äußerstem Fingerspitzengefühl an eine neuere Zeit angepasst. Liest man einmal ein Stück strenger Theologie von Ratzinger, findet man stets eine Fülle von Rück- und Querverweisen auf uralte Formeln der »Väter« und eben auch auf die altehrwürdigen Gebete, in denen sich der Glaube gültig ausspricht. Das ist nun eben gerade keine Marotte eines Theologen, der partout nicht ohne doppelten Boden denken will. Hier geht es um das zwei Jahrtausende alte Handwerkszeug der Theologie. Nach Vinzenz von Lerins, einem im 5. Jh. lebenden Kirchenvater, ist *das* nur sichere Lehre des Glaubens, was von allen Christen zu allen Zeiten überall auf der Welt geglaubt wurde. Deshalb ist gute Theologie eine solche, die sich in einem Netzwerk der Übereinstimmungen kreativ nach vorne bewegt. Theologen, die holterdiepolter daherkommen, noch nie da gewesene Dinge sagen und das Rad noch einmal erfinden wollen, sind – Amateure. So versteht man auch, was Ratzinger an der römischen Intiative »Neues Missale« so erboste: ihre Ahnungslosigkeit.

Für Ratzinger war Papst Pauls Entscheidung ein Skandal. Hatte »Rom« schon vergessen, aus welchen Quellen Glaubenserkenntnis sich speiste? Da sitzt er in seinem kleinen Haus mit Garten, spaziert durch die Umgebung Regensburgs, hört Bach, Vivaldi, Monteverdi und neben ihm bricht ein Grundpfeiler der Kirche zusammen. Das Heilige wird im liturgischen Labor dem Personal zum Ausschlachten überlassen. Im reißenden Zeitstrom brechen die Dämme. Ein Hauch von Lebensmüdigkeit erfasst die Kirche des Auferstandenen. Sich gegen diesen Abbruch-Geist zu wehren, wird ihm jetzt zur Lebensaufgabe. Allerdings hielt sich der von solchen Enttäuschungen auch innerlich bedrängte Ratzinger zurück, obgleich er sicher nicht wie Hans Küng in solchen Fällen gravierender päpstlicher Willkür seine Vorstellungen über die »Unfehlbarkeit« in Frage stellen oder gar revidieren wollte. Dazu war Ratzinger viel zu sehr Historiker, dazu dachte er viel zu sehr aus dem Strom der großen Erkenntnistradition heraus, während Küng in der Begeisterung für zeitgenössische Optionen und eine progressive Kirche das Geschichtliche eher für eine Quantité négligeable hielt. Über das Manipulationspotential der Kurie machte sich auch Ratzinger seit den Konzils-Interventionen von Kardinal Frings keine Illusionen mehr. Aber das ist eine andere Kategorie. Über den Papst schweigt er sich aus. Da liegt ein wichtiger Unterschied zwischen den »Erinnerungen« von Küng und Ratzinger. Der eine schreibt zu viel, der andere zu wenig.

Als Professor in Regensburg beteiligte sich Joseph Ratzinger an einer weiteren Initiative, die, wie schon bei der Zeitschrift »Communio«, einen engagierten Schritt in die Öffentlichkeit darstellte, nicht minder gut gemeint war und zugleich, wegen mangelnder Erfahrung, in zweifelhafte Nachbarschaft geriet. Dabei handelte es sich um die »August-Siewerth-Akademie«, einen zum Studienhaus umgebauten Bauernhof im Umfeld des Bodensees, über den die westfälische Baronesse Alma von Stockhausen verfügte. Sie hatte das Projekt zusammen mit dem Ratzinger-Doktoranden Richard Lehmann-Dronke vorangetrieben, dies in Erinnerung an den in Aachen und Freiburg lehrenden Thomisten Siewerth und in der Absicht, hier eine Bildungs- und Besinnungsstätte einzurichten. Mit rund dreißig Studenten ist die Akademie heutzutage die kleinste Hochschule Deutschlands, doch staunen ihre Beobachter über den großen Einfluss, den ihre Leitung, Lehrer und Förderer innerkirchlich ausüben. Der kleine elitäre Rahmen erinnert irgendwie an den Dichterkreis um den »Meister« Stefan George, der Hans Urs von Balthasar so fasziniert hat. Katholische Kaderklasse und spirituelles Landschulheim auf hohem Niveau. Natürlich weckte es Bedenken. Zusammen mit dem Exegeten Heinrich Schlier beteiligte sich Joseph Ratzinger von 1970 bis 1977 an den im abgelegenen Hof einwöchig angebotenen Ferienkursen. Schlier war 1953 im römischen Germanicum im Beisein des Theologiestudenten Hans Küng von der protestantischen zur katholischen Kirche konvertiert. Der neue Regensburger Professor hegte eine große Bewunderung für Schlier, den er als »eine der nobelsten Gestalten der Theologie des 20. Jahrhunderts« bezeichnete. Küng war da anderer Meinung; er mochte Konvertiten nicht, sie torpedierten seine ökumenischen Optionen. In dem Studienhaus imponierte Ratzinger die besondere Atmosphäre: ländliche Zurückgezogenheit, junge suchende Menschen, gemeinsames Gebet ohne marxistische Zwischenrufe. Er sah hier eine zwar bescheidene, doch nicht minder ambitionierte Neuauflage der von Romano Guardini in den Vorkriegsjahren auf Burg Rothenfels initiierten Jugendbewegung. »Die Kirche erwacht in den Seelen«, hatte der Religionsphilosoph damals ausgerufen. Seine Botschaft war eine Rückkehr zu den biblischen Quellen, nicht nur im Gottesdienst, sondern auch in der sakralen Kunst und Architektur, die sich, ähnlich der Reform von Cîteaux, streng auf das Wesentliche konzentrierte. Damals wie heute entsprach das einer starken Erwartung der Jugend nach schnörkelloser Gottsuche. Die kleine Akademie im Schwarzwald stand allerdings im

Ruf, dass hier ein betont traditionelles Glaubensleben kultiviert werde, nicht ganz frei von apokalyptischen Endzeiterwartungen und Jahrtausendwende-Spekulationen. Dabei spielten offenbar auch die Marienprophezeiungen aus den Jahren 1961–1965 im spanischen Bergdorf Garabandal eine Rolle.

Ratzingers Kritiker John L. Allen hat nichts unterlassen, die sich ab 1971 zu einer staatlich anerkannten Schule entwickelnde Gründung in die Nähe eines rechtslastigen Geisterhauses zu rücken, wo ein »quasireligiöser Orden« unter den Anfeuerungsrufen von Professor Ratzinger das Ende der Welt herbeibete. Dabei werden ihm auch sämtliche Veröffentlichungen der alternden Baronesse von Stockhausen in die Schuhe geschoben, die offenbar den Feminismus beklagte und Ratzingers Konzilskollegen Karl Rahner als »Sohn Hegels« und »Neffe Luthers« bezeichnet hat. Dass der Europa-Abgeordnete Otto von Habsburg nach dem Fall der Berliner Mauer in der Akademie ein »neues Europa mit christlichen Prinzipien« forderte, wird nicht minder raunend registriert wie eine durch den umstrittenen Bischof Krenn gelesene Messe oder die Berufung des ZDF-Geschichtsexperten Guido Knopp zum Professor für Journalismus. Die »Siewerth-Akademie« war sicherlich kein Ort der Befreiungstheologie und Frauenordination, doch lässt die Collage auch erkennen, wie man mit der Kombination aus dem Kontext gerissener Schlagworte pfeilschnell Verdacht konstruieren kann, allein in der Absicht, Ratzinger öffentlich zu diffamieren.

Unterdessen brach der Regensburger Lehrstuhlinhaber mit seinen Doktoranden zu wissenschaftlichen Exkursionen auf und besuchte reihum die großen Theologen der Zeit, so etwa in Basel den Küng-Mentor Karl Barth oder Hans Urs von Balthasar. Bis kurz vor seiner Wahl zum Papst traf sich der Kreis jedes Jahr in Regenstauf zu unvergessenen Begegnungen. Einige der Ratzinger-Schüler befanden sich bereits in Amt und Würden: Christoph Schönborn wurde Erzbischof und Kardinal von Wien, Werner Böckenförde lehrte Kirchenrecht in Frankfurt, die Amerikaner Vincent Twomey und Joseph Fessio brillierten als Professor in Irland bzw. im kalifornischen Verlagswesen. Auch seine Assistenten Siegfried Wiederhofer und Wolfgang Beinert machten Hochschulkarriere.

Es zählt zur Krise im ausgehenden Kirchenwinter, dass für eine vermeintliche Avantgarde bereits dort der mittelalterliche Hexensabbat auflebt, wo Frömmigkeit praktiziert und öffentlich gebetet wird – vor allem zur Muttergottes –, wo man gegen Zeitmoden Kritik wagt, wo Demut nicht als Schwäche belächelt wird und Treue als Kadavergehorsam. Männer wie Joseph Ratzinger wurden deshalb zur Zielscheibe, weil sie aus tiefer Überzeugung, allerdings politisch etwas naiv, dort ausharren, wo die Treibjäger des Weltgeistes glauben, längst reinen Tisch gemacht zu haben.

Krise ereignete sich jedoch auch dort, wo die tückische Frömmigkeit der Angst herrscht: vor dem Neuen, vor den Bruderkirchen, vor den Frauen und den So-oder-so-Anderen. Wo ein System Hand anlegt und den armen Durchbohrten an der Auferstehung in die Freiheit hindern möchte. Wo man dem Nicht-mehr-beten-und-glauben-Können das Recht auf Rebellion abspricht. Wo die blanke Not der Menschen nicht zählt, weil sie die herrschende politische Idylle stört. Wo die Kirche tatsächlich zu dem von Marx prophezeiten Museum wurde, weil ihre Hohepriester museal erstarrten. Männer wie Hans Küng wurden deshalb zur Zielscheibe, weil sie aus tiefster Überzeugung, allerdings politisch ebenfalls etwas naiv, dort Fragen stellten, wo die Hüter des Heiligen Geistes glauben, allein alle Antworten zu wissen.

15. Der Riss

Hans Küng ist ein Perfektionist, die Schweizer haben das so an sich. Seine Bücher sind wie Pfeile in der Armbrust von Wilhelm Tell: gezielt und stets zur richtigen Zeit. Dass sie treffen, streiten selbst seine Gegner nicht ab. Manchmal tun sie sehr weh und es gibt Proteste. Irgendwann, meist mit einer etwas längeren vatikanischen Verspätung, formiert sich der Widerstand, heftiger Widerstand. Schütze Küng gerät in Bedrängnis. Als pünktlich zum 100-jährigen Jubiläum des Ersten Vatikanischen Konzils (1869–1870) in Rom Hans Küng sein Buch »Unfehlbar? Eine Anfrage« veröffentlichte, war die Situation da. Auf dem Ersten Vatikanischen Konzil hatte Pius IX. die Unfehlbarkeit des Papstes in verbindlichen Lehrfragen zum Dogma erhoben und damit die Gräben in der Christenheit vertieft. Das Zweite Vatikanische Konzil wollte »nur« die Kirche modernisieren – es scheute den hohen Anspruch des Dogmas. Das »Aggiornamento« geriet aber Ende der 60er Jahre in den Strudel einer schweren Kirchenkrise, in deren Mittelpunkt Papst Paul VI. stand. Zu einem solchen Zeitpunkt am wankenden Stuhl Petri zu sägen, empfanden viele katholische Amtsträger, aber auch Laien als unfair. Dass es sich dabei um einen weiteren Vorstoß des allmählich in Ungnade versinkenden Hans Küng handelte, war für die meisten seiner Kollegen und Weggefährten aus den Konzilsjahren eine Provokation, zu der sie – so oder so – nicht schweigen wollten. Joseph Ratzinger im beschaulichen Regensburg horchte auf. Das hatte er nicht kommen sehen. Warum um alles in der Welt rührte der Schweizer jetzt an dem prekären Dogma?

Da es sich bei der römischen Kirche (auch) um einen mit komplizierten Traditionen befrachteten Machtapparat handelt, spielen im Machtzentrum Fragen des Stils, der Sprache und des Protokolls eine herausragende Rolle. Es handelt sich um meist ungeschriebene Gesetze, Vorschriften und Paragraphen, deren Kleingedrucktes das Personal kennt. Sie in Frage zu stellen oder gar zu verletzten geschieht auf eigene Gefahr. Nach einer diskreten Konfrontation mit den »Folterinstrumenten« drohen Wiederholungstätern die für solche Fälle im Kirchenrecht vorgesehenen Sanktionen. Sie reichen von Verhören, Schweigejahren, Rede- und Publikationsverboten bis zur Entziehung der Lehrbefugnis. Letzte Stufe ist der Kirchenbann, die Exkommunikation, wie sie 1988 gegen die Integristen um Bischof Marcel Lefèbvre Anwendung fand. Die Nachfolger Kardinal Ottavianis an der Spitze der Glaubenskongregation, die Präfekten Seper und Ratzinger, haben zwar wiederholt auf die Reformen der Methoden ihrer Aufsichtskongregation verwiesen, doch unterliegen sie der Last der Geschichte. Gerät die Maschinerie einmal in Gang, glaubt ihnen niemand mehr.

Hans Küng war im Jubiläumsjahr über die Grenzen päpstlicher Leidensfähigkeit bestens informiert. Die ihm gegenüber erwiesene Gunst und Aufmerksamkeit von Paul VI. entstammte ja nicht der gut gemeinten Warmherzigkeit eines treuen Lesers. Der diskrete Wink mit ins Auge zu fassenden Beförderungen ließ den Gemaßregelten nicht ganz ungerührt. Auch waren ihm die vorausgegangenen Ratschläge, Bitten, Einwände, Kritiken und Warnungen treuer Mitstreiter und respektabler Kollegen nicht entgangen. Obendrein wusste der seine Pfeile mit Sorgfalt spitzende Schweizer Theologe, dass es, bei allem Reiz für Jubiläums-Publikationen, in seiner gebeutelten Kirche übergeordnete Großwetterlagen gab, die Anno Domini 1970 gravierende Ausmaße annahmen. Die Grenzen waren also sehr eng gezogen, und als das Buch erschien, war allen klar, dass sie, zu diesem Zeitpunkt, mit diesem Thema und von diesem Autor, eiskalt überschritten waren. Hans Küng muss das auch gewusst haben, er war nie ein Hasardeur.

Sieben meist fromme Jahre im römischen Elitekolleg Germanicum hatten ihn gelehrt, wie man in der katholischen Kirche den Ernstfall auslöst oder ihn auf strategisch leisen Sohlen umgeht. Küng war immer ehrgeizig, er kannte in den Palazzi der Dikasterien die Hauptportale; aber notfalls gab es Nebeneingänge, Auswege und Kellerlöcher, die ins Freie führten. Ging er Konflikte ein, geschah es bedacht, und neben jedem Widersacher kannte er einen etwas einflussreicheren Befürworter. Hellhörig und sprachgewandt beherrschte er alle Kniffe interner Kommunikation, auf deren hierarchischen Tastaturen er virtuos zu spielen verstand. Kleine Verbeugungen, Komplimente und Kniefälle mögen die Chargen der Heiligen Kurie besonders gerne. Selbst die Begegnung mit dem gefürchteten Ottaviani endete mit einem gemeinsamen Schmunzeln. Küng konnte dienen. Umso mehr fuchste es den

Aufmarsch der Getroffenen, dass ihr ehemaliger Musterschüler, einst jüngster theologischer Lehrstuhlinhaber und weltberühmter Autor, seinem neuen Buch den bösen Titel »Unfehlbar? Eine Anfrage« verliehen hatte. Sarkastisch bemerkten die auf jeden Fehler versessenen Kritiker, dass es sich bei dem Fragezeichen und dem Begriff »Anfrage« um einen Pleonasmus, eine Wiederholung handelte. Da heuchle einer argloses Interesse und Wissensdurst. Küng tauche die unsägliche These in das biedere Gewand eines akademischen Oberseminars, in dem man der Bildung unreifer Adepten halber die unmöglichsten Fragen stellen darf. Er tue so, als ginge es ihm um Rücksichtnahme und Entschuldigung.

Darin war Küng allerdings immer meisterlich: Noch heute setzt er gerne den Seitenhieb und hat er seine klammheimliche Freude daran, wenn er mit einer angeblich völlig unbeabsichtigten Nebenbemerkung punktet. Nahezu devot klingen sie, die beiden Worte »Eine Anfrage«. Im Unterschied zur bloßen »Frage«, die frech und frei daherkommt, ist die »Anfrage« eine untertänige Bitte an eine höhere Instanz. »Eine Anfrage« richtet man an Ämter, Vorgesetzte oder Bürokratien. Sie wird in moderatem Ton vorgetragen, übermittelt oder gar »eingereicht«. Die Anfrage ist der normale Dienstweg bei Unklarheiten in der Sache, wobei man der höheren Instanz die Entscheidung zuweist. Daher kann eine Anfrage, die eine Leitung unter Druck setzt, in eine bestimmte Richtung zu entscheiden, schon einmal »unverschämt« sein. Das vorangestellte Wörtchen »Eine« war die Krone der Frechheit: »Eine« Anfrage, nur die eine, ganz kurz, entschuldigen Sie bitte die Störung. Die Eminenzen im Kardinalsrot liefen rot an – und sahen rot: Küng raus!

Hermann Häring hat in einem engagierten Plädoyer Küngs Anfrage verteidigt und akribisch aufgezählt, worum es dabei nicht gehe: keine Infragestellung des Wahrheitsanspruches christlichen Glaubens, keine Infragestellung des auch ökumenisch verbindlichen Glaubensgebäudes christlicher Tradition, keine Infragestellung des durch den Heiligen Geist in der Wahrheit Gehaltenseins. Küng habe sich keine Illusion über die zu erwartende heftige Reaktion gemacht; es sei auch kein Alleingang gewesen, sondern gerade Suche nach Dialog. Was der weder naive noch absichtslose Küng gewollt habe? Das längst überfällige Gespräch über eine bewusste, theologisch verantwortete Ausübung des Petrusamtes, dessen praktische Krise theoretische Gründe habe und »offensichtlich in einem fehlinterpretierten Glaubensverständnis liegt«. Es könne nicht sein, dass der Primat des Papstes den einem unhistorischen Denken verhafteten Zentralismus der römischen Kirche wie ein Panzer umgibt. Fast zwei Jahrzehnte nach der Konfrontation sieht Hermann Häring auch die Eigendynamik und Brisanz der erhitzten Emotionen. Stellt sich die Frage: Wenn Hans Küng dies bereits zum Zeitpunkt der Veröffentlichung gewusst und vorausgesehen haben soll – warum hat er die Provokation dennoch gesucht? War es tatsächlich klug und ratsam, sie der Kirche zuzumuten? Es gibt richtige Fragen zum falschen Zeitpunkt.

Die Kirche war 1970 geschwächt. Auf der Titelseite vom »Spiegel« wurde der Papst als Pillen-Paul verhöhnt. Und in der Tat hatte Paul VI. durch seine anderthalb Jahre zuvor veröffentlichte Entscheidung zur Geburtenregelung das Papsttum in eine der schwersten Krisen seiner von Krisen und Verfehlungen nicht gerade armen Geschichte geführt. Die Enzyklika »Humanae Vitae« war, neben allen empörenden moraltheologischen Inhalten, ein bedenkliches Stück Kontinuität dieser Geschichte. Eine Duldung der ohnehin nicht mehr aufzuhaltenden Praxis der Empfängnisverhütung hätte das Einverständnis schwerwiegender päpstlicher Fehlentscheidungen bedeutet: Pius IX. hatte die restriktiven Bestimmungen 1930 in seiner Enzyklika »Casti connubii« ebenso bekräftigt wie Pius XII. 1951 in Ansprachen an Hebammen und Mediziner. Ihre Fehlurteile einzugestehen, sie wenigstens moderat zu korrigieren, hätte bedeutet, den Geist der »Unfehlbarkeit« zu verletzen. Bei »Humanae Vitae« ging es nämlich streng genommen gar nicht um eine letztverbindliche dogmatische Glaubensentscheidung, sondern um eine kirchliche Lehre mit starker Tradition. Aber sie kam eben daher, als stünden die letzten dogmatischen Grundfesten der Kirche auf dem Spiel. Paul VI. peitschte die Enzyklika in der Kirche durch, als könne hier der Heilige Geist die päpstliche Lehre nicht in den Irrtum geführt haben. Seelenpein, Verzweiflung und Verdammung zu Höllenqualen unzähliger gläubiger Ehepaare hätten sich als gegenstandslose Drohungen lebensferner Päpste und die von den Protestanten vertretenen Standpunkte als richtig erwiesen. Das war die Logik der im eigenen System Verstrickten.

Verstricktheit, Missbrauch, fatale Formen päpstlicher Solidarität? Was immer es war – man kann verstehen, dass Küng keine Provokation um der Provokation willen aus dem Hut zauberte, sondern um einer kirchlichen (Über-)Lebensfrage halber den Finger in die Wunde legte. Es konnte nicht sein, dass Rom (und eben nicht nur der Papst) sich beständig mit der Aura unfehlbaren Wissens aufmantelte, bis ins Kleinste hinein Leben regulierte und alle nur noch nicken sollten. Küng ging es in erster Linie um die *Ideologie* der Unfehlbarkeit, die er aus nachvollziehbaren, nicht zuletzt ökumenischen Gründen ablehnte. Einmal mehr führte er dafür biblische Argumente an, was ihm diesmal als »Finte« ausgelegt wurde. Er verwies auf die gesamtkirchliche Tradition und das Selbstverständnis des gerade zu Ende gegangenen Konzils, auf dem sich herausragende Repräsentanten der Weltkirche gegen eine zentralistische Verengung des Glaubens durch kanonische Winkeladvokaten ausgesprochen hatten. Schließlich stellte er eine Frage, deren urchristlicher Klang weltweit viele Herzen in der auf strenge Disziplin pochenden Kirche höher schlagen ließ und noch lässt: Ist unser Glaube an den auferstandenen Christus eigentlich auf unfehlbare Lehren der Bischöfe von Rom angewiesen? Küngs Vorschlag lautet: »Die Kirche wird in der Wahrheit gehalten, trotz aller immer möglichen Irrtümer.« Sie befindet sich auf dem *Weg* zur Wahrheit, noch nicht an deren von Tränen und Tod erlöstem Ziel. So, wie es der Apostel Paulus im 1. Korintherbrief geschrieben hatte: »Stückwerk ist unser Erkennen und Stückwerk unser Prophezeien. Und wenn das Vollkommene kommt, dann wird das Stückwerk ein Ende haben« (1 Kor 13, 9).

Der Schweizer Theologe fühlte sich in dieser Position auch durch seinen alten Freund und Landsmann Karl Barth bestärkt, der im 4. Band seiner »Kirchlichen Dogmatik« davor gewarnt hatte: »Eine ihre amtlichen Entscheidungen als unfehlbar ausgebende Kirche kann unverbesserliche Irrtümer begehen. Sie hat es mehr als einmal getan.« Küng griff diese Argumente auf und stellt der Unfehlbarkeit die Irrtümer der Kirchengeschichte gegenüber. Ebenfalls in Anlehnung an Barth stellte er unfehlbare Aussagen der Kirche generell in Frage. Unfehlbarkeit besitze allein der »ganz andere Gott«, der »weder sich täuschen noch täuschen kann«. Sein Vorschlag lautet, die »Fehlerlosigkeit« der Kirche so zu interpretieren, dass »sie durch alle Irrtümer und Wirrtümer hindurch in der Wahrheit Christi erhalten wird«. Küng variiert die Begriffe Barths, ohne sie im Wortlaut zu benutzen. Taktische Gründe bewegten ihn dazu, dennoch würde ihn Karl Rahner bald in die Nähe eines »liberalen Protestanten« rücken.

Tatsächlich waren die Reaktionen auf Hans Küngs »Anfrage« von einer solchen heftigen Ablehnung, wie sie die seit den Konzilstagen immerhin debattierfreudige Kirche nicht erlebt hatte. Zwar schlugen sich eine Reihe treuer Mitstreiter auf die Seite des bedrängten Küng, doch wirkten sie gegen den massiven Widerspruch weltweit geachteter Reformtheologen nahezu hilflos. An die Spitze der Kritikerbewegung setzte sich zum Entsetzen Küngs der in der Kirche trotz aller Irritationen, die er selbst ausgelöst hatte, immer noch höchstes Ansehen genießende Karl Rahner. Er trat 1970 in der Jesuitenzeitschrift »Stimmen der Zeit« und 1971 mit einem Sammelband an die Öffentlichkeit, in dem Küng schon gar nicht mehr zu Wort kam. Zunächst konsterniert, antwortete Küng zwar mit einer späten Replik, doch herrschte da wie dort ein emotionalisierter Ton, der die ohnehin von Stürmen heimgesuchte katholische Welt erzittern ließ. Rahner, der ansonsten mit kompliziertem Tiefsinn heikelste Fragen durchleuchtete, ließ das Visier herunter: Er bemängelte zunächst den »überheblichen Stil« und die Absicht, billigen Applaus einzuheimsen »bei Leuten, die von vornherein aggressiv und allergisch sind gegen Rom, die Bischöfe und die traditionelle Theologie«. Küng würde es schwer fallen, die von Rahner kritisierte Nähe zum Protestantismus noch einmal loszuwerden. Am meisten musste ihn schmerzen, dass ihn Rahner mit unerbittlicher Härte des Feldes verwies: »Die Kontroverse über Küngs These kann man von der Sache her nicht mehr als eine innerkirchliche theologische Kontroverse betrachten.«

Rahners eiliger Verriss glänzte nicht durch den sonst gewohnten Standard an Beweiskraft, was dieser auch zugab: Man solle »keine allzu strengen logischen Forderungen an die Folge dieser Gedanken als solche zu stellen«. Die Tendenz Rahners war an Klarheit nicht zu überbieten: Dolchstoß! Ein »Dogma« in Frage zu stellen statt es zu interpretieren – damit war der Rubikon überschritten. Dogmen sind mehr als Verfassungserklärungen der Kirche, die man bei wechselnden Mehrheiten revidieren kann. Hinter ein einmal korrekt ergangenes Dogma gibt es keinen Weg zurück. 1974 erst antwortete Hans Urs von Balthasar mit »Der antirömische Affekt« auf die von Küng ausgelöste Papstdebatte, freilich weitaus gründlicher, vor allem historischer als Rahner. Bei aller Härte in der Stoßrichtung gegen Küng erläuterte der Schweizer Landsmann doch in einer überaus kenntnisreichen historischen Untersuchung das Hochprekäre des Dogmas von der Unfehlbarkeit des Papstes in verbindlichen Lehrfragen und relativierte so den von Küng eigentlich angegriffenen Missbrauch des Dogmas, die *Unfehlbarkeits-Ideologie*, die sich das Dogma zu Eigen machte, um kuriale Machtausübung in Alltagsfragen mit einem Nimbus des Gültigen zu umkleiden. In ganz, ganz seltenen Fällen und von der Zeit herausgefordert, müsse eine durch den Heiligen Geist in der Wahrheit gehaltene Kirche auch *aussprechen können*, was nach Vinzenz von Lerins immer, zu allen Zeiten und von allen Christen geglaubt worden sei. Das – und nur das – sei Unfehlbarkeit. Und nur dazu sei das Petrusamt befugt, im Übrigen müsse dazu Konsens in der Kirche herrschen. Dass seine Argumentation eingekleidet war in gallige Aggression gegen die Abbruchunternehmen vom Schlage Küng, dass sie in eine groß angelegte Apologie gerade der jüngeren Päpste und des verspotteten Pauls VI. ausuferte, dass sie weit ausholte und die evangelischen Positionen in ihrer Ablehnung des Papsttums scharf kritisierte (das einzig Verbindende an ihnen sei ihr »Nein gegen Rom«), all das mag man aus der Zeit erklären. In der Sache hatte es von Balthasar auf den Punkt gebracht.

Die zunächst von Rahner angeführte Gegenoffensive verletzte Küng tief, und er antwortete in seiner Enttäuschung nicht minder emotional. Trotz einer um Entschärfung bemühten Theologen-Begegnung wurde Küng immer mehr bewusst, dass er mit seiner »Anfrage« einen Riss provoziert hat, der ihn zunehmend in die Isolation trieb. Er hatte sozusagen den »point vierge« katholischer Zumutbarkeit getroffen. All das, was er an exegetischen, hermeneutischen und sprachphilosophischen Nuancierungen in die Diskussion bringen wollte, wurde erst gar nicht zur Kenntnis genommen. Der ohnehin auf ihm lastende Verdacht, ein auf den Beifall protestantischer Professoren und die Zustimmung der linksliberalen Presse bedachter Querulant zu sein, verhärtete sich. In der ringsum empörten Kirche bestand nach wie vor eklatanter Reformbedarf, das gaben alle zu, aber es bestand kein weiterer Bedarf, an dem Sockel des Petrusamtes zu rütteln. Der Wind hatte sich gedreht: Genug der Debattiertheologie und der dadurch ausgelösten Vertreibung des Kirchenvolks; genug der Skandal- und Schismaberichterstattung in den im Übrigen kaum katholischen Medien; genug der auf Publizität spekulierenden Nachahmer im zweiten und dritten Glied der Fakultäten; genug der intellektuellen Verachtung der Notstände in den Dritte-Welt-Kirchen; genug des realpolitischen Fraternisierens westlicher Akademiker mit den Lockvögeln der Politbüros; und schließlich: genug der Belehrungen ökumenischer Alleingänger.

Für die kirchenamtlichen Registraturen, jedoch auch für manche von professoralem Hochmut gedemütigten Bischöfe war nicht nur die Stunde der Abrechnung gekommen. Küng verdächtigte den Jesuiten Rahner, mit seinem vergifteten Hinweis auf den »liberalen Protestanten« dafür den Weg bereitet zu haben. Da war ein unheimliches Gefühl, in die dunkle Ecke der »Ketzerei« gerückt zu werden. Er vermutete, dass eine »Verschwörung« gegen ihn unterwegs sei. Sein Biograf Robert Nowell fasste die Situation in die bedenklichen Worte, »eine Meute kläffender Theologen« habe sich damals an Küngs Fersen geheftet. Man mag dies als eine Stilblüte kochender Empörung werten, doch zeigt diese Sprache auch, mit welch erbarmungslosen Bandagen in der Kirche des sanften Jesus gekämpft wurde.

An diesen Auseinandersetzungen beteiligt war auch Joseph Ratzinger, der 1971 an der Seite Rahners einen Sammelband herausgab, der ursprünglich als Diskussionsforum zu Küngs Buch konzipiert war, den Beschuldigten selbst jedoch wie gesagt nicht zu Wort kommen ließ. Obwohl schwer beleidigt, lud Küng ein Jahr später zu einem Graduiertenseminar nach Tübingen ein, an dem sich erstaunlicherweise Karl Rahner, Joseph Ratzinger, Karl Lehmann und Heinrich Fries beteiligten. Dass Ratzinger nach all den Turbulenzen noch einmal in die »Höhle des Löwen« zurückkehrte, wurde mit Anerkennung kommentiert. Der bereits in die Defensive gedrängte Küng hatte die Gunst der Gelegenheit genutzt und sogar den Präfekten der ihn beschattenden Glaubenskongregation, Kardinal Seper, gebeten, einen Vertreter zu der Veranstaltung nach Tübingen zu entsenden, doch wurde dies abgelehnt. Küng ließ jedoch nicht locker und berichtete im Anschluss an das Seminar unaufgefordert dem Kardinal, es habe sich um ein gutes und förderliches Gespräch gehandelt.

Nach dem Holzhammer der ersten Protestwelle erfolgte eine Reaktion, für die es im Machtzentrum der katholischen Kirche eine jahrhundertalte Tradition gibt: sie besteht in der List eines nahezu unheimlichen Rückzugs der öffentlich streitenden Truppen, verbunden mit einer unerbittlichen personalpolitischen Offensive, einem Großreinemachen an allen Nahtstellen konkreter Einflussnahme. In der Kurie, auf den Bischofs- und Lehrstühlen begann sich das Ernennungskarussell zu drehen, dass es den allmählich nach »unten« flüchtenden Dauerreformern die Sprache verschlug. Zugleich wurde jedoch eine zweite, vielleicht sogar tückischere Front eröffnet, die sich wie ein Narkotikum über die verirrte Herde verbreitete: das organisierte Vergessen. Hans Küng hatte nach den Paukenschlägen der Widerständler gegen seine »Unfehlbar-Anfrage«, aller Kontroversen und Brüche überdrüssig, das Thema gewechselt und sich den zentralen Glaubensinhalten zugewandt. Im Kessel der Angriffe die Front preisgebend, überließ er der erstarkten Gegenseite deren Gestaltung. Dies geschah in beeindruckender Lautlosigkeit. Drei Jahre nach dem Knall gestand man in der oft erwähnten Erklärung der Glaubenskongregation »Mysterium Ecclesiae« sogar ein, dass der Wortlaut kirchlicher Lehrentscheidungen die gemeinte Sache nicht zu allen Zeiten gleich gut zum Ausdruck gebracht hatte. Hans Küng wurde zwar mit keinem Sterbenswort erwähnt, doch galt das Dokument bei Kennern unzweifelhaft als »Küng-Erklärung«. Dies wurde 1990 in der vom zuständigen Präfekten Joseph Ratzinger verantworteten Instruktion »Über die kirchliche Berufung des Theologen« noch einmal bekräftigt; sie zielte darauf ab, dem Unfehlbarkeitsthema in der theologischen Diskussion den Boden zu entziehen. Die Frage nach Wahrhaftigkeit und Legitimation stand nicht mehr auf der Tagesordnung. Es ging nur noch um Handhabung.

Bereits zwei Jahre zuvor hatte Papst Johannes Paul II. anlässlich des zwanzigsten Jahrestages der Veröffentlichung von »Humanae Vitae« vor dem Internationalen Kongress der Moraltheologen in Rom betont, die darin enthaltene Lehre sei nicht nur »von Menschen erfunden« und von der Schöpferhand Gottes »in der Offenbarung bekräftigt worden ... was hier in Frage gestellt wird, wenn man diese Lehre ablehnt, ist der Gedanke der Heiligkeit Gottes selbst«. Der Widerstand in der Fachwelt war verhalten und wich gleich auf Nebenkriegsschauplätze aus. Totschweigen, ausweichen, aneinander vorbeireden und es schließlich aufgeben: so präsentiert sich 37 Jahre nach der Enzyklika die innerkirchliche Lage. Die Neuausgabe von Küngs Buch mit dem appellierenden Untertitel »Eine unerledigte Frage« hat ebenso wenig daran etwas geändert wie die römische Forderung nach einem »Treueid« für alle kirchlichen Amtsträger und Theologen.

Für dieses Verebben des öffentlichen Interesses an dem damals so leidenschaftlich diskutierten Thema war jedoch weder allein die kirchenamtliche Repression verantwortlich zu machen noch die Superstar-Wirkung des polnischen Papstes, die sein strenges Pontifikat mit medienwirksamem Charme verklärte. Jenseits aller theologischen Rechts-links-Konflikte hat sich im langen Kirchenwinter ein tiefer Wandel vollzogen, der an die Religion schlechthin andere Erwartungen richtete als Debatten über den Stellenwert und Geltungsgehalt hierarchischer Optionen. Systematische Negativberichterstattung über ärgerliche vatikanische Verbote, kirchenamtliche Veröffentlichungen oder konservativ-strategische Ernennungen vermochten es nicht, die päpstliche Bastion rund um den Petersplatz in Verlegenheit zu bringen. Zu sagen: »Ist der Ruf erst ruiniert, lebt es sich völlig ungeniert«, zielt an der Sache vorbei, denn der Ruf war nicht ruiniert, und von einem »ungenierten Stil des Papsttums« konnte seit den Konzilsjahren von Johannes XXIII. keine Rede mehr sein. Der sensible Paul VI. wurde zu einem Papst permanenter Defensive. Der frühe Tod des überforderten Albino Luciani erregte Mitleid. Sein polnischer Nachfolger war ein Pontifex kontrastierender Sensationen. Aller Niederlagen, Trennungen und Abstürze überdrüssig entstand in der kleiner, doch treuer werdenden Herde ein Bedürfnis nach Führung und Selbstbewusstsein. An den Rändern der Kirche und weit darüber hinaus in den Wüsten der Amüsiergesellschaften erwuchs eine neue Sehnsucht nach Sinn und Seele. Jung zu sein war nicht mehr identisch mit dem Aufmarsch linker Straßenkämpfer. Der angelesene Marx konnte mit dem Tiefgang der Bibel, des Koran oder anderer östlicher Weisheitsoffenbarungen nicht konkurrieren. Die couragierten und vorwärts drängenden Forderungen von Hans Küng zu einem neuen Nachdenken über das Petrusamt und eine angemessene Beteiligung aller Gläubigen in der Kirche wurden zwar noch gehört, doch nicht mehr beherzigt. Es nahte die Stunde von Joseph Ratzinger.

In dem 1996 erschienenen Gesprächsband »Salz der Erde« über Fragen des »Christentums und der katholischen Kirche an der Jahrtausendwende« hat der Präfekt der Glaubenskongregation Kardinal Ratzinger gegenüber Peter Seewald eingeräumt, in einer persönlichen Polemik manchmal barsch reagiert zu haben. Zu Beginn der 70er Jahre lag das in der Luft, es beruhte auf Gegenseitigkeit und geschah unter Beteiligung namhafter Amtsträger, theologischer Autoren und Journalisten, die allesamt den Riss in der katholischen Kirche spürten und darauf entweder mit Kassandrarufen oder klammheimlicher Schadenfreude reagierten. Auch bislang als Sensibelchen und Schöngeister geltende Persönlichkeiten beteiligten sich an den Saalschlachten.

Zwei Jahre vor den Zwangsmaßnahmen gegen Hans Küng hatte der von Papst Paul VI. zum Erzbischof von München-Freising und zum Kardinal erhobene Joseph Ratzinger in Rom, sozusagen »ad limina sancti Petri«, ein Symposium über den Primat des Bischofs von Rom veranstaltet. Der Zeitpunkt und die Umstände konnten brisanter nicht sein: Die heftige Polemik der Unfehlbarkeitsdebatte war einer unheimlichen Stille gewichen; in der Glaubenskongregation rasselten die Ketten; Ratzinger erschien in Kardinalsrot in Rom. Es drohte eine Abrechnung, eine Laudatio auf die Spielregeln, die zugleich dem Hans Küng drohenden Entzug der Lehrbefugnis den Weg bahnen könnte. Doch dann überraschte Ratzinger Freund und Feind mit einem Vortrag, der formal und inhaltlich sehr viel von seinem Verständnis der kontroversen Gespräche über die großen theologischen Zeitfragen deutlich machte: Es geschah leise; ein leichtes Narkotikum wissenschaftlicher Annäherungen verbreitete sich über dem Publikum. Ein bisschen Philosophie, einige theologische Wortspiele und Pirouetten, jedoch vor allem eine intime Kenntnis von Geschichte, Bonaventuras Erbe. Es hatte den Vorteil, dass es ihm bald gelang, dem umstrittenen Thema die tagesaktuellen Brandsätze zu nehmen. Markante historische Beispiele bewirken bei den Zuhörern nicht nur Entdramatisierung, sondern auch eine gewisse Erleichterung, dass es unter der Sonne offenbar nichts gibt, was nicht irgendwann, irgendwo schon einmal durchgestanden werden musste. Hans Küngs kühne Offensive geriet in den Ruinen der Kirchengeschichte ins Stocken. Schließlich nahte Ratzingers bislang wie ein Schatz verborgene Pointe: Urplötzlich stieß er aus der Fülle historischer Bilder in das kalte Licht des Hier und Heute, das dann erbarmenswert ärmlich erscheint.

Und dann gibt es da den Vortrag über den »Stellvertreter Christi«, den Ratzinger auf dem römischen Symposium mitten im Küng-Streit hielt: Die »Frankfurter Allgemeine« veröffentlichte ihn im Wortlaut am 22. April 2005, unmittelbar nach der Wahl Kardinal Ratzingers zum Papst Benedikt XVI. Auch im Abstand von 28 Jahren brauchte kein Yota daran geändert zu werden. Die Leseerwartung stieg, denn der Autor war nun selbst »Stellvertreter« und musste sich von den eigenen Worten in die Pflicht nehmen lassen. Die Pointe des Vortrags bestand in der Schilderung einer exemplarischen historischen Kontroverse, die Kardinal Reginald Pole im 16. Jahrhundert mit König Heinrich VIII., mit Cranmer und Bischof Sampson in der Kirche Englands um den Primat ausgefochten hatte. Für Pole, der im Konklave 1549/50 schon als gewählt galt und am Ende seines Lebens verdächtigt wurde, als Häretiker eine lutherische Rechtfertigungslehre zu vertreten, ging es buchstäblich um Kopf und Kragen. Das war fein und pikant, eben wie es Ratzinger zu machen pflegt, wenn er Gegenwart – deutlicher gesagt: den bedrängten Mann vom Sursee – meinte.

Dort, wo seine Gegner dem Papstamt mangelnde »humilitas« (Demut) vorwarfen, untermauerte Pole seine Theologie des Primates mit dem Beispiel der Märtyrer, also auch dem des Petrus. Der da Papst ist, steht mit seinem Leben ein für die Einheit urkirchlicher Überlieferung. Dafür muss er alles geben, gegen alle Einmischungen von außen und (in diesem Fall) gegen die politischen Ansprüche eines national-königlichen Christentums. »Sterben kann man nur persönlich«, Ratzinger sagt es fast lapidar, aber er ist sich der starken Wirkung gleich bewusst. Petrus, der Fels, der Papst werden zu einem »ohnmächtigen Gegenüber zur weltlichen Macht«. Der »Stellvertreter Christi« steht in der Nachfolge des Gehorsams und des Kreuzes. Die Stärke, dem Herrn ähnlich zu werden, ist die Stärke martyriumsbereiter Liebe. Die Hoheitstitel des Papstes sind »nur in und über die Erniedrigung wirksam und möglich«. Der Stuhl (Sitz) des Papstes ist der, »den Petrus in Rom ansiedelte, als er dort das Kreuz Christi einpflanzte … Das Papsttum bedeutet Kreuz, und zwar das größtmögliche«. Für diese »humilitas christiana« ist der Punkt ihrer letzten Konkretheit »zugleich der öffentliche Widerspruch gegen die Macht der Welt«. Pole hat in dem kleinen Buch »De summo Pontifice«, das er noch während des Konklaves für seinen jungen Kandidaten Kardinal Guilio de la Rovere verfasste, die nahezu anarchische These vertreten, derjenige sei am meisten zum Papst geeignet, der nach menschlichem Ermessen und von den Idealen der politischen Stärke her am wenigsten in Frage komme.

Zwei Jahre bevor Kardinal Ratzinger auf dem römischen Symposium das unverzichtbare Leiden der Päpste forderte, sah der Filmregisseur Pier Paolo Pasolini die Chance der Kirche in einer strengen Unterscheidung zur Welt. In einem Brief an Papst Paul VI. schrieb der im November 1975 am Strand von Ostia ermordet aufgefundene Künstler: »Im Rahmen einer radikalen, vielleicht utopischen oder auf die

Endzeit ausgerichteten Perspektive ist klar, was die Kirche tun müsste, um ein ruhmloses Ende zu vermeiden. Sie müsste in die Opposition gehen. In einem solchen Kampf, der im Übrigen auf eine lange Tradition zurückblicken kann, mit dem Kampf des Papsttums gegen das weltliche Imperium könnte die Kirche all jene Kräfte zusammenfassen, die sich der neuen Herrschaft des Konsums nicht beugen wollen. Für diese Verweigerung könnte die Kirche zum Symbol werden, indem sie zu ihren Ursprüngen, zur Opposition und zur Revolte zurückkehrt.«

Vor diesem Hintergrund, der an die epochalen Aufbrüche der Heiligen Bernhard von Clairvaux und Franz von Assisi erinnert und in der Geschichte des real existierenden Papsttums so oft ins Gegenteil verkehrt wurde, zog Joseph Ratzinger für die Gegenwart wichtige Schlüsse. Die Unzeitgemäßheit der Kirche bedeute nicht nur Schwäche, sondern auch Stärke. Gegen die »banale Ideologie, von der die Welt beherrscht wird«, gelte es sich zu widersetzen. Der Kirche falle eine »Rolle des prophetischen Widerspruchs« zu, sie müsse den Mut dazu haben. Die Kirche habe noch immer »Provokationsmacht«, so, wie es der heilige Paulus geschrieben habe: »Skandalon«, Stolperstein zu sein. Ratzingers Konsequenzen betrafen auch die Ökumene, illusionslos, jedoch nicht resignierend. Es sei töricht, so betonte er, in absehbarer Zeit eine Anerkennung der Petrusnachfolge in Rom zu erwarten. Vielleicht gehöre es gar zu den Ansprüchen des Martyriums der Päpste, »dass er nie ganz voll ausgefüllt werden kann ...« Diese von allen wahrgenommene und alle betreffende Herausforderung gelte auch für das Ringen um die Einheit und die Verantwortung ihres Defizits. Im geschichtlichen Drama der Trennung gebe es somit eine dennoch Einheit stiftende Funktion des Papsttums, denn für die katholische Kirche bleibe »... die Papsttumskritik der nichtkatholischen Christenheit ein Stachel ... für die nichtkatholische Christenheit wiederum ist der Papst die bleibende sichtbare Herausforderung zu der konkreten Einheit, die der Kirche aufgetragen ist und ihr Kennzeichen vor der Welt sein sollte«.

Nicht nur Joseph Ratzinger hat zu spüren begonnen, dass auch außerhalb der katholischen Kirche ein Verständnis erwacht, dass eine Einheitsinstanz für die gesamte Christenheit wieder notwendig wird. Dies kam vor allem im Dialog mit der anglikanischen Kirche zum Ausdruck, die bereit ist, eine »Vorsehungsführung« in der Bindung der Primats-Tradition an Rom anzuerkennen, ohne direkt die Petrusworte auf den Papst beziehen zu wollen. Auch in Teilen der evangelischen Kirche erstarkt das Verständnis für eine Person, die als der eine Sprecher die Christenheit vertritt. Selbst in der orthodoxen Kirche gibt es Stimmen, die vor einem Zerfall in orientalische Nationalkirchen warnen und das Petrusamt neu entdecken. Es gibt eine Flut ökumenischer Begegnungen, Reisen und Veröffentlichungen. Wichtiger ist die brüderliche Atmosphäre der inoffiziellen Gespräche unter Parkbäumen oder bei einer Tasse Kaffee. Dass der neue Papst sich unmittelbar nach seiner Wahl für die »sichtbare Einheit« engagierte, signalisiert in Umrissen, woher sie kommen könnte: weniger aus den Büchern, jedoch aus den Herzen.

Papst Benedikt XVI. sieht man seit den ersten Stunden die Zerbrechlichkeit seines Amtes an. Dieses Pontifikat wird wohl nur vor dem Hintergrund jener Fragen zu verstehen sein, die er sich selbst wiederholt zum mysteriösen Verhältnis von Gott und Welt gestellt hat: »Warum ist diese Welt so, was bedeutet das ganze Leid in ihr, warum ist das Böse so mächtig in ihr, wenn Gott doch der eigentlich Mächtige ist? ... Warum bleibt Gott so ohnmächtig? Warum herrscht er nur auf diese ganz merkwürdig schwache Art, eben als Gekreuzigter, als einer, der selbst gescheitert ist? Aber offensichtlich ist das die Art, wie er herrschen will, die göttliche Art von Macht. Und in der anderen Art, in dem sich Aufdrängen und Durchsetzen und Gewalthaben, darin liegt offenbar die nichtgöttliche Weise von Macht.«

Gegenüber dem Verrat und der Schwäche eines mit der Welt paktierenden Papsttums mittelalterlicher Macht oder der Renaissance-Lüste bedeutet dies die Bereitschaft der Rückkehr in die Zeit der Verfolgung, des Herrschens durch Nichtherrschen, durch Ohnmacht. Gegenüber dem Unfehlbarkeits-Jubel des 19. Jahrhunderts ist es der Wechsel vom Thron auf den Stuhl. Für die andere Christenheit, aber auch für die ringsum tobende Welt, weist es auf eine Haltung, deren Ernst niemanden gleichgültig lässt. Johannes XXIII. kam als simpler Bauernsohn und unberechenbarer Prophet. Paul VI. scheiterte auch ohne Tiara an allen Fronten. Johannes Paul I. zerbrach nach 33 Tagen an der Gewalt der Bürde. Johannes Paul II. brach unter den Kugeln eines Attentäters zusammen, dem er verzieh. Was Benedikt XVI. noch blüht, steht ihm bereits vor Augen. Zu »parvuli«, zu »ganz Kleinen« sind die Päpste geworden.

16. Einladung in den Ring

A m Vormittag des 29. August 2005 fand in der Sommerresidenz der Päpste in Castel Gandolfo eine sonderbare Privataudienz statt. Zunächst hatte sich der Vatikan bemüht, sie geheim zu halten. Dann aber wurde der Termin von interessierter Seite in die Redaktionen geschleust, und es trat das ein, was Papst Benedikt XVI. und sein Gast verhindern wollten: große Aufmerksamkeit, Schlagzeilen, Spekulationen, Kommentare. Bei dem Besucher, der aus dem schweizerischen Ecône angereist war, handelte es sich um den Generaloberen der Priesterbruderschaft St. Pius X., Msgr. Bernard Fellay. Im Anschluss an das Gespräch herrschte auf beiden Seiten die Diskretion, die sich zumindest der Vatikan vorher gewünscht hatte. Lediglich der Pressesprecher des Papstes, der Opus-Dei-Grande Joaquin Navarro-Valls, ließ in routinierter Kürze mitteilen, die Begegnung zwischen Benedikt XVI. und dem exkommunizierten Bischof habe »in einem Klima der Liebe zur Kirche« stattgefunden, dies mit dem Wunsch, »zur vollständigen Einheit zu gelangen«.

Der ökumenische Ton des Pressekommuniques verwunderte die Beobachter, denn im Streit mit der vom ehemaligen Erzbischof Marcel Lefèbvre gegründeten Bruderschaft handelte es sich eher um das Nachspiel eines innerkirchlichen Konfliktes und nicht um die seit Beginn des Pontifikates erhoffte Begegnung mit den großen christlichen Konfessionen. Die pathetische Wortwahl Navarro-Valls' klang ungewöhnlich. Auch der zeitliche Kontext gab zu denken. Erst vor der Austeilung der Kommunion auf dem Weltjugendtag in Köln hatte der Papst ausdrücklich auf die restriktiven katholischen Vorschriften zum Sakramentenempfang verweisen lassen, obwohl er selbst anlässlich der Totenmesse für seinen Vorgänger Papst Johannes Paul II. dem inzwischen ermordeten protestantischen Prior der Gemeinschaft von Taizé, Frère Roger Schutz, demonstrativ als Erstem die Kommunion gereicht hatte. Es warf Fragen auf, etwa die, ob der Bruder aus Taizé, ähnlich wie sein ehemaliger Stellvertreter Max Thurian, in aller Stille zum katholischen Glauben konvertiert war. Es ging so weit, dass gar einige Rom-Kenner es nicht für ausgeschlossen hielten, bei Roger Schutz handele es sich um jenen mysteriösen Kardinal, dessen Name der Papst »in pectore«, in seiner »Brust«, geheim gehalten habe. Doch beides entsprach dem Wunschdenken oder der Befürchtung interessierter Kreise, jedenfalls nicht der Wahrheit.

Und noch etwas fiel auf in diesem denkwürdigen August 2005: Wenige Tage nach der Audienz für Fellay gab der Vatikan die Aufstellung einer fünf Meter hohen Statue des Opus-Dei-Gründers Josemaria Escriva an der Außenmauer des Petersdomes bekannt. Neben dem Eingang zur Sakristei der Hauptkirche, an der Stelle, die »Arm des heiligen Joseph« genannt wird, zwischen den Standbildern der heiligen Birgitta von Schweden und der Kirchenlehrerin Caterina von Siena, erhielt der 1975 heilig gesprochene Spanier einen bevorzugten Platz. Für jeden sich zu einem Gottesdienst in den Dom begebenden Priester wirkt seitdem die überlebensgroße Marmorstatue des Spaniers wie eine Türwache.

Innerhalb von knapp zwei Wochen waren es somit drei Gesten des Papstes, über deren Symbolwert gerätselt und gestritten wurde. Schließlich sprach der zum päpstlichen Ehrenprälaten erhobene Bruder des Papstes, Professor Georg Ratzinger, in einem Interview mit der rechtslastigen Zeitung »Junge Freiheit« von einer »tiefen Krise« in der Kirche, deren »Substanzverlust« selbst Kardinäle erfasst habe. Namentlich nannte er den belgischen Primas, Kardinal Godfried Danneels, dessen Äußerungen »nicht mehr mit dem katholischen Bewusstsein vereinbar« seien. In Brüssel klang das nach schismatischer Verdächtigung. Danneels, der am Abend der Papstwahl einem durch Benedikt XVI. offerierten Essen demonstrativ fern geblieben war, sich unterdessen jedoch mit dem Kirchenoberhaupt versöhnt hatte, äußerte seinen »tiefen Schmerz«.

Mit einem Schlag fühlten sich kritische Beobachter um fast drei Jahrzehnte zurückversetzt, als es im Schatten des Petersdomes zwischen Joseph Ratzinger, der in das Schisma drängenden Intregristen-Bewegung aus dem Wallis, einem ihrer Repräsentanten, Bernard Fellay, sowie dem damaligen Papst Paul VI. einen nicht minder brisanten Zusammenhang gab. Am Vormittag des 27. Juni 1976 hatte der Papst während eines öffentlichen Konsistoriums in der Neri-Audienzhalle den 50-jährigen Münchener Erzbischof Joseph Ratzinger in den Kardinalsstand erhoben. Neben ihm erhielten der einflussreiche Substitut und Papabile-Favorit Giovanni Benelli, der Prager Widerständler Frantisek Tomasek, der farbige Justitia-et-Pax-Vorsitzende Bernhardin Gantin sowie der erzkonservative »Theologe des päpstlichen Hauses«, der Dominikaner Luigi Ciappi, die Kardinalswürde. Doch blickte die Weltöffentlichkeit in diesen Stunden nicht so sehr nach Rom, sondern nach Ecône, wo Monsignore Lefèbvre – er hatte schon auf dem Konzil eine eigene Rolle gespielt –, ungeachtet eines drohenden Schismas, neue Priester weihen wollte. Ausgerechnet am Hochfest der Apostelfürsten Peter und Paul, deren Standbilder den Aufgang zum Petersdom flankieren, hatten die Traditionalisten der »Confraternitas Pius X.« die Provokation auf die Spitze getrieben. Als es am frühen Abend anlässlich der Erhebungen in den Kardinalsstand zum Festgottesdienst kam, richtete der Papst einen feierlichen Appell an Lefèbvre: »Ubi Petrus, ibi Ecclesia«, dort wo Petrus ist, befindet sich die Kirche. So stand es auch auf einem mit Buchsbaumzweigen geschmückten Spruchband über dem Hauptportal des Domes zu lesen. Es wirkte stark und hilflos zugleich. Der suspendierte Erzbischof von Dakar nahm ungerührt weitere Priesterweihen vor. Bevor es schließlich am 30. Juni 1988 zu der stets angedrohten, Ecône die apostolische Kontinuität sichernden Bischofsweihe und drei Tage später zur förmlich ausgesprochenen Exkommunikation durch Papst Johannes Paul II. kam, sollten noch dramatische Geheimverhandlungen zwischen Rom und den Widerständlern stattfinden – ohne Erfolg. So blieb festzuhalten, dass die Bereinigung der Kirche an ihren Rändern nicht auf der linken, sondern auf der rechten Seite geschah. Dort fand das befürchtete Schisma statt, nicht bei den rebellischen Holländern.

Der Mann, der bei den vatikanischen Unterhändlern die Dinge in die Hand nahm, war der inzwischen als Präfekt der Glaubenskongregation zu einem der engsten Vertrauten des Papstes avancierte Kardinal Ratzinger. Dafür schien er prädestiniert nicht nur aufgrund seiner theologischen und theologiegeschichtlichen Kompetenz und seines Ranges: Seine vehemente Kritik an den Liturgie-Experimenten in der Nachkonzils-Kirche war auch in Ecône nicht unbemerkt geblieben. Unabhängig von den Irrtümern Lefèbvres, ließ der oberste Glaubenshüter verlauten, müsse sich auch die Kirche fragen, »wo es bei ihr an Eindeutigkeit gefehlt habe«. Es gehe um die »Würde des Sakralen«, die Liturgie sei »weder Unterhaltung, noch Show, noch gemütliches

Beisammensein«. Ratzingers Bemühungen zur Verhinderung eines Schismas gingen so weit, dass zuletzt in Erwägung gezogen wurde, den Papst persönlich nach Ecône einzufliegen, um Lefèbvre zum Einlenken zu bitten. Die Operation Canossa fand jedoch nicht statt, sie wäre weltweit als Schwäche empfunden, am Ende sogar noch als Sympathiebekundung ausgelegt worden. Der greise Erzbischof hatte vor dem entscheidenden Schritt eine von Ratzinger unterbreitete Erklärung einer vorläufigen Übereinkunft mit dem Vatikan zwar unterschrieben, diese jedoch nach heftigen internen Protesten in der Bruderschaft wieder zurückgezogen. Vor dem Bruch hing alles an seidenen Fäden.

Nach dem Tod des schismatischen Erzbischofs, am 25. März 1991, hat Kardinal Ratzinger nichts unterlassen, die nie ganz abgerissenen Verbindungen wieder aufzugreifen. Dabei richteten sich seine Bemühungen an den von Lefèbvre geweihten Schweizer Bischof Bernard Fellay, dessen Dialogbereitschaft im Vatikan schon seit längerem Beachtung fand. So wurde auf den geheimen Kanälen zwischen Rom und dem Örtchen im Wallis vereinbart, dass Monsignore Fellay zusammen mit 5000 Anhängern im August des Heiligen Jahres 2000 durch die Heilige Pforte in den Petersdom einziehen durfte. Ein von der Öffentlichkeit kaum bemerktes, sensationelles Zeichen, eine komplexe Mischung aus Selbstbewusstsein und Demut.

Fellay war es auch, der im Frühjahr 2001 die Gespräche mit Rom fortsetzte, sie im Sommer wieder aussetzte, jedoch nicht von einem »formellen Bruch«, sondern von einer »Sackgasse« sprach. Worum es sich dabei handelte, sagten weder er noch Kardinal Ratzinger. Ein Jahr später wurden jedoch im brasilianischen Campos dos Goytacazes rund 28 000 Lefèbvre-Anhänger mit 26 Priestern, wie bei einer Massentaufe, wieder in die Kirche aufgenommen. Den schismatischen Bischof ernannte der Vatikan zum Apostolischen Administrator, der unmittelbar dem Heiligen Stuhl unterstellt wurde. Schließlich verzichtete Fellay Ende April 2005 auf seine bis dahin geübte Zurückhaltung und begrüßte die Wahl seines langjährigen Gegenübers Joseph Ratzinger zum Papst Benedikt XVI. als »Hoffnungsschimmer«, er habe »einige Aspekte der gegenwärtigen Kirchenkrise genannt«. Obwohl sich Pressesprecher Navarro-Valls in den Mittagsstunden des 29. August 2005 nach der spannenden Fellay-Audienz in Castel Gandolfo sehr bedeckt hielt, stand fest, dass der Papst und der Monsignore über diese, vor allem aber über die anderen Aspekte dieser Krise gesprochen hatten. Der hochgewachsene, wie ein spartanischer Ordensgeneral der Kartäuser wirkende Fellay hatte die päpstliche Sommerresidenz in den Albaner Bergen, wie nach einer Konspiration in einer mittelalterlichen Klosterfestung, unerreichbar für die wartende Medienmeute, durch einen Hinterausgang verlassen.

Form und Inhalte dieses Geschehens in und an den Rändern der Öffentlichkeit sagen viel aus über die Seelenlage eines an der Welt zwar nicht verzweifelnden, aber leidenden Papstes. Selbst seine Gegner räumen ein, dass er mit seiner wiederholten Beteuerung, sich durch alle Höhen und Tiefen der Kirchengeschichte der zurückliegenden vier Jahrzehnte hindurch treu geblieben zu sein, irgendwie Recht behalten hat. Die Wechsel vom Kaplan zum Professor, vom Professor zum Kardinal und vom Kardinal zum Papst verliefen letztlich in einer geräuschlosen, lediglich von einigen Umwegen unterbrochenen Kontinuität: Kirche Gottes bleiben in einer tobenden Welt und darin das »Drama« ständiger Niederlage und des »Gekreuzigtseins« illusionslos aushalten.

Im Anschluss an die akademische Wanderschaft von Professor Joseph Ratzinger durch die Katholischen Fakultäten von Bonn, Münster, Tübingen und Regensburg haftet der Geschichte seiner Berufung zum Erzbischof von München und Freising etwas Legendenhaftes an. Sie ist schön und man kann ihr nicht ganz glauben. Seine angeborene Schüchternheit kam ihm bei taktischen Manövern oft zugute. Sicherlich war auch Demut im Spiel, doch zugleich verhüllte sie seine Zähigkeit und erlaubte ihm, das kontinuierliche Ansteigen seiner Karrierekurve mit Anekdoten für die Besucherinnen von Maiandachten zu verklären. Als am 24. Juli 1976 der Bayerische Rundfunk in einer Eilmeldung die Nachricht vom plötzlichen Tod des Münchener Erzbischofs Julius Kardinal Döpfner verbreitete, war für den stillen Dogmatik-Professor aus Regensburg der Zeitpunkt gekommen, noch etwas verschwiegener zu werden. Nach einer pietätvollen Pause wurde auch im Kreuzgang der Katholischen Fakultät die unvermeidliche Frage nach dem Nachfolger laut, und es blieb Ratzinger nicht verborgen, dass er bereits als heißer Kandidat gehandelt wurde. Wie das so ist in kniffligen Personalfragen, geben sich die Aussichtsreichen dann meist überrascht, überarbeitet, anderweitig gefordert und etwas kränklich. Selbst als kurze Zeit später der Apostolische Nuntius in Deutschland, Monsignore Del Mestri, um ein persönliches Gespräch in Regensburg bat, will der hochintelligente

Ratzinger sich nichts dabei gedacht haben. So als sei der diplomatische Vertreter des Papstes in der Bundesrepublik Deutschland offenbar auf einem Betriebsausflug an der Donau unterwegs und wolle bloß auf ein Tässchen Tee vorbeikommen …

Die Visite geriet dann doch zu einer sehr vatikanischen Inszenierung: Ringkuss, einige Verbeugungen, ein paar freundliche Belanglosigkeiten, dann drückte ihm Del Mestri einen Brief in die Hand, den der Adressat, wie auf einer Weihnachtsbescherung, erst zu Hause öffnen durfte. So befördert der Himmel seine Schützlinge: Papst Paul VI. hatte Joseph Ratzinger zum Erzbischof von München und Freising ernannt. Auch die Folge bewahrt jenen knisternden Hauch römischer Dramaturgie, die ein Millionenpublikum in der Morris-West-Verfilmung »In den Schuhen des Fischers« bewundern konnte. Der geehrte und gerührte Auserwählte vertraute sich, wie schon damals als Ministrant in Aschau, seinem Beichtvater an, diesmal war es Prof. Johann Auer, der ihm spontan antwortete: »Das musst du annehmen.« Kurze Zeit später tauchte der Nuntius erneut in Regensburg auf und nahm, mit einem Siegerlächeln, Ratzingers Einverständnis entgegen. Doch dann geschah Sonderbares. Beide befanden sich im Gästezimmer eines Regensburger Hotels, der Nuntius griff geschwind nach einem dort ausliegenden Briefpapier und ließ sich – so als könne es sich der Gescheite noch einmal anders überlegen – die Zusage gleich schriftlich bestätigen. Ratzinger zückte seinen Federhalter und gab auf dem Hotel-Briefbogen seinem Leben eine neue Richtung.

In den ohnehin sehr diskreten Lebenserinnerungen von Joseph Ratzinger umfassen seine Jahre als Erzbischof von München und Freising gerade einmal vier Seiten. Darin richtet er sogar an sich selbst die Frage: »Was soll ich also zum Schluss dieser Skizze sagen?« Ein Grund dieser Zurückhaltung ist gewiss auch sein Amtsverständnis, dass er die Handauflegung zur Bischofsweihe im Münchener Dom noch immer als »das Jetzt meines Lebens« betrachtet. Auch wollte er über die Motivationen und personalpolitischen Überlegungen, die zu seiner Berufung geführt haben, keine Worte verlieren. Hans Küng und seine Tübinger Freunde taten das zur Genüge. Allein die »Machtsymbole«, die in diesem hohen Amt unverzichtbar sind, gaben einige Hinweise auf seine innere Haltung. Als Wahlspruch wählte Ratzinger das Wort aus dem dritten Johannesbrief, »Mitarbeiter der Wahrheit«. Dieser nur 15 Verse umfassende Brief am Ende des Neuen Testaments zählt zu den wenig gelesenen und selten erwähnten Texten der Heiligen Schrift. Er richtet sich an den »geliebten Gaius« und würdigt ausdrücklich dessen »Treue zur Wahrheit«. Auch wird vor Diotrephes gewarnt, der in der Gemeinde »der Erste sein will und uns nicht anerkennt«. Dann wieder »Wahrheit« und »Zeugnis für die Wahrheit«. Wenn man bedenkt, dass zu diesem Zeitpunkt am Vorabend des Pfingstfestes 1977 in der deutschen Kirche der seit Jahren hinter und vor den Kulissen tobende Kampf um den Entzug der Lehrerlaubnis von Hans Küng seinem dramatischen Ende zustrebte, ist es nicht abwegig zu vermuten, dass der neue Erzbischof von München, der in dieser Richtungsentscheidung eine wichtige Rolle spielte, seinen Wappenspruch gezielt ausgewählt und mit aktuellen Anspielungen gespickt hat. »Wahrheit« und »Treue zur Wahrheit« begleiteten ihn sein Leben hindurch, sie haben sehr viel mit dem »Drama« zu tun, das er mehrfach beklagte, und sie weisen auch in eine Richtung, die ihn noch beschäftigen wird: nach Rom und in die Weltkirche.

Deshalb behielt Ratzinger wohl auch den etwas mysteriösen Mohr als Symbol der Freisinger Bischöfe in seinem Wappen. Er interpretierte ihn als ein Zeichen der »Universalität«, fügte jedoch die Muschel und den Bären hinzu. Die Muschel ist in jüngster Zeit als Wahrzeichen der Pilger auf dem langen Weg nach Santiago de Compostella wieder ins Bewusstsein vieler Menschen gerückt. Doch hatte der neue Erzbischof nicht so sehr den an der galizischen Küste strandenden Apostel Jakobus im Sinn, sondern seinen geliebten heiligen Augustinus beim Grübeln über das Geheimnis der Dreifaltigkeit. Die Legende erzählt, der Kirchenvater habe am Strand ein Kind beobachtet, das mit einer Muschel Wasser in eine kleine Grube zu schöpfen versuchte. Augustinus erkannte in dieser lapidaren Szene einen Hinweis auf den geheimnisvollen, in Begriffen nicht zu fassenden Gott. Ähnlich der Grube, die das Meerwasser nie fassen kann, ist es dem Menschen unmöglich, die Größe und Tiefe des Mysteriums Gottes zu begreifen.

Schließlich griff Ratzinger in dem Wappen auf ein regionales bayerisches Symbol zurück, es entspricht seiner Neigung für heimatliche Bezüge. Es ist der Bär des Gründers und ersten Bischofs des Freisinger Bistums, Korbinian, der das Pferd des Heiligen auf der Reise nach Rom zerfleischt hat und zur Strafe in einen Packesel verwandelt wurde, der das Bündel in die Heilige Stadt schleppen musste. »Reise nach Rom« oder »Zerfleischung und Strafe«, auch darüber könnten Tiefenpsychologen spekulieren, vor allem wenn man bedenkt, dass der Bär nach geleiste-ter Arbeit als Belohnung in Rom wieder in die Freiheit entlassen wurde.

Etwas ließ Joseph Ratzinger bei der Annahme des Rufes zum Erz-bischof von München zögern; es war seine mangelnde Seelsorge- und Verwaltungserfahrung, vor allem jedoch sein Abschied von der theo-logischen Forschung. Seit mehr als drei Jahrzehnten war das sein ureigenes Terrain, auf dem er brillierte und Einfluss ausübte. Gewiss würde es ihm daran in Zukunft als Bischof nicht ganz fehlen, aber es geschah ganz sicher nicht mehr in der behaglichen Klausur seines von Büchern umstellten Arbeitszimmers, sondern meist bei Predigten und Ansprachen in der Öffentlichkeit. Sich mit Hans Küng in theo-logischen Zeitschriften Duelle zu liefern, war etwas anderes, als in bi-schöflichen Kommissionen mit der Androhung konkreter Sanktionen gegen den ehemaligen Tübinger Kollegen vorgehen zu müssen. Nicht minder galt das für kirchliche Positionen in den brisanten Disputen über Geburtenkontrolle, Zölibat oder Befreiungstheologie. Statt dem Feilen an einem eigenen »Oeuvre, zum Ganzen der Theologie« muss-te Erzbischof Ratzinger jetzt selbst in den Ring steigen. »Mitarbeiter der Wahrheit« zu sein, hieß für ihn, sie mit Zähnen und Klauen zu ver-teidigen, dazu gab es viel Anlass. »Mir klingen noch immer die Worte der Bibel wie der Kirchenväter im Ohr«, so machte er sich Mut, »die die Hirten mit großer Schärfe verurteilen, die wie stumme Hunde sind und, um Konflikte zu vermeiden, das Gift sich ausbreiten lassen …« Er war bereit zu bellen und die Giftmischer zu stellen. Bedenkenswert ist schließlich die kleine Silbe, mit der das Wort »Mitarbeiter« beginnt. Ein Kooperator in Sachen Wahrheit wollte er sein – kein Solist. Hatte er wirklich Teamgeist, wollte er ihn je, der große Einsame? Oder war es die Andeutung einer erkannten Schwäche? Eine Bitte, ihn aus sei-ner gelegentlichen Distanz herauszuholen, ihn einzubinden, ihn nicht »oben« allein zu lassen?

Die Jahre als Diözesanbischof gehören nicht zu den glanzvollsten in der Biografie Joseph Ratzingers. Der Wissenschaftler tat sich schwer, den leutseligen Hirten zu spielen. In der Diözese kursierte ein Witz: Ratzinger predigt und streckt der Menge auf feine, aber deutlich dis-tanzierende Weise seine offenen Handflächen entgegen. Dazu sagt er: »Wir müssen endlich auf die Menschen zugehen und sie liebevoll dort abholen, wo sie stehen.« Dass er kein Administrator war, hat er immer zugegeben. Ein geborenes Alpha-Tier wie sein Vorgänger Döpfner war er nicht. Die Dinge aber schleifen lassen und den dekorativ-spirituellen Repräsentanten zu spielen, das war auch nicht seine Sache. So löste er manchen Zwist, den ein souveräner Leader mit der bayerischen Faust auf dem Tisch erledigt hätte, auf eine Weise, dass es eine Fülle von Konflikten gab, nicht zuletzt mit den Priestern der Diözese. Auf der anderen Seite stand, dass viele Christen in seiner Diözese fasziniert waren von der schönen Liturgie, den legendären Predigten und der intellektuellen Ausstrahlung ihres Oberhirten.

Die Fotos seiner ersten Amtshandlungen zeigen einen Erzbischof mit Schulkindern, bayerischen Blasmusikanten und politischen Honoratioren, jedoch auch mit einem Kollegen, den er 1977 auf der römischen Bischofssynode persönlich kennen lernte: seinen polnischen Kollegen Karol Wojtyla. Da war sofort eine gemeinsame Wellenlänge da. Bereits drei Jahre zuvor hatten sie Bücher ausgetauscht. Vor allem Ratzingers orakelnde Äußerungen über Endzeit und »letzte Dinge« hatten den Polen beeindruckt, der das »reale Böse« während der Nazizeit und des Regimes der Kommunisten am eigenen Leib zu spüren bekommen hatte. Ratzingers These, der Kampf für ein irdisches Paradies sei eine »Farce des Bösen«, entsprach den bitteren Lebenserfahrungen des Kardinals aus Krakau. In seinem Buch »Eschatologie – Tod und ewiges Leben« hatte der Deutsche eine andere, für Wojtyla wichtige Meinung vertreten: Im Gegensatz zu Marxismus und Befreiungstheologie gehe es im Christentum um die unmittelbare Erlösung des Einzelmenschen, die mit Politik nichts zu tun habe; die Sorge um privates Glück und persönliches Heil sei kein »spießiger Geselle«. Über das Fachsimpeln hinaus gab es eine noch abzuarbeitende Schuld der Deutschen gegenüber dem polnischen Volk; die Geste des in Warschau knienden Bundeskanzlers Willy Brandt war unvergessen; Versöhnung wollten die Katholiken nicht allein den Sozis überlassen. Mehr als eine bloße Seelenverwandtschaft, verband beide eine Art »Komplizenschaft«, eine sich ergänzende Solidarität im heftigen Kampf um die Macht in der Kirche; sie durfte weder von der Schickeria christlicher Linksintellektueller gefährdet werden noch von Hardlinern im eigenen Lager. Kein Geringerer als der polnische Primas Kardinal Wyszynski hatte noch 1968 die Verbreitung von Ratzingers Welterfolg »Einführung in das Christentum«, im Gegensatz zu Wojtyla, untersagt.

Jetzt kam es auf eine neue Achse an: Der Bischof von Krakau, ein Philosoph und Fels in der Brandung, sein Kollege aus München, ein herausragender Theologe und sensibler Zuarbeiter. Hatte sich der Pole als Widerständler gegen barbarische Machthaber bewährt, kannte sich Ratzinger im Feinschliff wissenschaftlicher Dispute bestens aus. Papst Paul VI. mochte eine dumpfe Ahnung gehabt haben, als er beide auffallend schnell zu Kardinälen erhob. Er war erschöpft und suchte für das Team seines potentiellen Nachfolgers vorzugsweise jüngere Bischöfe aus dem europäischen Mitte-rechts-Lager; kluge, aber auch harte Köpfe. Wenn man voraussetzt, dass Ratzinger über die Achse Graber–Del Mestri schon frühzeitig über seine Karriere als Kardinal eingeweiht worden war, kam seine rasche Berufung zeitgerecht.

Aus römischer Sicht bestand Eile und Handlungsbedarf. Paul VI. hatte auf ihn und auf Hans Küng große Stücke gesetzt; als der Schweizer Dickkopf jedoch die Appelle und kleinen Geschenke des Papstes ignorierte und mit der Unfehlbarkeitsanfrage gar an seinem »Thron« zu rütteln begann, kehrte er sich, auch menschlich enttäuscht, von ihm ab. Kardinal Döpfner war tot, Kardinal Frings erblindet. Der drohenden »Lutherisierung« an den katholischen Fakultäten Deutschlands – derartige Befürchtungen hegte man im italienisch dominierten Rom mit 400-jähriger Tradition – musste ein loyaler Bischof gleichen intellektuellen Formats in Szene gesetzt werden. Spätestens seitdem Küng, trotz der Verrisse von Rudolf Augstein, auf der Bestsellerliste des Nachrichtenmagazins »Der Spiegel« wochenlang Spitzenpositionen einnahm, war allen klar, dass er – Sanktionen hin, Lehrentzug her – in der öffentlichen Debatte eine fixe Größe war, während die offiziellen Vertreter eine hilflose bis jämmerliche Figur machten. Küng setzte die Themen; das verärgerte in Rom. Jetzt galt es, ihm nicht nur auf gleicher Augenhöhe zu widersprechen, sondern auch die entsprechende Machtposition mit einem Mann gleichen Formats zu besetzen. Die Meinungshoheit in Deutschland mochte man dem Tübinger nicht überlassen. Keine Frage, auf wen die Wahl fiel.

Wenn es um Abgeschirmtheit geht, gibt es in der Kirche keinen besseren Ort als ein Konklave. Als im August 1978 Papst Paul VI. starb, brach diese Stunde irgendwie zur Unzeit über das Kardinalskollegium herein – kirchenstrategisch wie jahreszeitlich. Es war ein glühend heißer Sommer, die Römer waren an die Strände von Ostia oder in die schattigen Albaner Berge geflüchtet. Der Dekan des Heiligen Kollegiums, der Franzose Jean Villot, drängte jedoch auf eiserne Disziplin bei der Einhaltung der mittelalterlich anmutenden Konklave-Vorschriften. Als nach dem Ruf »extra omnes, alle hinaus« die Pforten der Sixtinischen Kapelle geschlossen wurden, hielt die Welt den Atem an. Wem würde in dieser Zeit ausufernder Krise die Führung der Kirche anvertraut werden? Die internen Umstände der geheimen Wahlen waren katastrophal. Versiegelte Fenster, spartanische Holzzellen wie in einem Trappistenkloster, heiße stickige Luft, unmögliche sanitäre Verhältnisse. Nachts standen die von urologischen Beschwerden behelligten alten Herren des Kollegiums vor den Toiletten Schlange. Der belgische Kardinal Léon Joseph Suenens hielt es nicht mehr aus und riss entgegen allen Regeln sein Fenster auf. Villot hatte Mühe, die »hygienische« Fronde zu beruhigen. Der Heilige Geist geriet ins Schwitzen. Wohl auch deshalb wurde dieses Konklave, das nach knapp vierundzwanzig Stunden den kaum bekannten Patriarchen von Venedig, Albino Luciani, zum Papst Johannes Paul I. wählte, so kurz.

Bereits unmittelbar nach dem Tod Pauls VI. sowie während der neuntägigen Trauer, der »Novemdiales«, hatte es zwischen Wojtyla und Ratzinger wiederholt vertrauliche Gespräche gegeben. Auf den vorbereitenden Sitzungen des Heiligen Kollegiums berichteten die verantwortlichen Kardinäle über die Lage der Weltkirche. Wohin man blickte: Krisen. In der Dritten Welt herrschte das blanke Elend, drohten die Schalmeien der Medizinmänner und Sektenführer. In Lateinamerika rumorte die Guerillero-Kirche. In Osteuropa rieselte der Rost des Eisernen Vorhangs. Im verwöhnten Westen nahm die inflationäre Mixtur aus Glaubensverlust und Sittenverfall galoppierende Dimensionen an. Diagnose und Therapie schienen klar, die Kirche brauchte einen spirituellen Papst, einen, der nicht verbrannt war, eine Lichtgestalt, an der man sich aufrichten konnte. Im Treibhaus des Konklaves wurde dies in Rekordzeit umgesetzt. Noch ehe der neue Oberhirte seiner Wahl zugestimmt hatte, flüsterte ihm der neben ihm sitzende, sich nach frischer Luft sehnende Kardinal Suenens zu: »Keine Sorge, Eminenz, in aller Welt beten die Menschen für Sie.« Als sich die jungen Kardinäle Wojtyla und Ratzinger nach der ersten Papstmesse in Rom verabschiedeten, waren beide überzeugt, der Kirche zu einer Atempause verholfen zu haben. Sie sollten sich täuschen.

Bereits 33 Tage später trafen sie sich, nach dem mysteriösen Tod von Johannes Paul I., in Rom wieder. Es war erschütternd: Was wollte der Heilige Geist? Albino Luciani hatte der Welt sein Lächeln schenken können, mehr nicht. Die Lage der Kirche hatte sich in diesem

Kurzpontifikat natürlich nicht verändert, und dennoch schien die Zeit für einen völlig neuen Anfang gekommen. Im Kreis der Kardinäle war nicht unbemerkt geblieben, dass sowohl auf Wojtyla als auch auf Ratzinger in den ersten Wahlgängen des vorausgegangenen Luciani-Konklaves Stimmen entfallen waren. Für zwei junge Nichtitaliener ein bemerkenswerter Vorgang; vor allem die polnische Option schien spannend. Nach dem unerwarteten Sterbefall wurde ein junger Nachfolger gesucht, zudem passte Polen vielen ins Konzept; dort war man zweifelsfrei katholisch-konservativ und politisch konnte man mit der einen oder anderen Verbesserung für die verfolgte Kirche im Ostblock rechnen, wenn einer der dortigen Bischöfe plötzlich im Rampenlicht der Welt stehen würde. Die deutschen Kardinäle, allen voran die Wegbereiter der deutsch-polnischen Verständigung, der Kölner Joseph Höffner und der Mainzer Hermann Volk, dann der Münchener Joseph Ratzinger, aber auch der Wiener Erzbischof Kardinal Franziskus König starteten eine Wojtyla-Kampagne. Ratzinger argumentierte auf seine stille Art. Höffner, Erzbischof der reichsten Diözese der Welt, hatte bei den farbigen Konfratres ohnehin einen Stein im Brett: wegen »Misereor« und »Adveniat«. König erinnerte als Kenner des christlichen Orients an eine unverzichtbar gewordene West-Ost-Verbindung. Als in den ersten Wahlgängen die beiden italienischen Papabile, der konservative Kardinal Siri und der progressive Kardinal Benelli, einander blockierten, blickten viele auf den rätselhaften Mann mit der starken Ausstrahlung aus Krakau. Vor allem Ratzinger wurde aktiv. Bereits während der Totenmessen der Novemdiales war er als einer der neun Prediger aufgefallen, die vor weiteren Konzessionen an die theologische Linke gewarnt hatten. Auch war in der »FAZ«, sicherlich nicht absichtslos, vor dem Konklave ein Ratzinger-Interview erschienen, das er ebenfalls mit Kassandrarufen gespickt hatte. Die polnische Option wurde für beide Lager immer verlockender, die einen wollten einen strammen Konservativen, die anderen einen katholischen Paukenschlag und einen Publikumsmagnet. Karol Wojtyla wurde zum Papst, »der aus dem Osten kam« – und er begann in einer Weise die Welt zu verändern, die sich keiner erträumt hatte.

Verschwiegene Übereinstimmung und gemeinsame öffentliche Sache mussten jedoch noch säuberlich getrennt werden. Zu diesem Zeitpunkt mochten und schätzten sich Ratzinger und der neue Papst – aber sie waren beileibe noch nicht das Dioskurenpaar, als das sie später in Erscheinung traten. Ratzingers Aufgabe lag in Deutschland, und die war, sofern sie über die Diözesangrenzen hinausging, heikel genug. Seit Jahren lief das von ihm diskret begleitete Untersuchungsverfahren gegen Hans Küng. Wiederholt war in Tübingen die Meinung verbreitet worden, Ratzinger verdanke die Berufungen in den engen Machtkreis der Kirche seinen »römischen Kniefällen«. Auch wurde am Neckar der begründete Verdacht gehegt, dass man von dem polnischen Superstar auf dem Stuhl Petri keinen Beifall zu erwarten habe. Ratzinger hatte Gründe genug, das Angebot von Johannes Paul II., als Präfekt die Leitung der Glaubenskongregation zu übernehmen, einstweilen abzulehnen. Ein fliegender Wechsel hätte auch in seinem Münchener Bistum Unmut ausgelöst und das Geraune von Personalschacher weiter angeheizt. Dennoch blieb nicht unbemerkt, dass Ratzingers Stern weiter anstieg. Auf der Bischofssynode für die Familie trat er als päpstlicher »relator« an, der nach den Protesten gegen »Humane Vitae« zwar die bekannten Standpunkte des Vatikans verteidigte, aber dennoch eine Türspalte offen ließ. Politisch engagierte er sich für die polnische Gewerkschaft »Solidarnosc«, reiste zum ersten Papstbesuch nach Polen und stand an der Seite des bayerischen Ministerpräsidenten Franz Josef Strauß bei einer Kundgebung gegen die polizeistaatlichen Anordnungen im Politbüro des Bajonettgenerals Jaruzelski.

Die Skepsis in Tübingen wich zunehmend der Entrüstung. Die Beziehungen Ratzingers zu Küng waren schwer erschüttert. Spätestens seit der Kritik an dem 1970 erschienen Buch »Unfehlbar? Eine Anfrage« standen die Zeichen auf Zwist. Nach dem kurzen Burgfrieden auf einem gemeinsamen Seminar mit Rahner und anderen Kollegen 1972 in Tübingen kam es im Rahmen der erregt geführten Debatte über Küngs »Christ sein« zwischen beiden zu einem Eklat. In einem Sammelband mit Beiträgen von Rahner, Lehmann, von Balthasar, Kasper und anderen ging Ratzinger ungewohnt scharf in die Offensive und warf dem zunächst sprachlosen Autor vor, »leere Worte« verbreitet zu haben, in denen der christliche Glaube grundlegend »der Verfälschung« preisgegeben werde. Küng gehe arrogant einen einsamen Weg, der die Theologie aus der Ernsthaftigkeit von Leben und Tod dränge. Das Buch ergebe sich der modernen Vernünftigkeit, es drücke nur bequeme Schul- und Parteiüberzeugungen aus und führe ins Nichts.

In einer von der »FAZ« am 22. Mai 1976 publizierten Replik konterte Küng, die Attacke Ratzingers sei ein »Schuss in den Rücken«, der mit Fälschungen, Unterstellungen und Vorverurteilungen operiere. Der Konflikt eskalierte weiter, als es ein Jahr später zu einer Aussprache mit den Bischöfen kam und Küng den von Kardinal Döpfner gewählten Berater Ratzinger ausdrücklich ablehnte. Küng argumentierte, diese als »Stuttgarter Kolloquium« bezeichnete Begegnung laufe durch die Anwesenheit Ratzingers Gefahr, in Verbissenheit und Emotionen auszuufern. Die um Hausfrieden besorgten Bischöfe gaben klein bei, Ratzinger blieb daheim in Regensburg. Der Vorfall wirft kritische Fragen auf: Der auf »Freiheit der Theologie« pochende Küng stellte ein Ultimatum gegen einen herausragenden, aber anders denkenden Kollegen. Bediente er sich nicht der Methoden der von ihm ständig bekämpften »Inquisition«? Stand der persönliche Zorn über dem allgemeinen Anliegen der Debatte? Gerät Küng in Rage, wird er unberechenbar. Dies haben, zum Leidwesen seiner Freunde, so manche Redaktionen oder Diskussionsveranstalter, die seinen Interessen entgegenwirkten, auf mitunter peinliche Weise zu spüren bekommen.

Bereits beim »Stuttgarter Kolloquium« hatte Küng den erstaunten Bischöfen zu verstehen gegeben, dass er mit Ratzinger »nicht mehr reden« könne. Es klang wie der Abgesang, war es aber nicht. 1982 – drei Jahre nach dem Entzug der Lehrbefugnis – sollte es dann doch wieder zu einer Begegnung kommen; dieses Mal nicht mit dem Kardinal von München, sondern mit dem Präfekten der Glaubenskongregation. Küng habe ihm »gestanden«, so der Glaubenspräfekt, dass er nicht in seine »vorige Position zurückwollte und dass seine gegenwärtige Stellung ihm viel besser auf den Leib zugeschnitten sei«. Aber dennoch, der Gesprächsfrieden währte offenbar nicht lange, denn bald beschuldigte Ratzinger Küng, seine Positionen auch in so fundamentalen Fragen der Christologie und der Trinitätslehre radikalisiert und sich »weiter vom Glauben der Kirche« entfernt zu haben. Das klang eher nach Kriegserklärung als nach tolerantem Gewährenlassen. Nichts hat Hans Küng je mehr verletzt als der Versuch, ihn aus der Kirche hinauszudrängen und in die Nähe einer wie auch immer gearteten »Ketzerei« zu rücken. Joseph Ratzinger nennt das anders: »Ich respektiere seinen Weg, den er seinem Gewissen gemäß geht ... aber er sollte dann nicht auch noch das Siegel der Kirche dafür verlangen, sondern dazu stehen, dass er nun eben in wesentlichen Fragen zu anderen, ganz persönlichen Entscheidungen gekommen ist.«

17. Fall Küng, Fall Kirche

Die Mitglieder der Päpstlichen Glaubenskongregation wollten auf Nummer sicher gehen. Nach dem langjährigen, mit allen Finessen ausgefochtenen Kampf um den Entzug der »missio canonica«, der kirchlichen Lehrbefugnis des Theologen Hans Küng, trauten sie nach der getroffenen Entscheidung weder dem Postboten noch dem »eingeschriebenen Brief«. Die Überbringung der schlechten Nachricht entsprach dem Stil des Hauses. Die Bonner Nuntiatur wurde offiziell mit dieser Mission betraut, und die setzte dafür einen Kurier ein. Dazu wurde ein Jesuit ausgesucht, der wusste, was Sache war. Am Dienstag, den 18. Dezember 1979, traf der Pater um zehn Uhr vormittags in Tübingen ein und ließ sich die Übergabe des in lateinischer Sprache abgefassten Schreibens schriftlich bestätigen. Allerdings war der eigentliche Adressat nicht erreichbar. Bereits drei Tage zuvor hatte Hans Küng die Universitätsstadt fluchtartig verlassen. Nicht etwa, weil er Böses ahnte und sich dem drohenden Rausschmiss entziehen wollte, sondern weil er einfach groggy war. Das Jahr neigte sich dem Ende zu und der Professor hatte noch keinen Urlaub gemacht. Eine China-Reise unter der Schirmherrschaft des Kennedy Institute in Washington mit einem Vortrag an der Akademie für Sozialwissenschaften in Peking hatte im Mittelpunkt seiner zahlreichen Termine gestanden. Sie wurde auch von politischen Beobachtern als eine beachtliche Premiere gewertet, denn erstmals in der 30-jährigen Geschichte des militant atheistischen Regimes war Küngs Vortrag über die Gottesfrage im Einvernehmen mit der kommunistischen Regierung zustande gekommen. Neben den laufenden Lehrveranstaltungen nahm er eine Fülle weiterer Verpflichtungen wahr, so als Gastredner beim Europäischen Radiologenkongress oder beim Deutschen Künstlerbund in Stuttgart; all das hatte ihn geschlaucht. Und das Schreiben wollte er auch nicht lassen; so veröffentlichte er »24 Thesen zur Gottesfrage«, die bald darauf in sein Buch »Existiert Gott?« einfließen sollten. Es erschienen spanische und italienische Ausgaben, zu deren Präsentationen er anwesend sein musste; auch bei einer Buchvorstellung in Israel stand er Rede und Antwort. Obendrein musste er wegen Umbauarbeiten für ein Jahr aus seinem Tübinger Haus ausziehen, was ihm zu schaffen machte, denn er brauchte zur Arbeit die Vertrautheit seines ureigenen Umfelds. Ein harter Arbeiter war er immer – und ein Viel- und Schnellschreiber. Zeitweise blieben ihm nur fünf Stunden Schlaf. Sich darüber groß zu beklagen war nie seine Sache. Er war ein freier Mann und lud sich seine Lasten selber auf.

Erschöpft und all des Haders mit bischöflichen Kommissionen überdrüssig, war er am 15. Dezember in vorzeitige Weihnachtsferien aufgebrochen und nach Lech am Arlberg zum Skilaufen gefahren. Als seine ratlosen Mitarbeiter ihn nach dem etwas unheimlichen Kurzbesuch des schweigsamen Jesuiten anrufen wollten, wusste niemand, wo er sich befand; Hans Küng schien sich in Luft aufgelöst zu haben. Als einer der Ersten war der Frühaufsteher mit dem Lift im Gebirge verschwunden und konnte nur mit großer Mühe auf einer abgelegenen schwarzen Skipiste ausfindig gemacht werden. Sofort eilte er in seine Unterkunft zurück und vernahm am Telefon jene Nachricht, die unterdessen bereits über die Ticker der Nachrichtenagenturen lief und weltweit Aufsehen erregte. Noch in der gleichen Stunde packte er seine sieben Sachen, stürzte in seinen Alfa und eilte nach Tübingen zurück.

Unterwegs auf der Autobahn hatte er genügend Zeit, die neue Situation zu überdenken. So ganz überraschten ihn die dramatische Wendung der Dinge und der jesuitische Hiobsbote nicht. Rottenburgs Bischof Georg Moser, mit dem er ein gutes Verhältnis pflegte, hatte ihm bereits im Frühjahr, nach der Lektüre seiner beiden neuen Veröffentlichungen in der Unfehlbarkeitsdebatte, stirnrunzelnd signalisiert, dass sich seine Lage zuspitzen werde. Ursprünglich hatten sich die deutsche Bischofskonferenz und Küng in einer offenbar missverständlichen »informellen Übereinkunft« darauf verständigt, dass sich der Autor mit neuen Erklärungen zum heiklen Thema zurückhalten werde. Dann aber war Küng mit einem Vorwort zu August Bernhard Haslers Buch »Wie der Papst unfehlbar wurde« und einer sehr kritischen Wertung des ersten Jahres des Pontifikates von Johannes Paul II. erneut in den Ring gestiegen. Enttäuscht ließ Moser ihn wissen, dass dieses Vorgehen »gar nicht anders denn als Provokation« verstanden werden könne. Fast beiläufig erwähnte der Bischof »Entscheidungen über Disziplinarmaßnahmen«, die mit Küngs Aufgabe als theologischer Lehrer für angehende Priester der Diözese zusammenhängen könnten.

Pikanter noch: Hans Küngs ehemaliger Tübinger Kollege, der Erzbischof von München-Freising, Kardinal Joseph Ratzinger, hatte sich seit seiner Ernennung mehrmals in den »Fall Küng« eingeschaltet und eine nicht recht deutbare Vermittlungsrolle zwischen dem umstrittenen Theologen und dem Vorsitzenden der deutschen Bischofskonferenz, dem Kölner Kardinal Joseph Höffner, übernommen. Briefe gingen hin und her, Bedenken wurden erwogen. Im Gegensatz zu dem verstorbenen Kardinal Julius Döpfner, den Küng aus dem römischen Germanicum als Studienkollege geduzt hatte, zählte der kleine, stets etwas gekränkt wirkende Sozialwissenschaftler Höffner nicht zu seinen Sympathisanten; von der »Linientreue in Person« war nicht viel zu erwarten. Oder doch? Hatte Höffner nicht auf der Herbstvollversammlung der Deutschen Bischofskonferenz in Fulda die Pastoral der Kirchenfremden als »eine der grundlegenden Aufgaben der gegenwärtigen Kirche« bezeichnet? Mehr jedoch hegte der Tübinger seit längerer Zeit ernsthafte Zweifel gegenüber Ratzinger, den er zwar als Theologen schätzte, zugleich aber als Überläufer und Karrierist beargwöhnte. Dessen harscher Verriss seines Buches »Christ sein« hatte Hans Küng schwer enttäuscht. War da gar nichts mehr an Solidarität aus ihren gemeinsamen Jahren? Die Rezension bot Anlass zur Vorsicht, doch schien Küng beruhigt, als sich Ratzinger am 16. Oktober 1979 in einem Interview des Deutschlandfunks kritisch, aber sachlich zu seiner von vielen als unverschämt beurteilten Bilanz des ersten Papstjahres geäußert hatte.

Vom 5. bis zum 9. November 1979 fand im Vatikan eine Vollversammlung des Kardinalskollegiums statt, die nicht ohne Folgen bleiben sollte. Nur wenigen Beobachtern fiel auf, dass die deutschen Kardinäle, anders als beim üblichen Ad-limina-Besuch, in einer eigens anberaumten Privataudienz vom Papst empfangen wurden. Dabei muss es offenbar zu einem »Wettersturz« gekommen sein, denn bereits zwei Tage nach seiner Rückkehr schlug Ratzinger auf einer Diskussionsveranstaltung anlässlich der Korbinians-Jugendwallfahrt in Freising neue Töne an. Der am nächsten Tag von der Katholischen Nachrichtenagentur (KNA) bundesweit verbreitete Inhalt ließ alle aufhorchen: Ratzinger hatte dort wortwörtlich gesagt, dass Küng, mit dem er sich persönlich immer sehr gut verstanden habe, »ganz einfach nicht mehr den Glauben der katholischen Kirche vertritt«. Es sei eine Frage der Redlichkeit festzustellen, dass er folglich »auch nicht in deren Namen sprechen kann«. Gleich fiel auf, dass der ansonsten piano formulierende Kardinal eine disziplinarische Maßregelung ins Gespräch brachte: »Ich kann mir ja schließlich nicht von der Kirche den Auftrag geben lassen, zu sagen, dass sie keinen Auftrag vergeben kann.« Küng bestreite energisch wesentliche Lehren der katholischen Kirche, ihm sei zu empfehlen, in seinem eigenen Namen oder in jemandes anderem Namen zu sprechen. Um den jetzt in den Medien zu erwartenden »Martyriumsbefürchtungen« entgegenzutreten, betonte der Kardinal mit einem gewissen Lächeln, dass Küngs öffentlicher Radius und seine Rede-Möglichkeiten gewiss nicht eingeschränkt würden: »Es gibt, glaube ich, keinen Bischof auf der ganzen Welt, den Papst ausgenommen, der so viel Möglichkeiten hat, sich der Menschheit kundzutun, wie er.« Küngs Papstkritik sei von der »FAZ« über »Le Monde« bis nach Italien und Amerika verbreitet worden, daran werde sich wohl nichts ändern, »und ein deutscher Professor ist ja auch kein unbedingter Vertreter der Kirche der Armen« – eine kleine Spitze noch in Richtung des Alfa-Fahrers in wohldotierter, unkündbarer Stellung in Baden-Württemberg.

Küng packte die Wut. Am 13. November 1979 trat er vor die Presse, um auf die Anschuldigungen Kardinal Ratzingers zu reagieren. Zimperlich ging er nicht zur Sache. Küng beschuldigte den Kardinal von München der Verbreitung unwahrer Äußerungen; »als korrekter Interpret« von Küngs Schriften habe sich der Münchner Kardinal ohnehin nie erwiesen. Doch habe man zumindest hoffen können, »dass hohe kirchliche Amtsträger unter dem gegenwärtigen Pontifikat nicht wieder in die vorkonziliaren Gewohnheiten der Ketzerriecherei, der Unterstellungen und Diffamierungen zurückfallen«. Die berechtigten Fragen zahlloser Katholiken an die amtskirchliche Lehre, Moral und Disziplin ließen sich nicht dadurch erledigen, dass man die Theologen diskreditiere, die diese Klagen unverkürzt zur Sprache brächten. Auffallend dann jedoch Küngs Schlusssatz: »Darüber sollte man eigentlich im Geist alter Kollegialität freundschaftlich reden können.«

Ein am gleichen Tag an den Kardinal gerichtetes Schreiben mit beigelegtem Wortlaut der Presseerklärung beginnt mit der Anrede »Lieber Herr Ratzinger«. Sachkontroversen sollten doch bitte nicht persönlich werden, mahnt Hans Küng. Aber er müsse die Freisinger Äußerungen seines ehemaligen Kollegen als »frontalen Angriff auf meine Katholizität und intellektuelle wie moralische Integrität« betrachten. Noch bevor der Kardinal antworten konnte, erklärte sich auch Küngs Rottenburger Bischof Moser, der ihm so lange die Stange gehalten hatte. Im Gespräch mit Journalisten, die ihn nach dem neuen »Fall Küng« befragt hatten, zuckte er mit den Schultern: Der Tübinger Theologe provoziere immer wieder und sei bisweilen maßlos in der Form. Wer, wie Küng, auf solche Weise kritisiere, dürfe sich über harte Kritik nicht wundern. Wer Anfragen an den Papst richte, sei jedoch nicht weniger katholisch als andere. »Niemand, gewiss auch nicht Kardinal Ratzinger, werde Küng persönlich den Glauben absprechen wollen.«

Ratzingers briefliche Antwort vom 16. November 1979 an Küng fiel im Gegensatz zu den Vorwürfen auf der Korbinians-Wallfahrt betont milde aus. Der »freundliche Brief« habe ihn »sehr gefreut«, schrieb der Kardinal. Er empfinde den Wunsch Küngs nach einem freundschaftlichen Gespräch in alter Kollegialität als begrüßenswert. Dann trat eine sonderbare Stille ein, die erst drei Tage vor dem Knall in nur einem Interview Küngs am 15. Dezember 1979 in der Tageszeitung »Die Welt« unterbrochen wurde. Auf die Frage des Redakteurs nach den Ratzinger-Äußerungen vor der Freisinger Jugend wiederholte Küng seine Wertung eines »unerhörten Vorgangs« und »vorkonziliarer Methoden«. Ihm einfach das »Katholischsein« abzusprechen und somit eine öffentliche Diffamierungskampagne auszulösen, habe ihn tief getroffen. »Irrtümer sind – so selbstkritisch sollte man sein – möglich, aber nicht nur bei Theologen, sondern auch bei der katholischen Hierarchie.« Erneut pochte er auf sein Anrecht auf die »missio canonica«, auf seine kirchliche Lehrbefugnis.

Was Küng nicht wissen konnte: Bereits am Vorabend hatte in Brüssel ein streng geheimes Treffen römischer und deutscher Bischöfe stattgefunden. Es war der Stoff, aus dem Gruselromane über die Verliese des Vatikans gemacht werden. Nur mit dem Unterschied, dass draußen der Verkehr der heimlichen Hauptstadt Europas pulsierte. Die Idee dieses Treffens wenige Tage vor Weihnachten stammte von dem belgischen Dominikaner, Erzbischof Jérôme Hamer, einem jovialen 63-jährigen Brüsseler, der allerdings seit zehn Jahren als Sekretär der Glaubenskongregation mit der Prozedur römischer Strafverfahren hauptberuflich vertraut war. Am konspirativen Ort anwesend waren, neben dem Gastgeber Hamer, der Apostolische Nuntius in Bonn, Erzbischof Del Mestri; der Vorsitzende der Deutschen Bischofskonferenz, Kardinal Höffner; ihr Sekretär, Prälat Hohmeyer, sowie der schwer atmende Rottenburger Bischof Moser. Ihm fiel in dieser Runde, als dem laut Konkordat zuständigen Ortsbischof, eine entscheidende Exekutionsrolle zu. Auch dafür hatte der ehemalige Predigermönch Hamer bestens vorgesorgt: Der in Rom als Beschützer Küngs geltende Moser war erst in letzter Minute zu der dringenden, jedoch nicht näher bezeichneten Besprechung nach Brüssel bestellt worden. Um öffentlichen Ärger zu vermeiden, wurde der verunsicherte Bischof gleich unter die besondere Schweigepflicht, das so genannte »Sigillum«, der Glaubenskongregation gestellt. Konsterniert musste er feststellen, dass in der knisternden Spannung gar nicht mehr über Inhalte des »Falles Küng« diskutiert wurde, sondern nur noch über die Formalitäten seiner Abwicklung. Dass es weltweite Flurschäden für die Kirche geben würde, war abzusehen. Aber die Entscheidung für das Ende mit Schrecken war gefallen – wahrscheinlich ganz oben – und sie musste möglichst geräuschlos über die Bühne. Der als diplomatische Mittler-Instanz auftretende Nuntius übergab dem Bischof von Rottenburg offiziell die schriftliche Mitteilung der Entscheidung des Entzuges der »missio canonica« – mit der Bitte, in gebotener Eile die »notwendigen Schritte« zu unternehmen.

Moser blieb nichts anderes übrig, als das tückische Dokument anzunehmen, doch äußerte er schwere Bedenken gegen das ganze Vorgehen. Vor allem forderte er seine Gesprächspartner dazu auf, jeden Anschein überstürzter Härte zu vermeiden und Prof. Küng nochmals persönlich anzuhören und ihm die Möglichkeit einer schriftlichen Stellungnahme zu gewähren. Moser stieß auf Granit und startete einen letzten, emotionalen Versuch, in dem er die Hirten daran erinnerte, dass sie in der kommenden Woche das Fest des Friedens feiern würden und eine Veröffentlichung der Entzugs-Entscheidung zum jetzigen Zeitpunkt großen Schaden anrichten werde. Doch gab es kein Einlenken, so dass Moser ein sofortiges Gespräch mit dem angeblich aus Gesundheitsgründen verhinderten Präfekten Kardinal Seper zur Bedingung machte. Aber bitte – kein Problem! Hamer, der Hausherr des ungemütlichen Treffens, hatte schon damit gerechnet und stellte in einem Nebenraum die Telefonverbindung nach Rom her. »Pronto,

Seper«, vernahm Moser am anderen Ende der Leitung und erhielt eine Abfuhr. Schriftlich könne er seine Argumente selbstverständlich mitteilen, brummte der Kroate, doch bleibe es bei der Entscheidung.

Erst als Küng und die befreundeten Tübinger Theologen wenig später den genauen Wortlaut der Begründung für den Entzug seiner Lehrbefugnis lasen, fiel ihnen auf, dass diese auf sonderbare Weise den Formulierungen in Ratzingers Interview ähnelten. So kam Küng erneut zu dem Schluss, dass er es war, der hinter seinem Rücken in Rom zusammen mit dem polnischen Papst die langen Messer gewetzt hat. Ratzinger, so lautete sein hartnäckiger Verdacht, war nicht nur ein »nie korrekter Interpret« seiner Äußerungen, sondern zugleich ein heimtückischer Gegner, der den gegen ihn gerichteten Dolch im roten Kardinalsmantel trug.

Als Hans Küng am Abend des 18. Dezember 1979 in Tübingen eintraf, wurde er von seinen Kollegen und zahlreichen Journalisten erwartet. Sein Mitarbeiter Bernhard Häring, der Küng aus nächster Nähe kannte, berichtet, dies sei gewiss einer der »einschneidensten Tage seines Lebens« gewesen. Es herrschte eine kaum zu überbietende Spannung, als er vor die Mikrofone trat: »Ich schäme mich meiner Kirche, dass noch im 20. Jahrhundert geheime Inquisitionsverfahren durchgeführt werden. Es ist für viele Menschen ein Skandal, dass in einer Kirche, die sich auf Jesus Christus beruft und die neuerdings die Menschenrechte verteidigen will, die eigenen Theologen mit solchen Methoden diffamiert und diskreditiert werden.«

Die Reaktionen in der internationalen Presse waren äußerst kritisch. Die »FAZ« sprach von einem »Präzedenzfall für das Pontifikat Johannes Pauls II.« Die vornehme »Times« schrieb ausgerechnet in ihrer Ausgabe von Heiligabend, die Entscheidung der Glaubenskongregation wecke »dunkle Erinnerungen«, die nur dazu führen könnten, dass die so sorgfältig gepflegten Beziehungen zwischen der anglikanischen und der römischen Kirche wieder abkühlen würden. In Tübingen hatten nach Bekanntwerden des Verdikts tausend Studenten mit einem Fackelzug vor der fünfhundert Jahre alten Stiftskirche protestiert. In Küngs reguläre Vorlesung drängten demonstrativ zweitausend Hörer. Prominente Katholiken gründeten ein »Komitee zur Verteidigung der Christenrechte in der Kirche«. Zahlreiche deutsche Theologieprofessoren drohten, ihre Lehrbefugnis zurückzugeben. Auch im Ausland gingen Kollegen Küngs auf die Barrikaden. Die

»Concilium«-Direktoren Congar und Schillebeeckx forderten den Respekt der Menschenrechte bei kirchlichen Lehrverfahren. Der niederländische Dominikaner verlangte in der römischen Tageszeitung »Il Messagero« Fairness für Küng, sein französischer Mitbruder erinnerte in »Le Monde« an das leidenschaftliche Engagement des Schweizers und stellte die Frage, welchen Umgang »die Mutter Kirche« mit diesem »schwierigen Kind« zu pflegen gedenke. Spanische, amerikanische und kanadische Theologen bekundeten ihre Solidarität. André Mandouze forderte: »Ja zur Kirche, nein zur Inquisition«. Der Wiener Friedrich Heer schrieb: »Hans Küng: ein Königsopfer«. Heinrich Fries nannte den Kollegen »Zeuge des christlichen Glaubens«. Die liberal denkende protestantische Instanz Heinz Zahrnt zuckte die Schultern: »Nichts Neues aus Rom«.

Doch gab es auch bemerkenswerte Gegenstimmen. Karl Lehmann meldete sich noch vor den Festtagen mit der Erklärung zu Wort, Küng habe zweifellos die kirchliche Autorität »überreizt«. Einen Tag später erinnerte Hans Urs von Balthasar in der »FAZ« an die fast zweihundertseitige Dokumentation, welche die Deutsche Bischofskonferenz als Anlage zur Erklärung der Glaubenskongregation veröffentlicht habe. Man bewundere »die Lammsgeduld der römischen und der deutschen Amtsstellen mit ihm«; selbst ausgesprochen wohlwollende Männer, wie die Kardinäle Volk und Döpfner oder Bischof Moser hätten »die Waffen gestreckt«. Der Schweizer Kollege hatte Küng einst bei seiner Rechtfertigungs-These sehr geholfen; jetzt bezeichnet er dessen umstrittene Schriften als »gute protestantische Ansichten, die von vielen evangelischen Christen optima fide und sogar mit für Katholiken durchaus verständlichen Gründen vertreten werden«. Besonders dürfte Küng die abschließende Bemerkung von Balthasars geschmerzt haben: »Hier fällt mir ein, dass mir Karl Barth in einem Gespräch kurz vor seinem Tod erzählte, Hans Küng (dem gegenüber er misstrauisch geworden war) habe ihn besucht und ihm mit Triumphton gesagt: ›Wir werden eine neue Reformation in der Kirche erleben.‹« Der 1968 verstorbene Barth habe ihm darauf erwidert: »Eine Reformation wäre schon viel.«

Die stille Nacht des Jahres 1979 war nicht besonders still. Küngs Assistent Hermann Häring, der telefonierend und notierend die Festtage im ständigen Kontakt mit seinem in den Wintersport zurückgekehrten Professor verbrachte, schreibt, für Küng sei es »die bitterste Stunde«

gewesen. Doch auch für die deutschen Bischöfe wollte es zu Weihnachten nicht so recht fröhlich werden. Die Reaktionen in der Öffentlichkeit waren verheerend. Noch drei Tage vor dem Fest war der aufgeschreckte Rottenburger Bischof Georg Moser nach Rom gereist, in seiner Tasche eine Erklärung Küngs, in der er betonte, sich stets als katholischer Theologe verstanden zu haben und dies auch weiterhin tun zu wollen. Es sei nicht seine Absicht gewesen, mit seinem Hasler-Vorwort und der Kritik am ersten Papstjahr einen neuen Streit über die Unfehlbarkeit auszulösen oder die Dekrete des Ersten Vatikanischen Konzils und die Aussagen über das Petrusamt zu leugnen, doch hätten auch zahlreiche als rechtgläubig geltende Theologen die Berechtigung seiner »Anfrage« bestätigt. Mosers Hoffnung auf weihnachtliche Entspannung erhielt jedoch gleich einen Dämpfer, als ihm mitgeteilt wurde, der Papst könne ihn nicht persönlich empfangen. Nach den Festlichkeiten kam es jedoch in Castel Gandolfo zu einer Begegnung zwischen Johannes Paul II., den Kardinälen Höffner, Volk und Ratzinger, dem Staatssekretär Casaroli, dem Präfekten der Glaubenskongregation, Kardinal Seper, sowie den Bischöfen von Rottenburg und Freiburg, Moser und Saier. Das, was zunächst wie eine deutsche Vermittlungsaktion aussah, geriet im Laufe einer leidenschaftlichen Diskussion zu einer Bekräftigung der Entscheidung. Einziges Zugeständnis war die von allen Beteiligten ausgedrückte Hoffnung, Küng möge »vertieft« über eine neue Stellung nachdenken, die eine neue Erteilung der entzogenen Lehrbefugnis ermögliche. Rom hatte gesprochen, war der Fall beendet?

Gebannt richteten sich die Blicke der Münchener am Silvesterabend 1979 auf Kardinal Joseph Ratzinger, der im Liebfrauendom zu seiner Jahresabschluss-Predigt schritt. Aufregende Monate lagen zurück, die Wellen waren in den letzten Tagen sehr hoch geschlagen. Doch wählte Ratzinger in der gespannten Stille eine Tonlage, deren strenges Engagement aufhorchen ließ: Er legte alle Ambitionen als entrückter Wissenschaftler und milder Hirte ab und erinnerte an ein Wort des russischen Dissidenten und Gulag-Autors Alexander Solschenizyn: »Das weltumfassende absolute Böse ist in die entscheidende Phase des Angriffs getreten. Auf die wirksamste Weise wird der Boden für seinen Triumph in der Welt durch die Vermischung der Wahrheit mit der Unwahrheit bereitet.« Der Kardinal zog die Linien noch weiter aus, bezog sie auf Rom: Die Kritik am Papst sei »in ein dramatisches Stadium getreten«, die Kirche müsse sich als »unerträgliches Relikt des finsteren Mittelalters verunglimpfen lassen«. Christentum sei nicht eine Sache angehäufter Klugheit, sondern eine vom Herrn den Kleinen und Einfachen geschenkte Gnade. Der Bischof schwebe nicht im Gewölk der theologischen Fakultäten, sondern habe zur Aufgabe, den Glauben der kleinen Leute vor dem hochmütigen Einfluss der Intellektuellen zu schützen. Natürlich waren es Worte, die im bayerischen Volk sogleich verstanden wurden.

Ratzinger hatte es »den Linken und Protestlern« noch einmal gegeben, doch formierte sich auch Widerstand empörter Intellektueller und Politiker, die später sogar seine Ernennung zum Ehrenbürger von München verhinderten. Einhellig war der Widerstand nicht. Es mischten sich Anfragen darunter, ob der Pessimist auf dem Münchner Bischofsstuhl nicht doch ein bisschen Recht haben könnte. Hannes Burger, der ihn aufmerksam beobachtende linke Journalist der »Süddeutschen Zeitung«, sollte ihn in der Folge zwar als »Traditionalisten«, aber immerhin auch als den Mann mit »der fundiertesten Kenntnis der wirklichen Lehrtradition« beschreiben, für ihn war er »von allen Konservativen in der Kirche derjenige mit der stärksten Dialogfähigkeit, weil sich bei ihm Intelligenz und Eloquenz auf selten glückliche Weise verbinden«.

Hermann Häring hat in der Distanz von zwei Jahrzehnten den »Fall Küng« in seinen eigentlichen zeit- und kirchengeschichtlichen Kontext gerückt: »Die römische Glaubenskongregation, Vertreter der Deutschen Bischofskonferenz und eine kleine Gruppe katholischer Theologen haben den Streit um die Gestalt der Kirche in ihm personalisiert.« Auch wenn Küng nie nachgegeben habe, sei es ihm nicht um »Rechthaberei« gegangen, sondern um »das theologische Programm einer zugleich schrift- und zeitgemäßen Reform an Haupt und Gliedern«. Dies ist umso brisanter, als Küngs Theologie nicht erst zu Weihnachten 1979, sondern mehr als zwei Jahrzehnte zuvor, Anno Domini 1957, noch vor Ausrufung des Konzils, in das Räderwerk römischer Glaubenshüter geraten war. Der Hinweis ist wichtig, denn er lehrt uns ein halbes Jahrhundert später, im anbrechenden Pontifikat von Papst Benedikt XVI., nicht nur etwas von der Langsamkeit vatikanischer Mühlen, sondern auch von der Relativität menschlicher Aufregungen im breiten Strom der Geschichte. Sich der Daten vergewissernd, werden die Konturen des in Küng und Ratzinger personalisierten »Streites um die Gestalt der Geschichte« deutlicher.

In der Festschrift zum 60. Geburtstag Joseph Ratzingers hat Gerhard B. Winkler, ohne den Kardinal und Küng mit einem Wort zu erwähnen, den großen Konflikt der mittelalterlichen Kirche zwischen dem Zisterzienserabt Bernhard von Clairvaux und Abaelard als typisches Beispiel der am »Ärgernis« leidenden westlichen Theologie dargestellt. Vor der Verurteilung des kirchlichen Aufklärers Abaelard ging es ebenfalls darum, »den Glauben der ›Kleinen‹ vor missverständlichen Thesen der theologischen Reflexion zu schützen«. Bernhard warf seinem Gegner vor, »die Mysterien zu zerreißen, ohne sie zu erschließen«. Stolz, Überheblichkeit und Anmaßung sei im Spiel. Im 12. Jahrhundert drohten die »Gefahren eines anbrechenden wissenschaftlichen Zeitalters«. Auswirkungen auf die Pariser Studenten wurden befürchtet. Die Kurie erschien als »Goliath«. Alte Sicherheiten der »sacra doctrina« zerbrachen. Die Vorwürfe gegen Abaelard lauteten u. a., die Häresie einer »Lehre von der Weltseele« verbreitet zu haben. Dennoch hat die rationalistische Methode Abaelards, trotz der Verurteilung mancher Positionen, die Jahrhunderte überdauert. Bernhard dagegen sah sich im Widerstand gegen einen antisakramentalen, nur der Reflexion verpflichteten Geist bestätigt. Am Ende des Streits waren sich alle einig, dass es sich nicht um einen Fall der Ketzerei gehandelt hatte. Bernhard kehrte in die Klausur von Clairvaux zurück, Abaelard fand in der Abtei Cluny Zuflucht und Heimat. Nichts Neues unter der Sonne?

Bereits im Jahr 1957 war es zunächst Küngs Buch über die »Rechtfertigung«, das in der Indexabteilung verdächtiger Schriften im »Heiligen Offizium« unter dem Aktenzeichen »399/57/i« klassiert wurde und, in beachtlicher Nachbarschaft mit anderen Autoren, von der Zensur des Kardinals Ottaviani geprüft wurde. Ausgerechnet im stürmischen Mai 1968 wurde Küng zu einem »Kolloquium« nach Rom vorgeladen, um sein Buch »Die Kirche« einer genaueren Prüfung zu unterziehen, ungeachtet der Tatsache, dass es dem Autor bereits ein Jahr zuvor untersagt worden war, sein Werk vorläufig weiter zu verbreiten oder übersetzen zu lassen. So wunderte es niemand, dass bald darauf Küngs »Unfehlbarkeit? – Eine Anfrage« neue Aktivitäten auslöste und 1973 mit der Erklärung »Mysterium Ecclesiae«, einer Verteidigungsschrift gegen »einige heutige Irrtümer«, jahrelange Juristereien zwischen dem Autor und den ihn observierenden Kommissionen zur Folge hatte. Diese langwierige und uneffiziente Streitmethode wurde nach Erscheinen von »Christ sein« durch eine »offizielle Überzeugungsarbeit« abgelöst, die, nicht ohne Winkelzüge, das Wagnis einer offensiven theologischen Debatte einging. In diesem Kontext erschien 1976 ein Sammelband mit Aufsätzen von elf Theologen, allerdings unter Ausschluss Küngs. Neben Karl Rahner, Hans Urs von Balthasar und Walter Kasper war auch Joseph Ratzinger an dem Band beteiligt, der allerdings, nach Auffassung Küngs, alle Grenzen fairer Kritik überschritt. Hans Küngs Buch sei eine Anleitung für die ins Neuheidentum abdriftende nachchristliche Welt, so lautete Ratzingers mit einigen Freundlichkeiten garnierter Kommentar, den Küng in der »FAZ« mit dem Vorwurf konterte, es handle sich bei dem Sammelband um »Professorentheologie für Theologieprofessoren«.

Im Sinne der damals die Kirche überflutenden »Dialogbereitschaft« kam es schließlich zu dem bereits erwähnten »Stuttgarter Kolloquium«, bei dem es Küng gelang, mit Pressionen auf den einladenden Kardinal Döpfner die Teilnahme Ratzingers zu verhindern. Der Vorgang gibt auch deshalb zu denken, weil bei der vierstündigen, alle Teilnehmer ermüdenden Begegnung auch die Kardinäle Höffner und Volk sowie die Professoren Lehmann, Semmelroth und der Sekretär der Deutschen Bischofskonferenz, Hohmeyer, anwesend waren. Ratzinger aus einem solchen Forum auszuschließen, ist vor dem Hintergrund dessen, was noch kommen sollte, ein bemerkenswertes Ereignis und zeigt, wie sehr die deutsche Kirchenführung zwei Jahre vor dem Entzug der »missio canonica« noch bemüht war, Küng durch spektakuläre personalpolitische Zugeständnisse eine Schneise der Rückkehr zu ebnen.

In der Folgezeit kam es zu einem langwierigen, wohl nur im amtlichen Deutschland möglichen Briefverkehr, an dem vor allem die Kardinäle Seper, Höffner und natürlich der Autor Küng beteiligt waren, wenn er sich nicht unerreichbar auf Lehrveranstaltungen oder Vorträgen im Ausland befand und die ihm von der Glaubenskongregation und der Deutschen Bischofskonferenz gestellten Fristen nonchalant verstreichen ließ. Höffner tobte, Seper drohte, der laufend informierte Papst klimperte unruhig mit den Fingern. In der aufgewühlten See des Kirchenrechts forderte Küng, unterstützt von 1360 Theologen, Menschenrecht. Durchweg ging es um Verfahrensfragen, formale Bedingungen, juristische Finessen, mehrdeutige Argumente und meist nicht ganz durchsichtige Regularien. Die Staatsanwälte schlüpften mitunter in die Rolle von Richtern. Der muntere Angeklagte hatte zwischen seinen Vorlesungen, Seminaren, Buchvorstellungen, Urlaubs- und Vortragsreisen offenbar wenig Zeit und mimte gegen alle Zurechtweisungen die schelmische Arglosigkeit des Berliner Kommunarden Fritz Teufel, der nach der Aufforderung des Gerichtspräsidenten, sich von seinem Stuhl zu erheben, höflich gegrinst hatte: »Wenn es der Wahrheitsfindung dient …«

Sosehr Küngs Kampf und seine Entrüstung über den schließlich erfolgten Entzug der Lehrbefugnis Respekt abverlangen, erweckt der zwischen Hörsälen, Flughäfen, Winter- und Wassersportorten hin und her eilende Alfa-Fahrer bisweilen den Eindruck, dass er mit all seinen kanonischen Würdenträgern ein mitunter listiges Spiel trieb. Könnte es nicht sein, dass er bei seiner intimen Kenntnis kirchlicher Interna, dem unaufhaltsamen Eifer frommer Denunzianten, der ständigen Observierung durch kirchliche Kommissionen, dem Bruch bewährter Freundschaften und der schließlich einsetzenden Kardinalserhebung theologischer Gegner irgendwann klammheimlich das Handtuch warf? Zwischen den Stühlen ist auch gut sitzen, bei steigenden Auflagenzahlen und viel Beifall in der liberalen Welt. Und als was taugte einer wie er, wenn nicht als Inkarnation von Protest? Ein bisschen Luther, ein bisschen Eulenspiegel? Was sich daraus ergab? Während Kardinal Ratzinger im langen schwarzen Rock von der Piazza della Città Leonina in das dunkle Gebäude des Palazzo di Sant' Ufficio schritt, den klapprigen Aufzug am Hintereingang nahm und bis in die Nachtstunden über Akten zur Vor- und Nachbereitung von Ad-limina-Besuchen von Bischofsdelegationen oder Dossiers über dubiose theologische Ansichten zu brüten hatte, stand Küng im schicken Anzug an den Rednerpulten weltreligiösen Aufbruchs oder parlierte süffisant mit Talkmastern der Fernseh-Spätprogramme.

Noch ehe die Proteste abebbten, gab sich Ratzinger einen Ruck und bemühte sich in der »FAZ« vom 11. Januar 1980, auf grundsätzliche Fragen im Fall Küng einzugehen. Sich die Stimmung seiner Gegner zu Eigen machend, räumte er ein, dass es beim Streit zwischen einer Person und der Behörde stets eine natürliche Vorgabe an Sympathie gebe und dass sich Wahrheit schließlich auch nicht »verwalten« lasse. Doch sprach er auch ein Thema an, das ihn seit seinen Fürstenrieder Spaziergängen verfolgte und ihn ein Vierteljahrhundert später noch als Papst bedrängen würde: »die innere Spannung zwischen der Kirche und einer von der Aufklärung geprägten Welt«. Sich selbst, aber auch dieser Welt sei die Kirche die Wahrung ihrer Identität schuldig. Dazu müsse es jedoch, ähnlich dem Bundesverfassungsgericht, »Instanzen der Verwaltung dieser Identität« geben, wobei das Lehramt die Aufgabe habe, den Vorrang des Glaubens der Einfachen zu schützen. Der Verlust dieser »positiven Naivität« gehöre zum »Kern unserer Kulturkrise«. Dies schneide den Disput der Theologen nicht ab, sondern zeige nur seine Grundlagen und auch, »wo dieser Disput bodenlos wird«. Zur Diskussion um Küng schrieb der Kardinal: Dessen These laufe darauf hinaus, dass alle Dogmen grundsätzlich revidierbar seien. So habe er sich kritisch, ja ironisch gegenüber der überlieferten Form der Trinitätslehre geäußert, die Lehre von den Sakramenten wesentlich in Frage gestellt und die mariologischen Dogmen beiseite geschoben. Darauf kirchlich zu antworten, verletze kein Menschenrecht. Küng habe das Recht, seine freie Meinung zu äußern, die Kirche das Recht, »ihn nicht als Ausleger ihres Glaubens anzusehen und daraus die Konsequenzen zu ziehen«. Nach all dem Streit klingt es fast wie ein Zugeständnis, als er von Küng sagte, es handle sich um einen Mann, der viel getan habe, um Sympathie bei Menschen zu schaffen, die vom Wort der Kirche nicht erreicht werden. »Die Schwere eines solchen Entscheids haben wir bei dem Gespräch in Castel Gandolfo am 28. Dezember 1979 sehr schmerzlich empfunden.« Für Hans Küng, so Joseph Ratzinger, »sind keine Türen zugeschlagen worden«.

18. Der gepanzerte Präfekt

Die Front des alten Palazzo steht breit und streng zur Linken von St. Peter. Berninis Kollonaden versperren die Sicht zum Petersdom, doch auf dem kleinen, von Schweizergardisten bewachten Platz hört man jedes Geräusch. Vor der abweisenden Fassade ist es stets leer, so als verlaufe in dieser Zone eine unsichtbare Bannmeile. Vatikanische Regie hat sich bemüht, die alten Dämonen durch eine Änderung des Namens von »Heilige Inquisition« in »Heiliges Offizium« in »Glaubenskongregation« zu verscheuchen, doch bleiben die Schatten. Wenn es im Wesentlichen auch die von Monarchen gesteuerte spanisch-dominikanische und nicht die vergleichsweise »humane« römische Inquisition war, in der massenhaft gefoltert und auch verbrannt wurde, kleben allein an dem Wort »Inquisition« düsterste Konnotationen – wie eine Rache unauslöschlicher Erinnerung.

Unweit von hier, auf dem römischen Blumenmarkt, dem Campo di fiori, blickt der in einem solchen Feuer verbrannte Giardano Bruno von seinem hohen Mahnmal. In Bertolt Brechts Schauspiel »Galilei« blieb dem ebenfalls verfolgten Astronomen dieses Schicksal nur erspart, weil man den Knechten der Wahrheit vorsorglich die Folterwerkzeuge gezeigt hatte und der zitternde Meister bei deren Anblick eiligst widerrief. Ungeachtet seiner Rehabilitierung durch Papst Johannes Paul II. – es bleibt ein historisches Faktum, das die Kirche für immer anklagen wird. El Greco und Dostojewski haben den kalten Blick des Großinquisitors zeitlos gemacht.

Als der neue Präfekt der Glaubenskongregation, Kardinal Joseph Ratzinger, 1981 erstmals das Gebäude betrat, herrschte für einen kurzen Moment große Stille. Zeugen berichten, die Spannung bei seiner Ankunft habe den Ungewissheiten des Machtwechsels entsprochen, der sich in dieser Zentrale der Verschwiegenheit vollzog. In den Kellern und Dependenzen lagern Tausende Dokumente, deren geologischen Schichten eines gemeinsam ist: Sie unterliegen nicht der Vergesslichkeit. So war keinem der hier unter Schweigepflicht agierenden Kurienbeamten verborgen geblieben, dass es ausgerechnet dieser Ratzinger war, der erst zwei Jahrzehnte zuvor zum Sturm auf diese Bastion getrommelt hatte und als einer ihrer heftigsten Kritiker seinem Kölner Kardinal Joseph Frings Vorwürfe in die Rede schrieb, die den damaligen Propräfekten des »Heiligen Offiziums«, Kardinal Alfredo Ottaviani, die Zornesröte ins Gesicht getrieben und eine der turbulentesten Sitzungen des Zweiten Vatikanischen Konzils ausgelöst hatten. Zwar zündelte die greise Eminenz aus Trastevere, die seit 1935 bis in die Konzilszeit hier wirkte, nicht mehr mit Streichhölzern, aber sie hatte nur die Methode der hier seit Jahrhunderten praktizierten Furchtlehre verfeinert: Sie verbot. Vermeintlich anrüchiges, gefährliches oder ketzerisches Schrifttum ließ sie auf den »Index« setzen und belegte dessen Autoren mit Schreibverboten, Schweigejahren und, wenn auch das nicht half, mit Ausweisung und Exil. Die inzwischen zu Kardinälen erhobenen Ordensleute Henri de Lubac und Yves Congar hatten zuletzt daran glauben müssen. Der weltberühmte Forscher Teilhard de Chardin, ein Jesuit, starb nach Jahren chinesischer Verbannung einsam und vorerst noch unrehabilitiert an einem New Yorker Ostermorgen des Jahres 1955. Die Ungewissheit bei Ratzingers Amtsantritt herrschte auch deshalb, weil es im Zeitbruch der Moderne erneut verdächtige Theologen gab, die ungeachtet des Drängens der Glaubenskongregation mehr als eine Lippe riskierten und das ohnehin von Reformen aufgeschreckte Kirchenvolk noch mehr verunsicherten. Mit dem Dossier des Aktenzeichens »399/57/i« war der neue Präfekt besonders vertraut. Es betraf seinen ehemaligen Konzils- und Lehramtskollegen Hans Küng, an dessen Entzug der »missio canonica«, knapp zwei Jahre zuvor, er nicht ganz unbeteiligt gewesen war.

Etwas unheimlich war die Stille auch deshalb, weil Beobachter bemerkten, dass der Kardinal, andächtig verfolgt von den erwartungsvollen Blicken seiner vierzig Mitarbeiter, in sein Arbeitszimmer förmlich »schlich«. Bedächtig schritt er über die Flure, das Haar silberweiß. In seinem Lächeln flimmerte auch Skepsis, doch machte der Mann insgesamt einen milden Eindruck. Die Routiniers im alten Palazzo hatten da ganz andere Präfekten in Erinnerung: Entschlossene Stiernacken und kugelrunde Eminenzen meist südeuropäischer Herkunft, nicht frei von Verschlagenheit und militanter Alarmbereitschaft. Jetzt kam, noch dazu auf sehr leisen Sohlen, ein Tedesco, ein deutscher Intellektueller, ordnungsverliebt und mit Flüsterstimme. Hatte er nicht ihren alten Ottaviani zur Weißglut getrieben und in Rahners römischem Clübchen mit an verdächtigen Komplotten geschmiedet? Doch war auch seine seltsame Wandlung bekannt, eine kuriose Konversion mit anschließender Flucht aus der theologischen Schlangengrube von Tübingen. Schließlich wussten die sich devot verbeugenden Monsignori auch dies: Ihr neuer Chef galt als Freund des polnischen Papstes. Mehr noch, in der Kurie glaubte man zu wissen, es handele sich um einen sehr engen Freund. Vorsicht war geboten.

Jenseits der Alpen, in seinem ehemaligen Erzbistum München-Freising hatte man Joseph Ratzinger mit gemischten Gefühlen ziehen sehen. Ja, irgendwie passte seine Gestalt in all jene dunklen Vorstellungen, die sich der Normalgläubige von Inquisition, Heiligem Offizium oder Glaubenskongregation immer schon gemacht hatte. Trotz aller Freundlichkeiten beim Defilee oberbayerischer Schützenbrüder, Feuerwehrmänner und Blaskapellen hatte ihm doch stets etwas von einem entrückten Stubengelehrten angehaftet. Gewiss waren seine Predigten und Ansprachen Meisterwerke eleganter Rhetorik, doch hätten seine Landsleute aus Traunstein und Berchtesgaden sich ihn schon etwas deftiger und burschikoser gewünscht. Statt Weißbier bevorzugte er Buttermilch, statt Schweinshaxe Vanillekipferl und Zitronenplätzchen. Gaudi beobachtete der Schöngeist mit einem undurchsichtigen Lächeln. Schon in den Regensburger Jahren fiel er nicht durch übergroße Volksnähe auf. An der Bergstraße Nr. 6 im Vorort Pentling hatte man ihn stets auf den gleichen einsamen Spaziergängen gesehen. Er war freundlich, aber reserviert. Sonntagmittags, wenn andere ein Nickerchen hielten, ging er zum Friedhof und besuchte mit Bruder Georg und Schwester Maria das Grab der Eltern.

Diejenigen, die ihn näher kannten, wurden bei seiner Beförderung zum Präfekten wieder an den einsamen Spaziergänger im Park des königlichen Jagdschlosses von Fürstenried erinnert, in den sich der junge Seminarist Ratzinger in der Abenddämmerung zurückzog, um über das »Drama« des Lebens und der Zeit zu grübeln. Zwar mochte er sich vierzehn Jahre nach seiner Abschiedspredigt im Münchener Liebfrauendom, unmittelbar vor seinem Weggang nach Rom, an seine Worte »nicht mehr erinnern«, doch sind sie manchem Zuhörer im Ohr stecken geblieben. War es die ihn plötzlich ergreifende Emotion oder eine kuriose Vorahnung ihn erwartender römischer Erschütterungen, die ihn in die gar nicht so fiktive Rolle eines Zweiflers schlüpfen ließ und diesen zu der bangen Frage veranlasste, was denn sei, wenn seine Expedition in die Ewige Stadt scheitere. In einer nie da gewesenen Offenheit vertraute sich Kardinal Ratzinger seinen Gläubigen an und stellte Fragen, die er zwar einem Anonymus in den Mund legte, die jedoch an ihn selbst gerichtet waren: »Ist dieser Auftrag eigentlich nötig … Brauchen wir nicht eine ganz andere Kirche und ein gänzlich anderes Amt?« Er spüre »die Last schwerer gewordener Einsamkeit, die Frage, ob Ehelosigkeit, die man nicht als Erstes gewollt, sondern nur um des anderen Rufes willen annahm, einen Sinn hat. Es war dunkel geworden um ihn, er wollte endlich ein Mensch sein wie alle anderen, nur noch er selber sein«. Dieser »er« war Joseph Ratzinger, dessen Lebensweg ihn für immer nach Rom führte.

Der Wortlaut der dramatischen Predigt dürfte Hans Küng bekannt sein. Sie wird ihn, wie viele andere, auf eine denkwürdige Weise geschockt und an jenen Joseph Ratzinger erinnert haben, den er seit den Konzilstagen und den gemeinsamen Tübinger Begegnungen so sehr geschätzt hatte. Ein ehrlicher Sucher und scheuer Frager, einer mit dem Lebenssinn hadernder, ihn jedoch nicht preisgebender Theologe. Ein vor den Abgründen der Zeit still erzitternder und ihr dann doch furchtlos ins Auge blickender Weggefährte. Ein an seiner Kirche leidender, aber sie dennoch liebender Priester; in schmerzlicher Treue und irrer Hoffnung alles auf Gott setzend. In diesem überraschenden Bekenntnis tritt zugleich der stete Zwiespalt in Joseph Ratzingers Seele zu Tage. So, als bedaure er bereits das soeben Gesagte, schlüpft er in einem Anflug von Selbstdisziplin in seine amtliche Rolle zurück. Die eben noch eingestandenen Zweifel mit seinem Hirtenstab verscheuchend, fällt er in das andere Extrem und kostet öffentlich seinen neuen Auftrag aus, im Schatten des Papstes den Vorsitz katholischer Glaubenswache zu übernehmen. Doch belässt er es nicht bei einer bloßen Benennung seiner neuen Würde in vorderster Front der römischen Kurie, sondern tut das, was ihm immer schon eine besondere Freude bereitet hat: Er orakelt. »Nicht alle Nachrichten, die aus Rom kommen, werden angenehm sein.« Jetzt ist es raus, Kardinal Ratzinger hat sein Regierungsprogramm verkündet.

»Wer mit uns zu tun bekommt«, sagte er nach fünfjähriger römischer Berufserfahrung über sein Amtsverständnis, »der sieht, dass wir keine Unmenschen sind.« Doch was wie Satire klingt, ist an sich eine nahtlose Fortschreibung seiner warnenden Münchener Ankündigung.

»Mit uns zu tun bekommt«, das verspricht für die Betroffenen weder guten Umgang noch gute Aussichten. »Keine Unmenschen«, das wäre ja noch schöner, nach all den unter diesem Dach organisierten Schandtaten, aber immerhin, wenn schon »keine Unmenschen«, dann schließlich ein im Zweifelsfall unangenehmes Personal. Präfekt Ratzinger hat sich in seinem ausführlichen Gespräch mit dem stets nachfragenden Peter Seewald viel Mühe gegeben, die historische Last seiner Verantwortung zu relativieren und seine Aufgabe als Präfekt vom Ruch eines bissigen Wachhundes zu befreien. Dennoch bleibt ein Gefühl, dass in diesem Haus der Beobachter jedes kirchliche Zeitalter seine ureigenen Methoden schmerzvoller Läuterung hatte, die im Kern Mittel einer strafenden und die Freiheit beengenden Instanz geblieben sind. Man ist gut beraten, den Vergleich mit den Empfehlungen der Bergpredigt nicht allzu sehr zu vertiefen. Freilich bleibt die Frage: Wie soll es denn sonst gehen, wenn man die Glaubenskongregation nicht ganz abschaffen und die Identität der Kirche dem freien Spiel der Kräfte überlassen will? Wenn es der Konsens der Professoren sein soll, dann haben wir bald nicht mehr ein Lehramt in Rom, sondern mindestens ein Lehramt an jedem Lehrstuhl.

Dass der deutsche Präfekt in dieser Rolle sehr bald als »Panzerkardinal« verketzert wurde, hängt nicht nur mit dem auf »Pressefreiheit« pochenden inflationären Sprachumgang des Sensationsjournalismus zusammen. Ein zur Nazizeit aufgewachsener, obendrein nicht gerade mitteilsamer Hüter ewiger Wahrheiten hat da auf Anhieb schlechte Karten. Doch springt der jugendliche Flakhelfer und sensible Seminarist sogleich aus der gewünschten Schablone. Was immer er in diesem Amt zu entscheiden und veranlassen hatte, war von den militärischen Muskelspielen jüngster deutscher Vergangenheit weit entfernt. Bei Ratzinger rasselten weder Ketten noch dröhnte der Motor. Er spielte Piano und lernte nie Autofahren. Deutsch an ihm war allein die unnachgiebige Zielstrebigkeit und Sorgfalt, mit der er seinem Auftrag nachkam. Es gibt da offenbar eine germanische Humorlosigkeit, die auf etwas robustere Weise auch seinen Gegenspieler Hans Küng beseelt: Ordnung ist das halbe Leben. Obendrein konnte man bei Ratzinger auf den vatikanischen Korridoren eine Spielart der ebenfalls deutschen Unart beflissenen Gehorsams beobachten. Der Freund des Papstes war zugleich dessen stets dienstbereiter Untertan. Bei aller Beratungs- und Formulierungshilfe hat sich der Vertraute als demütiger Diener des Primates verstanden. Johannes Paul II. – 300 Meter gegenüber im Apostolischen Palast – hatte ein ganz anderes Verhältnis zu Panzern; er war im von Nazis und Kommunisten besetzten Polen wiederholt ihrer tödlichen Brutalität ausgesetzt. Dennoch gab er seinem Präfekten bisweilen in Härtefällen den väterlichen Rat: »Seien Sie großzügig«, wohl wissend, dass der deutsche Freund, der begeisterte Verehrer Mozarts und Leser von Hermann Hesses sanfter Prosa, unter dem ständigen Kugelhagel seiner Gegner litt. Gepanzert war bei Joseph Ratzinger allein der Zugang zu seinem innersten Wesen. Den Menschen ließ Ratzinger bestenfalls im engen Familienkreis heraus – oder in einer Ausnahmesituation, wie beim Abschied von München.

Mozart und Hesse: Kurioserweise ist es Hans Küng, der daran erinnert, dass es der lachende Mozart war, der dem durch die Lebenslandschaft irrenden »Steppenwolf« Hermann Hesses Rettung versprach. Ausgerechnet in Ratzingers Lieblingsroman entdeckt er eine »goldene göttliche Spur«. In seinem Beitrag über Mozarts »Spuren der Transzendenz« verweist er auf eine »Gottesspur im töricht-absurden Menschenleben«. »Fatalismus« des Genies, das sich rasch in die schwierigen Dinge des Lebens fügt, will Küng bei Mozart nicht entdecken, eher eine kritische Weltsicht, »Ausdruck gar eines an der Moderne kranken Künstlers«? Ratzingers »Lebensdrama« rückt näher.

Bei der Beschreibung seiner heiklen römischen Missionen fällt auf, dass der Präfekt der Glaubenskongregation zwei Aspekte betont, die ihm entgegen allen Einwänden einen Amtsbonus sichern. Es fällt auf, dass er sich bei der Darstellung seiner tagtäglichen Arbeit, die er als eine wohlwollende Sichtung vorübergehender Problemfälle darstellt, wiederholt auf Kontakte und Absprachen mit den Bischofskonferenzen und Ordensoberen bezieht. Dabei beschränkt er sich nicht allein auf die vorgeschriebenen Ad-limina-Besuche nationaler Episkopate beim Heiligen Stuhl, sondern auch auf seine Reisen in die Bistümer aller Welt. Es geschieht mit Nachdruck im Kontext der vom Konzil gewünschten und immer noch nicht im vollen Umfang funktionierenden Kollegialität der Bischöfe als Pendant zum päpstlichen Primat. Doch können auch seine Hinweise auf die Unterstützung von Theologen- und Bibelkommission nicht darüber hinwegtäuschen, dass es sich hier um eine in der zögernden Einübung befindliche Vorgehensweise handelt. Dazu haben nicht zuletzt im deutschen und niederländischen Sprachraum die, gelinde gesagt, eigenwilligen Ernennungen der Bischöfe von Haarlem (1983), Wien (1986), Chur (1987), Salzburg und Feldkirch (1989) sowie St. Pölten (1991) beigetragen. Dem vorausgegangen waren bittere Streitigkeiten um bischöfliche und erzbischöfliche Berufungen in Utrecht, Roermond und nicht zuletzt Köln. Ähnliche Probleme gab es, vor allem in den 80er Jahren in Brasilien, Peru und den USA sowie später mit Bischof Gaillot im nordfranzösischen Evreux. Man muss aber dazu sagen, dass Bischofsernennungen nicht zum Aufgabenfeld der Glaubenskongregation gehörten und gehören.

Als zentralen Teil der Tätigkeit unter seiner Führung nennt Ratzinger einen Bereich, der weitgehend auch die kirchlichen Erklärungen im Fall Küng geprägt hat: die Verteidigung der Identität des Glaubens und der Schutz der einfachen Gläubigen, die sich ihren Glauben nicht aus professoralen Hypothesen komponieren können, sondern von der Kirche verbindlich wissen möchten, was der Glaube ist. Ratzinger spricht vom Alleingelassenwordensein vieler Gläubiger in der nachkonziliaren Kirche als von der »intellektuellen Beschädigung dessen, was ihr Leben trägt«. Die Ernsthaftigkeit dieser Sorge darf von den vermeintlich »Aufgeklärten« nicht bagatellisiert werden; auch hier gilt, was Jesus über die »Armen« und »Kleinen« gesagt hat.

Während sich Kardinal Ratzinger in seinem neuen Milieu einrichtete und die sich anhäufenden Akten der Glaubensbehörde zu sichten begann, hatte Hans Küng bald kaum mehr Grund zu klagen. Das Land Baden-Württemberg und die Universität Tübingen arrangierten für ihn eine Sonderregelung, die es ihm erlaubte, auch ohne »missio canonica«, frei von jeder materiellen Sorge, seiner theologischen Arbeit nachzugehen. Sein von Empörung und Anteilnahme begleiteter Fall hatte einen starken Werbeeffekt zur Folge, der seine reihum publizierten Bücher wiederholt auf die Bestsellerliste brachte. Die Einladungen zu Vortragsreisen in aller Welt häuften sich, die Medien schlugen sich um Interviews und Hintergrundinformationen. Public Relations in eigener Sache zählten seit jeher zu seinen Stärken; sein Tübinger Haus war perfekt für die Kameras hergerichtet. Immer wieder hatte er mit seinem Faible für die Mikros und Kameras die schläfrigen Kirchenbehörden zur Weißglut gebracht. Doch spürte er auch selbst die Gefahr, als vermeintlicher »Märtyrer« in den Sog der immer gleichen sarkastischen Inszenierung durch die Medien zu geraten. Ähnlich wie Joseph Ratzinger war Hans Küng stets ein disziplinierter Tag- und Nachtarbeiter. Er hatte sich in der ungeahnten neuen Freiheit viel vorgenommen und begann zunehmend brummig zu werden, wenn wieder einmal irgendein unbelesener, unbeleckter rasender Reporter bei ihm auftauchte und Dinge von ihm wissen wollte, die längst in seinen Büchern beantwortet waren.

Der mit kanonischem Furioso aus dem Lehramt geschasste Schweizer blieb seiner geprüften Kirche als emsiger Zaunkönig erhalten. Wichtiger als seine reihum gefragten Meinungen zur Tagesaktualität waren seine Bücher. In »Ewiges Leben« (1982) stellte er die Frage nach der Bewahrheitung des Ewigkeitsglaubens und rechnet entschlossen mit den bislang gängigen Vorstellungen von Gericht und Hölle ab. Da, wo Ratzinger den Leibhaftigen mitten in der Welt als Meister des Bösen am Werk sieht und Satan als »Person« erkennt, nennt Küng es »töricht« und »gedankenlos«, dem persönlichen Gott einen personenhaften Teufel, dem Himmel eine Hölle und dem Ewigen Leben ein ewiges Leiden zuzuordnen. Während er die von Frau Kübler-Ross verbreiteten Reiseberichte von himmelfahrenden klinisch Toten als »Pseudosicherheit« ablehnt, engagiert er sich zusammen mit Walter Jens für den »guten Tod« und ein würdiges Sterben.

Für Ratzinger muss die im Mai 2001 kursierende Nachricht, Hans Küng trete für aktive Sterbehilfe ein, wie ein Schock gewirkt haben, als übertrete dieser den Rubikon noch einmal. Daran, dass Beginn und Ende menschlichen Lebens »heilig« (also in Gottes Hand gelegt) sind, hat er nie einen Zweifel gelassen. Im Juni 2004 musste er auch offiziell als Präfekt dazu Stellung nehmen. Die amerikanischen Bischöfe waren unsicher, wie sie es mit den Kandidaten Bush und Kerry zu halten hatten. In seinem Brief an den Bischof von Washington DC schrieb der Präfekt der Glaubenskongregation: »Ein Katholik würde sich der formellen Zusammenarbeit mit dem Bösen schuldig machen und wäre daher unwürdig, die heilige Kommunion zu empfangen, wenn er deshalb für einen Kandidaten stimmt, weil dieser eine tolerierende Haltung zu Abtreibung und/oder Sterbehilfe einnimmt.« Er meinte wohl Kerry, wenn er weiter schrieb, einem »katholischen Politiker, der sich beständig für die Tolerierung von Abtreibungs- und Sterbehilfegesetzen einsetzt und dafür stimmt«, müsse man wohl die Kommunion verweigern. Es gibt freilich Fragen rund um das Ende menschlichen Lebens, in denen Ratzinger vorsichtig und nuanciert agiert und eingesteht, dass in den Grenzsituationen der medizinischen- und Sozialethik Probleme aufgetaucht sind, deren sofortige Beantwortung unmöglich ist, erst recht nicht auf universaler Ebene: »Nehmen wir den Fall von Wasser und Nahrung. Es tritt eine Situation ein, in der man den Patienten eigentlich medizinisch nicht mehr behandeln kann. Da sagen einige zunächst, es quält den Betreffenden zusätzlich, wenn ihm künstliche Nahrung eingespritzt oder eingegeben wird. Andere sagen, nein, es ist unmenschlich, er verdurstet, und das ist die eigentliche Schinderei. Da stehen sich zunächst zwei Fragen gegenüber.« Da dürfte Küng wieder zustimmen.

Kaum ein Thema, wo Ratzinger und Küng nicht diametral gegensätzlicher Auffassung sind. Was Küng als Resignation beklagt, empfindet Ratzinger als Besonnenheit. Beide reklamieren allerdings für sich die Tugend der Treue. Küng gegenüber der stets zu »erkämpfenden Freiheit«, Ratzinger gegenüber dem »Wandel in einer grundlegenden Identität«. Aber es gibt auch erstaunliche Überschneidungen: Da ist der Kardinal plötzlich davon überzeugt, dass die Welt der kommenden Generationen »wesentlich von der Freiheit dieser Generationen« geprägt sein wird, und sein religionskundig weitgereister Kontrahent ist zur Abwechslung einmal nicht bereit, den Gedanken aufzugeben, dass Christus für ihn als christlichen Theologen und Gläubigen »Gottes endgültige Offenbarung ist«.

In Rom konnte Ratzinger nicht einfach bei null anfangen. Alte Fälle, so die Auseinandersetzung mit dem Amerikaner Curran, waren aufzuarbeiten. Im Streit zwischen dem vatikanischen Zentralismus und den Forderungen nach »Inkulturation« der Theologie in den Ländern der Dritten Welt kam es aber auch zu einer von Kardinal Ratzinger mit zu verantwortenden Krise, als der 1987 verstorbene Anthony de Mello sage und schreibe elf Jahre nach seinem Tod von der Glaubenskongregation nachträglich verurteilt wurde. Der an einen fernöstlichen Weisen erinnernde indische Jesuit, der mit seinen Büchern weltweit Millionenauflagen erzielt hatte, war posthum ins Fadenkreuz Ratzingers geraten, weil er offenbar die biblisch bezeugte Lehre über Jesus Christus mit der wolkigen Mystik von Nirwana und Nichtwissen vermischt hatte. Tatsächlich war der Verstorbene jedoch, ähnlich wie Hans Küng, für das Pontifikat von Johannes Paul II. ein Präzedenzfall. Diesmal fürchtete Rom die heimliche Aushöhlung christlicher Eindeutigkeit durch esoterisch-christliche Revivals buddhistischer, hinduistischer, schwarzafrikanischer und indianischer Gottheiten bzw. die Relativierung Jesu als einen von vielen »inneren Meistern«.

Der langwierige Kampf um die sich in Südamerika verbreitende Befreiungstheologie erforderte nicht nur Ratzingers ganzes theologisches Engagement, sondern auch seinen persönlichen Einsatz vor Ort. Ursprünglich unbehelligt, war diese Theologie in der Folge der Konzilskonstitution »Gaudium et spes« ausgerechnet in dem für den ehemaligen Tübinger Dogmatiker so traumatischen Revolutionsjahr 1968 auf einer Versammlung lateinamerikanischer Bischöfe im kolumbianischen Medellin entstanden. Der dort als theologischer Berater tätige Gustavo Gutiérrez hatte die von den Bischöfen geforderte »bevorzugte Option für die Armen« zum Gegenstand seines 1971 veröffentlichten Buches »Theologie der Befreiung« gemacht. Darin ging es wesentlich um eine Doppelstrategie – auf der einen Seite um eine mit Marxismus angerührte soziologische Analyse der in den meisten südamerikanischen Staaten herrschenden Zustände: oligarchische kapitalistische Macht, verarmte Massen, Bodenrecht und Einsatz von Gewalt, und andererseits um eine solidarische Theologie, die Partei ergreift für die Armen und basisdemokratische Strukturen lebt. Das Ganze wurde gestützt durch zwei wichtige Franziskanerbischöfe – die Kardinäle Evaristo Arns und Ivo Lorscheider. Und da war noch das ergreifende Beispiel der Erzbischöfe Helder Câmara und des in einem mafiösen Auftragsmord erschossenen Oscar Arnulfo Romero.

Mit den Jahren war es aber nicht mehr der Märtyrerbischof Romero, der die engagierte Option der Kirche für die Armen befeuerte; zunehmend glitten eine Reihe von Protagonisten ganz ins Politische ab und münzten die Bibel kulturrevolutionär um. Die Kehrseite der Medaille war, dass sich viele Katholiken in den überpolitisierten Basisgemeinden nicht mehr zu Hause fühlten und zu Sekten überliefen. Diese Konstellation bedeutete für den polnischen Papst, der in seiner Heimat den Kommunisten die Stirn geboten hatte, und seinen deutschen Freund, der in Tübingen der Häme marxistischer »Zellen« ausgesetzt war, sofortigen höchsten Alarmzustand. Diesen nicht nur zu beobachten und zu untersuchen, sondern notfalls mit der gebotenen Härte zu bereinigen, war die wohl eindeutige Marschorder, die Kardinal Ratzinger vom Papst mit auf den Weg bekam. Der Präfekt nahm diese Herausforderung allerdings nicht im Stil eines vatikanischen Guerillero an, sondern nach Art eines deutschen Theologieprofessors, der hinter allem Bösen zunächst einmal Hintermänner vermutet. Nach eingehender Prüfung glaubte Ratzinger hinter dem linksradikalen Phantom aus den

Regenwäldern eine biedere Lobby deutscher Professoren zu sichten, die hinter dem warmen Ofen linker Gelehrsamkeit die revolutionären Tendenzen mit Beifall und theoretischen Einflüsterungen begleiteten. Allen voran der ihm bereits bekannte protestantische Tübinger Theologe Jürgen Moltmann sowie der Pionier der katholischen »politischen Theologie«, Johann Baptist Metz. Moltmanns Sympathien für die Störer von Ratzingers Vorlesungen hatten damals dessen Flucht aus der Eberhard-Karl-Universität mit veranlasst. Die Verhinderung einer Berufung von Metz nach München hatte der Kardinal dem zuständigen Kultusminister Hans Maier eingeflüstert.

In Nicaragua regierte der ehemalige Novize der amerikanischen Trappistenabtei Gethsemani, Ernesto Cardenal, als sandinistischer Kulturminister. Der renommierte Poet war regelmäßig auf der Frankfurter Buchmesse Gast von »Aktionsgruppen« und wurde mit Bart und Baskenmütze in Studentenkreisen als Ikone marxistischer Mystik verehrt. Der dem Orden des heiligen Franz angehörende Befreiungstheologe Leonardo Boff hatte von 1965 bis 1970 bei Karl Rahner in München studiert. Sein Mitstreiter Jon Sobrino reiste ebenfalls zum Studium nach Deutschland und wurde als Ordensbruder der Frankfurter Jesuiten zum Priester geweiht. Ihrer aller Vorbild war der Märtyrer Pater Camillo Torres, der sich aus Nächstenliebe der Revolution angeschlossen hatte und ähnlich wie Che Guevara im bewaffneten Freiheitskampf getötet wurde. In diesem Gemisch christlich-marxistischer Heilslehre kam es zu Auswüchsen wie dem oft kolportierten »Abendmahlstreik«, bei dem Arbeitgebern und Führungspersonal, die den Anweisungen des Polit-Pfarrers nicht Folge leisteten, der Empfang der Sakramente verweigert wurde. Leonardo Boff urteilte über Castros Armenhaus: »Es gibt keine Slums auf Kuba.« Der Papst und sein Präfekt witterten eine »connection« zum »real existierenden Sozialismus« in den Staaten hinter dem Eisernen Vorhang. Christentum und Befreiungstheologie waren für sie unvereinbar.

Kardinal Ratzinger hat später bedauert, in dieser auch emotional sehr heftig geführten Auseinandersetzung bisweilen barsch reagiert zu haben. Es stand in diesen Ländern mit dem weltweit höchsten Aufkommen an Katholiken vor dem Zusammenbruch des Kommunismus in Osteuropa sehr viel auf dem Spiel. Als Beispiel für die Richtigkeit seiner Instruktion, die auf einer klaren Trennung von Kirche und Politik bestand, nennt er die Einsicht von Gustavo Gutiérrez, die Theolo-

247

gie der Befreiung sei anfangs defizitär gewesen und habe des vertieften Nachdenkens bedurft. Der »Konvertit« konnte wieder an deutschen Katholikentagen teilnehmen, er erhielt die Ehrendoktorwürde der Universität Freiburg und wurde vom französischen Staatspräsidenten Mitterrand in die Ehrenlegion aufgenommen. Im Rückblick auf die fünfzehn Jahre langen Auseinandersetzungen hat sich, nach Meinung des Kardinals, sein schließlich durchgesetzter Standpunkt als Hilfe erwiesen; das werde auch in den anfangs zweifelnden Episkopaten Südamerikas so verstanden. Ohnehin habe sich durch die veränderte Weltszenerie die Frage der Befreiungstheologie völlig verändert.

Leonardo Boff, dem von seinem Orden auf Anweisung Roms ein »Schweigejahr« auferlegt wurde, ist nicht Franziskaner geblieben, sondern überführte sein Konkubinat in eine normale Ehe. Der Begriff »Bußschweigen« sei dagegen erneut von einer interessierten Presse erfunden worden, betont Ratzinger, der sich jedoch nicht ganz sicher ist, ob es denn die beste Entscheidung war, Boff die Wüste als Ort der Nachdenklichkeit zu verordnen. Doch die Dinge einmal ruhen zu lassen, nicht in der Welt herumzureisen und Vorträge zu halten, könne keinem schaden. Man denkt gleich an den weltreisenden Festredner Hans Küng, dem Papst Paul VI., so Joseph Ratzinger, einen ähnlichen Vorschlag gemacht hatte, um die Dinge zu überdenken. Allerdings vergeblich.

Mit dem Zuspruch und Beifall, den der erfolgreiche theologische Autor Hans Küng auch außerhalb der katholischen Kirche genoss, konnte Joseph Ratzinger im alten Kasten der römischen Glaubenskongregation nicht rechnen. Der in Richtung Weltethos abhebende Küng hat die »vatikanische Gefangenschaft« seines ehemaligen Kollegen manchmal belächelt. Wenn ihm Küngs kritische Interviews bekannt wurden, schien es, dass der einsame Kardinal seinen päpstlichen Auftrag noch strenger wahrnahm. Nicht nur seine Gegner fragten: Weshalb so viel Kälte im Namen des Gottes der Barmherzigkeit? Lag es daran, dass es die Quadratur des Kreises war, gleichzeitig die Fenster der Kirche weit zu öffnen und sie als Bastion zu verteidigen? Dass die Kirche »in, doch nicht von dieser Welt« ist, war eine Hoffnung, die einst auch Hans Küng in seinem ersten Konzilsbuch geteilt hatte. Jetzt ließ sich der Schweizer von dieser Welt feiern. Joseph Ratzinger wurde von ihren Claqueuren als »Skandal« verschrien. Über solche Art Niederlage kannte er in der Heiligen Schrift viele Stellen.

19. Der polnische Papst

Als der Erzbischof von Krakau, Karol Wojtyla, am 17. Oktober 1978 kurz vor 18 Uhr als Papst Johannes Paul II. auf die Hauptloggia des Petersdomes trat, stockte den Römern unten auf dem Platz für einige Sekunden der Atem. Sie hatten den fremden Namen nicht verstanden. Dann aber machte die Nachricht der Wahl eines jungen polnischen Papstes wie ein Lauffeuer die Runde, und nach der Irritation brach Jubel aus. »Öffnet die Fenster weit für Christus«, rief der Nachfolger des nach einem Pontifikat von nur 33 Tagen verstorbenen Albino Luciani in die Menge. Die Dunkelheit war schnell hereingebrochen und im Scheinwerferlicht der Fernsehkameras breitete der neue Papst aus dem Osten immer wieder seine Arme aus. In aller Welt wurde es als Freiheitssignal empfunden. Weit geöffnete Arme und Hände eines Mannes, der unter den totalitären Regimen, die sein Heimatland seit fast vier Jahrzehnten im eisernen Griff gefangen hielten, gelitten und gekämpft hatte. Viel Hoffnung, für die Stadt Rom und den Weltkreis, in der anbrechenden Nacht.

Wenige Tage später strahlte in Rom die Sonne, Herbstlicht, Kraniche über dem Petersplatz. Es war Sonntag. Nach der Papstweihe schritt Johannes Paul II. die breiten Stufen zum Platz hinab, direkt auf die jubelnde Menge zu. Er hob seinen Hirtenstab hoch über die Köpfe der Menschen. Es war jener Stab, den Papst Paul VI. hatte umgestalten lassen, nicht mehr der gekrümmte, sondern jener mit dem Gekreuzigten, eine viel tiefere Beugung. Es fiel auf, dass der neue Papst den Stab mit dem Kreuz mit beiden Händen umfasste und den begeisterten Menschen entgegenstreckte. Es geschah immer wieder in der Gestik eines Siegers, der nicht nur eine Schlacht gewonnen hatte, sondern entschlossen war, sie weiter, mit anderen, stärkeren Mitteln, fortzusetzen.

Beide Bilder waren von starker Symbolkraft. Oben auf der Loggia die *Öffnung*, unten bei den Leuten der *Kampf*. Joseph Ratzinger und Hans Küng haben diese Szenen aus unterschiedlichem Blickwinkel beobachtet. Zwar staunten beide über die starken Auftritte des nichtitalienischen Papstes, doch geschah es auf verschiedene Weise. Ratzinger hatte als Kardinal am soeben beendeten Konklave teilgenommen und zählte zu denen, die die sensationelle Entscheidung mit herbeigeführt hatten. Küng blickte mit gespannter Aufmerksamkeit nach Rom, er war ein mit den meisten der Konklaveväter im Clinch liegender Theologe und hegte nur gedämpfte Hoffnungen auf eine Wende durch einen Polen. Ratzinger freute sich, Küng staunte. Der eine war erleichtert, den anderen beschlich Skepsis.

Die Skepsis rührte auch daher, dass der Tübinger Theologieprofessor gerade mit einigen Initiativen an die Öffentlichkeit getreten war, die im Kardinalskollegium Verärgerung ausgelöst hatten. Kurz nach dem Tod von Paul VI. war in der »Süddeutschen Zeitung« eine Erklärung erschienen, die unter dem Titel »Der Papst, den wir brauchen« die Unterschriften namhafter Kollegen aus aller Welt trug: unter anderen von Giuseppe Alberigo (Bologna), Marie-Dominique Chenu und Yves Congar (Paris), Jam Grootaers (Löwen), Gustavo Guttiérrez (Lima), Edward Schillebeeckx (Nijmegen) und Hans Küng (Tübingen). Wenige Tage zuvor hatte Küng in der Wochenzeitung »Die Zeit« einen persönlichen Nachruf auf den verstorbenen Papst veröffentlicht. Darin hieß es, Paul VI. habe in all den Jahren seine »schützende Hand« über ihn gehalten, denn in der seit Jahren geführten Unfehlbarkeitsdebatte sei selbst seine Exkommunikation nicht auszuschließen gewesen. Es gebe Leute in der Kirche, die ein scharfes Vorgehen gegen ihn wünschten, wozu es nur eines Winks des Papstes bedurft hätte. In der zusammen mit den anderen Theologen auch in namhaften Zeitungen und Magazinen des Auslands publizierten Erklärung zur bevorstehenden Papstwahl legte Küng eine Art Wunschliste vor, die zugleich die Konturen eines Wunschkandidaten durchschimmern ließ.

Dabei sollte es sich um einen »Papst der Versöhnung« handeln, einen charismatischen und weltoffenen Seelsorger, der mit »Personenkult und antiquiertem kurialen Stil« aufräume; einen kollegialen Mit-Bischof und ökumenischen Vermittler, der u. a. Frauen in Führungspositionen berufe und die dogmatischen Hindernisse der Einheit beseitige. Wichtig auch die Bitte an das Konklave, diese Kriterien vor der Nennung von Kandidaten zu diskutieren und zum Maßstab ihrer Entscheidung zugunsten eines Kardinals, aus welcher Nation auch immer, zu machen.

Diese Wünsche wurden im Vorfeld des Konklaves auf den Kardinalskongregationen zwar gehört, aber nicht beherzigt. Vor allem Schillebeeckx, Guttiérrez und Küng wurden von manchen als theologische Querulanten verachtet. Auch störte die erneut von Küng praktizierte Schaffung vollendeter Tatsachen durch gezielt gestreute Informationen an die Weltpresse. Das geheim tagende Konklave, so hieß es auch im Umfeld der bescheidenen Kandidaten Wojtyla und Ratzinger, bedürfe keiner spitzen Belehrungen durch illoyale Lehrstuhlinhaber.

Nach der von den deutschen Kardinälen favorisierten und von Joseph Ratzinger diskret mit eingefädelten Wahl von Johannes Paul II. trat eine sonderbare Funkstille ein. Die Schonfrist von hundert Tagen nutzte Hans Küng, um dem Papst zu Weihnachten 1978 sein neues Buch »Existiert Gott?« zu senden und erhielt dafür von dessen Privatsekretär eine briefliche Bestätigung mit einem Festtagsbildchen des Papstes. Als sich die Dinge später verschlechterten, hieß es dazu aus polnischen Kreisen, Johannes Paul habe nie ein Buch von Küng gelesen. Dessen ungeachtet blieb jedoch eine weitere Initiative des Tübinger Theologen unbeantwortet. Nach Presseberichten über eine von Johannes Paul II. für Gründonnerstag 1979 geplante Exhortation (Ermahnung) zur feierlichen Bestätigung des Zölibatsgesetzes an den katholischen Klerus des lateinischen Ritus verfasste Hans Küng ein ausführliches Schreiben an den Papst, das trotz aller Formulierungskunst unbeantwortet geblieben ist. Der Brief ist ein Meisterwerk Küng'scher Argumentation, in dem die Kühnheit von Absicht und Durchführung sich mit taktischen höfischen Verbeugungen und scharfer Munition mischen. Ein Mann mit der Lebenserfahrung Wojtylas durchschaut das natürlich bereits nach den Kniefällen der ersten Paragraphen und geht, wenn der Absender knallhart zur Sache kommt, wie eine Rakete in die Luft. Dennoch bringt dieser Text den ganzen Zölibats-Notstand der Kirche auf den Punkt und wird in die unerledigte Geschichte priesterlicher Ehelosigkeit als eine klassische Charta ungeschminkter Problembeschreibung eingehen. Wann immer diese Frage erneut auf den Tisch kommen oder gar einer Lösung zugeführt werden sollte, wird man diesem leidenschaftlichen Plädoyer Rechnung tragen müssen.

Da sich für die Karwoche über Rom ein päpstliches Gewitter zusammenbraut, erinnert Küng an die historischen und theologischen

Fakten: Jesus und Paulus haben dem Einzelnen volle Freiheit gewährt; Petrus und die Apostel waren verheiratet; die Ehelosigkeit ist vom Mönchtum auf den Klerus übertragen worden; Ostkirche und reformierte Kirchen stehen in der biblischen Tradition der Priesterehe; dem Konzil wurde die Debatte zum Thema untersagt; die Ehe ist ein Menschenrecht.

Weiter verweist der Autor, mit erneuten strategischen Hinweisen auf den ersten Teil der Enzyklika von Paul VI., auf Kardinal Höffner (»Die Lage ist beängstigend«) sowie auf das Ersuchen von mehreren Bischofskonferenzen. Er nennt Zahlen und wiederholt nahezu flehentlich die Anrede »Heiliger Vater«, an den er »in aufrichtiger Ergebenheit« appelliert, die Zölibatsfrage in der beabsichtigten Exhortation offen zu lassen und zunächst einer repräsentativen Experten-Kommission vorzulegen. Doch bleibt es, wie es war: dramatisch.

Hans Küng ist in seine Kämpfe stets entschlossen, fair, jedoch auch sensibel gegangen. Heimtücke, leiser Verrat, kleine Unehrlichkeiten, weit vom Schuss gezielte Diffamierungen oder protokollarische Affronts wie Gesprächsverweigerungen, dreistes Hinschleppen von Entscheidungen oder das Ignorieren von Schreiben lösten bei ihm Wut aus, die ungeachtet der Folgen in die Gegenoffensive geht. 1979 wurde deshalb für ihn zu einem Schicksalsjahr: Seine Bemühungen um konsequente Fortsetzung des Konzils gingen ins Leere, hinter seinem Rücken tuschelten die vatikanischen »Denunziaturen«, über seinem Kopf schwebte ein Berufsverbot, seine Beschützer in der Bischofskonferenz gingen auf Tauchstation, allen voran sein ehemaliger Konzils- und Fakultätskollege Ratzinger, der ihm im Laufe des Jahres noch das Katholischsein absprechen sollte. Seine kaum verhüllte Ablehnung durch den Papst ging einher mit einer neuen Frontbildung, die der strenge Pole mit willkürlichen Ernennungen forcierte. Küng bleiben allein seine Freunde in Tübingen und an den internationalen Fakultäten, der Zuspruch seiner stets zahlreicher werdenden Leser und die Solidarität der Medien. Er würde sich an dieser Front nicht vorführen lassen und startete einen Befreiungsschlag, über dessen Erfolg er sich zwar keine Illusionen machte, der die Phalanx seiner anonymen Gegner jedoch zur offenen Feldschlacht zwang. Renommierte Blätter vom Rang der »FAZ«, »Le Monde«, »New York Times« und später des »Observer« boten ihm eine weltweite Tribüne, als er am 13. Oktober 1979 seine Stellungnahme »Ein Jahr Johannes Paul II.« veröffentlichte, deren Kopie bereits als »streng vertraulich« unter den Mitgliedern der Deutschen Bischofskonferenz zirkuliert hatte.

Obwohl Küng den Inhalt seiner Erklärung da und dort als »Zwischenbilanz«, »Anfrage« oder »brüderliche Kritik« abschwächt, nimmt er kein Blatt vor den Mund; er gibt sich reihum auf seine sechs gestellten Fragen die Antworten selbst. Die Weltoffenheit von Johannes Paul II. konfrontiert er mit dem »antiquierten kurialen Stil« seiner Umgebung. Der geistigen Führerschaft des Papstes aus einem totalitär geführten Land stellt er seine »autoritär-geschlossene Kirche« entgegen. Der Bischof von Rom als Seelsorger erinnert ihn an den »Personenkult Pius' XII.«. Die vatikanische Kollegialität gerät in diesem Pontifikat zu einer »Monarchie«, deren »Inquisition« kritische Theologen, wie Pohier, Hasler und Schillebeeckx, verfolgt. Die Lippenbekenntnisse über Ökumene schockieren die Bruderkirchen als »Bremse«. Bleiben schließlich die Menschenrechte, die in der Kirche nicht gelten. In einer brisanten Randbemerkung, die den Papst und seine engste Umgebung zusammenzucken lässt, bemerkt Küng zur Judenfrage, bei der Erwähnung von Auschwitz vermisse er in den Papstreden den »jahrhundertlangen christlichen Antisemitismus, auch in Polen«.

Mitauslöser dieser heftigen öffentlichen Attacke des seit der Schlichtung von Kardinal Döpfner 1975 zum einstweiligen Abwarten bereiten Küng waren die aufwendigen Auslandsreisen des Papstes, auf denen er gleich als Superstar und Massenheld gefeiert wurde, jedoch in Irland und den USA mit streng konservativen Reden auch viele Menschen empört hatte. So lehnte er ab sofort die bis dahin geltende Praxis der Rückversetzung in den Laienstand von Priestern ab, die am Zölibat zu scheitern drohten, oder verweigerte auf seiner Amerikareise während einer Messfeier die hier seit zwei Jahren erlaubte Handkommunion.

Küngs zweiter Paukenschlag gegen die polnische Bastion im Vatikan war sein Vorwort in dem Buch seines Schweizer Kollegen August Bernhard Hasler »Wie der Papst unfehlbar wurde«. Die zweibändige Monografie Haslers wurde als Wissenschaftsschocker, Küngs Vorwort jedoch als jene Provokation empfunden, die das Fass endgültig zum Überlaufen brachte. Hasler hatte das Erste Vatikanische Konzil und sein Unfehlbarkeitsdogma als »skrupellos manipuliert« bezeichnet und seine Gültigkeit in Frage gestellt. Pius IX. war aus seiner Sicht ein »gefährlich unzurechnungsfähiger Papst«, der mit dem vermutlich von ihm gezeugten Sohn, Kardinal Guidi, in heftigen Streit geraten sei. Haslers Buch war, nach der Ablehnung durch den Benziger Verlag in Zürich, schließlich in Küngs Hausverlag Piper in München erschienen. Küng hatte ursprünglich eine ihm von der »FAZ« angebotene Rezension des Buches abgelehnt, sich dann jedoch sogar zu einem Vorwort bereit erklärt. Haslers Recherche war nicht von der Qualität, dass nach ihr die reichlich dokumentierte Geschichte des Ersten Vatikanischen Konzils hätte umgeschrieben und das Dogma gekippt werden müssen. Küng hätte in der »FAZ« eben dieses schreiben können – und die Brücke, auf die man rechts und links des Ufers wartete, wäre gebaut gewesen. Stattdessen goss er noch einmal Benzin ins Feuer. Rasch stellten seine Leser in Kurie und Bischofskonferenz fest, dass der Inhalt dieses Vorwortes »noch schlimmer« sei als Küngs eigenes Buch »Unfehlbar? Eine Anfrage«. Er fragte schon gar nicht mehr, sondern verglich das Erste Vatikanum mit einem »gut organisierten und manipulierten Kongress einer totalitären Partei«. Drohungen mit Exkommunikation, Suspension und Lehrentzug wollte er nicht ernst nehmen, sie seien auch in Zukunft nicht wahrscheinlich.

Für den Papst war die Stunde des Handelns gekommen. Er fackelte nicht lange. Der Münchener Kardinal Ratzinger war einer der Ersten, die über die Sanktionen Roms informiert wurden und ihnen sogleich zustimmten. Dementsprechend auch seine plötzlich einsetzenden öffentlichen Angriffe. Johannes Paul II. würde Küng zum nahenden Weihnachtsfest keine Bildchen mehr schicken. Ob »Gott existiert«, war auch keine Frage mehr. Fest stand allein, dass dem Anfrager, Briefeschreiber und Vorwortautor Küng noch vor den Festtagen seine Lehrbefugnis an der Katholisch-Theologischen Fakultät in Tübingen entzogen werde. »Möge er weiter tanzen«, hieß es, »aber nicht auf unseren Füßen.« Auf deutsche Tannenbaum-Romantik wollte der robuste Pole keine Rücksichten nehmen. Leise rieselte der Schnee.

Nachdem das offenbar Unvermeidliche eingetreten war, sich die Lage allmählich wieder »normalisierte« und es in Sachen »Unfehlbarkeit« in Rom und Tübingen nur noch um abschließende kirchen-, staats-, und zivilrechtliche Nachgefechte ging, trat Hans Küng am 10. April 1980 vor die Presse, um zu erläutern, wie es mit ihm weitergehen solle. Recht behaglich – wie man erfuhr. Er warf der Kirche »falsche und tendenziöse« Berichterstattung vor und kündigte noch einmal an, was er bereits dem Papst im März des Vorjahres schriftlich mitgeteilt hatte: »Es wird in dieser Frage keine Ruhe geben …« Diesmal formulierte er: »Die Fragen bleiben, die Auseinandersetzungen werden nicht aufhören.«

Dennoch herrschte an allen Fronten ein Bedürfnis nach Entspannung und Ruhe. Auch Hans Küng war klar, dass er nicht als der Kirchenmotzer vom Dienst Skandalmeldungen und Medien-Kreuzzüge gegen den populären Polen im Vatikan anzetteln konnte. Er wandte sich zunehmend den großen Zeit- und Zukunftsfragen zu, hielt Gastvorlesungen rund um den Globus und wurde mit Preisen und Ehrendoktorwürden überhäuft. Bereits 1982 ließ er bei einer überraschenden Begegnung Kardinal Ratzinger wissen, er habe auch ohne »missio canonica« seinen Weg gefunden. Über Papst Johannes Paul II. machte er sich ohnehin keine Illusionen mehr. Gegen den Machtmissbrauch unter dessen Führung protestierte er noch einmal 1989 zusammen mit 163 Kollegen aus dem deutschsprachigen Raum in der so genannten »Kölner Erklärung«, deren Titel »Wider die Entmündigung – für eine offene Katholizität« die Marschordnung noch einmal klarstellte. Seine Kritik an Rom in Reden, Fernsehsendungen und Zeitungsinterviews änderte sich nicht, vor allem, wenn es um das Duo Wojtyla-Ratzinger ging, aber sie verlor in dem nicht endenden Pontifikat allmählich an Brisanz.

Die Welt war in rasantem Wandel, viele Probleme stellten sich neu, auch in der Kirche. Gegen Ratzingers Erklärung »Dominus Jesus« zog Küng 2001 noch einmal furios in den Krieg und im mühsam endenden Pontifikat war er erneut der begehrte Partner für alle kritischen Fragesteller. Die Bilanz konnte sich jeder Kundige schon vorher ausmalen. So deutlich seine Wertung auch ausfiel – Küng konnte nicht verborgen bleiben, dass sein Vorzugsgegner Ratzinger auf seine stille, eindringliche Art zu einem wichtigen Bezugspunkt für Zeit- und Kirchenfragen avanciert war. Das Duo Papst und Präfekt hatte den Stürmen standgehalten. Die Agonie von Johannes Paul II. wurde von den Regisseuren der RAI in dramatischen Bildern übertragen. Niemand in der Welt konnte sich dieser Faszination entziehen: unten der dunkle Platz bangen Betens, oben im Palast das hell erleuchtete Fenster des Sterbenden. Als sie ihn schließlich über die Säle, Treppen und Flure des Vatikans hinaustrugen und die Prozession den flehenden Gesang der Allerheiligenlitanei anstimmte, stand Joseph Ratzinger im Ornat des Kardinaldekans neben dem Aufgebahrten. Einsamer und strenger denn je. Wer es denn sehen und hören wollte: Die Kirche hatte in dem Toten und seinem zurückbleibenden Freund wieder zu sich selbst gefunden.

Obwohl er Fragen nach seiner Beziehung zu Johannes Paul II. gerne mit Bescheidenheit abzuwehren versuchte, hat Joseph Ratzinger keinen Hehl daraus gemacht, dass er bei allen wichtigen Entscheidungen des Papstes präsent war. Gewiss pflegte der Pole seinen ureigenen kräftigen Stil, doch hatte er zuvor die vielfältigen Aspekte seiner Botschaften mit dem Kardinal an seiner Seite besprochen. Er wusste, dass diese Ratschläge aus einem enormen Wissensschatz schöpften und von absoluter Loyalität getragen waren. Wiewohl der Papst nur wenige Jahre älter als Ratzinger war und ihm an Bildung sicher nicht überlegen, hatte man manchmal das Gefühl, als handle es sich um eine Vater-Sohn-Beziehung. Ratzinger und die Väter – ein interessantes Thema: Zum leiblichen Vater hatte er eine starke, ja prägende Beziehung. Frings war für ihn eine Art »Vater«. Später von Balthasar. Er selbst wollte in München nicht recht in diese Rolle hineinwachsen ... Fest steht jedenfalls: Keiner der Purpurträger aus Kurie und Kollegium genoss ein solches Vertrauen und verfügte über diesen Einfluss; gewiss war Ratzinger nicht der einzige Berater des Papstes, aber er war der erste und der wichtigste.

Wohl auch deshalb, weil sich zwischen beiden im Laufe der Jahrzehnte ein nahtloser Einklang gebildet hatte, wobei sich die Autorität die Waage hielt, hie Wissen, dort Macht. Da sich die Fragen nahezu erübrigten, konnten sie sich ganz den Antworten zuwenden, wobei es an sich nur eine unausgesprochene Bedingung gab: Sie durften nicht billig sein und schöpften aus dem draußen in dramatische Vergessenheit geratenen Fundus des Katholischen. Der harte Pole liebte die Poesie, der strenge Deutsche das Klavierspiel. Es war zwar keine zeitgemäße, aber eine starke Mischung. Das Urteil darüber überließen beide der Geschichte, die sie für eine große Lehrmeisterin hielten. Der Papst hatte sich ihr bis aufs Blut gestellt, sein Präfekt wusste um ihre Weisheit. »Eine Differenz im eigentlichen Sinn hat es nie gegeben«, bestätigt Ratzinger, »und ich habe mich ihm auch nie verweigert.« Weshalb auch?

Die Begegnungen der beiden liefen nach einem bewährten Zeitplan ab. Ähnlich wie bereits Paul VI. hatte der Papst sich stets den Dienstag von 12 bis 15 Uhr freigehalten, um eine kleine Gesprächsgruppe zu empfangen, über aktuelle Fragen zu diskutieren und zusammen zu

Mittag zu essen. Dazu erschienen reihum die zuständigen Vertreter des Staatssekretariates, der Kurie oder der sich gerade in Rom an der Schwelle der Apostelgräber zu Ad-limina-Besuchen befindlichen Bischofskonferenzen aus aller Welt. Bisweilen beendete der Papst die Gespräche nach polnischer Tradition mit einem Kaffee und einem Gläschen Wodka. Viel wichtiger war jedoch, dass Kardinal Ratzinger und der Privatsekretär des Papstes, Stanislas Dziwisz, ständig diesem Kreis angehörten. Es zählte nicht zum Protokoll, sondern zum Ritual.

Das eigentliche Treffen zwischen Johannes Paul und dem Glaubenspräfekten fand jedoch jeden Freitagabend statt, und zwar unter vier Augen. Dieser Zeitpunkt war auf der obersten Etage des Apostolischen Palastes mit besonderer Diskretion umgeben. Ratzinger erschien leise und auf die Minute pünktlich. Das Gros der auf den Gängen hin und her eilenden Monsignori war schon ins Wochenende aufgebrochen. Es herrschte strenge Anordnung, den Papst nicht zu stören. Protokolle wurden nicht geführt. Die polnischen Schwestern im Küchendienst standen für eventuelle Verlängerungen bereit.

Keines der großen Themen, die dieses 27-jährige Pontifikat geprägt und in Atem gehalten haben, sind bei den vertraulichen Begegnungen ausgeschlossen worden. Befreiungstheologie, Kardinals- und Bischofsernennungen, bio- und sozialethische Probleme, Vorbereitung von Synoden und Reisen, die politische Lage weltweit oder der Entwurf von Enzykliken wurden überdacht und einer Entscheidung zugeführt. Zwei unverzichtbare Begleitumstände prägten diesen festen Termin: der Verzicht auf jede Art von Zeitdruck sowie die spirituelle Aura. Der Freitagabend galt nicht als Ausweichtermin; er öffnete das unerbittliche Protokoll für eine Zeit des Rück- und Ausblicks. Jetzt wurden keine Akten mehr gewälzt oder informelle Anrufe zwischengeschaltet. Ohnehin galt die über Jahrhunderte bewährte Arbeitsgrundlage der Päpste: Nichts auf dieser Welt war so wichtig, dass es überstürzt und unbedacht hätte entschieden werden müssen.

Die Gespräche der beiden Männerfreunde endeten stets mit einem Blick auf das Kreuz. Darunter stand die Mutter und blickte auf den Durchbohrten. Ein bleibender Skandal, ein Schmerz, der alles andere relativierte. »Warum bleibt er so ohnmächtig?«, fragte Ratzinger einmal. »Warum herrscht er nur auf diese ganz merkwürdig schwache Art, eben als Gekreuzigter, als einer, der selbst gescheitert ist? Aber offensichtlich ist das die Art, wie er herrschen will, die göttliche Art von Macht.« Hinaus an die Welt gerichtet, sagte er: »Und in der anderen Art, in dem sich Aufdrängen und Durchsetzen und Gewalthaben, darin liegt offenbar die nichtgöttliche Weise von Macht.«

Keine Frage, dass im Vatikan das Vertrauensverhältnis zwischen Papst und Präfekt sehr bald beargwöhnt wurde. Im Ameisenhaufen dieses mehrheitlich von Italienern verwalteten Kleinstaats wurde von manchem unruhigen Karrierekandidaten mit Stirnrunzeln beobachtet, dass da zwei Ausländer an der Spitze der römischen Kirche »konspirierten«. Als die Zeit des Übergangs anbrach, inszenierten die »vaticanisti« der italienischen Presse Intrigen und Konkurrenzen, unterschoben dem Deutschen politische Bananenschalen, um sich anschließend beim Papst über seine »diplomatische Naivität« zu beklagen. Der Papst hörte sich die Klagen an und lächelte in sich hinein: Sein Freund gegenüber im Palazzo der ehemals »heiligen« Glaubenskongregation hatte in seinen Äußerungen über den Kommunismus als »Schande der Zeit« oder dem alten Europa als ein Kontinent »abgestumpfter Kälte« haargenau seine Meinung getroffen.

So bestand bald im engen Machtkreis, der tagtäglich um den Heiligen Vater rotierte, kein Zweifel mehr, dass der silberweiße Tedesco unumgänglich geworden war. Dies akzeptierte der als »Camerlengo« die Rechte des Apostolischen Stuhls nach dem Tod des Papstes vertretende spanische Kardinal Martinez Somalo ebenso wie der als »Premierminister« agierende Kardinalstaatssekretär Angelo Sodano wie auch der Generalvikar des Bistums Rom, Kardinal Camillo Ruini, der erst 61-jährige Substitut Leonardo Sandri oder der päpstliche »Außenminister«, Erzbischof Giovanni Lajolo. In der zweiten Reihe drängten sich die Papabile verschiedenster Herkunft und Couleur, doch stets darauf bedacht, es sich mit dem geräuschlos die Strippen ziehenden Dekan des Kardinalkollegiums, Joseph Ratzinger, nicht zu verderben. So, wie es etwa der Kardinal Godfried Daneels im April 2005 vor Beginn des Konklaves gewagt hatte. Der belgische Primas ließ vor seiner Ankunft in Rom die internationale Presse informieren und empfahl sich mit einem »Zehn-Punkte-Programm« als progressiver Bewerber. Bereits am nächsten Tag herrschte im Kollegium des Dekans Ratzinger Schweigepflicht.

Ein Vierteljahrhundert hat Kardinal Ratzinger seinem Papst solidarisch gedient. Vor allem dann, wenn ihnen nach Instruktionen, Notifikationen oder Suspendierungen der Westwind scharf ins Gesicht blies. Befreiungstheologie, Frauenordination, Inkulturation, Gleich-geschlechtlichen-Ehe, Jesuitenstreit, Opus-Dei-Einfluss und Treueid für Theologieprofessoren sind nur einige der Themen, mit denen der Glaubenswächter Unverständnis und Stürme der Entrüstung auslöste. In seiner deutschen Heimat trieb die vom Papst verweigerte Schwan-geren-Konfliktberatung selbst treueste Katholiken auf die Barrikaden. In einem Brief an den Vorsitzenden der Deutschen Bischofskonferenz, Karl Lehmann, forderte das »Zentralkomitee der deutschen Katho-liken«, er möge sich beim Papst einsetzen, dass der Glaubenspräfekt an weiteren Versuchen gehindert werde, in dieser Frage Druck auszu-üben ...

Gelegentlich, nicht oft, war der Papst anderer Meinung als sein Präfekt – so beim großen Schuldbekenntnis der Kirche anlässlich der 2000-Jahr-Feier. Der Papst trieb es voran, Ratzinger riet davon ab. Was sollte das bringen? Musste man die Leute mit der Nase auf die Sünden der Vergangenheit stoßen? Konnte man sich überhaupt für etwas entschuldigen, was man nicht selbst verursacht hatte? Sollte man nicht nach vorne schauen? Ein positives Leitbild geben? Der Papst blieb stur. Und er sollte Recht behalten. Das Zeichen kam an, wurde weltweit als demütige und aufrichtige Geste beachtet. Und so musste Kardinal Ratzinger im Namen der Kirche bei der 2000-Jahr-Feier am ersten Fastensonntag im Petersdom ein Schuldbekenntnis und eine Vergebungsbitte an die Welt richten, in der es hieß, »... dass auch Menschen der Kirche im Namen des Glaubens und der Moral in ihrem notwendigen Einsatz zum Schutz der Wahrheit mitunter auf Methoden zurückgegriffen haben, die dem Evangelium nicht entspre-chen ...«. Der Papst, vor allem aber Ratzinger, der die Archive der ehemaligen Inquisition und des Heiligen Offiziums verwaltete, wusste, wovon er sprach: Gewalt gegen Anders- und Nichtgläubige, mörderi-sche Kreuzzüge, Antisemitismus, Zwangsbekehrung, Kirchenspaltung oder päpstliche Unmoral.

Die Liste ließe sich fortsetzen und Hans Küng könnte aus heutiger Sicht einige Knackpunkte anfügen, doch hatte es sich der inzwischen emeritierte Theologe abgewöhnt, sich in Resolutionen weiter über den Papst zu empören. Es war schon keine Resignation mehr, er ver-folgte andere Ziele. Den Präfekten der Glaubenskongregation nahm er jedoch weiter ins Visier und ließ keine Gelegenheit aus, ihn als die eigentliche graue Eminenz des schwer erkrankten Pontifex zu kritisieren, der die Kirche rücksichtslos in die Vorkonzilszeit zurücktreibe und Verrat an seiner eigenen Geschichte begehe.

Küng beteiligte sich auch nicht an den Initiativen, die noch immer seine Rehabilitierung als ordentlicher Professor an der Katholisch-Theologischen Fakultät in Tübingen forderten. Anlässlich der Verleihung des Kulturpreises der Innerschweiz flackerte sie im Frühjahr 1992 erneut auf. Ohne Papst Johannes Paul und Kardinal Ratzinger beim Namen zu nennen, richtete Kurt Koch in seiner Laudatio auf Hans Küng einen leidenschaftlichen Appell an Rom, den Preisträger auch kirchenoffiziell als katholischen Theologen zu rehabilitieren. Diese Passage fand auch deshalb starke Beachtung, weil der Redner darin die Formulierung einfließen ließ, dass dies doch Küng »noch zu Lebzeiten vergönnt sein wird«, und dabei an das Schicksal von Teilhard de Chardin erinnerte, »der erst nach seinem Tode – wenn auch zögerlich und zimperlich und nicht ohne posthum nochmals ausgesprochene Schuldzuweisung an seine Person – in sein Recht gesetzt wurde«. Illusionslos fügte Koch hinzu und erinnerte dabei an den von Küng und Ratzinger gemeinsam verehrten Karl Barth: »Im Himmel wird dies ohnehin geschehen, verbunden allerdings mit jenem schmunzelnden Lächeln, das gemäß der Überzeugung Karl Barths nur den Engeln eigen ist.« Aber weder dem Papst noch seinem Glaubenspräfekten war an diesem Abend zum Schmunzeln zumute. Es waren auch keine Engel zu sehen und Hans Küng noch nicht zum Sterben bereit. Er und der Kardinal hatten noch einiges vor.

20. Der schwarze Mann
und das Ende der Zeit

Für den Münsteraner Theologen Johann Baptist Metz war der 27. Oktober 1998 ein aufregender 70. Geburtstag. Der bescheidene Professor hatte noch nie ein solches Publikum. Der Fürstensaal von Schloss Ahaus war überfüllt, draußen verfolgten weitere Hundertschaften die Video-Übertragung wie bei einem Finale der Champions-League. Schon im Vorfeld gab es heftige Auseinandersetzungen, der Gefeierte sollte für seine Gästeliste nicht zuständig sein. Vor allem im studentischen Publikum – ansonsten scharf auf Paukenschläge jeder Art – bewegte ein »theologischer Skandal« die Gemüter: Metz, ein Idol der politischen Linken, freilich eines mit Sympathien für Mystik und Nachfolge, hatte den Präfekten der Vatikanischen Glaubenskongregation, Kardinal Joseph Ratzinger, zum Disput über das Thema »Ende der Zeit? Die Provokation der Rede von Gott« eingeladen. Ratzinger nahm an und erschien leibhaftig in der Schlangengrube. Ringsum tobte der Widerstand. Es war für die routinierte Rechts-links-Konfrontation an deutschen Universitäten ein unsäglicher Vorgang. Bislang gehörte die gegenseitige Verletzung zur Pflicht der Konfrontationen. Jetzt musste die rumorende studentische »Basis« nicht nur den im dezenten schwarzen Clergyman auftretenden »Großinquisitor« mit einem Minimum an Höflichkeit empfangen, sondern ihm auch noch aufmerksam zuhören. Die Gruselgeschichten waren längst bekannt, gezittert wurde nur noch aus Wut.

Kurioserweise war das Milieu dem Kardinal vertraut. An der Universität Münster hatte er von 1963 bis 1966 als Professor für Dogmatik und Dogmengeschichte eine erfolgreiche Zeit verbracht und viel Zustimmung erhalten. Johann Baptist Metz schätzte er damals als Weggefährten. Es war jene Zeit, als ihn sein Kollege Hans Küng auf einen Lehrstuhl nach Tübingen lockte und er, hin- und hergerissen zwischen Treue zu seiner Hörerschaft und Sehnsucht nach südlicheren Gefilden, den verhängnisvollen Schritt schließlich tat. Er wurde auf Schloss Ahaus auch deshalb besonders heftig an den bald bereuten Wechsel erinnert, weil auf dem Podium, neben der jüdischen Religionsphilosophin Eveline Goodman-Thau, der protestantische Theologe Jürgen Moltmann saß, der in Tübingen den Studentenaufstand mit der Forderung nach christlicher Unterstützung für soziale Revolutionen angefeuert hatte. »Ich habe gesehen, wie wirkliche Tyrannis aussieht«, klagte damals der erschütterte Ratzinger. Im Leben sieht man sich immer zweimal. Und manchmal auf dem Podium.

Eine Saalschlacht war nicht zu erwarten, man schrieb immerhin das Jahr 1998; etwaige noch verbleibende Protestwillige hatten sich bei den Atomprotesten gegen die Castortransporte abgekühlt. Neben viel Prominenz aus Politik und Geistesleben erschien die Creme des deutschen Feuilletons. »Die Zeit«, die Robert Leicht als Moderator abgetreten hatte, titelte später: »Das leichenblasse Glück. Kardinal Ratzinger streitet mit dem Theologen Johann Baptist Metz«. In der »FAZ« hieß es, eine Spur gediegener: »In der Nähefalle. Ratzinger gegen Metz: Theologie mit Cocktailglas«. In der »Deutschen Tagespost« stand zu lesen: »Die Freiheit, das Böse und die Rede vom lieben Gott«. Für den amerikanischen »National Catholic Reporter« interviewte dessen Vatikan-Korrespondent John L. Allen, der bereits für seine Ratzinger-Biografie wie ein Fuchs hinter seiner Fährte her war. Klammheimlich hofften viele auf einen Eklat. Würde man den Kardinal noch einmal mit Konfetti bewerfen? Was wäre, wenn einige Altlinke mal wieder etwas »aktiv« würden?

Grund der von den Veranstaltern durchgespielten Katastrophen-Szenarien war ein anderer Tübinger Professor: der im Übrigen friedensbewegte und um das Weltethos bemühte Hans Küng. Er glänzte bei diesem Highlight deutscher Theologiegeschichte nicht nur durch Abwesenheit, sondern hatte im Vorfeld des Festes alles Mögliche unternommen, die Veranstaltung mit dem Spielverderber aus dem »Heiligen Offizium« wenn schon nicht zu torpedieren, so doch zu stören. Der in seinen Bestsellern gegen »geistige Diktatoren« und »Unterdrücker der Freiheit« wetternde Hans Küng hatte im Vorfeld des Symposiums in einem Offenen Brief dem Geburtstagskind Metz mitgeteilt, es sei befremdend und ein »gewaltiges Ärgernis«, dass ausgerechnet er dem »Großinquisitor« ein solches Forum bieten wolle. In einem NCR-Interview mit John L. Allen tobte Küng: »Er ist die Hauptautorität des Amtes der Inquisition. Es ist, als führte man mit dem Chef des KGB ein allgemeines Gespräch über Menschenrechte. Es handelt sich hier praktisch um eine Kapitulation vor dem römischen System, eine Art Friedenmachen mit Ratzinger, wo doch die eigentliche Aufgabe der Politischen Theologie darin bestehen sollte, sich mit den in unserer Kirche leidenden Menschen zu identifizieren. Sie missbrauchen das Gespräch über Gott, um den Umgang mit Problemen in der Kirche zu vermeiden.«

Da hatte sich jemand weit aus dem Fenster gelehnt. Metz nahm die agitatorische Attacke nicht hin. Gewiss, er hatte mit Küng eine starke gemeinsame Geschichte, hatte ihm oft genug seine Solidarität bewiesen und manches Manifest mit unterschrieben. Aber dies hier beleidigte ihn nicht nur als Gastgeber; Metz empfand es als Schlag unter die Gürtellinie, als unerhörten Affront: »Sehr verletzt, sehr enttäuscht und sehr wütend«, sagte er zum Umgangsstil des Schweizers: »Manchmal benimmt sich Küng wie ein zweites Magisterium (= Lehramt). Um einem die Wahrheit zu verkünden, genügt eines. Mir jedenfalls.« Aber Küng lenkte nicht ein. Als er die breite Aufmerksamkeit konstatierte, die das Ereignis auf Schloss Ahaus in den renommierten Zeitungen des In- und Auslandes fand, trat er noch einmal nach: »Diese Veranstaltung war einfach eine sehr schöne Gelegenheit, Ratzinger als lächelnden Inquisitor vorzuführen, der in heiterer Manier über hochtheologische Inhalte sprechen kann.« Diese Art Hochmut hatte ihm schon Jahre zuvor sein Tübinger Doktorand Josef Nolte im »Spiegel« vorgeworfen: »Bisher war's so: Wer Küng befragt, ist Inquisitor. Die Fragen stellt er selbst.«

Heiter war Ratzinger selten, aber von Theologie verstand er etwas. Seine Gastgeber hatten ihm mit einem Einladungsbrief der besonderen Art die Reise verlockend gemacht: »Es müsste reizvoll sein«, so schrieben sie, »gerade heute, jenseits der Lehrdifferenzen (aber sehr wohl um sie wissend!) noch einmal bei der Eschatologie anzusetzen, aus der Kirche und Theologie immer gelebt haben …«. Dem Kardinal dürfte vor allem der Zusatz aus dem Herzen gesprochen haben: »… und kraft deren sie auch wohl nur überleben könnten«. Im Tagungsprogramm wurde unter Hinweis auf die »Zeit- und Notvergessenheit, mit der gegenwärtig selbst Untergänge ästhetisiert und mythisch verzaubert werden«, nach den Zeichen einer »Gotteskrise« gefragt. Es war sicher Metz', aber mit Nuancen auch Ratzingers Lebensthema: die Bedrohung des Menschen, der »gnadenlos seinen Illusionen, Verdrängungen und Kompensationen überlassen bleibt.

Darum ist es ebenso notwendig wie provokativ, beim Gott Israels, seinen Geboten und Verheißungen, zu bleiben und daran zu erinnern, dass die Zeit befristet ist, auch die Zeit der Kirche …«

In dem zur Mittagsstunde angesetzten Gespräch zwischen Metz und Ratzinger über »Gott, die Schuld und das Leiden« betonte der politische Theologe, er habe das Wort »Gotteskrise« benutzt, um darauf hinzuweisen, dass hinter der Kirchenkrise »eine Krise steht, die wahrscheinlich tiefer und radikaler ist … Aber wenn es um Gott geht, geht es nie bloß um die Kirche oder die Glaubenden. Da geht es um die Welt im Ganzen … Und so immer auch um Gott, selbst wenn das Wort nicht immer vorkommt.« So sei ihm auch der von Ratzinger so verehrte Augustinus in seiner Sündenschuldhaftigkeit verdächtig, Jesu Blick auf den Menschen habe nicht seiner Sünde, sondern dem Leid der anderen gegolten. Der Gebetsschrei dieser Menschen beschränke sich nicht auf jene, die meinten, Beten sei die intensivere Form des Glaubens. »Was ist … wenn man sich fragt, ob nicht Beten weiter verbreitet sein könnte als der Glaube … Gott um Gott bitten. Dann würde ich fragen, wer von uns – sehr verehrter Herr Kardinal, Sie eingeschlossen – kann sich da, bei aller Kompetenz, zutrauen zu sagen, wo eine Sprache der Menschenkinder anfängt und wo eine Sprache der Menschen aufhört, in der sie Gott um Gott bitten?«

Ratzinger sprach von einem Gott, der nicht in einem »unbestimmten Horizont«, sondern in der Geschichte handelt. Es gebe eine Scheu, dies sehen zu wollen, und die ganze Last des Guten und Bösen auf den Menschen abzulagern. Diese Scheu habe »zu dieser Überbelastung des Menschen geführt, deren Konsequenzen wir sehen und auch täglich in unseren Mühen, Christen zu sein, auch spüren«. Zum Schrei des Zorns und der Verzweiflung entgegnete er Metz: »Die Augen offen halten können wir nur, weil in den Leiden Gott wahrnehmbar ist«, und plädierte dafür, »das Mysterium des Leidens dem Menschen zu lassen und … mit Gott in einem betenden Streit zu bleiben, der eigentlich nicht aufgehoben werden kann …« Der von Metz geprägte Begriff »Gotteskrise« hatte Ratzinger seit Jahren fasziniert, auch wenn er ihn, wohl zum Schutz, als »etwas merkwürdig« bezeichnete. Bereits als Seminarist hatte er über die »Endzeit« gerätselt und diesen Fragen sein intensivstes Buch gewidmet. Er wollte nicht ausschließen, dass die »Abwesenheit Gottes«, wie er es nannte, so stark werde, dass »Weltzerstörung, Apokalypse, Untergang« ins Blickfeld des Menschen geraten. »Auch damit müssen wir rechnen«, sagte er, »die apokalyptische Diagnose kann nicht ausgeschlossen werden, aber auch dann bleibt, dass Gott die Menschen schützt …«

Unter Beifall meldete sich der aus dem Ruhrgebiet stammende Pfarrer Kerstiens zu Wort, einer der ersten Doktoratsanwärter des Fundamentaltheologen Metz. Seine Frage handelte von der »Sensibilität für das Leiden anderer«, er meinte es keineswegs apokalyptisch, sondern an die Adresse Roms, an den Kardinal, gerichtet, die diese vermissen lasse: Sensibilität für Leidensgeschichten von Homosexuellen, von Frauen, von Laien, von wiederverheirateten Geschiedenen … Jetzt wurde auch Ratzinger etwas lauter: »Sie unterstellen, und das ärgert mich, dass es zu all diesen schwierigen Fragen nur eine erlaubte Meinung gebe. Wenn Sie es so hinstellen, dass derjenige, der in der Schwangerschaftsberatung eine Entzerrung zwischen Staat und Kirche für richtig hält, keine Sensibilität gegenüber den Leiden der Frauen habe, dann sage ich, das ist nicht wahr … Dass es dazu nur einen Weg gibt und nur eine erlaubte Meinung, das ist abzulehnen und ist eine Meinungsdiktatur, gegen die ich mich mit Nachdruck zur Wehr setze.« Ratzinger sagte auch, es gebe Leid, das mit institutionellen Mitteln nicht zu beseitigen sei, hier liege eine große Aufgabe der Kirche, »im Leiden präsent zu sein und das Mitleiden Gottes, das Mitleiden Christi so gegenwärtig zu setzen, dass Leiden sinnvoll wird«.

Der damalige Moderator Robert Leicht erinnerte sich anlässlich der Papstwahl im April 2005 an diese Szene. Ratzinger habe während der Diskussion »angespannt die Contenance bewahrt«. Auf die Frage des Pfarrers habe er jedoch augenblicklich einen »scharf autoritären Ton angeschlagen«. Zur Ablehnung der »Meinungsdiktatur« hätte Leicht ihm gerne geantwortet: »Mit Verlaub, Eminenz, gerade diese Einstellung halten wir Ihnen vor.«

Ratzinger und Metz – das ist eine ganz spezielle Geschichte. Sie kannten sich seit Jahrzehnten. 1963 waren beide als Professoren nach Münster gekommen, der brillante Denker und Sprachkünstler Metz auf Ratzingers Empfehlung. Gemeinsam wirkten die Freunde auf dem Konzil. Zum Konflikt kam es, als der »Linksrahnerianer« Metz bei der Frankfurter Schule in dieselbe ging und sich immer stärker als Kopf der von ihm selbst so genannten »Politischen Theologie« profilierte und Ratzinger in Tübingen seine Erfahrungen mit der »Revolution« erlitt. Der Streit eskalierte allerdings erst dann zum Eklat, als der Senat der Universität München Metz einstimmig als ersten von drei Kandidaten für einen Lehrstuhl an der theologischen Fakultät empfahl, seine Berufung jedoch an einer Intervention des Erzbischofs Ratzinger scheiterte, der seinen Freund, den bayerischen Kultusminister Hans Maier, davon überzeugte, die Ernennung mit einem Verfahrenstrick zu hintertreiben. »Ich war ihm zu links und zu gefährlich«, erklärte der Theologe 2005 im Rückblick. Und auch, dass es richtig wehgetan habe. Die Affäre geriet zu einer heftigen Auseinandersetzung, die durch einen von mehreren Zeitungen publizierten Protestbrief Karl Rahners eine breite Öffentlichkeit erreichte: Es genüge nicht, sich als Leidender mit dem leidenden Christus zu identifizieren, gegen Ungerechtigkeit und Machtmissbrauch müsse man protestieren. Das riss tiefe Wunden, Rahner verstarb 1984 ohne ein Wort der Versöhnung mit Ratzinger. Dessen Präsenz beim Festakt in Ahaus wurde als Zeichen dafür gewertet, dass beiden Seiten klar geworden war, dass es zu solchen Unversöhntheiten nicht mehr kommen durfte. Auch deshalb verhallte Küngs Forderung nach einer Ausladung Ratzingers. Metz reagierte übrigens positiv auf die Wahl des neuen Papstes, warnte vor Vorurteilen, verhieß Überraschungen, verhehlte aber auch die tiefen Wunden nicht, die ihm der Freund aus alten Tagen geschlagen habe. »Aber jetzt ist er mein Papst!«, lächelte der kluge Mann.

Die Begegnung von Ahaus markiert eine Wende im öffentlichen Leben Ratzingers. Der von seinen Gegnern als Leisetreter und Panzerkardinal beschimpfte Freund des Papstes hatte sich in der nur ihm eigenen Mischung aus Verschwiegenheit und intellektueller Brillanz im deutschen Geistesleben als wieder gesellschaftsfähig erwiesen. Die versöhnliche Geste im Schloss hatte selbst erbitterte Beobachter überrascht. Für ihn war es nicht nur ein glückliches Wiedersehen mit einem alten Freund, Münster rief auch Erinnerungen an seine etwas rebellischeren Anfänge wach. Er atmete wieder den Duft überfüllter Hörsäle: junge Menschen, kritische Erwartungen. Freihändig nachdenken und sich den Herausforderungen des Disputs zu stellen, das war seine Stärke. So verwunderte es nicht, dass seine Bücher, Zeitschriftenartikel und Beiträge wieder beachtet wurden wie vor Jahren »Die Einführung in das Christentum«, in deren Einleitung von einem »Hans im Glück« die Rede war, der seinen Schatz verspielt, und als Parodie auf Kollege Küng gedeutet wurde; Ratzinger hat das stets bestritten.

Hans Küng erzielte mit seinen Werken weiter weltweite Aufmerksamkeit, aber auch Ratzinger erlebte ein Autoren-Comeback. Küng regte an und auf, Ratzinger machte betroffen. Allein seit der Diskussion mit Metz waren es ein Dutzend Neuerscheinungen, die der Kardinal ungeachtet der antirömischen Proteste veröffentlichte, darunter das sogleich in neun Sprachen übersetzte Gespräch mit Peter Seewald »Gott und die Welt. Glauben in unserer Zeit«. Küng wechselte von den strittigen Fragen der Theologie zu den Weltreligionen und zum Weltethos, Ratzinger schrieb über das »Wiederfinden der Mitte«, über das »Unsichtbare«, über den »Gott des Glaubens und der Philosophen« oder über »Werte in der Zeit des Umbruchs«. Seine Präsenz im Gespräch mit Andersgläubigen, Naturwissenschaftlern und Intellektuellen wurde mehr und mehr in der Öffentlichkeit registriert. Küng als ein Mann der Paukenschläge begann sich zu wiederholen. Ratzinger reizte mit sehr leisen und neuen Tönen. Langsam war er es, der die Themen setzte. Küng verfügte über den besseren Presseverteiler. Ratzinger stimmte nachdenklich. Papst-Primat, Priester-Frauen oder Homo-Ehe: Reduzierte sich allein darauf die Sehnsucht der Menschen an den Rändern des Glaubens? Was war die Kirche den ratlos Wartenden schuldig? Noch einmal sich kreuzende Gegenströmungen: Der »Optimist« Küng setzte kritische, negative Themen, solange das Zeitalter der Negation anhielt; darauf folgte die Stunde des »Pessimisten« Ratzinger, der mit der positiven Botschaft aufwartete: Es gibt Wahrheit. Sie ist zu erkennen. Es gibt Werte. Sie sind zu schützen. Es gibt Gott. Ihm die Ehre zu geben, befreit den Menschen.

Dieses sonderbare Jahr 1998 hatte für Hans Küng und Joseph Ratzinger noch eine ganz andere Bedeutung: In der Kirche verhärteten sich die Fronten. Der Kardinal wehrte sich zwar auf seine diskrete Art und bemühte sich durch symbolische Gesten, wie etwa die Präsenz in Ahaus, den Attacken zu entkommen. Doch wurde ihm durch den auch persönliche Vorwürfe nicht scheuenden Hans Küng seine Neigung zum Konsens schwer gemacht. Dabei hatte alles so verheißungsvoll begonnen. In der ersten Jahreshälfte gab es mehrere denkwürdige Ereignisse, die auf einen baldigen Friedensschluss, vielleicht sogar auf eine Rehabilitierung Küngs hoffen ließen. Kein Geringerer als Kardinalstaatssekretär Angelo Sodana, der zweite Mann im Vatikan, zitierte den Tübinger Professor in einem öffentlichen Vortrag im Lateran. An sich ein sensationeller Vorgang, der obendrein in der traditionellen

Basilika des Bischofs von Rom stattfand. Dann fügte der Vorsitzende der Deutschen Bischofskonferenz Karl Lehmann seinen Glückwünschen zum 70. Geburtstag von Hans Küng noch einige würdigende Worte hinzu, deren Brisanz nicht überhört wurde. Zu diesem Anlass schrieb der für Küng zuständige Bischof von Rottenburg und ehemalige Kollege, Karl Kasper, dem Jubilar einen persönlichen Brief, der auf Aussöhnung hoffen ließ. Dann jedoch kam es zu einem Ereignis, das die alten Gräben nicht nur wieder aufriss, sondern sogleich vertiefte.

Nach einer Instruktion über die Laien veröffentlichte der Vatikan am 29. Juni 1998 ein Motuproprio des Papstes »Zur Verteidigung des Glaubens«, das von den Theologen einen Treueid forderte und von deren kritischem Flügel sogleich als weiterer Schritt in Richtung »Abschied in den Fundamentalismus« gedeutet wurde. Besonders Hans Küng reagierte darauf mit einer Schärfe, die alle seine bisherigen Stellungnahmen übertraf. Der zuständige Bischof Kasper nahm den Fehdehandschuh auf und konterte mit dem Vorwurf: »Küng spaltet die Kirche.« Das ließ Schlimmes ahnen, und tatsächlich trat Küng am 19. Juli 1998 in einem Interview des Südwestfunks an die Öffentlichkeit, dass die Wände wackelten. Auf die Gefälligkeitsfragen von Jürgen Hoeren polterte der Schweizer los, der Rottenburger Bischof wende »die alte Praxis der Inquisition« an und spiele sich als »ein kleiner Ratzinger in Deutschland« auf, der durch Verzerrung ihrer theologischen Position Opponenten »zu diskriminieren versucht«. Und dann wieder – als habe er nichts gesagt – stellte er sich als »durchaus versöhnlich« dar und betonte seine Bereitschaft, »auch mit dem Papst zu sprechen«. Dem dürfte aber nach dem unmittelbar folgenden Putschversuch Küngs die Lust zu einer Privataudienz definitiv vergangen sein.

Dass er nebenbei für sein umstrittenes Buch über die päpstliche Unfehlbarkeit aus dem Jahr 1970 warb und die Haltung des Papstes zur Frauenordination als »Anmaßung« bezeichnete, war noch eher harmlos gegenüber seinen folgenden Äußerungen: Ratzinger habe zugegeben, dass der neue Treueid faktisch schlimmer sei als der »aufgewärmte Antimodernismus-Eid«. Diesen Eid und die Amtseide der Bischöfe verglich er mit den Eiden, »die auf Hitler abgelegt wurden, und die selbst deutsche Generäle an die Kette legten«. Dies sei »wirklich gegen das Evangelium«. Bezüglich des an der Parkinsonschen Krankheit leidenden Papstes sprach er recht pietätlos vom »Abendrot dieses Pontifikates« und von »verknöcherten Gestalten«, die an der Macht sind und »alles festzurren«. Die Behauptung des Redaktionsleiters Kirchenfunk beim SWF, Bischof Stecher sowie die Theologen Fries und Biser seien von der Sorte, denen der Mut erst käme, »wenn sie ihre Pension sicher haben«, bestätigte er mit Nachdruck. Zur Freiheit der Universitäten riet er diesen, sich an einem Tübinger Kolloquium zu Ehren seiner Emeritierung ein Beispiel zu nehmen, doch sei er nicht ständig immer allein bereit, »die glühenden Kohlen aus dem Feuer zu holen«. Erneut benutzte er einen Vergleich mit Hitler und nannte Ratzingers Glaubenskongregation »römische Inquisitionsbehörde« und »Glaubenspolizeibehörde«. Der Papst gleiche dem absolutistischen König Ludwig XIV. und begehe »Verrat am Konzil«. Selbstverständlich bleibe er in der Kirche, »doch nicht wegen des Papstes«.

Kardinal Ratzinger hat diesen Anfall erst einmal so stehen lassen und sich auch später nicht auf diese Ebene begeben. Doch antwortete er am 28. Dezember 1998 in einem ausführlichen Gespräch im »Alpha-Forum« des Bayerischen Rundfunks aus dem Rittersaal der Erzabtei St. Ottilien ganz auf seine Art. Es sind so einige Sätze, da denkt man: Jetzt hätte er ihn endgültig abservieren können – er hätte nur sagen müssen: ... ein bornierter, hasserfüllter Altliberaler, der in Endlosschleife seine antikatholischen Hassreflexe auslebt, um damit Auflage zu machen. Das hätte man erwartet – und niemand hätte es erstaunt. Aber hören wir zu! Martin Lohmann erinnerte ihn an seine Tübinger Zeit mit Hans Küng und an das Wort des Begründers der Tübinger Schule, Johann Sebastian von Drey: »Eine Wahrheit muss verdächtig erscheinen, wenn sie das Herz verletzt, gegen die Liebe anstößt und Gott vorgreift. Irrtum in Liebe ist besser als Wahrheit in Hass.« Auf die Frage, ob er das unterschreiben könne, sagte er: »Wahrheit und Hass verbinden sich nicht, oder wenn Wahrheit mit Hass verbunden wird, verrät man die Wahrheit selbst, denn die letzte Wahrheit ist, das die Welt aus der Liebe kommt und dass wir zur Liebe geschaffen sind. Wenn ich mich also in den Hass hineintreiben lasse, dann habe ich mich eben auch von der Wahrheit verabschiedet.« Auf Hans Küng und die dramatischen Auseinandersetzungen in Tübingen angesprochen, bezeichnete er das Jahr 1968 als einen »Grabenbruch«, der jedoch »etwas an sich sehr Gutes« gehabt habe. Die alte Universitätsstadt schilderte er als einen geistig bewegten Ort, an dem diese Konflikte mit zwei hochrangigen theologischen Fakultäten und einem vielschichtigen Studentenpublikum ihre »äußerste Gegenwart« hatten. Er stand »an der Front der Zeitgeschichte« und musste diesen Kampf bestehen: »Es war also nicht ein Kampf gegen die Kollegen. Die Tübinger Fakultät war immer schon eine konfliktfreudige Fakultät … das Problem war wirklich die Aufgabe, die uns die Zeit gestellt hatte, und der Einbruch des Marxismus und seiner Verheißungen …« Mit Küng habe »ein sehr positives Verhältnis bestanden und ich bin auch in gutem Frieden von ihm geschieden. Die Entzweiungen haben sich später ergeben und müssen vielleicht eigentlich nicht so dramatisch sein, wie sie aussehen«.

Wenn überhaupt, fand die öffentliche Kommunikation zwischen Ratzinger und Küng durch die von beiden reihum veranlassten Events statt: Proteste, Pressekampagnen, Päpstliche Instruktionen, Reden, Publikationen, Podiumsgespräche, Fernsehinterviews. Es war ein unabgesprochenes und ungleiches Rennen. Küng arrangierte die Begleitmusik der Medien, Ratzinger zog sich zurück. Es war die ihm eigene Art zu antworten, er ließ auf sich warten. In diesen Kontext fällt auch die Veröffentlichung des ersten Teils der Erinnerungen Küngs, die 2002 unter dem Titel »Erkämpfte Freiheit« erschienen. Schon lag er wieder einige Längen voraus und dies für die Saison eines Bestsellers. Gleich fiel auf, dass es sich um den ersten von zwei Bänden handelte, der für die Zeit bis zu seinem vierzigsten Lebensjahr immerhin etwas mehr als 600 Seiten umfasste.

Zeit- und kirchengeschichtlich ist das Buch ein beachtliches Dokument, überquellend von Details und spitzen Wertungen; spannend vor allem, wenn der eifrige Autor Hintergrundinformationen über das Konzil und den »Club« der Reformtheologen mitteilt. Seine Beziehung zu Joseph Ratzinger zieht sich wie ein roter Faden durch das Opus. Insgeheim findet gegen den »Trappatoni der katholischen Kirche« (Kardinal Bertone) ein Rückspiel mit Verlängerung statt. Küng rechnet ab, zwar sichtlich bemüht, sich als friedlich und versöhnlich darzustellen, doch um die nächste Ecke herum verstrickt er sich in Heimtücke und Häme; das »Kabinettstück narrativer Theologie« (»FAZ«) wird zur Klatsch-Story. Die Autobiografie ist insofern eine Offenbarung, als sie im O-Ton einen Hans Küng schildert, der zu den bewegenden Persönlichkeiten der Kirche und des Geisteslebens der zweiten Jahrhunderthälfte zählt, der mutige Visionen und konsequenten Aufbruch verkörpert und zugleich einen Narzissmus und eine stolze Selbstgerechtigkeit ins Licht rückte, dass so manche Großtat sofort wieder relativiert wird. Seine Urteile über Zeitgenossen in Kirche und Welt, die ihm irgendwann, irgendwie bei seinem Parforce-Ritt zur reinen Wahrheit im Wege standen, sind oft kleinlich, bösartig und verletzend. Sosehr er sich auch rühmt, als Pionier und Prophet von seiner unmündigen Kirche in die Ächtung getrieben worden zu sein, so sehr fehlt ihm jede Hemmung, sich nicht richtig gut zu finden.

Man muss kein Experte der Psychoanalyse sein, um in den ständigen Wiederholungen seiner Freude, nun doch kein Kardinal geworden zu sein, das frustrierende Trauma dieses großen Lebens auszumachen. Selbst der ihm wohlgesinnte Günter Schiwy bemerkt in der »Zeit«, das Buch sei »ein wenig zu selbstsicher ausgefallen«. Hanno Helbig konstatiert in der »Neuen Zürcher Zeitung« eine Neigung zu Polarisierungen und »Schwarzweißmalerei«, das Buch lese sich wie »ein Rechenschaftsbericht«, sein medialer Erfolg sei »etwas aufgebläht«. Matthias Drobinski (»Süddeutsche Zeitung«) unterstreicht dagegen den »geraden Weg des konsequenten Theologen«, Eberhard Jüngel (»FAZ«) ist beeindruckt vom »Memorieren eines reichen Lebens« und bedauert die abfälligen Bemerkungen, vor allem über Joseph Ratzinger. Schließlich eine interne Stimme aus der katholischen Schweiz; Iso Baumann schreibt in der Schweizerischen Kirchenzeitung: »Küng ist meisterhaft in der Personenjagd mit Pfeil und Bogen.«

Knüppeldick kam es für den Rezensenten und stellvertretenden Chefredakteur der »Weltwoche«, Ludwig Hasler, dem Küng zwei Wochen nach seinem Verriss in diesem Organ im Stil eines Punkt für Punkt zensierenden Oberlehrers eine Replik erteilte, die perplex machte. Den scharfzüngigen Kritiker der Wochenzeitung, der ihn wegen seines Engagements für das Weltethos als »Außenminister« und »Herold der Weltmoral« belächelt und »die kleine Summa« aus der Sicht eines subjektiven Zaungastes gelesen hatte, beschimpfte Küng als »Hämling«, der »dumm«, »dreist«, »dreckig«, »neidvoll«, »unsäglich peinlich« mit »schlecht verdauten Lesefrüchten« drei Seiten fülle, und empfahl einem solchen Versager im gleichen Atemzug, mit Aristoteles- und Lichtenberg-Zitaten untermalt, doch seine Bücher »Christ sein« und »Credo« zu lesen.

Auf die Frage, ob das denn in Tübingen keiner kritisch gegenliest und den Maestro vorsichtig daran erinnert, diese Egotrips etwas herunterzufahren, ergibt sich nach 600 lesenswerten Seiten die Antwort: offenbar nicht. Gaben ihm seine literarisch versierten Kollegen

Kuschel und Jens keinen wohlmeinenden Rat? Halfen sie nicht, solche Ausfälle zu vermeiden? Duldet der professionelle Kirchenkritiker keine Kritik in eigener Sache? Liegt da vielleicht eine Erklärung für das »Krisen-Phänomen Küng«: Begeisternder Aufbruch bei krankhaftem Ehrgeiz? Zwar »erkämpfte Freiheit«, aber vorzugsweise seine eigene? Der zweite Teil der »Erinnerungen« verdient eine besonders sensible Lektüre. Wilhelm Tells auf Kardinalsdekan Ratzinger gerichteten Angriffe sind im weißen Rauch über der Sixtinischen Kapelle ins Schlingern geraten. Vielleicht war es die vorauseilende Barmherzigkeit des Heiligen Vaters, der dem Schweizer Scharfschützen noch rechtzeitig vor der Drucklegung des zweiten Bandes half, die spitzesten seiner Giftpfeile schnell wieder im Köcher verschwinden zu lassen.

Nicht nur in Deutschland wurde es als eine echte Sensation empfunden, dass sich am 19. Januar 2004 in München der linksliberale Philosoph Jürgen Habermas und der Präfekt der Glaubenskongregation Joseph Ratzinger zu einer Debatte über Religion und Aufklärung getroffen haben. Beide bildeten, wie der Direktor der Katholischen Akademie in Bayern, Dr. Florian Schuller, betonte, »eines der aufregendsten Gesprächspaare, die man sich augenblicklich – vielleicht nicht nur im deutschsprachigen Raum – für Grundsatzreflexionen menschlicher Existenz denken kann«. Bekannt wurde der Knüller allerdings erst im Nachhinein, denn die Veranstalter hatten mit dem Kardinal und dem emeritierten Professor eine Art Stillhalteabkommen geschlossen. Man wollte keine Störungen, Peinlichkeiten wie bei den Verhinderungsversuchen von Küng beim Gespräch auf Schloss Ahaus sollten erst gar nicht aufkommen.

So folgte ein handverlesenes Publikum von rund dreißig Gästen dieser nahezu konspirativen Begegnung, u. a. die Kardinäle Wetter und Scheffczyk, die Politiker Hans-Jochen Vogel (SPD) und Theo Waigel (CSU), der Philosoph Robert Spaemann und der Theologe Johann Baptist Metz. Anwesend waren auch die Redakteure angesehener deutscher Tages- und Wochenzeitungen. Aus dem Ausland widmeten Andrea Tarquini (La Repubblica) und Daniel Vernet (Le Monde) dem Ereignis ausführliche Berichte. Abgesehen vom Thema »Vorpolitische moralische Grundlagen eines freiheitlichen Staates« interessierten natürlich die Köpfe. Ratzinger, der von Küng und den Befreiungstheologen als »Wachhund des Papstes« verhöhnte Kardinal. Habermas, einer der letzten großen Vertreter der linken »Frankfurter Schule«,

Soziologe und Philosoph, der längst aus dem Windschatten Horkheimers und Adornos herausgetreten ist, streitbarer Wortführer der Aufklärung. Robert Leicht bezeichnete in seinem Papst-Kommentar vom 21. April 2005 in der »Zeit« die Begegnung zwischen den beiden als einen »phänomenalen Diskurs über die Krise der Moderne«, Ratzinger habe sich von seiner »stärksten Seite« gezeigt, er zähle unbestreitbar zu »den Intellektuellen von europäischem Rang«. Das Zusammentreffen zweier so unterschiedlicher Vertreter des Geisteslebens beschwingte die Phantasien. Wer würde vor wem kapitulieren? Gab es hier eine unheimliche Aussöhnung zwischen den Galionsfiguren linker und rechter Polarisierung?

Drei Jahre zuvor hatte der Professor bei der Friedenspreisrede Freund und Feind mit einer nachdenklichen Anmerkung über die Bedeutung des religiösen Glaubens in den moralischen Fragen säkularisierter Gesellschaften überrascht. Kenner seines umfangreichen Werkes verwiesen gar auf einen zwanzig Jahre zuvor publizierten Sammelband mit dem mehrdeutigen Titel »Nachmetaphysisches Denken«. Konkret hieß das: In der Folge der Taumeljahre nach 1968, nach Historikerstreit, Postmoderne, Null-Bock-Generation und Spaßgesellschaft war die Religion wieder ernst zu nehmen. In München trat Habermas jedoch allen Canossa-Spekulationen über eine intellektuelle Romanze mit Rom entgegen. Viel moderater als früher, fast »milde«, wie Metz etwas irritiert bemerkte, setzte er auf das demokratische Verfahren einer Mehrheit, die Recht als Recht legitimiert und auch die Religion kontrollieren müsse. Als Beispiel verwies er auf die blutigen Exzesse des Islamismus. »Entgleisende Modernisierung« zehre den Staat aus. Auch gehe es um philosophische Lernbereitschaft angesichts »des Misslingens individueller Lebensentwürfe«.

Ratzinger erinnerte an andere Besorgnis erregende Entwicklungen in den Wissenschaften, wie atomare Bedrohung oder das Klonen von Menschen. Die Frage, was denn das Gute sei, bleibe ohne Antwort. Den Terror Bin Ladens sah der Kardinal als Antwort machtloser Völker auf westliche Gotteslästerung. Religion lasse sich nicht im Namen des Fortschritts auslöschen. Die einigende Kraft für neue Antworten müssten Vernunft und Religion gemeinsam suchen. Die Aufklärung stoße auf Zweifel, Globalisierung und Modernisierung seien außer Kontrolle geraten. Habermas fragte, ob die Vernunft nicht unter eine Kontrolle des »Vorpolitischen« zu stellen sei. Er anerkannte, dass die

Demokratie ihre Quelle in den Bereichen des Religiösen oder Metaphysischen habe. Beide bescheinigten, sich in einem »doppelten Prozess des Lernens zu befinden«. Die Katholische Akademie, die der Vater der Linken zunächst als »Höhle des Löwen« beargwöhnt hatte, erwies sich, für ihn wie für den Kardinal, als eine gute Flaschenpost-Adresse für Suchmeldungen aller Art.

Das Foto mit Ratzinger und Habermas in einer Stuhlreihe des Vortragssaals der Katholischen Akademie ging durch die Weltpresse. Der Philosoph der »Kritischen Theorie« mit ausgestreckten Armen, wie bei einem Schlusssegen; der ihm nachdenklich zugeneigte Glaubenswächter, mit Bischofsring, römischem Kragen und dunklen Augenrändern im blassen Gesicht. Die »Neue Zürcher Zeitung« schrieb, Ratzinger habe sich vermehrt »in das Gespräch mit weltlichen und insoweit ›unreinen‹ Mächten ziehen lassen«. Die »FAZ« hatte beobachtet, dass Habermas »mit gemischten Gefühlen kaute … was der schwarze Mann neben ihm unterm Schirm möglicherweise im Schilde führte«. In der Wochenzeitung »Die Zeit« stand zu lesen, der »religiös unmusikalische« Habermas und Ratzinger, der »Verteidiger der reinen Lehre«, seien jeweils von »einem anderen Stern« gekommen. Das Ereignis blieb Ereignis. Anlässlich eines Vortrages im Warschauer Goethe-Institut veröffentlichte »Die Welt« ein Gespräch des Philosophen mit dem polnischen Publizisten Adam Krzeminski, der den deutschen Gast auf seine Diskussion mit Kardinal Ratzinger ansprach. Die katholische Kirche habe seit dem Zweiten Vatikanischen Konzil mit dem »Liberalismus«, d. h. mit Rechtsstaat und Demokratie, ihren Frieden gemacht, antwortete Habermas, deshalb seien zwischen ihm und Ratzinger »keine großen Differenzen« entstanden; in theologischen und kirchenpolitischen Streit wolle er sich nicht einmischen. Bei der »Zähmung des Kapitalismus« seien zwischen Aufklärung und Religion veränderte politische Konstellationen entstanden. Zur Kritik am neuen Papst sagte Habermas, Andersgläubige oder säkulare Bürger müssten nicht unbedingt so kühl reagieren, wie es der britische Zeithistoriker Timothy Garton Ash getan habe. Für die Entchristianisierung Europas gebe es konventionelle soziologische Erklärungen, dies liege mit Sicherheit nicht am neuen Papst, der die Kirche »für eine Situation wetterfest machen will, in der die Christen zu einer Minderheit schrumpfen«.

21. Fußnoten und Ohrfeigen

Der Präfekt kam sogar in Begleitung seines Sekretärs. Die meisten der Journalisten, die am Dienstag, den 5. September des Heiligen Jahres 2000 im vatikanischen Medienzentrum an einer Pressekonferenz der Kongregation für die Glaubenslehre teilnahmen, dachte sich nichts dabei. Zwar war es üblich, dass Kardinal Joseph Ratzinger seine Pressetermine meist alleine wahrnahm, aber die Begleitung durch Tarcisio Bertone verwunderte niemanden, es sah einfach nur amtlich aus. Auch weckte der Titel des angekündigten Dokumentes »Erklärung Dominus Iesus« die anwesenden Journalisten nicht aus ihrer Routine. Der Untertitel »Über die Einzigartigkeit und die Heilsuniversalität Jesu Christi und der Kirche« roch nach einer dieser selbst für Vatikan-Experten nur schwer zu entziffernden theologischen Verlautbarungen des Apostolischen Stuhles. Dass es sich bei diesem 32 Seiten umfassenden Papier um einen Sprengsatz handeln könnte, war auch deshalb kaum zu vermuten, da Papst Johannes Paul II. bereits am 16. Juni dem Unterzeichner des Dokumentes, Kardinalpräfekt Ratzinger, in dieser Sache eine Audienz gewährt hatte; dazwischen lag ein langer römischer Sommer. Wie in der höfischen Protokollsprache des Vatikans verlautete, hatte der Heilige Vater »mit sicherem Wissen und kraft seiner apostolischen Autorität« die Erklärung bestätigt, bekräftigt und deren Veröffentlichung angeordnet.

Vorher war das Papier sozusagen durch die »ganz große Maschine« gelaufen: Es gab jahrelange interne Beratungen sowie eine Vollversammlung der Kongregation für die Glaubenslehre, die den Inhalt von »Dominus Iesus« einstimmig verabschiedete. Zuvor fanden gemeinsame Arbeitssitzungen mit dem Rat für den interreligiösen Dialog und dem Rat für die Einheit der Christen statt. Schließlich wurde »der Sachverstand und die Meinung« der Glaubenskommissionen der asiatischen Bischofskonferenzen eingeholt. Es gab also Hunderte von Mitwissern, doch weder die auf den Korridoren des Vatikans üblichen Gerüchte noch Indiskretionen – was einiges aussagt über die Disziplin und lautlose Effizienz, die hier mittlerweile herrscht. Als Datum der Unterzeichnung durch den Papst hatte man den 6. August 2000 gewählt, das Fest der Verklärung des Herrn. Solchen Daten wird traditionell eine große Symbolkraft beigemessen. Die Verklärung des Herrn (Mt 17, 1–7), gilt als Vorwegnahme der Auferstehung Christi und der himmlischen Herrlichkeit: Hoch auf dem Berg leuchtet das Angesicht Christi »wie die Sonne und seine Kleider wurden weiß wie das Licht«. Ein gutes Datum, um etwas über Jesus zu sagen. Doch gab es da Neues?

Als Kardinal Ratzinger im Pressesaal an der Via della Conciliazione die am Verklärungsfest unterzeichnete Erklärung »Dominus Iesus« zu erläutern begann, leuchtete zwar nicht sein Angesicht – die Journalisten wurden trotzdem hellwach. Sehr schnell wurde allen klar, dass es sich bei dem ihnen im Wortlaut ausgehändigten Text keineswegs um einen frommen Beitrag zum Heiligen Jahr handelte, sondern um einen Zwischenruf der besonderen Art, der nach einigen erklärenden Umwegen zu den brisanten Fragen des ökumenischen Dialogs sowie der Weltreligionen vorstieß. Kardinal Ratzinger unterstrich gleich den internen römisch-katholischen Charakter der Erklärung, indem er betonte, sie enthalte »keine neue Lehre«, sondern bestätige bereits bekannte Glaubenssätze. Hier wolle man nur einigen »Irrtümern und Missverständnissen« innerhalb der katholischen Kirche entgegentreten. Wer damit gemeint sein könnte, ein Theologe, eine theologische Fakultät oder Richtung, blieb unerwähnt.

Um es vorweg zu sagen: Weder gelang es, die Intention des harschen Zwischenrufes unmittelbar verständlich zu machen, noch traf man den Ton, noch bedachte man ausreichend die Folgen. Wie erst sehr viel später deutlich wurde, waren es wohl ursprünglich katholische Missionare, die sich mit ihrem Rollenproblem nach Rom gewandt hatten: Sollen wir denn jetzt eigentlich noch *missionieren*? Oder gilt jetzt nur noch der *Dialog*? Besonders in Lateinamerika gab es massenhafte Abkehrbewegungen hin zu freikirchlichen Sekten. Was sollten ihnen die Seelsorger sagen – dass es letztlich egal sei, wo sie dem lieben Gott begegnen? Hinzu kamen unklare Übergänge im interreligiösen Bereich. Zwar hatte der Papst selbst in Assisi mit Vertretern der verschiedenen Weltreligionen um den Frieden gebetet – aber eine bestimmte »Avantgarde« in der Meditationsszene und an den Rändern der Esoterik ging weit darüber hinaus, mischte den Gottesbegriff und relativierte den christlichen Heilsweg. Heute weiß man, dass »Relativismus« das zeitgenössische Merkmal ist, das Benedikt XVI. am hartnäckigsten bekämpft. Von dort auf »Dominus Jesus« zurückblickend, versteht man seine Intention – ohne seine verletzende Form begreifen zu müssen.

Das Dokument war gespickt mit frommen Namen: Leo der Große, Tertullian, Augustinus, Johannes Paul II. Erst nach genauer Lektüre fiel auf, dass da doch einer von den »Bösen« Erwähnung fand – wie es sich gehörte, in einer *Fußnote*, als wäre es ein zufällig unterlaufener Schlenker. Nein – vatikanische Dokumente muss man lesen können. Die Spitze des Angriffs konzentriert sich häufig im Kleingedruckten. Und wenn da ein moderner Theologe genannt wurde, dann ist es fast wie ein negatives Kompliment. In ihm ließ sich ein bestimmte Irrlehre prototypisch festmachen. Die zweifelhafte Ehre wurde dem südamerikanischen Befreiungstheologen Leonardo Boff zuteil. Der hatte im Jahr 1982 ein Buch veröffentlicht: »Kirche: Charisma und Macht. Versuch einer militanten Ekklesiologie«, in dem sich für vatikanischen Geschmack nicht nur ein wenig viel Klassenkampf finden ließ, sondern auch irrige Auffassungen über das Wesen der katholischen Kirche.

Boff lernte Ratzinger kennen. Das heißt – eigentlich kannten sie sich schon. Sehr gut sogar. Der junge Lateinamerikaner hatte in den 60er Jahren in München Theologie studiert und einen gewissen Joseph Ratzinger als Zweitgutachter seiner Promotionsarbeit und als ausnehmend netten Menschen kennen gelernt. Ratzinger sorgte nicht nur dafür, dass der begabte junge Theologe einen Verlag für sein Buch bekam; er sponserte ihn auch noch kräftig aus der Privatschatulle. Im Jahr 2005 interviewte die »Los Angeles Times« den inzwischen ergrauten Boff. Ja, es sei richtig, Ratzinger und die »Ex-Inquisition« hätten ihm den Prozess gemacht. Dramatisch sei es zugegangen: »1984 befand ich mich auf dem Stuhl, wo früher Galileo Galilei und Giordano Bruno gesessen hatten. Während dreier Stunden wurde ich vom Kardinal verhört.« Mit sicherem Gespür für das Filmreife legt Boff nach: »Ich wurde in den Palast des Heiligen Offiziums hineingeführt, wo früher gefoltert wurde.« Das sei immer noch die alte Inquisition. Wenn man auch leiblich unverletzt herauskomme, so werde man doch seelisch marginalisiert, demoralisiert, diffamiert. »Die Kongregation vergibt nichts, vergisst nichts und weiß alles.« Die Vorgänge seien »psychologisch höchst traumatisierend« gewesen, er könne das deshalb auch nicht ablegen. Ob denn Ratzinger so schlimm gewesen sei? Nein, der Kardinal habe während der Verhöre sogar einen freundlichen Eindruck gemacht, aber: »Es war für ihn nicht schwer, wohlwollend zu sein, da er alle Macht in seinen Händen hielt.« Ratzinger habe sich als »Träger der Wahrheit« gefühlt, er habe »nicht die Herzlichkeit des Denkens« ausgestrahlt, die dem anderen entgegengehe, um ihn zu verstehen.

Entgegen der Filmfassung des südamerikanischen Theologen ging es in der Wirklichkeit eher unspektakulär zu. Der Mann musste gar nicht alleine in »die Hölle« reisen; er wurde gleich von zwei deutschstämmigen brasilianischen Kardinälen begleitet, von Evaristo Kardinal Arns von Sao Paolo und Aloiso Kardinal Lorscheider. Boff wurde nicht an den Pranger gestellt; er wurde nicht exkommuniziert. Ratzinger redete ihm gut zu, er möge doch nicht weiter provozieren und die Dinge in eine Richtung treiben, in der die Kirche deutlichere Grenzziehungen vornehmen müsse. Er solle einfach einmal den Mund halten, das wäre das Beste. Boff wurde also mit einem einjährigen Bußschweigen »bestraft«. Außerdem erschien 1985 eine »Notifikation« der Glaubenskongregation, in der man die irrigen Auffassungen Boffs korrigierte. Sein Lehrstuhl für systematische und ökumenische Theologie wurde ihm vorübergehend entzogen. Er erhielt für diese Zeit ein Schreib- und Publikationsverbot. Elf Monate später konnte Leonardo Boff seine alte Tätigkeit als Professor und Leiter von Basisgemeinden wieder aufnehmen.

Boff, der also in der Fußnote von »Dominus Jesus« mit der ihm gewidmeten Notifikation wieder auftritt, hatte in seinem Kirchenbuch einen alten Streit nach dem Konzil wieder aufgewärmt, bei dem es um ein einziges lateinisches Wörtchen aus »Lumen Gentium« ging: »subsistit«. Die Rede ist von der Kirche Gottes – sie sei, heißt es in der offiziellen deutschen Übersetzung, »verwirklicht (subsistit) in der katholischen Kirche«. Jeder Lateiner wird »verwirklichen« als schlechte Übersetzung ansehen – da würde man »adducere« vermuten –, subsistere wird in der Regel im Sinne von stehen bleiben, standhalten, beharren übersetzt. Boff hatte das »subsistit« nun so ausgelegt, als könne sich die Kirche Gottes auch in anderen Gemeinschaften verwirklichen. Dagegen wandte sich Rom/Ratzinger und machte einen ökumenischen Riesenskandal mit der Feststellung in der Fußnote, dass es außerhalb der katholischen Kirche lediglich »Elemente des Kirchcseins« gebe. Damit schossen die Emotionen hoch.

Auf eine bald folgende Frage eines Journalisten, ob es, wie vor dem Konzil behauptet, »außerhalb der Kirche kein Heil« gebe, antwortete Ratzinger, natürlich könne ein Mensch jüdischen Glaubens nach katholischem Verständnis zum Heil gelangen, ohne Christus als Sohn Gottes anzuerkennen; nicht minder müsse ein Lutheraner das katholische Kirchenverständnis akzeptieren. Es gelte das Gewissen der Menschen zu achten, doch habe die Kirche die Pflicht, ihren Weg als den einzigen sichtbar zu machen.

Der Sekretär der Glaubenskongregation, Erzbischof Tarcisio Bertone, sprach nicht zum Inhalt der Erklärung, sondern zu ihrer Verbindlichkeit. Diese sei sehr hoch, betonte Bertone, denn selbst wenn der Text nicht den Charakter einer feierlichen Definition habe, lege er der Kirche »unfehlbar gelehrte Doktrinen« vor, die der Katholik zu glauben habe, nicht auf Grund der vorliegenden Erklärung, sondern weil sie vom Lehramt bereits früher als unfehlbar erklärt worden seien. Gleich fiel auf, dass die vier Kapitel des Dokumentes, »Fülle und Endgültigkeit der Offenbarung Jesu Christi«, »Der Fleisch gewordene Logos und der Heilige Geist im Heilswerk«, »Einzigkeit und Universalität des Heilsmysteriums Jesu Christi« sowie »Einzigkeit und Einheit der Kirche«, mit der Formel »es ist fest zu glauben« eingeleitet wurden. Diese Wiederholungen waren obendrein kursiv gedruckt, was ihre Bedeutungskraft auch optisch unterstrich, als handle es sich um die dramatischen Appelle der Allerheiligen-Litanei. Den Text im Wortlaut zu lesen, forderte allerdings der internationalen Presse einiges ab. Er war nicht nur in der unterkühlten Amtssprache der Glaubenskongregation verfasst, sondern enthielt auch inhaltlich schwere theologische Kost, für die ein Journalist aus München, Paris oder New York meist weder über Lust noch Zeit verfügt.

Inhaltlich geht es vorweg um ein Lieblingsthema Ratzingers, das er in zahlreichen Veröffentlichungen und Vorträgen, zuletzt sogar in seiner Predigt zum Auftakt des Konklaves im April 2005, in den Mittelpunkt seiner Botschaft gestellt hat: die Gefährdung der Kirche durch relativistische Theorien, in deren Folge Wahrheiten und Glaubensgut als überholt belächelt werden, etwa die endgültige Offenbarung Jesu Christi, das Verhältnis zu anderen Religionen, die Inspiration der Heiligen Schrift und vieles mehr. Im Mysterium Christi habe sich Gott ganz und vollständig offenbart, seine Tiefe sei zugleich transzendent und unerschöpflich. Diese Wahrheit, so die Erklärung, werde oft mit der »inneren Überzeugung« in den anderen Religionen gleichgesetzt, die noch »auf der Suche« nach der absoluten Wahrheit sind. Zur gegenwärtigen theologischen Diskussion heißt es kritisch, dass sie Jesus von Nazareth als eine besondere, jedoch begrenzte historische Gestalt ansehe, eine von vielen. »Fest zu glauben« sei jedoch, dass in ihm allein wirklich die ganze Fülle Gottes wohnt. Er ist »der Einzige, der Gott ist und am Herzen des Vaters ruht« (Joh 1, 18). Nizäa, Chalkedon, das Zweite Vatikanum und die Paulus-Briefe werden erwähnt. Auch Petrus, der erste Papst: »In keinem anderen ist das Heil zu finden.« Es folgt der an die Theologie gerichtete Vorwurf, Ausdrücke wie »Einzigkeit«, »Universalität« oder »Absolutheit« beschämt zu vermeiden. Doch gehe es um die Treue zu den Glaubensquellen.

Erst beim Thema »Kirche« kommt das Dokument in schockierender Härte zur Sache. Wörtlich heißt es in einer Interpretation der Dogmatischen Konstitution »Lumen gentium« des II. Vaticanums, dies bedeute, »... dass die Kirche Christi trotz der Spaltungen der Christen voll nur in der katholischen Kirche weiter besteht, und auf der anderen Seite, ›dass außerhalb des sichtbaren Gefüges vielfältige Elemente der Heiligung und der Wahrheit zu finden sind‹, nämlich in den Kirchen und kirchlichen Gemeinschaften, die nicht in voller Gemeinschaft mit der katholischen Kirche stehen«. Deren Wirksamkeit leite sich von der der katholischen Kirche anvertrauten »Fülle der Gnade und Wahrheit« her. Diese kirchlichen Gemeinschaften, die den gültigen Episkopat und die Eucharistie nicht bewahrt haben, »*sind nicht Kirchen im eigentlichen Sinn* (kursiv vom Autor); die in diesen Gemeinschaften Getauften sind aber durch die Taufe Christus eingegliedert und stehen deshalb in einer gewissen, wenn auch nicht vollkommenen Gemeinschaft mit der Kirche«. Schließlich: »Die fehlende Einheit unter den Christen ist gewiss eine Wunde für die Kirche; doch nicht in dem Sinn, dass ihre Einheit nicht da wäre, sondern insofern es sie hindert, ihre Universalität in der Geschichte voll zu verwirklichen.« Bezüglich der anderen Weltreligionen vertritt Ratzingers Text ebenfalls die Lehre des Konzils, wonach diesen Gottes Gnade geschenkt wird, »auf Wegen, die er weiß«. Doch handele es sich nicht um einen Heilsweg »neben« dem der Kirche, denn das Heil liege in der Wahrheit. Die Parität beim Dialog mit den nichtchristlichen Religionen bezieht sich »auf die gleiche personale Würde der Partner, nicht auf die Lehrinhalte ...« Dies schließe radikal jene Mentalität der Gleichgültigkeit aus, die glaube, dass »eine Religion gleich viel gilt wie die andere«. Bei aller Fähigkeit zur Gnade Gottes sei gewiss, dass sich die Nichtchristen objektiv »in einer schwer defizitären Situation befinden im Vergleich zu jenen, die in der Kirche die Fülle der Heilmittel besitzen«.

Die Reaktion von Hans Küng? Er ging schnörkellos gegen den *Mann*. Ratzinger habe nun wohl alle Voraussetzungen erfüllt, endgültig als »Großinquisitor« und »Panzerkardinal« eingestuft zu werden. Küng fühlte sich in seinem ökumenischen Lebenswerk verraten. Das gemeinsame Papier der katholischen und protestantischen Kirchen zur Rechtfertigungslehre solle jetzt offenbar torpediert werden. Ratzinger würde einen Rückschritt hinter das Konzil vornehmen; er verletze und beleidige, offenkundig mit offizieller Zustimmung des Papstes, viele Betroffene außerhalb der katholischen Kirche. Küngs vernichtende, geradezu verachtende Kritik lag in der Logik seiner Biografie. Er musste »Dominus Iesus« persönlich nehmen, symbolisierte er doch seit seiner Unfehlbarkeits-Anfrage eine »katholische Sehnsucht nach Luther«. Und vertrat er nicht obendrein in seinen weltökumenischen Werken über Judentum, Islam und fernöstliche Religionen jene »theologische Gleichmacherei«, die das Dokument so scharf ins Visier nahm?

Natürlich war es in protestantischen Kreisen zu einem Sturm des Protestes gekommen. Der Ratsvorsitzende der Evangelischen Kirche in Deutschland (EKD), Präses Manfred Kock, äußerte sich über Inhalte und Form der Erklärung tief enttäuscht. »Die Zeichen aus Rom stehen auf Stillstand«, hieß es in einem Kommuniqué, »die Kirchen der Reformation stehen für die Erklärung gewissermaßen auf der untersten Stufe der kirchlichen Rangordnung«. In einem Zeitungsinterview wurde er deutlicher: »Der Vatikan will augenscheinlich die Uhren zurückdrehen. Ein gleichberechtigtes Verhältnis soll es danach nicht geben.« Doch fügte Kock auch hinzu, was wenig später immer wieder von den Praktikern der Ökumene in allen christlichen Kirchen zu hören war: »Ich bin davon überzeugt, dass wir im praktischen Miteinander dem, was hier von Rom zementiert wird, weit voraus sind.« Die Bischöfin der Evangelisch-Lutherischen Landeskirche Hannover, Margot Käßmann, gab sich militanter: »Wir lassen uns unsere kirchliche Existenz nicht von der katholischen Kirche in Rom absprechen, während wir gleichzeitig in Deutschland entschlossene Schritte aufeinander zugehen.« Berlins evangelischer Bischof, der spätere EKD-Ratsvorsitzende Wolfgang Huber, sprach von einem

»engstirnigen Querschuss aus dem Vatikan«, der aber die guten Beziehungen der Kirchen nicht gefährden dürfe. Da wie dort trotz aller Entrüstung ein solides Bekenntnis zu den Gemeinsamkeiten zwischen beiden Kirchen. In diese Richtung zielte auch die Stellungnahme des Catholica-Beauftragten der Vereinigten Evangelisch-Lutherischen Kirche Deutschlands, des bayerischen Landesbischofs Johannes Friedrich, der vor einer allzu aufgeregten Diskussion warnte, jedoch auf einen bislang oft ignorierten Punkt hinwies: »Dominus Iesus« sei weder ein Dogma noch eine Enzyklika, sondern eine Erklärung der Glaubenskongregation. Folglich formuliere sie nichts Neues. Allein der Zeitpunkt stimme ihn nachdenklich. Abgesehen von den mühsamen Annäherungen in der Rechtfertigungsfrage, hatten genau einen Tag vor der Veröffentlichung von »Dominus Iesus« der Präsident des Lutherischen Kirchenamtes, Friedrich-Otto Scharbau, und der katholische Bischof Scheele das gemeinsame Dokument »Communio Sanctorum – Kirche als Gemeinschaft der Heiligen« vorgestellt. Darin waren vor allem jene Probleme angesprochen worden, die in allen bisherigen ökumenischen Erklärungen noch nicht gelöst werden konnten: die Marien- und Heiligenverehrung, die neueren Mariendogmen sowie das päpstliche Primat.

Der Vorsitzende der Deutschen Bischofskonferenz, der sowohl mit Ratzinger wie mit Küng seit Jahrzehnten in engem Kontakt stehende, zu diesem Zeitpunkt noch immer nicht zum Kardinal erhobene Bischof Lehmann, fühlte sich sichtlich unwohl in seiner Haut, als er Stellung nahm: Die Erklärung der Glaubenskongregation biete »klare Orientierungspunkte für einen gedeihlichen Dialog« mit den nichtchristlichen Religionen. Nachdrücklich verwies er darauf, dass sich dieses Dokument an die eigene Kirche richte. Interreligiöser Dialog könne nur gelingen, wenn nichts von dem abgelehnt werde, »was anderen Religionen wahr und heilig ist«, doch gelte dabei ebenfalls, dass »wir aber auch die Wahrheit unseres eigenen Glaubens nicht verschweigen«. Die ökumenische Arbeit müsse jetzt »unter Volldampf« fortgesetzt werden. Selbstkritisch äußerte sich der Erfurter Bischof Joachim Wanke, der appellierte, am »ökumenischen Willen unserer Kirche nicht zu zweifeln«. Zugleich galt sein interessierter Blick seinem Konfrater Kasper, der als Sekretär des Päpstlichen Rates zur Förderung der Einheit der Christen in Rom hoffentlich etwas sagen werde, »was über dieses Schreiben hinaus noch zu sagen wichtig ist«.

Kasper, der auf die Kardinalswürde hoffen durfte, war gefordert, Flagge zu zeigen. Er war ein kleiner, zäher, aus Tübingen stammender Theologe, der sich dort den Unmut von Hans Küng zugezogen hatte. Doch nicht nur das empfahl ihn für Höheres. Seine Bücher fanden starke Beachtung, die belgische Universität Löwen verlieh ihm den »Francqui-Preis«, den bis dahin nur renommierte Mathematiker und Naturwissenschaftler erhalten hatten. Wie würde Kasper sich aus der Affäre ziehen? Er musste die Interessen seines Einheitsrates vertreten. Er bedaure sehr, »dass sich viele Menschen anderer Konfessionen durch die Erklärung vor den Kopf gestoßen und verletzt fühlen«. Kasper teilte zwar deren Grundaussagen, doch habe es die Glaubenskongregation unter Kardinal Ratzinger bei der Niederschrift des Textes möglicherweise »an der nötigen Sensibilität fehlen lassen«. In der Sprache und Akzentsetzung »hätte ich manches anders geschrieben«, sagte er in einer Offenheit, die viele Beobachter überraschte und ermutigte. Obwohl er »Irritationen« einräumte, hielt er es für falsch, in der Erklärung »das Ende des ökumenischen Dialogs« zu sehen; auch sei es im Sinne des Papstes, das Gespräch mit den anderen Religionen fortzusetzen. Von einem isolierten »Heilsanspruch« der katholischen Kirche könne keine Rede sein, ihr ökumenisches Engagement sei »unwiderruflich«. Kaspers beherzte Position machte, selbst hinter vorsichtigen Abschwächungen, erhebliche innerkatholische Differenzen über »Dominus Iesus« deutlich, an denen sogar die Kurie nicht unbeteiligt war. Tatsache war jedoch auch, dass Kardinal Ratzinger den Rat für die Einheit an der Ausarbeitung des Dokumentes beteiligt hatte, bei deren Beratungen sich Bischof Kasper allerdings mit seinen Vorschlägen nicht hatte durchsetzen können. Bei der Abschlusssitzung soll er, offenbar aus Verärgerung, nicht mehr erschienen sein.

In einem Interview der »FAZ« ging der Kardinal am 22. September 2000 in die Offensive und betonte, in den öffentlichen Reaktionen, »von wenigen Ausnahmen abgesehen«, sei das eigentliche Thema von »Dominus Iesus« vollständig ignoriert worden. Er frage sich, weshalb viele Kommentatoren an dessen Schwerpunkt vorbeigelesen hätten. Der Wirbel um das Dokument beruhe auf einem »Kommunikationsproblem«. Sein Text sei in der klassischen Lehramtssprache geschrieben, und nicht als ein Kommuniqué für Zeitungen und Massenmedien. Zu der Kritik von evangelischer Seite, die die Einstufung als »kirchliche Gemeinschaft« für eine Beleidigung hielt, erklärte Ratzinger, es scheine ihm »völlig absurd, was unsere lutherischen Freunde allem Anschein nach im Augenblick wollen: dass wir diese zufälligen historischen Bildungen im gleichen Sinne als Kirche ansehen, wie wir glauben, dass es die auf der Nachfolge der Apostel im Bischofsamt beruhende katholische Kirche ist ... In diesem Sinne beleidigen wir doch niemanden, wenn wir sagen, dass die faktischen evangelischen Kirchentümer nicht im gleichen Sinne Kirche sind, wie die katholische es selbst sein will.«

Zum »Kommunikationsproblem«: Kardinal Ratzingers Sprache hatte in dem »FAZ«-Interview einen anderen Klang. Ein nahezu leidenschaftlicher Appell war da zu vernehmen, doch auch die Bitte, nicht missverstanden zu werden. Der Wirbel um das Dokument als einem »Kommunikationsproblem« beinhaltete natürlich auch das Eingeständnis, dafür verantwortlich zu sein und vielleicht sogar den Heiligen Vater in diesen Wirbel mit hineingezogen zu haben. Auch musste der Präfekt einsehen, dass sich die von der globalen Vielfalt herausgeforderte Kirche sich nicht länger mit einer »klassischen Lehramtssprache« abspeisen ließ. Genauso wenig, wie die lutherischen und anderen Freunde sich von der römischen Glaubenskongregation – selbst wenn sie sich ausschließlich an Katholiken richtete – einen anderen, eben freundschaftlicheren Ton wünschten, wenn von ihnen und ihren Hoffnungen in vatikanischen Dokumenten die Rede war.

Die theologische Gegenseite um Hans Küng trat zwei Wochen nach dem Interview in der gewohnten internationalen Mannschaftsaufstellung an. In einem zunächst der spanischen Tageszeitung »El Pais« übermittelten Protestmanifest bezeichneten neben Küng die Theologen Leonardo Boff, Jon Sobrino und Rosemary Radford Ruether die Vatikan-Erklärung als ein Dokument mit »beleidigenden Worten gegenüber Gläubigen anderer Religionen«. Der von Kardinal Ratzinger publizierte Text ähnele »mehr dem Syllabus von Pius IX. als den Dokumenten des II. Vaticanums«. Dass sich allerdings ihre eigene Theologie längst von diesen Konzilskonstitutionen entfernt hatte, blieb unerwähnt. Doch ging Küng noch weiter und kritisierte den Titel »Dominus Iesus« als eine »beinahe blasphemische Berufung auf den Herrn«, es handle sich insgesamt um eine »Kombination aus mittelalterlicher Rückständigkeit und vatikanischem Größenwahn«.

Die Nachfolger Küngs im Institut für ökumenische Forschung der Tübinger Katholisch-theologischen Fakultät reagierten nuancierter.

»Dominus Iesus« enthalte Glaubens-Grundpositionen, »die auch wir teilen und im ökumenischen und interreligiösen Dialog vertreten«. Stilistisch sei der Text verletzend und verheerend. »Jahrzehnte ökumenischer theologischer Forschung werden in diesem Dokument faktisch ignoriert«, so die Professoren Bernd Jochen Hilberath, Urs Baumann und Karl-Josef Kuschel. Ihr an der Universität Nijmegen lehrender Kollege Hermann Häring nahm Joseph Ratzinger als Hauptverantwortlichen schärfer ins Visier und widmete Autor und Dokument ein 200 Seiten umfassendes Buch. Sein Fazit: »›Dominus Iesus‹ würde in keiner theologischen Abschlussprüfung einer deutschsprachigen Universität bestehen.« Auf die Frage, ob wir aus Ratzingers Mund »die Stimme des Guten Hirten hören können«, äußerte sich Häring zurückhaltend. Inzwischen liegen fünf Jahre zurück, genügend Zeit und Ereignisse, um die Standpunkte zu überdenken.

Die zwischen Rom und den Theologen erneut ausbrechende Krise wurde von vielen Beobachtern schmerzlich registriert. Die verletzende Sprache war nur ihr Symptom. Viele staunten über die Eiseskälte, mit der unter Katholiken gestritten wurde. Der Papst wurde als Demissions-Fall denunziert. Kardinal Ratzinger sollte als »Inquisitor« vorgeführt und fertig gemacht werden. Er repräsentierte ein »System«, dessen Wandel zu ignorieren war. Das Konzil, auf das er sich immer wieder berief, diente den Interpreten als Modell zum Ausschlachten. Rücksichten auf die Sensibilität des Volkes hatte die Jetset-Theologie ohnehin nie genommen. An den akademischen Rändern der Kirche herrschte galoppierende Abbruchmentalität. »Öffnung« bedeutete alles zur Disposition stellen, auch wenn es vielen Menschen heilig war. »Dialog« hieß, die Standpunkte der Gegenseite bedenkenlos übernehmen und zum gemütlichen Teil übergehen. Wenn Küng und Boff fundamentale Glaubenswahrheiten in Frage stellten, galt es als cool; wenn der Papst darauf pochte, schallte es »ewiggestrig, verknöchert, verbohrt«. Niemand traute sich, das Selbstverständnis evangelischer Christen zu hinterfragen; an jenes der Katholiken zu erinnern, wurde als »beleidigend« beschimpft. Hätte jemand gewagt, die Ansprüche des Islam öffentlich zu kritisieren, es wäre ihm schlecht ergangen. In der neu entdeckten Spiritualität predigten fernöstliche Gurus, glühten die Räucherstäbchen; Marien- und Heiligenverehrung wurden belächelt. Wer weiter das Credo rezitierte, war ein »Fundamentalist«. Heiner Geißler kündigte an, er würde »Ratzinger zu einem Dorfpfarrer machen«. Im öffentlich-rechtlichen Fernsehen parodierten Kabarettisten den sterbenden Johannes Paul. Weltreisende Theologie-Millionäre forderten für sich selbst »Respekt der Menschenrechte«. In der Kirche herrschte die vorauseilende Kapitulation. Katholisch war, wer sich vorher entschuldigte.

Im Februar 2001 schrieb Ratzinger einen persönlichen Brief an seinen Schweizer Freund, den orthodoxen Metropoliten Damaskinos. Es verband sie sehr viel, vor vierzig Jahren war Damaskinos an der Bonner Universität sein Student gewesen. Eingehend nahm Ratzinger zu den Diskussionen um »Dominus Iesus« Stellung. Das Dokument habe aus der Indifferenz herausführen wollen, die alle Kirchen als gleich betrachte. Wahrer ökumenischer Eifer fordere die Bereitschaft, für die Ökumene zu leiden: »Ich verstehe ›Dominus Iesus‹ so, dass es die Gleich-Gültigkeit, mit der alle Kirchen als gleich gültig angesehen werden und so die Gültigkeit des Glaubens selbst in der Skepsis verschwindet, wieder in waches Leiden umwandeln und damit den wahren ökumenischen Eifer neu entfachen wollte.« Der Kardinal stimmte seinem besorgten Freund zu, dass der Text Schmerzen verursacht habe. Wenn sich jedoch der erste Schmerz in »Leidenwollen für die Einheit« verwandle, werde dieser Text seinen wahren Dienst erfüllen.

Die sich zu ernsthaften Diskussionen wandelnden Proteste über »Dominus Iesus« lesen sich aus der Distanz von fünf Jahren wie ein Lehrstück, das dramatisch von einer bleibenden Aufgabe handelt. Das so leidenschaftlich umstrittene Dokument hat in der »Winterkirche« einen letzten »Kälteschock« ausgelöst; vielleicht sogar aufrüttelnd vor dem Anbruch eines neuen Frühlings. Abgesehen von all den formalen, stilistischen und kommunikativen Mängeln, deren geballte Ladung allseits bedauert wurde, hat der Text die in Kommissionen dahinplätschernden Dialoge zwischen der katholischen Kirche und den anderen christlichen Konfessionen und Weltreligionen auf eine realistischere Ebene verlagert. Von einem Schmusekurs ist nach den Ohrfeigen und Retourkutschen nicht mehr die Rede. Aber – wie man aus guten Ehen weiß – Streit kann auch ein Zeichen von Suche nach Nähe sein. Indifferentes Nebeneinanderherleben ist jedenfalls keine Nähe.

22. Der weiße Rauch

D as vatikanische Zeremoniell ist unerbittlich. Selbst Päpste müssen sich ihm beugen, vor allem neu gewählte. Als am späten Nachmittag des Dienstags, des 19. April 2005, nach der vierten Abstimmung im Konklave zur Wahl des 265. Nachfolgers des heiligen Petrus, Kardinal Joseph Ratzinger die notwendige Zweidrittelmehrheit erreicht hatte, war es mit der streng von der Außenwelt abgeschirmten Autonomie des Kardinalkollegiums zu Ende. Kurz vor 18 Uhr setzte sich hinter den hohen Mauern des Vatikans jene seit Jahrhunderten bewährte Maschinerie in Gang, deren liturgische Geheimbündelei auch im Zeitalter von Marssonde und Internet noch immer die Massen fasziniert. Kardinaldiakon Attilio Nicora, der in der Rangordnung letzte der 115 Kardinäle, schritt zur hölzernen Pforte, die von der Sixtinischen Kapelle auf die Marmorflure des Vatikans führt, und rief den Sekretär des Heiligen Kollegiums, Erzbischof Francesco Monterisi, und den Päpstlichen Zeremonienmeister, Erzbischof Piero Marini, in den seit zwei Tagen versiegelten Raum.

Dabei erfolgte die erste Pikanterie des Protokolls: An sich hätte der Dekan des Kardinalskollegiums die Frage der Annahme der Wahl an sich selbst richten müssen. An seiner Stelle ging der Vizedekan, Staatssekretär Angelo Kardinal Sodano, nach vorne und fragte den Gewählten in lateinischer Sprache, ob er die Wahl annehme. Als dieser bejahte, folgte die Frage, mit welchem Namen er »gerufen« werden wolle. Gleich folgte die zweite Pikanterie zum Abschluss des Konklaves: Der neue Papst Joseph Ratzinger antwortete: »Ich werde Benedikt heißen«, Benedikt XVI.

Schon wurden im Kollegium Erinnerungen an den Eremiten und Mönchsvater, den heiligen Benedikt von Nursia, und an den Friedenspapst Benedikt XV. wach, der mit bürgerlichem Namen Prospero Lambertini hieß und vom Kriegsjahr 1914 bis 1922 regiert hatte. Manchen war jedoch zugleich aufgefallen, dass der neue Papst seinen Namen ohne jedes Zögern verkündete.

Er war auf diesen Moment bestens vorbereitet, es war nicht immer so. Eine zweite Pikanterie.

Ringsum war ein großes Aufatmen, Beifall brandete auf, doch bemerkte ein Kardinal in unmittelbarer Nähe des neuen Papstes, dass dieser keineswegs seine Hände triumphierend erhob, sondern »sein Haupt senkte, er sprach wohl ein Gebet«. Dann geleitete der Päpstliche Zeremonienmeister den neuen Oberhirten in die so genannte »Kammer der Tränen«, einen kleinen, fensterlosen Raum am Ausgang der Sixtinischen Kapelle, in den sich die neu gewählten Päpste für einige Minuten zurückziehen, um »zu weinen«. Die »Gabe der Tränen« gilt in der christlichen Spiritualität als ein Akt großer Läuterung. Zuletzt hatte Papst Johannes Paul II. in dieser dramatischen Dunkelkammer Tränen vergossen.

Anschließend begab sich Benedikt XVI. in die Sakristei der Kapelle und legte seine neuen Gewänder an. Sie waren maßgeschneidert. Lediglich seinem berühmten Vorgänger, dem rundlichen Bauernsohn Johannes XXIII., hatte der konsternierte Schneider aus der Werkstatt hinter dem Pantheon mit breiten Sicherheitsnadeln aushelfen müssen. Jetzt kam es am anderen Ende der von Michelangelo ausgemalten Kapelle zu einem dritten, vom strengen Protokoll nicht vorsehbaren Vorfall, der mit einem allgemeinen Lächeln quittiert wurde. Der kleine Ofen, dessen Abzugsrohr hoch hinaus aus dem Kapellendach den Zehntausenden bereits dreimal schlechte, schwarze Signale vermittelt hatte, war von den aufgeregten Bediensteten allzu eifrig mit Chemikalien zur Verbreitung von weißem Rauch voll gestopft worden. Der Ofen schlug zurück und tauchte die Fresken aus dem Garten Eden für einige Minuten in eine paradiesische Nebellandschaft. »Der Heilige Geist will nicht raus«, flüsterte ein liberaler Kardinal aus Lateinamerika. Aber dann wollte er doch.

Das sehr diskrete Schmunzeln der Verlierer erfuhr auch auf den Balkonen an der Fassade des Petersdomes eine kleine Belehrung. Sie kannten ihren neuen Oberhirten seit Jahrzehnten als einen introvertiert wirkenden Kollegen, der das »Bad in der Menge« stets gemieden hatte. Jetzt musste er auf der Hauptloggia vor die dem neuen Papst entgegenfiebernde Weltöffentlichkeit treten, doch siehe da, der Scheue machte eine gute Figur. Der neue Benedikt, der kein Medienstar Johannes Paul III. werden wollte, begann nach einer kleinen Überwindung wie ein schüchterner Junge zu lächeln und dann auch zu winken.

Es war geschafft. »So habe ich ihn noch nie gesehen«, staunte ein Kardinal des linken Flügels, »wem Gott ein Amt gibt, dem schenkt er auch die Gnade. Der Papst hat schon zu arbeiten begonnen.«

Doch nicht genug der Sonderbarkeiten. Für den Abend lud Benedikt XVI. das Kardinalskollegium zu einem Essen in den Speisesaal des »Domus Sanctae Martae« ein. In diesem Gebäude im Schatten der großen Audienzhalle hatten sie die letzten Tage gewohnt. Ein vatikanisches Gästehaus der gehobenen Mittelklasse, das die wahlberechtigten Purpurträger vor den Grausamkeiten früherer Konklavezellen verschonte. Die armen Schwestern von der »cucina« hatten mit allem gerechnet, bloß nicht damit. Es gab halt, was in der Eile zu improvisieren war: Bohnensuppe, Pasta, Cordon bleu und, als Clou, ein Eis. Als der Papst dann schließlich ein Gläschen Champagner offerierte, bedankten sich seine Mitbrüder mit einem leicht atonalen, mehrsprachigen Dankeslied. Es war wie ein Mix aus Pfingstfest und Abiturfeier. Der vom Schluchzen tiefster Rührung etwas geschwächte Kölner Kardinal Joachim Meisner konnte seine Freude nicht verbergen und ließ mehrmals nachschenken. Leicht besäuselt und von Kardinal Karl Lehmann sicherheitshalber beschattet, trat er anschließend vor die Fernsehkameras.

Schließlich gab es am Ende dieses denkwürdigen Tages eine letzte nicht unbemerkt gebliebene Pikanterie. Der belgische Primas, Kardinal Godfried Danneels, war der päpstlichen Einladung nicht gefolgt und vorzeitig zurück nach Brüssel aufgebrochen. Gegenüber einer flämischen Zeitung bemerkte er frostig: »Das Kollegium hat gewählt, ob es der ideale Kandidat war, ist eine andere Frage.« Der kleine Eklat geschah nicht ohne Grund. Danneels hatte über seine Ankunft zum Konklave vorab die internationale Presse informiert, der er sich am römischen Flughafen als »progressiver Außenseiter« empfahl. Als Wahlprogramm präsentierte er einen Zehn-Punkte-Forderungskatalog und bewirkte damit die erwarteten Schlagzeilen. Doch bereits in der nächsten informellen Sitzung des Kardinalskollegiums wurde er von seinen Konfratres kühl empfangen. Der vorsitzende Dekan Joseph Ratzinger erließ, ohne den belgischen Wahlkämpfer beim Namen zu nennen, für alle Konklaveteilnehmer ein sofortiges, streng einzuhaltendes Redeverbot. Der Kandidat Danneels war chancenlos, sein »Programm« diskreditiert.

Manche bezeichneten die geheimen Sitzungen in der dreiwöchigen

Zeitspanne zwischen dem Tod des Papstes und dem Beginn der Wahlen als das »kleine« oder das »Vorkonklave«. Während die Kardinäle aus aller Welt in Rom eintrudelten, lag das Timing dieser Versammlungen ganz in den Händen der Kurie. Es kam auf subtile Organisation und Routine an. Lediglich die Kardinäle Joseph Ratzinger und der Amerikaner William W. Baum hatten bereits vor 27 Jahren im »Dreipäpstejahr« 1978 an den Konklaven teilgenommen. Außerdem durften ebenfalls die betagten, nicht mehr stimmberechtigten Kardinäle über 80 Jahren an diesen informellen Begegnungen teilnehmen. In aller Stille hatten auch sie Ohren zu hören und mit ihrer Erfahrung einiges beizutragen. Offiziell standen zwar die Lage der Weltkirche, die Altersstruktur des Kollegiums sowie die Erwartungen der Christenheit auf der Tagesordnung der mit geübter Hand von Kardinaldekan Ratzinger präsidierten Sitzungen, doch ging es, nach dem offiziellen Teil, auf den Fluren, in den Privatgemächern oder in den diskreten Ecken römischer Trattorias um »Flügelbildung«, um »Großwähler«, um Präferenzen und Favoriten.

Wer sich in den Vordergrund spielen ließ oder sich den nach Neuigkeiten hechelnden Multiplikatoren der Medien aufdrängte, hatte bereits verloren. Johannes XXIII. im Herbst 1958 sowie die Johannes-Paul-Päpste 1978 waren die besten Beispiele dafür, dass man, um eine Chance zu haben, zum Oberhirten von 1,1 Milliarden Katholiken auserkoren zu werden, sich vor und während des Konklaves mit einer Aura selbstloser Demut umgeben muss. Angelo Roncalli, der »gute Papst Johannes«, blieb 1958 beim letzten Wahlgang in seiner Zelle und betete. Sein Nachfolger als Patriarch von Venedig, Albino Luciani, reiste im August 1978 in einem klapprigen Kleinwagen zu den Vorgesprächen nach Rom. Karol Wojtyla las während des Konklaves, nahezu desinteressiert, eine marxistische polnische Zeitschrift. Aber gerade deshalb blieben sie nicht unbemerkt. Die starken Blöcke agierten geräuschlos und mit ausgesuchter Höflichkeit, und doch waren in dieser Atmosphäre vermeintlicher Gelassenheit da und dort kleine Hinweise zu vernehmen. Im zwangsläufig geschlossenen Kreis solcher Sitzungen bleibt nicht verborgen, wer mit wem spricht, mitunter gar konspiriert. Von spektakulären Treffs angeblicher Gegner und von Begegnungen im Schutze der Dunkelheit war die Rede. Als es damals auf Roncalli zulief, begab sich der erzkonservative Kardinal Ottaviani zu mitternächtlicher Stunde in seine Zelle und schlug ihm ein – freilich reaktionäres – Konzil vor. Der seraphische Luciani traute seinen Augen und Ohren nicht, dass ausgerechnet er, der Nobody, beim Duell zwischen den Kardinälen Benelli und Siri bereits nach 24 Stunden als lachender Dritter gewählt wurde. Der schweigsame Wojtyla wurde von den einflussreichen »Großwählern«, den deutschsprachigen Kardinälen König und Höffner, favorisiert. Bereits damals hatte auch der noch junge Kardinal Ratzinger seine stille Hand im Spiel. Zum ersten Mal trafen sich der Pole und der Deutsche im Oktober 1978 beim Vorkonklave. 27 Jahre später erinnerte sich Benedikt XVI. in der Weltpremiere eines Interviews von Andrzej Majewski im polnischen Fernsehen sehr genau an diese Begegnung: »Ich sah, dass er ein Mann Gottes war … Ich lernte den Weitblick seines Denkens zu schätzen.«

Beim Konklave zur Wahl des Nachfolgers von Johannes Paul II. waren 58 Europäer (darunter 20 Italiener), 21 Lateinamerikaner, 14 Amerikaner und 12 Kardinäle aus Asien, Afrika und Ozeanien wahlberechtigt. Diese Gruppen unterteilten sich jedoch in Konservative, Progressive und Moderate, in Alte und Junge (nur 16 waren jünger als 65 Jahre), in Spirituelle und Kommunikatoren, in Diplomaten und Seelsorger. Über allen Spekulationen, die sich seit der Einlieferung des Papstes in die Gemelli-Klinik überschlagen hatten, schwebte stets jene fragwürdige Weisheit: »Wer als Papst ins Konklave geht, kommt als Kardinal heraus.« Zweimal war dies im vergangenen Jahrhundert durch Pius XII. und Paul VI. widerlegt worden. Wo also verliefen die Fronten? In welchem Schützengraben saß Kardinal Ratzinger?

Trotz einer hartnäckig schlechten Presse, die sich wechselweise an den Fällen von Hans Küng und Bischof Jacques Gaillot, an Sexualmoral und Strenggläubigkeit echauffierte, war das Image, das der Präfekt der Glaubenskongregation in der Öffentlichkeit verbreitete, eine komplexe Sache. Der finstere Geselle, als den ihn die Medien inszenierten, war nicht mit dem scheuen, freundlichen, intelligenten und nie lauten Mann in Deckung zu bringen, als den ihn mehr und mehr Menschen kennen lernten. Seine vermeintlichen Wendemanöver erwiesen sich aus der Zeitdistanz häufiger als konsequentes Kurshalten, auch bei bösem Gegenwind. Und musste er gleich ein vorkonziliarer Reaktionär sein, weil er liberalen Ausverkäufern das Recht absprach, sich auf das Konzil zu beziehen? Karrieredenken lag dem Bescheidenen fern. Selbst sein Amtsstil als Glaubenswächter, der ihm die wenig schmeichelhaften Attribute »Panzerkardinal«, gar »Gottes Rottweiler« einbrachte, war zu einem Drittel seinem Auftrag in dieser Position, zu einem weiteren Drittel wirklich tragischen Konflikten, in denen der Kardinal nicht zimperlich zur Sache ging, zum letzten Drittel aber dem Aufschrei derer zu verdanken, die ihre manchmal recht trickreichen und nicht immer edlen Kämpfchen mit der Behörde ausfochten und ihre Indizierung imageträchtig in der Presse ausschlachteten. Manche, die da gegen die Inquisition tobten, waren einfach als kirchliche Lehrer nicht mehr tragbar. »Wenn einer bei Siemens gegen die Hausordnung verstößt, kriegt er auch eine Abmahnung«, sagten die Leute auf der Straße und stimmten durchaus nicht unisono in die Theologenvorbehalte gegen den Ex-Glaubenspräfekten ein.

Und dann gab es einen Punkt, der nicht aus der Welt zu schaffen war: Selbst Ratzingers größte Feinde hielten ihn für einen genialen Theologen; sein enormes Wissen beeindruckte weltweit. Hans Küng konzedierte 1993 gegenüber »Time«, Ratzinger sei »sehr mild und sehr gefährlich«. Sonderbarerweise beeindruckte der Mozart- und Hesse-Fan durch hohe Fähigkeiten in der Administration. Vatikanische Beamte rühmten seine Kunst, Witze in lateinischer Sprache zu improvisieren. Ohnehin hatten die Sprachkenntnisse, mit denen er in Rom die aus aller Welt anreisenden Kardinäle empfing, starke Beachtung gefunden. Seine messerscharfe Zeitkritik stieß nicht nur im christlichen Milieu auf Beifall. Er war zwar kein Seelsorger, doch hinterließen seine Predigten tiefen Eindruck. Der scheinbar Unnahbare war ein Mann der Freundschaft, der Treue und des Herzens. Der Beschimpfte und Beschuldigte lebte mit seinem Glauben im Einklang.

Dass Kardinal Ratzinger bereits am Montagabend des 18. April 2005 beim ersten Wahlgang des Konklaves vierzig bis fünfzig Stimmen auf sich vereinigt haben soll, verwundert nicht. Die Italiener, mit denen er seit einem Vierteljahrhundert zusammenlebte, hatten ihm einen solchen Start durchaus zugetraut. Papstberichterstattung, Interna aus dem Vatikan und das entsprechende Personal-Politbarometer gehören hier zur tagtäglichen Information. Ratzingers leiser Aufstieg vom scheuen »tedesco« zum silbergrauen Dekan blieb nicht unbemerkt. Als die angesehene Mailänder Tageszeitung »Corriere della Sera« mitten im Vorkonklave ihre Papabile-Umfrage mit der Balken-Schlagzeile »Ratzinger« aufmachte, bestätigte dies einen Trend, der nicht allein von der römischen Kurie oder dem »Opus Dei« herbeigezaubert worden sein konnte. Dies umso mehr, als der ebenfalls oft erwähnte Mailänder Kardinal Diego Tettamanzi bereits weit zurücklag. Achtzehn Monate zuvor war Ratzinger in einer ähnlichen Umfrage nicht einmal vorgekommen. Woran lag es? Wie es seine Art ist, war Kardinal Ratzinger im Herbst 2003 auf leisen Sohlen in die Arena gestiegen. Kein anderer wusste so genau, wie es um den Gesundheitszustand seines Freundes Johannes Paul stand; dies betraf auch die strategische Bewertung von Zeiträumen. Würde der greise Papst 2007 noch im Amt sein, wäre der dann 80-jährige Ratzinger nicht mehr wählbar gewesen. Nicht nur in Deutschland hatten seine Podiumsgespräche mit Johann Baptist Metz und vor allem mit Jürgen Habermas viele Skeptiker aufhorchen lassen. In der Folge begann seine moderate konservative Stimme zunächst die italienische, dann eine internationale Intelligenzia zu begeistern, die vor den Herausforderungen zusammenbrechender Weltbilder zu kapitulieren drohte. Italienische Professoren bekundeten in Leserbriefen ihre Solidarität beim Kampf um Werte. Der Leitartikler von »Paris Match«, Alain Genestar, fragte: »Muss man denn in einer sich rasant verändernden Welt eine 2000-jährige Religion verändern und revolutionieren?« Der linkskatholische französische Autor Maurice Clavel schrieb entrüstet: »Konservativ worin? Konservativ im Glauben? Dann umso besser!« Der schmächtige Ratzinger wirkte wie ein Fels in der Brandung. Homosexuellen-Ehe und Frauen-Ordination waren nicht »die« Fragen der Zeit.

Hinzu kamen diskrete Leuchtzeichen aus der obersten Etage des Apostolischen Palastes. Während der polnische Papst den als Herausforderer Ratzingers geschätzten Mailänder Kardinal Carlo Maria Martini zum Bibelstudium nach Jerusalem ziehen ließ, bat er seinen Glaubenspräfekten eindringlich, im Amt zu bleiben, ihn in diesen letzten Tagen nicht allein zu lassen, obwohl dieser Mitte der 90er Jahre bei jeder passenden Gelegenheit von dem Häuschen in Pentling geschwärmt hatte, von Ruhe und vom Schreiben. Der Papst war körperlich am Ende, aber besessen von Zielen, für die er seinen besten Mann brauchte. Mit fortschreitender Zeit rückte er immer stärker in den Vordergrund. Dies bekam auch sein ständig ins Spiel gebrachter Mitbewerber Kardinal Tettamanzi zu spüren, als Ratzinger im Februar 2005 im Mailänder Dom anlässlich der Totenmesse für einen Leiter der einflussreichen Bewegung »Communione et Liberation« die Predigt hielt und begeisterte Zustimmung erhielt, während der

Hauptzelebrant Tettamanzi im Beifallssturm kaum beachtet wurde. Zwar vertrat der Vorsitzende der Italienischen Bischofskonferenz, der Vikar von Rom, Kardinal Ruini, den sterbenskranken Papst beim weltweit ausgestrahlten Karfreitags-Kreuzweg am Kolosseum. Doch wurde rasch bekannt, dass seine ergreifenden Texte aus der Feder von Ratzinger stammten. Als schließlich der Papst bald darauf zweimal in die Gemelli-Klinik eingeliefert werden musste, war es erneut sein deutscher Freund aus der Glaubenskongregation, der den Vorzug der Visiten am Krankenbett erhielt.

Einen starken emotionalen Eindruck hinterließ der als »eiskalt« diffamierte Kardinalsdekan Ratzinger anlässlich des feierlichen Requiems für den verstorbenen Papst vor dem Hauptportal von St. Peter. Mit der Hand auf das Fenster des Arbeitszimmers von Johannes Paul, oben im dritten Stock des Apostolischen Palastes, verweisend, rief er aus, der Papst sitze nun »am Fenster des Vaterhauses und segnet uns von dort aus«. Mehr als ein Vierteljahrhundert hatten Hunderttausende jeden Sonntag beim »Angelus« auf dieses Fenster geschaut. Erst am Mittwoch, dem 30. März 2005, drei Tage vor seinem Tod, hatte der Papst, unfähig, noch ein Wort zu sprechen, den erschütternden Menschen unten auf dem Platz ein letztes Mal zugewinkt. Jetzt vor seinem Sarg Ratzingers Wort vom »anderen Fenster«. Langer, dankbarer Beifall brandete auf. Es war eine Sprache, auf die die Welt wartete.

Während der »Novemdiales«, der an neun Tagen nach dem Tod erfolgenden Trauermessen, hielt sich der Kardinalsdekan zurück und konzentrierte sich auf die Leitung der Konklavevorbereitungen. Er hatte viel, sehr viel gesprochen in den letzten Wochen. Als seine Freunde ihn am Samstag, den 16. April zu seinem 78. Geburtstag mit einem Rondo des »Ave Maria« ehrten, fiel es ihm schwer mitzusingen. »Meine Stimme ist müde«, lächelte er. Doch zwei Tage später stand Joseph Ratzinger mit einer Predigt während der Messe zum Heiligen Geist vor dem Einzug ins Konklave noch einmal im Mittelpunkt. Eine große Stille herrschte im voll besetzten Dom, denn, entgegen den Befürchtungen seiner Konkurrenten, vermied er es, diese Gelegenheit zu einer wohlklingenden Wahlkampfrede zu nutzen. Ungeschminkt deutlich fasste er seine Sicht über die Lage von Kirche und Welt noch einmal zusammen. Ein kritisches Plädoyer gegen den Relativismus und seine Verharmlosungen des Glaubens. Dann schloss sich der Kreis. In langer Prozession zogen die Kardinäle am Nachmittag in das Konklave ein. Immer wieder tönten die Anrufe der Allerheiligen-Litanei über die weiten Flure, darunter auch: »Sancte Benedicte, ora pro nobis.« Ahnte Joseph Ratzinger bereits, was diese Bitte bedeuten sollte? Dann erschallte der Ruf »Extra omnes«. Knallhart: Alle raus! In der Sixtinischen Kapelle schlossen sich die Pforten.

Die Wahl eines Papstes ist ein streng geheimer Vorgang. Er findet in einer von der Außenwelt total abgeschirmten Klausur statt. Nach jedem Wahlgang werden die Stimmzettel und Notizen der Kardinäle verbrannt. Verletzungen des feierlich abgelegten Schweigegelübdes sanktioniert die Kirche mit ihrer höchsten Strafe, der Exkommunikation. Obwohl diese schon längst nicht mehr angewendet werden musste, sind seit der Wahl von Johannes XXIII. stets Einzelheiten über das Abstimmungsverhalten des Heiligen Kollegiums bekannt geworden. So präzise sie auch klangen, die Spuren verloren sich immer im Dunkel der Anonymität. Da und dort gab es zwar zaghafte Bestätigungen, doch waren sie unter dubiosen Umständen zustande gekommen. Feigheit ist eine schlechte Quelle. Umso mehr zirkulieren die Spekulationen, für die es in Italien, dem Land der Mafia, viele geneigte Ohren gibt. Der mysteriöse Kleinstaat Vatikan, sein sonderbares Klerikerpersonal und das mittelalterlich anmutende Procedere eines Konklaves treiben die sonderbarsten Blüten. Das Dreipäpstejahr 1978 mit dem mysteriösen Tod von Johannes Paul I., die Kellerleichen der Marcinkus-Affäre, der – bulgarisch inszenierte – offenbar vom sowjetischen Geheimdienst in Auftrag gegebene Mordversuch an Johannes Paul II. sowie die Rücktritte von hohen kirchlichen Würdenträgern nach Sex-Skandalen in Österreich und den USA hatten nicht nur in der Regenbogenpresse ein lebhaftes Interesse an Interna aus Rom geweckt. Obendrein waren die Päpste des 20. Jahrhunderts von herausragender zeit- und kirchengeschichtlicher Bedeutung. Ein neuer Pontifex und »Diener der Diener Gottes« ist auch zu Beginn des dritten Jahrtausends ein Weltereignis. Umso mehr, wenn der verstorbene Papst in einem außergewöhnlich langen Pontifikat so sehr die Massen bewegt hat, wie es Johannes Paul II. gelungen ist.

Die personalpolitische Konstellation zu Beginn des Konklaves am Montag, dem 18. April 2005, war, entgegen allen Namensphantasien, recht klar. Auf der konservativen Seite gruppierte sich ein starker Block um den deutschen Kardinal Joseph Ratzinger; das progressive Lager schien unorganisiert, idealistisch und etwas ratlos. Der Mailänder Kardinal Diego Tettamanzi, der lange Zeit als Mitte-links-Favorit gehandelt worden war, schien durch das peinliche Umfrage-Ergebnis des ausgerechnet in seiner Heimatdiözese Mailand herausgegebenen Weltblattes »Corriere della Sera« von den eigenen Reihen desavouiert. Die da und dort erwähnten volksnahen Südamerikaner Claudio Hummes und Jorge Bergoglio gingen angesichts der Würde des Amtes scheu in Deckung. Der nigerianische Islam-Experte Kardinal Francis Arinze wagte es nicht, gegen seine auf Ratzinger fixierten Kurienkollegen aufzumucken. Der belgische Primas, Kardinal Godfried Danneels, hatte sich mit Eigentoren selbst ausgespielt. Dem zu jungen Wiener Kardinal Christoph Schönborn wurden als Ratzinger-Schüler bestenfalls einige Achtungsstimmen zugetraut.

Außerdem war die geistige Atmosphäre ringsum in der Welt für eine Konklave-Sensation ungünstig. Zwar wurden wiederholt »Reformen« gefordert, doch beschränkten sich die Zwischenrufe von außen auf die notorisch bekannte Litanei Zölibat, Abtreibung, Frauenordination, Homo-Ehe, Kondome oder Papstrolle. Selbst progressive Kandidaten aus der Dritten Welt waren sich aber bewusst, dass es das nicht sein konnte (zumindest nicht allein) und dass die Menschen in der globalisierten Orientierungslosigkeit von der Kirche andere, tiefere Inhalte erhofften. Ein moderater nordamerikanischer Kardinal sagte zu den Forderungen westlicher Intellektueller: »Forget it!«, es seien nur Ablenkungen. Deshalb fand auch der »Offene Brief«, den Hans Küng am Vorabend des Konklaves dem Kardinalskollegium widmete, nur eine kurze, informelle Beachtung. Küng hatte in der »Basellandschaftlichen Zeitung« die »Wiederherstellung der Kollegialität« gefordert und davor gewarnt, das Papsttum »einseitig als Machtapparat« aufzufassen. »Wählen Sie einen evangelisch gesinnten Papst«, forderte der umstrittene Theologe. Dieser solle sich nicht an das mittelalterliche Kirchenrecht halten und ein »frauenfreundlicher Seelsorger« sein. Die Zeiten des Sexismus und Patriarchentums sowie die Klassengesellschaft innerhalb der Kirche seien zu Ende. Neben den bekannten moraltheologischen Forderungen betonte Küng, der neue Papst dürfe kein Wahrheitsmonopol beanspruchen und andere Religionen belehren. Mit dieser Passage war natürlich der Autor von »Dominus Iesus« gemeint.

Die konkurrierenden Vatikanologen Giancarlo Zizola, Vittorio Messori und Lucio Brunelli, die seit Jahren bemüht sind, hinter den hohen Mauern von St. Peter das Husten der Flöhe zu hören, waren sich allerdings, neben der unübersehbaren Rolle Ratzingers, in einem weiteren Punkt einig: Dem emeritierten Kardinal von Mailand, Carlo Maria Martini, müsse man im Konklave eine nicht zu unterschätzende Rolle zutrauen. Martini war mit 78 Jahren gleich alt wie der Glaubenspräfekt. Zwar litt er an ersten Zeichen der Parkinsonschen Krankheit, doch war auch Ratzinger von Gehirnproblemen behelligt worden. Mehr als der deutsche Favorit hatte sich Martini als Seelsorger einer pulsierenden europäischen Industriemetropole profiliert. Auch galt er als ein fortschrittlicher Versöhner und keineswegs als Hardliner. Sein Nachteil: Er gehörte dem Jesuitenorden an. Noch nie war ein Jesuit Papst geworden. Zudem hatte Papst Johannes Paul II. erst nach heftigen internen Konflikten den Orden wieder an die Kette gelegt. Obendrein war Martini nicht mehr im »Geschäft« – der anerkannte Bibelforscher hatte sich im Heiligen Land dem Studium des Alten und Neuen Testaments verschrieben. Seine Gegner betrachteten den lange Jahre mächtigen Kardinal etwas verächtlich als »Ruheständler im sonnigen Heiligen Land«.

Nach Zizolas Informationen soll es bereits im ersten Wahlgang des Konklaves, am frühen Abend des 18. April 2005, zu einer deutlichen Zuspitzung auf die Kandidaten Ratzinger und Martini gekommen sein. Zwar lag der Präfekt der Glaubenskongregation mit 40 bis 50 Stimmen weit vor seinem Konkurrenten, doch war er von der erforderlichen Zweidrittelmehrheit von 77 Stimmen noch ein gutes Stück entfernt. Somit bot sich Martini gleich die Chance, eine Sperrminorität gegen das konservative Lager zu bilden und einem noch Unbekannten vom Typ Roncalli oder Luciani den Weg zu bereiten. Die für andere Kandidaten abgegebenen Stimmen fielen – glaubt man Herrn Zizola – nicht ins Gewicht. Die Kurienkardinäle Sodano und Ruini durften, als Gunsterweis, eine so genannte »Ehrenrunde« drehen und schieden danach aus. Der vor knapp zwei Jahren noch so hochgelobte Martini-Nachfolger in Mailand, Kardinal Tettamanzi, brachte es offenbar nur auf zwei Stimmen. Auffallend war dabei die Spaltung des italienischen Lagers, das sich in beide Richtungen verteilte und somit alle Gerüchte über eine »mafiose Seilschaft« in Luft auflöste.

Bereits der zweite Wahlgang um 9.30 Uhr am 19. April 2005 sollte – immer an Zizolas Raunen entlang – eine Vorentscheidung bringen. Ratzinger hatte es inzwischen auf rund 60 Stimmen gebracht, Martini stagnierte und bat seine Anhänger, für den deutschen Kardinal zu stimmen. Das liberale Lager wollte jedoch noch nicht kapitulieren und brachte den argentinischen Jesuiten und Kardinal von Buenos Aires, Jorge Bergoglio, ins Spiel, der es in dem um 11 Uhr beginnenden dritten Wahlgang, ängstlich zögernd, auf rund 40 Stimmen gebracht haben soll.

Die Entscheidung fiel jedoch während der Mittagspause rund um den Speisesaal des »Domus Sanctae Martae«. Bergoglio wehrte sich in hektischen Verhandlungen gegen eine weitere Konfrontation mit Ratzinger. Allein schon die Gestik des Bedrängten ließ alle Hoffnung auf eine Wende schwinden. Im vierten Wahlgang soll Kardinal Ratzinger um 17.30 Uhr mit 95 von 115 Stimmen zum Papst gewählt worden sein. Das Quorum war erreicht. Zeugen berichten, es habe einen Moment des Schweigens gegeben, dann sei Beifall aufgebraust.

Mit einer Verspätung von fünf Monaten überraschte die politische Kult-Zeitschrift Italiens, »Limes«, Ende September 2005 die Weltöffentlichkeit mit den Tagebuch-Notizen eines angeblich anonym bleibenden Kardinals, der darin Zahlen und Details des Konklaves vom 18. und 19. April enthüllte. Demzufolge soll Benedikt XVI. mit einer weitaus weniger deutlichen Mehrheit gewählt worden sein als seine Vorgänger, die beiden Johannes-Paul-Päpste. Wichtigster Konkurrent war, nach den Angaben des als Überbringer der »Sensation« auftretenden »vaticanisti« Lucio Brunelli, nicht Kardinal Martini, sondern der Argentinier Jorge Bergoglio, der es im dritten Wahlgang auf vierzig Stimmen gegenüber 72 für Ratzinger gebracht habe. Brunelli wollte das »Geheimdokument« von einer »langjährigen Vertrauensperson« zugespielt bekommen haben. Wie viele andere Schlagzeilen der von Vatikan-Mysterien berauschten italienischen Presse erlosch das Strohfeuer schnell. Zwar berichtete das zweite Programm der RAI zunächst ausführlich, zwar titelte »La Repubblica« besonders groß, doch wirkte das Echo in der Welt eher skeptisch. Die Wahl war so oder so gelaufen. Welche Seriosität besaß ein sich klammheimlich schwerster Strafe entziehender Kardinal? Oder war es doch wieder einmal nur ein Falke? Es wäre nicht der erste gewesen. Der Vatikan schwieg zu dem Vorfall, die Kardinäle, vor allem die betroffenen, winkten ab. Vielleicht gibt es noch andere Tagebücher, deren Zahlenspiele stehen dann irgendwann in einem anderen Blatt.

Als am Morgen des 20. April 2005 die Kardinäle noch einmal in die

Sixtinische Kapelle einzogen, um die Laudes zu beten und an der ersten heiligen Messe des neuen Papstes teilzunehmen, bot sich für die Dauer einer Eucharistie noch einmal der grandiose Glanz der Liturgie. Benedikt XVI. saß auf einem Sessel unter dem Gekreuzigten. Neben ihm hatten die erzbischöflichen Zeremoniare Platz genommen. Schweizergardisten standen wie Wachposten mit ihren Hellebarden vor den kleinen Seitenausgängen. Auf dem vergoldeten Altartisch brannten Kerzen. Das Heilige Kollegium hatte in der Rangordnung des Konklaves Platz genommen: 114 minus einer. Lange Reihen goldweißer Gewänder unter den Fresken des Michelangelo, deren züchtige Version Kardinal Ratzinger vor Jahren befürwortet hatte. Der Fingerzeig des Schöpfers als Bigbang jubilierender Renaissance. Vor Aufregung versprach sich ein Kardinal, der zum Gebet für »unseren Papst Johannes Paul ...« aufrief und sich mit hochrotem Kopf korrigierte. Mehr irritierte die Beobachter, dass der Papst seine Predigt in lateinischer Sprache hielt, doch war es die des noch nicht ganz beendeten Konklaves; die Botschaft an die Welt sollte noch folgen. Doch dann mitten in dieser Predigt eine Ankündigung, die alle Kirchen tief berührte. Er wolle »alles tun«, um die »sichtbare Einheit der Christen« zu verwirklichen. Inmitten dieser Zelebration des alten römischen Ritus war ein Lichtstrahl der Hoffnung gefallen. Hans Küng, dessen Buch über »Kirche und Wiedervereinigung« vor 45 Jahren nebenan im Petersdom dem zusammentretenden Konzil so viel Auftrieb gegeben hatte, wird es ebenso vernommen haben wie alle Kirchen weltweit, die gebannt auf dieses beginnende Pontifikat schauten und zwischen Skepsis und banger Erwartung schwankten.

Vier Tage später blickte die Welt erneut nach Rom. Die Frühlingsstürme hatten sich gelegt, der Himmel über dem Petersplatz war strahlend blau. Unten herrschte die liturgische Farbe weiß, nur Freude. Der Ring und das Pallium mit den fünf roten Kreuzen waren die Nacht über im dunklen Dom vor der Confessio ausgestellt, jetzt brachten Diakone diese Zeichen päpstlicher Bestimmung zum Altar: der Fischer und der Hirte. Noch einmal schallten die appellierenden Rufe der Allerheiligen-Litanei über den Platz. Was wussten die jubelnden jungen Mädchen von Sante Sixte, Sante Alexander, Sante Urbane oder Sante Calixte? Doch rauschte beim Namen Benedicte Beifall auf. Hunderttausende auf den Steinen, wo Petrus mit dem Kopf nach unten gekreuzigt wurde. Jetzt standen Rom und der Weltkreis Kopf.

Der chilenische Kardinal Estevez, der fünf Tage zuvor das dramatische »Habemus papam« von der Loggia verkündet hatte, legte dem Papst das Pallium um. Kardinal Kim aus Korea zog ihm den Fischerring über den Finger. Es folgte die Huldigung des Heiligen Kollegiums: die langen Reihen seiner Wähler und Nichtwähler. Friedensküsse, Umarmungen. In seiner Predigt verkündete der Papst kein Programm, sondern seine Absicht, »dem Wort und Willen Gottes zu lauschen«. Seine große Botschaft an die Menschen: »Die Welt wird durch den Gekreuzigten und nicht durch die Kreuziger erlöst.« Seine demütige Bitte: »Betet für mich, dass ich nicht furchtsam vor den Wölfen fliehe …« Es war sein Lebensprogramm, die Spur führt von Marktl am Inn bis zum Heiligen Stuhl: »Christus nimmt nichts, er gibt alles.«

Nach der Konzelebration herrschte ein Moment großer Stille. Ringsum die Menschenmassen, wehende Fahnen. An den Bildschirmen Millionen Zuchauer. Und doch war diese Stille hörbar. Nur ein Säuseln.

Um 12.40 Uhr erfolgt der Segen »urbi et orbi«. Es ist Osterzeit, statt des »Angelus« betet der Papst das »Regina Coeli«. Dann eine Toccata von Bach. Jubel, die Spannung von Totengedenken und Konklavegeheimnis hat sich gelöst. Rom singt und tanzt. »Papa Ratzi« fährt im offenen Wagen durch die Menge. Hände und Tränen. Das weiße Gewand im Frühlingswind. Der Radfahrer ist angekommen. Oben, über den Säulen, gestikulieren die Heiligen, schlagen die Glocken. Aber mehr noch schlagen die Herzen.

23. »*Es wird noch Überraschungen geben!*«

Man darf sich diese Reise nach Rom durchaus geheimdienstlich vorstellen: Hans Küng wie ein Agent unterwegs zum brisantesten Termin seines Lebens. Mit dem Papst persönlich war strengste Diskretion vereinbart worden. Verlässliche Kuriere überbrachten gut verschlossene Briefe in den Vatikan und zurück nach Tübingen. Der genaue Wortlaut dürfte über Jahrzehnte nicht bekannt werden. Das Schwergewicht von Worten, Andeutungen und Emotionen ist im Spiel. Außerdem sind die Archive von St. Peter von zäher Geduld; was sie verschweigen, begrenzt Schaden; was sie schließlich freigeben, relativiert alte Heftigkeiten.

Wäre Küng bei seinem Flug Bekannten, Passagieren oder dem Bodenpersonal als Romreisender aufgefallen, hätte es gleich wildeste Spekulationen ausgelöst. Was wollte der heftigste Gegner von Benedikt XVI. in der Stadt der Päpste, obendrein an einem spätsommerlichen Wochenende? Die Dikasterien, Kongregationen, Ämter und Botschaften waren verwaist. Selbst der Pontifex weilte nicht in seinem Palast. Das Sonntagsfenster oben im dritten Stock über dem Säulenplatz blieb verschlossen, als sei noch immer Sedisvakanz. Die Wache schiebenden Schweizergardisten standen stramm, jedoch gelangweilt auf ihren Posten. Die römischen Korrespondenten genossen zwei freie Tage letzter Sommerfrische, die hinter ihren Fernrohren grübelnden »vaticanisti« hegten keinerlei Verdacht. Kein besserer Zeitpunkt für den »Scoop des Jahres«. Da geisterte unerkannt der Stoff, aus dem in Rom die journalistischen Träume sind. Jenseits aller Legenden über die Verliese des Vatikans: Die Wirklichkeit hinter diesen Mauern ist immer unübertreffbar.

Manche Details aus den Biografien der beiden Hauptdarsteller Ratzinger und Küng sowie die (nach einer Schonfrist von 48 Stunden) spärlich fließenden Quellen erlauben ziemlich genau das Reale umkreisende Vermutungen. Was da inkognito ablief, war die geniale Inszenierung eines historischen Paukenschlags. Viel anders kann es nicht gewesen sein, an ein paar Kleinigkeiten soll die Rekonstruktion nicht scheitern:

Versteckt hinter hohen Zeitungsseiten saß der Theologe Hans Küng in der ersten Klasse auf dem Flug von Berlin nach Rom. Jener Freitag, der 23. September 2005, war ein spannender Tag. Unmittelbar bevor der Theologe in Tegel die Maschine nach Fiumicino bestieg, hatte er in Potsdam einen Vortrag gehalten, auf den er stolz sein durfte. Er war dort Gast der »Academia Europea«, einer Veranstaltung zum Einstein-Jahr, an der namhafte Physiker, Naturwissenschaftler und Philosophen aus aller Welt über das Wissen an den Rändern des Nichtwissens debattierten. Der Beifall klang dem 77-jährigen Schweizer noch im Ohr. Mehr denn je erstrahlten Galileo Galilei und Giordano Bruno, die von der heiligen Inquisition verfolgten Bahnbrecher neuer Weltbilder, im säkularen Märtyrerglanz. Die Nacht in der Ewigen Stadt war nicht minder spannend. Seit einem Vierteljahrhundert hatte der Kirchenkritiker auf diese Stunde gewartet: eine Begegnung mit dem Papst. Küng liebte ihn umkreisende Großereignisse, aber diesmal musste er den »Mantel der Geschichte« nicht bemühen. Er blickte auf die hell erleuchtete Kuppel des Petersdomes; vielleicht drehte sie sich doch.

Dann brach das Wochenende an. Es war Samstag, der 24. September 2005, gegen 16 Uhr, kurz vor dem Ende der römischen Siesta. Zwei dunkel gekleidete Herren, von denen man nicht wusste, ob es sich um Leibwächter oder Nobelchauffeure handelte, nahmen den Professor mit der in Italien schon zu dieser Tageszeit üblichen Begrüßung »Buona sera, Dottore, Professore« in Empfang. Ein paar augenzwinkernde Freundlichkeiten, man verstand sich. Schon brauste die schwarze Limousine in südöstliche Richtung. Am Stadtrand befanden sich, neben der Cestius-Pyramide, der protestantische Friedhof, wo der Sohn Goethes ruht, und die Benediktinerabtei St.-Paul-vor-den-Mauern, wo der unvergessene Johannes XXIII. im Januar 1959, wie bei einem Putsch, das »Heilige Kollegium« der Kardinäle mit der Ankündigung eines Konzils überrascht hatte. Doch nahm der Wagen Kurs auf die Albaner Berge, in deren Schatten sich in Castel Gandolfo, die Sommerresidenz der Päpste befindet.

Die grimmigen Beobachter, die mit mehrtägiger Verspätung dieser Autofahrt durch die Campagna das Prädikat »Gang nach Canossa« erteilten, lagen völlig falsch. Der bestens Italienisch parlierende Küng genoss diese späte Dienstreise, denn der Papst persönlich gewährte ihm hinter dem Rücken der Weltöffentlichkeit freies Geleit. Aus längst vergangenen, jedoch noch immer präsenten Rom-Jahren kannte er die Gegend sehr gut. Das deutsch-ungarische Kolleg Germanicum besaß in der Nähe die große Sommervilla San Pastore. Mehrmals verbrachte der junge Schweizer seine Ferienmonate in dem Gebäude mit den weitläufigen Parkanlagen und Dependenzen. Heimaturlaub bei den Eltern in Sursee war dem Seminaristen in den ersten Jahren nicht erlaubt. Das zehnstöckige, hundert Zimmer umfassende Haus lag inmitten riesiger Ölgärten. Rund dreißig Kilometer von Rom entfernt, führte die Straße nach Palestrina. Für den ehrgeizigen Priesterkandidaten Küng herrschte hier immer die Atmosphäre von Erholung. Er liebte das Schwimmbad und die Dachterrasse; vom Wasser getragen und mit Blick auf die Weite, so sollte es ein abenteuerliches Leben lang bleiben. Den wöchentlichen Pflichtausflug in den langen roten Talaren durch die Gluthitze der Campagna mochte er weniger. Allerdings blieb eine Nachtwallfahrt nach Mentorella in seiner Erinnerung haften, wie auch der Theaterabend, als er in dem Stück »Die Kammerzofe Robespierres« des Schweizer Volksschriftstellers F. H. Ackermann in die Titelrolle des Staatsschurken schlüpfte. Der Bruder Karl Rahners, der auf den Wachtürmen des Vatikans unbeliebte Hugo Rahner, gab ihnen in San Pastore einen Sommerkurs über die Kirchenväter, zu denen Küng später – im Gegensatz zu Ratzinger – auf kritische Distanz gehen würde. Prof. Fritz Schweinsberger aus dem rheinischen Dominikanerkloster Walberberg übte mit den Seminaristen »Sprecherziehung«. Der hellhörige Schweizer schätzte die Übungen des ehemaligen Opernsängers als Alternative zur »eunuchoid-überhöhten Art« ihrer Pflichtchoräle. Besonders am Herzen lag ihm jedoch die Stille der Morgen- und Abendstunden oben auf der Terrasse, Stunden intimer Lektüre, eine »lectio divina« ganz nach seinem Geschmack. Etwas Wind strich durch die Zypressen. Das nächste Dorf lag weit entfernt, jenseits der Schlucht. In der Stille der Dämmerung beobachtet der junge Mann, dass die sinkende Sonne »oft erstaunlich groß« und am Horizont die Kuppel von Sankt Peter »ganz klein« war. Wetterleuchtete da nur eine romantische Impression oder ein Symbol ganz anderer Entdeckungen? Hans Küng liebt die Stunden anbrechender Nacht.

Der Theologe im Fonds des vatikanischen Wagens mit den abgedunkelten Scheiben, kannte das Ziel seiner Reise bestens. Als Seminarist hatte er in der Nähe das antike Tusculum besucht, wo sich auf 600 Meter Höhe in den Albaner Bergen die Ruinen der Villen von Cicero, Lucullus, Brutus und Caesar befanden. Sehr genau erinnerte er sich an die päpstliche Sommerresidenz von Castel Gandolfo, in deren Gebäude er am 13. Oktober 1948 als Neuankömmling des Germanicums im »Saal der Schweizergarde« an einer Audienz bei Papst Pius XII. teilgenommen hatte. Damals stand der »Neorubi« mit klopfendem Herzen zwischen den Neupriestern und ihren Angehörigen. Der Heilige Vater wünschte ihnen »Mut und Ausdauer«. Küng machte keinen Hehl daraus, dass er den durchgeistigten Pontifex verehrte und dessen zwei Jahre später auf dem Petersplatz proklamiertes Dogma von der leiblichen Aufnahme Mariens in den Himmel begeistert bejubelt hatte. Segnende Geste, Strenge im Blick, so sah er den Pacelli-Papst, der für ihn »Selbstzucht und Übernatürlichkeit« ausstrahlte und obendrein als »Pastor Angelicus« und »Papst der Deutschen« gerühmt wurde. Castel Gandolfo barg auch dunklere Erinnerungen. Im Spätsommer 1958 starb hier, nach einer dramatischen Agonie, jener Pius XII. Die von seinem Leibarzt unautorisiert geschossenen Fotos seines erschreckenden Leichnams auf dem Totenbett gingen um die Welt. Es war skandalös, der Mediziner flog. Im August 1978 starb ebenfalls in dieser Sommerresidenz Papst Paul VI., den der Theologe Küng, in einem delikateren Kontext, in einer Privataudienz im Dezember 1965 kennen gelernt hatte. Irgendwie haftete dem Ferienort Castel Gandolfo auch der Ruch des Sterbens an.

Der Abend des 24. September 2005 war jedoch mild. Die Silhouette der blauen Berge vor Augen, hegte Hans Küng keine finsteren Gedanken an den Tod der Päpste. Sein ihn erwartender Gastgeber war der erst am 19. April gewählte Benedikt XVI. Mit dem konspirativen Charme der vatikanischen Diplomatie war das Treffen zwischen dem Oberhirten und seinem Kritiker arrangiert worden. Wichtig war allerdings, dass der Gast aus Tübingen dazu in einem Akt erstaunlicher Demut die Initiative ergriffen hatte. Obwohl die Wahl von Kardinal Ratzinger zum Papst in vielen Medien weltweit, dem ersten Urteil Küngs folgend, als »Riesenenttäuschung« beurteilt worden war, blieb der engsten Umgebung des deutschen Pontifex nicht verborgen, dass der Schweizer seinen »Lieblingsgegner« in bald darauf folgenden Interviews nicht mehr »molto furioso« angriff. Im Rahmen der aufregenden »Stern«-Titelgeschichte »Mensch Ratzinger – Unbekannte

Einblicke in sein Leben«, deren biografischer Kommentar von dem Papst-Vertrauten Peter Seewald stammte, äußerte sich Küng in einem Interview keineswegs als »Anwalt des Teufels«. Aus seiner ersten Ablehnung zwar keinen Hehl machend und die Entscheidung des Konklaves als »wider alles Erwarten« bezeichnend, ging der Schweizer Theologe zu den heftigen Passagen seiner Kritik auf diskrete Distanz. Er wolle in seiner »Prognose vorsichtig sein«, betonte er und skizzierte seinen ehemaligen Tübinger Kollegen als »intelligenten, wachen, analytischen Geist«, der wisse, dass sich die Kirche in einer Krise befinde; er werde »nicht einfach den Kurs von Johannes Paul II. fortführen«. Erneut riet er zum »Abwarten« und empfahl dazu sogar das bemerkenswerte Beispiel von Johannes XXIII. In den Problembereichen »Kollegialität«, »Beziehungen von Mann und Frau« sowie »Ökumene« hoffe er auf Aktionen, die Krise überwinden zu helfen. »Wir sollten ihm eine Chance geben und nicht sagen, er wird das, was er vorher gemacht hat, in gleicher Weise fortführen.« Küng verglich diese Zurückhaltung mit der in der Politik üblichen Schonfrist von »hundert Tagen«.

Es war nicht bloß taktische Milde, sondern eine Avance solidarischen Engagements zur Lösung dramatischer Zeitfragen. »Ich bin selbstverständlich der Meinung«, erklärte Küng, »dass die katholische Kirche ein Profil braucht, und ich stimme dem neuen Papst zu, dass wir kein ›anything goes‹, keinen Libertinismus in Fragen der Moral vertreten sollen.« Und noch zwei Punkte fielen auf: Der im Dezember 1979 von Rom gemaßregelte Schweizer forderte keine Rehabilitierung, denn er sei überall als katholischer Theologe anerkannt. Weiter bestritt er, dass es sich bei Benedikt XVI. um einen »Übergangspapst« handele; ein Papst könne schon in einem Jahr »ungeheuer viel bewirken«. Sein alter Freund Karl Barth habe einmal gesagt, ihm würde es genügen, wenn er nur einen Tag Papst wäre, dann würde er alles im »evangelischen Geist regeln«. Schließlich kam der entscheidende Hinweis auf ein mögliches Gespräch:

»Mal sehen, was da kommt – an mir soll es jedenfalls nicht scheitern.«

Hans Küng hatte nicht die Fronten gewechselt, sondern war bereits sechs Tage nach der ihn erschütternden Papstwahl entschlossen, eine ganz bestimmte Initiative zu ergreifen. Ratzinger war 78, er ein Jahr jünger. Stets hatte er sich energisch gewehrt, auf dem kalten Verwaltungsweg aus seiner Kirche herausgedrängt zu werden. Beiderseits bestand Handlungsbedarf. Bereits unmittelbar nach dem entscheidenden vierten Wahlgang in der Sixtina war Küng einer der Ersten, der, bei aller Kritik, im allgemeinen Medien-Tumult auf die Symbolkraft des Namens »Benedikt« verwies. Der neue Papst hatte sich nicht als dritter Johannes Paul präsentiert. Seine Vorbilder waren nicht nur Benedikt XIV. (1740–1758), der den Bann gegen Kopernikus aufhob, oder der an den eiskalten Generälen der »grande guerre« gescheiterte Friedenspapst Benedikt XV. (1914–1922). Stärker noch imponierte ihm die Gestalt des als »Patron Europas« und »Vater des abendländischen Mönchtums« verehrten hl. Benedikt von Nursia, dessen Orden sich seit dem 7. Jahrhundert unter dem Leitwort »PAX« dem inneren und äußeren Frieden verpflichtet fühlt. Frieden, nicht als diplomatisches Arrangement, sondern als spirituelle Sehnsucht. Einen Tag vor dem Tod von Johannes Paul II. hatte Kardinal Ratzinger im Kloster der Benediktinerinnen in Subiaco den »St.-Benedikt-Preis für die Förderung des Lebens und der Familie« erhalten. In seinem Vortrag erkannte der Kardinal die entscheidenden Beiträge des modernen Denkens in der heutigen Gesellschaft an; doch dürfe die säkularisierte Mentalität, die oft damit einhergehe, die tiefen christlichen Wurzeln der Gesellschaft nicht ignorieren. Das waren Probleme, die auch Hans Küng umtrieben.

Zur Großwetterlage des abklingenden Sturmtiefs um Küng zählten auch die Initiativen der deutschen Kardinäle Walter Kasper und Karl Lehmann, beide ehemalige Kollegen des umstrittenen Professors. Kasper, der in der römischen Kurie für die Ökumene zuständig ist, hatte sich bereits 2003 für eine Versöhnung zwischen Vatikan und Küng ausgesprochen. Der Vorsitzende der Deutschen Bischofskonferenz, Lehmann, diskutierte 2004 auf dem Katholikentag in Ulm mit seinem Duzfreund Küng unter dem Beifall tausender Teilnehmer über die Zukunft der Kirche. Mehr noch: Der als »Opus-Dei-Agent« verschriene päpstliche Pressesprecher Navarro-Vals bezeichnete die Veranstaltung als »freundschaftliche theologische Diskussion«.

Während inner- und außerhalb der Kirche auf Tauwetter und ein erstes Zeichen des neuen Papstes gewartet wurde, kam es zu zwei Audienzen, die zunächst Rätselraten auslösten, später jedoch als »Ouvertüre« für ganz andere Begegnungen Benedikts XVI. gewertet wurden. Zunächst hatte der Papst Bischof Bernard Fellay, ein exkommuniziertes Mitglied der von Erzbischof Lefèbvre gegründeten Bruderschaft von Ecône, empfangen und Möglichkeiten einer Versöhnung mit den traditionalistischen Dissidenten ausgelotet. Wenig später kam es zu einem nicht minder erstaunlichen Treffen mit der bekennend atheistischen Journalistin Oriana Fallaci, deren militante antiislamische Veröffentlichungen Aufsehen in Italien erregten. Seit dem Gespräch ist die schwer krebskranke linke Vordenkerin zumindest bekennende Anhängerin des Papstes. Was hatte sie dem Gegner eines EU-Beitritts der Türkei zu sagen? Ein neuer Amtsstil kündigte sich an: statt steifer Audienzen diskrete Gespräche und Begegnungen, auch mit umstrittenen Vertretern an den Rändern oder außerhalb der Kirche.

Hans Küng hatte allerdings nicht auf diese Meldungen gewartet und schon wenige Wochen nach der Einsetzungsfeier Benedikts XVI. seine Idee eines ersten Schrittes in einem Brief an den Papst in die Tat umgesetzt. Nach Jahrzehnten der Konflikte und Trennungen war es ein erschütternder Vorgang. Was seinen ehemaligen Kollegen oben im Apostolischen Palast bei der Lektüre des Schreibens aus Tübingen besonders berührte, war die Ehrlichkeit des Absenders, der betonte, er komme nicht, um zu bitten, zu streiten oder rehabilitiert zu werden. Allein die Tatsache, sich wieder in die Augen zu sehen, die Hand zu reichen und miteinander zu sprechen, sollte »das Ereignis« sein: ein sehr christliches Event, das in Kirche und Welt sicherlich als »Zeichen der Hoffnung« verstanden werde. Die »große Geste«, von der später die Kommentatoren sprachen, war beiderseitig. Der Papst hatte sofort verstanden, seine Antwort kam unerwartet schnell. Der Ton des Schreibens aus Rom war ausgesprochen freundlich. Organisatorische Fragen wurden unkompliziert erledigt. Wenn es um Versöhnung geht, gelten keine protokollarischen Zwänge. Eine wichtige Rolle in dieser Phase schwebender Annäherung spielte der Privatsekretär des Papstes, Georg Gänswein, der mit sensibler Hand und persönlichen Liebenswürdigkeiten alles Notwendige vermittelte, damit die Begegnung unter bestmöglichen Bedingungen und fernab vom Medienlärm stattfinden konnte. Hans Küng schätzte sogar dessen Heimat, er stamme aus dem südbadischen Waldshut, also »fast aus der Schweiz«. Irgendwo, irgendwie spielte da auch eine Alpen-Connection.

Hinzu kam eine zweite, nicht minder wichtige Aktion: Küng schickte dem Papst sofort nach dem Erscheinen sein neues Buch »Der Anfang aller Dinge«. Vielleicht hat er es auch als »Testfall« empfunden, denn manche seiner Thesen, etwa über die Begriffe »Unfehlbarkeit«, »Evolution« oder »Wahrheit«, waren bereits in Kirchenkreisen als »provozierend« bewertet worden. Doch ging es in diesem Buch nicht um eine Neuauflage der Litanei Küng'scher Kirchenkritik, sondern um den Geltungsanspruch religiöser Weltdeutung. Die neuesten Entdeckungen der Physik und Mathematik hatten die Grenzen der Naturwissenschaften und des empirischen Positivismus deutlich gemacht. Küng berief sich auf den Logiker Karl Popper und plädierte für ein »Komplementaritäts-Modell« von Theologie und Naturwissenschaften: gegenseitige Befragung und Bereicherung. Das Buch sollte Folgen haben.

Keine Frage, dass im engen Kreis der Eingeweihten in Castel Gandolfo eine knisternde Spannung herrschte, als der Wagen mit dem seltenen Gast am späten Nachmittag des 24. September 2005 durch einen Seiteneingang in die päpstliche Sommerresidenz vorfuhr. Der Papst erwartete den ehemaligen Kollegen im Arbeitszimmer: »Er kam sehr freundlich auf mich zu«, erzählte Küng später, der sogleich bemerkte, dass es sich nicht um einen großen Raum handelte; das erleichterte den Kontakt. Seine Feststellung signalisiert die Aufregung, die auch ihn bewegte. Beide erinnerten sich daran, dass sie sich 1957 als jüngste Teilnehmer auf einem Theologenkongress in Innsbruck zum ersten Mal gesehen hatten; ihre letzte Begegnung fand 1983 am Chiemsee in Bayern statt, drei Jahre nach Küngs Entlassung ging alles hart und streng zu. Wiedersehen nach solchen Trennungen geschehen nicht ohne emotionales Zögern. Geduzt hatten sie sich nie – das ist so üblich zwischen deutschen Professoren. Dann fragte der Papst nach dem römischen Studienbeginn seines um ein Jahr jüngeren Besuchers: 1948, das Germanicum, der begeisterte Anfang im roten Talar. Jetzt war der Gesprächsfaden da. »... und so hat sich alles von selbst ergeben«, lächelte Küng im erleichterten Rückblick, auch mit der Sie-Regel »kommt man ganz gut durch«.

Zum eigentlichen Durchbruch kam es, als der Gast gleich zu Beginn zu erzählen begann, dass er noch am Vortag an der Einstein-Veranstaltung in Potsdam teilgenommen habe. Wie eine Befreiung wirkte es auf ihn, dass der Papst spontan, »ganz und gar lebendig« reagierte. Das Buch und die Tagung der Physiker, Forscher und Denker faszinierten ihn. War sich Küng nicht bewusst gewesen, hatte er es verdrängt, dass es das Lebensthema seines Gastgebers war, sein »Drama«, wie er es einmal genannt hatte: Einbruch eiskalter Moderne in die Behaglichkeit sicheren Glaubens. Zwar hatte er sich unter dem Beschuss ständig neuer Entmythologisierung tapfer gehalten, aber ringsum waren die alten Mauern eingestürzt. Bisweilen hatte der Niedergang in ihm apokalyptische Bilder heraufbeschworen, Endzeit war immer schon seine Neigung. All seine Forschungen, Vorlesungen, Bücher, Publikationen und Predigten, vor allem jedoch die Gebete, in deren Tiefe niemand zu schauen vermochte, hatte er in dieses Ringen investiert. Ringsum war seine Kirche kleiner und ärmer geworden. Keiner wusste besser als er, dass die römischen Paläste, die den einstigen Gendarmensohn seit fünf Monaten festhielten, nur eine anachronistische Kulisse einer ganz anderen Wirklichkeit boten.

Jetzt hörte er aus dem Mund seines von der kirchlichen Lehrbefugnis enthobenen ehemaligen Kollegen, dass ein gemeinsames Weltethos der Religionen möglich wäre, wenn man die Versöhnung und das Gespräch nur ernsthaft wolle. Auch vernahm er aus Küngs Worten, dass die als tödliche Gefahr verteufelte Wissenschaft selbst keine Kriterien mehr hatte, Philosophie und Theologie als »Scheinwelt« zu verharmlosen. Religionskritische Materialisten wie Jacques Monod und das Genie Stephen Hawking waren an ihre Grenzen gestoßen. Schon der von der Kirche verfolgte und erst von Johannes Paul II. rehabilitierte Galileo Galilei sowie Isaac Newton und Albert Einstein hatten erkannt, dass mit dem Wissen auch das Nichtwissen wächst. Die Meister der »Frankfurter Schule« Max Horckheimer und Theodor W. Adorno – beide Vorgänger seines Münchener Debatte-Kollegen Jürgen Habermas - waren in ihrer berühmten »Dialektik der Aufklärung« schlussendlich zu dem Ergebnis gekommen, dass alle Vernunft nur neue Irrationalität hervorruft. Was also hinderte die Kirche von Papst Benedikt daran, einen neuen Aufbruch zu wagen?

Der Papst und Hans Küng ließen sich an diesem Abend im römischen Spätsommer viel Zeit. Vier Stunden dauerte ihre Begegnung, vier Stunden nach mehr als einem Vierteljahrhundert. Welche tiefe Freude, wenn man, wie beide, nicht im Kostüm der Selbstgerechtigkeit kommt. Er habe seinen Gastgeber »wie in den glücklichen Tübinger Tagen wieder getroffen«, erzählte Küng. Alles verlief »einfach und schlicht«, ohne jede Hektik. Der Papst war sichtlich um eine gute Atmosphäre bemüht. Küng teilte mit, der Papst sei weder rückwärts gerichtet noch in allen Dingen festgelegt, er werde nicht bereits ge-

schleifte Bastionen weiter ausbauen: »Er war außergewöhnlich fair ...
er möchte nicht nur korrigierend bewahrend wirken ... er ist noch zu
Überraschungen fähig.« Es ließ hoffen in der Welt.

Für das an diesem Samstagabend spärlich eingesetzte und vorab
instruierte Personal von Castel Gandolfo war es tatsächlich überraschend, dass Papst Benedikt am Ende des langen Gesprächs seinen
Gast durch den Garten führte und ihm den »Saal der Schweizergarde«
zeigte, wo der junge Seminarist 1948 Papst Pius XII. aus nächster Nähe
bewundert hatte. Fast ein halbes Jahrhundert Zeit- und Kirchengeschichte von jenem zu diesem Papst. Es war auch ein Stück deutscher
Betroffenheit. Eine nicht minder große Überraschung bedeutete es,
dass der Papst seinen Gast anschließend zu einem Abendessen einlud. Manche Beobachter empfanden diesen Abschluss des Abends als
den eigentlichen Höhepunkt: Die Hände waren gereicht; was gesagt
werden musste, gesagt; was noch nicht gesagt werden konnte, nicht
beklagt. Jetzt aber war Zeit, zu essen und zu trinken.

Wie essen zwei alte Freunde, die sich an einem milden Herbstabend
in der Campagna wieder sehen und, ohne ein Wort über Differenzen zu
verlieren, versöhnlich begegnen? Donnerstagabends in Tübingen hatten sie so zusammengesessen; aber diesmal war es schöner. Wenn sich
verlorene Brüder treffen, stellt ihr Wiedersehen alles in den Schatten.
Brannte nicht ihr Herz? Im Esszimmer von Castel Gandolfo wurde
nicht mehr viel über Gott und die Welt gesprochen. Welches Tisch-
gebet sie sprachen und ob sie Wein aus dem nahen Frascati tranken,
darüber hat der Pressesprecher Navarro-Vals sich ausgeschwiegen. Sie
haben gelacht, erzählte Hans Küng; vor allem, als der Papst den emeritierten Professor fragte, ob Tübingen noch immer in Deutschland
die einzige Universitätsstadt ohne D-Zug-Anschluss sei ...

Als sich die beiden voneinander verabschiedeten, wurde kein Ge-
genbesuch vereinbart, sie waren ja auch Kirchen- und keine Staatsmänner. »Auf Wiedersehen«, haben sie gesagt, und »so Gott will«. Als
die Nachricht der historischen Begegnung am frühen Montagabend
durch die Welt ging, war es gleich die große Sensation. Das Presse-
kommuniqué des Vatikans hatte der Papst noch in Anwesenheit Küngs
eigenhändig verfasst. Es geschah handschriftlich, die Endfassung wurde nach Tübingen gemailt und der Professor stimmte nach seiner
Rückkehr gleich zu. Lediglich eine kleine grammatikalische Korrektur
hatte der berühmte Kritiker päpstlicher Veröffentlichungen zu be-

anstanden ... Es lohnt, den genauen Wortlaut der Presseerklärung, die am Montag, dem 26. September, um 17.42 Uhr bei der Deutschen Presse Agentur einging, zu betrachten:

»Am Samstag, dem 24. September 2005, fand in freundschaftlicher Atmosphäre ein Gespräch zwischen Papst Benedikt XVI. und Professor Hans Küng (Tübingen) statt. Beide Seiten waren sich einig, dass es nicht sinnvoll sei, im Rahmen dieser Begegnung in einen Disput über die Lehrfragen einzutreten, die zwischen Hans Küng und dem Lehramt der katholischen Kirche bestehen.

Das Gespräch konzentrierte sich deshalb auf zwei Bereiche, die besonders in jüngerer Zeit im Vordergrund der Arbeit von Hans Küng stehen: die Frage des Weltethos und der Dialog der Vernunft der Naturwissenschaften mit der Vernunft des christlichen Glaubens.

Professor Küng stellte heraus, dass es bei dem Projekt Weltethos keineswegs um eine abstrakte intellektuelle Konstruktion gehe. Es werden vielmehr die moralischen Werte ins Licht gesetzt, in denen die großen Religionen der Welt bei allen Unterschieden konvergieren und die sich von ihrer überzeugenden Sinnhaftigkeit her auch der säkularen Vernunft als gültige Maßstäbe zeigen können. Der Papst würdigte positiv das Bemühen von Professor Küng, im Dialog der Religionen wie in der Begegnung mit der säkularen Vernunft zu einer erneuerten Anerkennung der wesentlichen moralischen Werte der Menschheit beizutragen. Er stellte heraus, dass der Einsatz für ein erneuertes Bewusstsein der das menschliche Leben tragenden Werte auch ein wesentliches Anliegen seines Pontifikates darstellt.

Ebenso bekräftigte der Papst seine Zustimmung zu dem Bemühen von Professor Küng, den Dialog zwischen Glaube und Naturwissenschaft neu zu beleben und die Gottesfrage dem naturwissenschaftlichen Denken gegenüber in ihrer Vernünftigkeit und Notwendigkeit zur Geltung zu bringen.

Professor Küng seinerseits drückte seine Zustimmung zu dem Bemühen des Papstes um den Dialog der Religionen wie um die Begegnung mit den unterschiedlichen gesellschaftlichen Gruppen der modernen Welt aus.«

An dieser nüchtern klingenden Pressemitteilung ist manches außergewöhnlich. Zunächst die Tatsache, dass sie überhaupt existiert. Die

Begegnung, die unter größter Verschwiegenheit stattfand, hätte mit etwas Diskretion beider Seiten zumindest einstweilen der Öffentlichkeit vorenthalten werden können, irgendwann hätten die »vaticanisti« dann den Braten gerochen. Dies war jedoch nicht der Fall und es bietet sich ein interessanter Kontrast zwischen vorausgegangener strenger Geheimhaltung und zügiger Publikation. Es lässt auf eine verlässliche Basis an Gemeinsamkeiten schließen. Weder der Papst noch Küng hatten ein Interesse an weiteren Versteckspielen. Es bestehen gewiss noch Lehramts-Differenzen, das Schattenboxen ist jedoch beigelegt. Bereits in der ersten Zeile des Kommuniqués steht das Wort »freundschaftlich«; das ist ernst zu nehmen. Dies, zumal der Papst persönlich zur Feder griff und in Anwesenheit Küngs den Text zu Papier brachte, ihn seinem Gesprächspartner präsentierte und die endgültige Fassung zur Approbation nach Tübingen schickte. Neben dem Wortlaut bestätigte der Professor den Zeitpunkt der Veröffentlichung. Nach langen Jahren der Entfremdung kommt in dieser Gestik viel Vertrauen zum Ausdruck.

Ohnehin ist es unüblich, dass ein Papst persönlich Pressetexte formuliert. Er schlägt Inhalte vor, redigiert, streicht oder segnet ab. Über wie, wo und wann lässt er sich meistens von seinem Sprecher beraten. Nach der Begegnung mit Hans Küng durfte Joaquim Navarro-Vals nur kommentarlos ablesen. Auch brauchte der Spanier nicht »ganze zwei Tage«, um die brisante Meldung zu verkünden, wie es in einigen Agenturen hieß. Timing-Fragen solcher Großereignisse überlässt der Vatikan nicht den Zufällen: Die 48-Stunden-Frist bedeutet, dass letzte Spuren für unerwünschte Nachforschungen verwischt werden konnten, man folglich Herr seiner Mitteilung blieb und zugleich verhinderte, dass sie im Wochenend-Wust von politischen Sonntagsreden und Sportberichten unterging. Ihre zeitliche Platzierung auf den frühen Montagabend bot die Gewähr, mit dem sensationellen Thema die ganze Woche zu besetzen. Was auch geschah.

Im Stil gleicht das Kommuniqué diplomatischen Verlautbarungen, wie man sie reihum zu Hunderten liest. Allein dass es sie gibt, ist bereits die Meldung, der Rest ist ein Gemisch nüchterner Freundlichkeiten, deren höherer Sinn meist darin besteht, das Eigentliche des Ereignisses mit dem temporierten Wohlklang verschlüsselter Worte zu überdecken. Dennoch kann diesmal der päpstliche Verfasser seine handschriftliche Autorenschaft nicht ganz leugnen. Begriffe wie »abstrakte intellektuelle Konstruktion« oder »überzeugende Sinnhaftigkeit« oder die mehrfach erwähnten »gültigen Maßstäbe säkularer Vernunft« zählen an sich nicht zur nüchternen Nachrichtensprache, wie sie weltweit über die Ticker geht. Stattdessen vermitteln sie einen Hauch vom Feinschliff der Formulierungen des Theologen Ratzinger. Nicht minder bedeutend das Wort »Disput«, das er im Kontext mit den nicht angesprochenen Lehramtsfragen benutzte. Es wirkt milde und meidet die heftiger klingenden Bezeichnungen »Streit«, »Konflikt«, »Kontroverse« oder »Auseinandersetzung«, die bislang zu hören waren. »Questiones disputatae«, so lautet auch der Titel einer stark beachteten theologischen Publikationsreihe, an der beide beteiligt waren. »Disput« erinnert auch an längst beigelegte akademische Debatten, wie sie die kirchlichen Koryphäen aller Jahrhunderte mit ihren Lehrstuhl-Konkurrenten geführt haben. »Disput«, das ist die Normalität lebendiger Theologie.

Inhaltlich geht Papst Benedikt nicht nur wiederholt auf die Küng-Themen »Weltethos« und das Verhältnis von Naturwissenschaften und Glaube ein, sondern würdigt ausdrücklich dessen Beiträge und Verdienste bei der neuen Debatte dieser Fragen. Es geschieht mit nachdrücklicher Betonung und klingt wie eine späte Hommage an das »siècle des lumières« der Enzyklopädisten und Aufklärungs-Philosophen. Diese Passagen galten dann auch mehr dem in Potsdam versammelten Kongress der »Himmelsforscher« als den katholischen Basisgemeinden im brasilianischen Regenwald.

Hans Küng hatte in seinem Schreiben an Papst Benedikt die von seinen Anhängern und Freunden in der Öffentlichkeit vielfach erhobene Forderung nach Rehabilitation durch Rom als überholt bezeichnet. Er kam nicht als Fordernder, er war ja längst weltweit anerkannt. Dennoch liest sich dieses Kommuniqué wie eine stillschweigende beiderseitige Rehabilitation: des Heiligen Vaters gegenüber allen Vorwürfen rückwärtsgerichteter Reaktion; jedoch auch Küngs und seines guten Rufes als Vordenker und Autor einer aufbrechenden Theologie. Von »Spiegel« und »Weltwoche« mehrfach wegen eitler Selbstüberschätzung als »Außenminister« belächelt oder als realitätsferner Gesprächspartner von Kofi Annan und Tony Blair kritisiert, wird er in dem vom Papst verfassten 21-Zeilen-Kommuniqué siebenmal persönlich erwähnt und gewürdigt.

Die zunächst für die Presse bestimmte Botschaft wurde von ihr fairerweise auch als das angenommen, was sie sein sollte: ein in die Zukunft weisender Glockenschlag. »Der Spiegel« bestätigte, das Treffen habe »alle überrascht«, es handle sich um eine »große Geste«. Die »Welt am Sonntag« berichtete ausführlich über die Brücken-Wirkung des an den Papst gesandten Küng-Buches »Der Anfang aller Dinge«. Die »Süddeutsche Zeitung« kommentierte, Ratzinger und Küng teilten die gleiche Hoffnung auf »die Kraft des Christentums und die Skepsis gegenüber den Selbsterlösungsphantasien der Menschheit«. Allein die »FAZ« hielt sich in der Berichterstattung zum römischen Großereignis auffallend zurück. Der »Deutschlandfunk« sprach vom »Beginn eines neuen Verhältnisses des umstrittenen Theologen und der Kirche«. Zugleich widersprach Hans Küng in der Sendung, er habe zuvor Gesprächsinitiativen von Joseph Ratzinger abgewiesen: »Das ist eine ausgesprochene Falschmeldung, die weiterkolportiert wird.« Die Zeitschrift »Christ in der Gegenwart« erinnerte daran, dass Küng »trotz der zugespitzten Schärfe mancher Äußerungen, worüber auch die Freunde des Theologen den Kopf schüttelten, nie einen Zweifel daran gelassen hat, dass er ein Priester seiner Kirche war, ist und bleibt«. In deren Themenheft »Das Herz des Universums. Einstein und die Frage nach Gott« war, neben Beiträgen von Teilhard de Chardin und Ernesto Cardenal, auch Hans Küng mit seinen Potsdamer Thesen vertreten: »Sind wir allein? Einstein, das Problem und unsere Fragen: der würfelnde oder der personale Gott«.

Erstmals seit dem Zerwürfnis von 1979 bat »Radio Vatikan« Professor Küng zu einem Interview. Medienpolitisch war auch das ein »Ereignis«. Der Gesprächspartner Pater Eberhard von Gemmingen, der bereits vor und nach dem Konklave in seinen ARD- und ZDF-Kommentaren die Balance sachlicher Betroffenheit schmunzelnd zu halten verstand, fragte gezielt nach Kirchenthemen, die im Kommuniqué unerwähnt blieben. Küng betonte, dass die Begegnung von Castel Gandolfo »herzlich« war, »unsere Anliegen decken sich«. Erstmals wurde bekannt, dass der Papst und der Professor auch über die Einheitsübersetzung der Bibel und die Abendmahlgemeinschaft zwischen Katholiken und Protestanten gesprochen hatten. Es gab also während der vier Stunden wichtige Punkte gemeinsamen Interesses, die über den ursprünglich mitgeteilten Themenkreis hinausgingen. Es hätte auch sehr gewundert, wenn der Papst und sein Gast, die sich, jeder auf seine Weise, leidenschaftlich für die Kirche engagieren, nicht über ihre

»leidende Mutter« gesprochen hätten. In dem Sinne, wie es bereits Henri de Lubac seinem Kollegen Hans Küng während des Konzils ans Herz gelegt hatte: »Elle est quand même notre mère ... Sie ist doch unsere Mutter.« Der Tübinger Theologe, dessen Buch »Die Kirche« 1967 neben viel Beachtung auch besorgte Fragen aufwarf, ließ jetzt wissen, er habe mit dem Papst ebenfalls über »die innere Krise der Kirche« geredet. Dass es, trotz des Hinweises in der Pressemitteilung, man habe Lehramtsfragen ausgeklammert, dann doch zu einem ökumenischen Meinungsaustausch gekommen ist, lässt aufhorchen und hoffen. Küng kommentierte, ohne Details zu nennen: »Es wird noch Überraschungen geben.«

In einer ersten Bilanz der Begegnung betonte Hans Küng: »Das ist das Schöne an dieser Unterredung gewesen, wir haben uns ja nichts vorgemacht.« Auch legte er Wert auf die Tatsache, dass es zwischen ihm und seinem ehemaligen Kollegen, bei allem Ringen um Positionen, keiner »Aussöhnung« bedurfte: »... wir haben uns ja in der ganzen Zeit von beiden Seiten nie persönlich schlecht gemacht, im Gegenteil.« Bei allen Kontroversen sei der Respekt erhalten geblieben, deshalb lege er Wert darauf, dass die Gesprächsatmosphäre nicht »freundlich«, sondern »freundschaftlich gewesen ist«.

Ob es nach der Begegnung von Castel Gandolfo zu einer Aussöhnung in der Kirche kommen werde, wollte Küng nicht mehr ausschließen. Ohne euphorisches Raunen sagte er: »Das kann man ja auch etwas der Geschichte überlassen.«

Beendet in Stockem, um 16 Uhr,
Vigil von Allerheiligen 2005.
Deo gratias. Endfassung: Antwerpen,
PEN-writers-flat, 8. November 2005, 13.25 Uhr.

Bibliografie

Werke von Joseph Ratzinger

Volk und Haus Gottes in Augustins Lehre von der Kirche, München 1954; Neuauflage St. Ottilien 1992

Rezension von Hans Küng, Rechtfertigung, Theologische Revue 54, Münster 1958

Die Geschichtstheologie des heiligen Bonaventura, München 1959; Neuauflage St. Ottilien 1992

Der Gott des Glaubens und der Philosophen, München 1960

Episkopat und Primat (zusammen mit Karl Rahner), Freiburg 1961

Die erste Sitzungsperiode des 2. Vatikanischen Konzils, Köln 1963

Das Konzil auf dem Weg. Rückblick auf die zweite Sitzungsperiode, Köln 1964

Ergebnisse und Probleme der dritten Konzilsperiode, Köln 1965

Offenbarung und Überlieferung (zusammen mit Karl Rahner), Freiburg 1965

Die letzte Sitzungsperiode des Konzils, Köln 1966

Einführung in das Christentum, München 1968

Glaube und Zukunft, München 1970

Zwei Plädoyers. Warum ich noch ein Christ bin. Warum ich noch in der Kirche bin (zusammen mit Hans Urs von Balthasar), München 1970

Der Gott Jesu Christi. Betrachtungen über den dreieinigen Gott, München 1976

Maria – Kirche im Ursprung (zusammen mit Hans Urs von Balthasar), Einsiedeln 1977

Christlicher Glaube und Europa. 12 Predigten, München 1982

Schauen auf den Durchbohrten. Versuch zu einer spirituellen Christologie, Einsiedeln 1984

Diener eurer Freude, Freiburg 1988

Zur Gemeinschaft gerufen, Kirche heute verstehen, Freiburg 1991

Wesen und Auftrag der Theologie, Einsiedeln – Freiburg 1992
Salz der Erde, Christentum und katholische Kirche an der Jahrtau-
sendwende, (ein Gespräch mit Peter Seewald), Stuttgart 1996
Aus meinem Leben. Erinnerungen (1927–1977), Stuttgart 1998
Berührt vom Unsichtbaren, Freiburg i. B. 2000
Der Geist der Liturgie, Freiburg i. B. 2000
Gott und die Welt. Glauben und Leben in unserer Zeit, (ein Gespräch
mit Peter Seewald), Stuttgart 2000
Weggemeinschaft des Glaubens. Kirche als Communio, Augsburg
2002
Wort Gottes, Schrift – Tradition – Amt, Freiburg i. B. 2005
Werte in Zeiten des Umbruchs, Freiburg – Basel – Wien 2005

Werke von Hans Küng

Rechtfertigung. Die Lehre Karl Barths und eine katholische Besin-
nung, Einsiedeln 1957
Konzil und Wiedervereinigung. Erneuerung als Ruf in die Einheit,
Freiburg 1960
Strukturen der Kirche, Freiburg i. B. 1962
Kirche im Konzil, Freiburg i. B. 1963
Die Kirche, Freiburg i. B. 1967
Wahrhaftigkeit. Zur Zukunft der Kirche, Freiburg i. B. 1968
Unfehlbar? Eine Anfrage, Zürich 1970
Christ sein, München 1974
Existiert Gott? Antwort auf die Gottesfrage in der Neuzeit, München
1978
Ewiges Leben, München 1982
Christentum und Weltreligionen. Hinführung zum Dialog mit Islam,
Hinduismus, Buddhismus (zusammen mit Josef van Ess, Heinrich
von Stietencron, Heinz Bechert), München 1984
Dichtung und Religion. Pascal, Gryphius, Lessing, Hölderlin, Nova-
lis, Kierkegaard, Dostojewski, Kafka (zusammen mit Walter Jens),
München 1985
Christentum und Chinesische Religion (zusammen mit Julia Ching),
München 1988

Anwälte der Humanität. Thomas Mann, Hermann Hesse, Heinrich Böll (zusammen mit Walter Jens), München 1989

Die Hoffnung bewahren. Schriften zur Reform der Kirche, Zürich 1990

Projekt Weltethos, München 1990

Mozart. Spuren der Transzendenz, München 1991

Credo. Das Apostolische Glaubensbekenntnis – Zeitgenossen erklärt, München 1992

Das Christentum. Wesen und Geschichte. Die religiöse Situation der Zeit, München 1994

Menschenwürdig sterben. Ein Plädoyer für Selbstverantwortung (zusammen mit Walter Jens), München 1995

Dokumentation zu Weltethos, München 2002

Erkämpfte Freiheit. Erinnerungen, München 2002

Vertrauen, das trägt. Spiritualität für heute, Freiburg – Basel – Wien 2003

Der Anfang aller Dinge. Naturwissenschaft und Religion, München 2005

Literatur

Alberigo, Giuseppe und Wettstadt, Klaus: Geschichte des Zweiten Vatikanischen Konzils, Band I, II und III, Mainz 1997, 2000 und 2002

Allen, John L.: Cardinal Ratzinger: the Vatican's enforcer of the faith, New York 2000

Balthasar, Hans Urs v.: Schleifung der Bastionen, 5. Aufl., Einsiedeln Trier 1989

Balthasar, Hans Urs v.: Der antirömische Affekt, Freiburg i. B. 1974

Baier, Walter: Weisheit Gottes – Weisheit der Welt. Festschrift für Joseph Kardinal Ratzinger, St. Ottilien 1987

Bloch, Ernst: Über die Hoffnung, München 1999

Boff, Leonardo: Kirche: Charisma und Macht, Düsseldorf 1985

Chenu, Marie-Dominique: Un théologien en liberté, (Interview de Jacques Dusquesnes), Paris 1975

Congar, Yves : Entretiens d'automne, Paris 1987

Congar, Yves : Je crois en l'Esprit Saint, I et II, III Paris 1979 et 1980

Congar, Yves: Mon journal de concile, Paris 1966

Lubac, Henri de: Œuvres Complètes, Paris 2003

Derwahl, Freddy: Johannes XXIII. Ein Leben für den Frieden, München 2004

Feldmann, Christian: Benedikt XVI. Der bayerische Papst, Regensburg 2005

Fischer, Heinz-Joachim: Benedikt XVI. Ein Porträt, Freiburg i. B. 2005

Greinacher, Norbert und Haag, Herbert: Der Fall Küng, München 1980

Habermas, Jürgen: Ansprache aus Anlass des Friedenspreises des Deutschen Buchhandels, Frankfurt am Main 2001

Habermas, Jürgen: Nachmetaphysisches Denken. Philosophische Aufsätze. Frankfurt am Main 1988

Häring, Hermann und Kuschel, Karl-Josef (Hrsg.): Hans Küng. Neue Horizonte des Glaubens und Denkens, München 1993

Häring, Hermann: Hans Küng; Grenzen durchbrechen, Mainz 1998

Häring, Hermann: Theologie und Ideologie bei Joseph Ratzinger, Düsseldorf 2001

Hemleben, Johannes: Teilhard de Chardin, Hamburg 1966

Irénikon, Revue des Moines de Chevetogne 1958–2005

Kissler, Alexander: Der deutsche Papst. Benedikt XVI. und seine schwierige Heimat, Freiburg i. B. 2005

König, Franz: Meine Lebensstationen. Erinnerungen und Vermächtnis, Innsbruck – Wien 2005

Krenzki, Thomas: Hans Urs von Balthasar. Das Gottesdrama, Mainz 1995

Loonbeek, Raymond und Mortiau, Jacques: Un pionier Dom Lambert Beauduin (1873–1960), Liturgie et Unité des Chrétiens, Tome I et II, Chevetogne, Louvain-la-Neuve 2001

Nowell, Robert: Hans Küng. Leidenschaft für die Wahrheit, Zürich 1993

Rahner, Karl: Erinnerungen, (im Gespräch mit Meinold Krauss), Freiburg 1984

Rahner, Karl: Über die bleibende Bedeutung des Zweiten Vatikanischen Konzils, Sonderdruck Katholische Akademie, München 1979

Ruppert, Helmut S.: Benedikt XVI. Der Papst aus Deutschland, Würzburg 2005

Schillebeeckx, Edward: Gott – die Zukunft des Menschen, Mainz 1969

Seewald, Peter: Benedikt XVI. Ein Porträt aus der Nähe, Berlin 2005

Suenens, Léon: Souvenirs et Espérances, Paris 1991

Peters, Tiemo Rainer und Urban, Claus: Ende der Zeit? Die Provokation der Rede von Gott. Dokumentation einer Tagung mit Joseph Kardinal Ratzinger, Johann Baptist Metz, Jürgen Moltmann und Eveline Goodman-Tau, Mainz 1999

Peters, Tiemo Rainer: Johann Baptist Metz. Theologie des vermissten Gottes, Mainz 1998

Trippen, Norbert: Josef Kardinal Frings, Band I und II, Paderborn – München – Wien – Zürich 2003 und 2005